Glencoe Spanish 2

¡Buen viaje!

WITH FEATURES BY

NATIONAL
GEOGRAPHIC
SOCIETY

Protase E. Woodford • Conrad J. Schmitt

 Glencoe McGraw-Hill

New York, New York   Columbus, Ohio   Chicago, Illinois   Peoria, Illinois   Woodland Hills, California

About the Front Cover
Puerto Vallarta, México The Church of Guadalupe is one of the most prominent landmarks in the resort town of Puerto Vallarta, located on the Pacific coast. The area in front of the church is the Plaza de Armas. Puerto Vallarta is the second largest resort town in Mexico.

About the Back Cover
(top) El Retiro, Madrid; (middle) Mijas (Andalucía), España; (bottom) Machu Picchu, Perú

Glencoe/McGraw-Hill
A Division of The **McGraw·Hill** *Companies*

Printed in the United States of America.

Send all inquiries to:
Glencoe/McGraw-Hill
8787 Orion Place
Columbus, OH 43240-4027

ISBN 0-07-829180-1 (Student Edition)
ISBN 0-07-829181-X (Teacher Wraparound Edition)

4 5 6 7 8 9 10 071 09 08 07 06 05 04 03

About the Authors

Conrad J. Schmitt

Conrad J. Schmitt received his B.A. degree magna cum laude from Montclair State College, Upper Montclair, NJ. He received his M.A. from Middlebury College, Middlebury, VT. He did additional graduate work at Seton Hall University and New York University. Mr. Schmitt has taught Spanish and French at all levels from elementary through graduate school. In addition, he has traveled extensively throughout Spain, Central and South America, and the Caribbean.

Protase E. Woodford

Protase "Woody" Woodford has taught Spanish at all levels from elementary through graduate school. At Educational Testing Service in Princeton, NJ, he was Director of Test Development, Director of Language Programs, Director of International Testing Programs and Director of the Puerto Rico Office. He has served as a consultant to the United Nations Secretariat, UNESCO, the Organization of American States, the U.S. Office of Education, and many ministries of education in Asia, Latin America, and the Middle East.

Contenido

El mundo hispanohablante ... xxi

Repaso

Capítulo 1

Un viaje en tren

Contenido

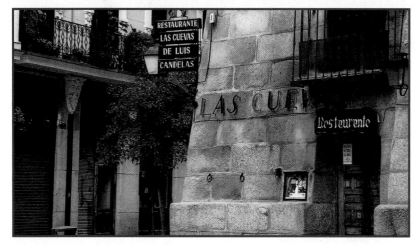

Capítulo 2

Objetivos

In this chapter you will learn to:

- ❖ order food or a beverage at a restaurant
- ❖ identify eating utensils and dishes
- ❖ identify more foods
- ❖ make a reservation at a restaurant
- ❖ talk about present and past events
- ❖ describe some cuisines of the Hispanic world

En el restaurante

Capítulo 3

Objetivos

In this chapter you will learn to:

❖ **talk about computers, e-mail, the Internet, faxes, and telephones**

❖ **talk about past habitual and routine actions**

❖ **describe people and events in the past**

❖ **make and receive telephone calls in Spanish**

Telecomunicaciones

Contenido

Capítulo 4

Objetivos

In this chapter you will learn to:

- ❖ shop for apparel and food in Spanish-speaking countries
- ❖ ask for the quantities and sizes you want
- ❖ find out prices
- ❖ talk about different types of past actions
- ❖ talk in general terms about what is done
- ❖ talk about shopping practices in Spanish-speaking countries

De tiendas

ntenido

Capítulo 5

Objetivos

In this chapter you will learn to:

❖ **talk about popular hobbies and games**

❖ **talk about activities in the park**

❖ **give details about location**

❖ **talk about what will happen in the future**

❖ **compare objects and people**

❖ **describe your favorite pastime**

❖ **talk about pastimes in Spanish-speaking countries**

Los pasatiempos

ix

Capítulo 6

Objetivos

In this chapter you will learn to:

❖ check into and out of a hotel

❖ ask for things that you may need while at a hotel

❖ talk about future events

❖ refer to previously mentioned people or things

❖ talk about lodging in the Hispanic world

En el hotel

Contenido

Capítulo 7

Objetivos

In this chapter you will learn to:

❖ **talk about air travel**

❖ **discuss the influence of geography on travel in Latin America**

❖ **talk about things that would happen under certain conditions**

❖ **talk about air travel in Hispanic countries**

El vuelo

Contenido

URGENCIAS →
ALMACENES →
CONSULTAS EXTERNAS ↑
ENTRADA PRINCIPAL ↑

Capítulo 8

Objetivos

In this chapter you will learn to:

❖ **talk about accidents and medical problems**

❖ **talk about hospital stays**

❖ **discuss things that you and others have done recently**

❖ **compare things with like characteristics**

❖ **talk about health care in various areas of the Spanish-speaking world**

Emergencias médicas

Capítulo 9

Objetivos

In this chapter you will learn to:

- ❖ talk about life in the city
- ❖ talk about life in the country
- ❖ describe things that were happening
- ❖ refer to things that were already mentioned
- ❖ indicate where things are located
- ❖ talk about some cities in the Spanish-speaking world

Ciudad y campo

Capítulo 10 La cocina hispana

Objetivos

In this chapter you will learn to:

❖ **talk about foods and food preparation**

❖ **give commands**

❖ **refer to people and things previously mentioned**

❖ **prepare some regional specialities**

❖ **talk about the origin of several foods**

Capítulo 11 El coche y la carretera

Objetivos

In this chapter you will learn to:

❖ talk about cars and driving

❖ give directions on the road

❖ tell family and friends what to do and what not to do

❖ talk about highways in the Hispanic world

Capítulo 12 Los servicios al público

Objetivos

In this chapter you will learn to:

❖ talk about going to the hairdresser/barber shop

❖ talk about having your clothes cleaned

❖ talk about using the services of the post office and bank

❖ talk about things that may or may not happen

❖ express what you would like, wish, or hope others would do

Capítulo 13

Objetivos

In this chapter you will learn to:

❖ **describe and talk about parties and weddings**

❖ **talk about some holidays**

❖ **give advice and make recommendations**

❖ **express doubt, uncertainty, or disbelief**

❖ **express emotional reactions to what others do**

❖ **talk about New Year's Eve in the Hispanic world**

¡Fiestas!

Capítulo 14 Profesiones y oficios

Objetivos

In this chapter you will learn to:

❖ **talk about professions and occupations**

❖ **interview for a job**

❖ **state work qualifications**

❖ **talk about future events**

❖ **talk about probable events**

Literary Companion

Contenido

Handbook

Guide to Symbols

Throughout **¡Buen viaje!** you will see these symbols, or icons. They will tell you how to best use the particular part of the chapter or activity they accompany. Following is a key to help you understand these symbols.

 Audio link This icon indicates material in the chapter that is recorded on compact disk format and/or audiocassette.

 Recycling This icon indicates sections that review previously introduced material.

 Paired Activity This icon indicates sections that you can practice orally with a partner.

 Group Activity This icon indicates sections that you can practice together in groups.

 Un poco más This icon indicates additional practice activities that review knowledge from each chapter.

 ¡Adelante! This icon indicates the end of new material in each chapter. All remaining material is recombination and review or optional.

 Literary Companion This icon appears in the review lessons to let you know that you are prepared to read the literature selection indicated if you wish.

 Interactive CD-ROM This icon indicates that the material is also on the Interactive CD-ROM.

El mundo hispanohablante

Spanish is the language of more than 350 million people around the world. Spanish had its origin in Spain. It is sometimes fondly called the "language of Cervantes," the author of the world's most famous novel and character, *Don Quijote*. The Spanish **conquistadores** and **exploradores** brought their language to the Americas in the fifteenth and sixteenth centuries. Spanish is the official language of almost all the countries of Central and South America. It is the official language of Mexico and several of the larger islands in the Caribbean. Spanish is also the heritage language of more than 35 million people in the United States.

▼ España

▲ México

◀ Chile

▲ Venezuela

OCÉANO ÁRTICO

Mar de Beaufort

Bahía de Baffin

Mar de Bering

Golfo de Alaska

Bahía de Hudson

CANADÁ

Mar del Labrador

AMÉRICA DEL NORTE

ESTADOS UNIDOS

OCÉANO ATLÁNTICO

MÉXICO

Golfo de México

MAR CARIBE

VENEZUELA

GUYANA
SURINAM
GUAYANA FRANCESA

COLOMBIA

ECUADOR

OCÉANO PACÍFICO

AMÉRICA DEL SUR

PERÚ

BRASIL

BOLIVIA

SAMOA

POLINESIA FRANCESA

PARAGUAY

TONGA

URUGUAY

CHILE ARGENTINA

GOLFO DE MÉXICO

BAHAMAS

TURCAS Y CAICOS (R.U.)

OCÉANO ATLÁNTICO

CUBA

PUERTO RICO (EE.UU.)

ISLAS VÍRGENES (EE.UU. y R.U.)

MÉXICO

HAITÍ

REPÚBLICA DOMINICANA

ANTIGUA Y BARBUDA

BELICE

JAMAICA

SAN CRISTÓBAL-NEVIS

GUADALUPE (FR.)

GUATEMALA

HONDURAS

MAR CARIBE

DOMINICA

MARTINICA (FR.)

SANTA LUCÍA

EL SALVADOR

ARUBA

SAN VICENTE Y GRENADINES

BARBADOS

NICARAGUA

GRANADA

TRINIDAD Y TOBAGO

COSTA RICA

PANAMÁ

VENEZUELA

OCÉANO PACÍFICO

COLOMBIA

GUYANA

SURINAM

OCÉANO ÁRTICO

GROENLANDIA

Mar de Groenlandia
Mar de Barents
Mar de Kara
Mar de Láptiev

ISLANDIA

Mar de Noruega

RUSIA

ASIA

Mar de Ojotsk

Mar del Norte

EUROPA

KAZAJSTÁN

MONGOLIA

Mar Negro
GEORGIA
ARMENIA

MELILLA
TURQUÍA
LÍBANO
CEUTA
ISRAEL
MARRUECOS
TÚNEZ

UZBEKISTÁN
KIRGUIZISTÁN
TURKMENISTÁN
TAYIKISTÁN

COREA DEL NORTE
Mar del Japón
JAPÓN

Mar MEDITERRÁNEO
SIRIA
IRAK
JORDANIA
KUWAIT
AZERBAIJÁN
IRÁN
AFGANISTÁN

COREA DEL SUR

OCÉANO PACÍFICO

SAHARA OCCIDENTAL

ARGELIA
LIBIA
EGIPTO

BAHREIN
QATAR
ARABIA SAUDITA

PAKISTÁN
NEPAL
BHUTÁN

Mar de la China oriental

TAIWÁN

CABO VERDE
MAURITANIA
MALÍ
NÍGER
CHAD
SUDÁN

EMIRATOS ÁRABES UNIDOS
OMÁN

INDIA

BANGLADESH
MYANMAR
LAOS

Mar de la China meridional

SENEGAL
GAMBIA
GUINEA BISSAU
GUINEA
BURKINA FASO
NIGERIA

ÁFRICA
ERITREA
YEMEN
DJIBOUTI

Golfo de Bengala

TAILANDIA

FILIPINAS

MARSHALL

SIERRA LEONA
GHANA BENIN
COSTA DE MARFIL
LIBERIA
TOGO
CAMERÚN

ETIOPÍA

SRI LANKA

VIETNAM
CAMBOYA
MALAYSIA
BRUNEI

MICRONESIA

SAN TOMÉ E PRÍNCIPE
GABÓN
GUINEA ECUATORIAL
REP. DEL CONGO

UGANDA
KENYA
SOMALIA

MALDIVAS

SINGAPUR

PALAU

KIRIBATI

RUANDA
REP. DEM. DEL CONGO
BURUNDI
TANZANIA

SEYCHELLES

OCÉANO ÍNDICO

INDONESIA

PAPÚA-NUEVA GUINEA

NAURÚ

SALOMÓN

ANGOLA
MALAWI
ZAMBIA
MOZAMBIQUE

ISLAS COMORES

MADAGASCAR
MAURICIO

TUVALU
WALLIS Y FUTUNA
VANUATU

Mar del Coral

ISLAS FIJI

NAMIBIA
ZIMBABWE
BOTSWANA

REUNIÓN

AUSTRALIA

NUEVA CALEDONIA

OCÉANO ATLÁNTICO

SUDÁFRICA
SWAZILANDIA
LESOTHO

Mar de Tasmania

NUEVA ZELANDIA

ANTÁRTIDA

NORUEGA
FINLANDIA
SUECIA

IRLANDA
REINO UNIDO
DINAMARCA
ESTONIA
LETONIA
LITUANIA
RUSIA

RUSIA

PAÍSES BAJOS
BÉLGICA
ALEMANIA
LUXEMBURGO
POLONIA
BELARÚS

OCÉANO ATLÁNTICO
FRANCIA
REPÚBLICA CHECA
ESLOVAQUIA
UCRANIA
MOLDOVA

SUIZA
AUSTRIA
HUNGRÍA
ESLOVENIA
RUMANIA

ANDORRA
CROACIA
BOSNIA-HERZEGOVINA
YUGOSLAVIA (Fed. Rep.)
Mar Negro
GEORGIA

PORTUGAL
ESPAÑA
MÓNACO
ITALIA
BULGARIA
ALBANIA
MACEDONIA
TURQUÍA

MELILLA
CEUTA
Mar Mediterráneo
GRECIA
SIRIA

ÁFRICA
MALTA
CHIPRE
LÍBANO

España

CAPITAL
Madrid

POPULATION
39,800,000

FUN FACT
The verdant hills of Galicia, the golden fields of Castilla, and the white villages of Andalucía as well as the industrial areas of Cataluña and the Basque Country are all a part of beautiful Spain. Once home to Iberians, Carthaginians, Romans, Celts, and Moors, Spain is the birthplace of Spanish— the language of many nations scattered on five continents of the globe. Madrid, in the exact center of the country, is considered a major cultural center of Europe.

México

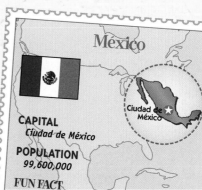

CAPITAL
Ciudad de México

POPULATION
99,600,000

FUN FACT
Beautiful Mexico shares a border with the United States. This magnificent nation of Aztec, Mayan, and Spanish heritage is a country of contrasts: cosmopolitan cities such as Mexico City; industrial centers such as Monterrey; quaint towns such as Taxco and San Miguel de Allende; world-famous beaches like Acapulco and Cancún; as well as magnificent vestiges of pre-Columbian civilization in Chichén Itzá and Tulum.

Los Estados Unidos

CAPITAL
Washington, D.C.

POPULATION
284,500,000

FUN FACT
The influence of Spanish and Mexican heritage has been evident in Texas and in the Southwest of the United States for generations. More recent is the proliferation of Hispanic or Latin cultures in all areas of the United States. New arrivals from the Caribbean, Central America, and South America bring their language, customs, music, and foods, adding to the rich cultural diversity of this "melting pot" country.
Today Spanish is heard in New York, Chicago, Minneapolis, Denver, and Miami as well as El Paso, Phoenix, and Los Angeles.

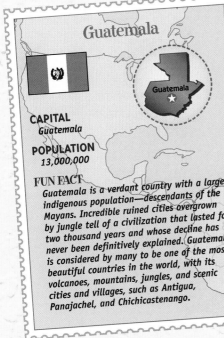

Guatemala

CAPITAL
Guatemala

POPULATION
13,000,000

FUN FACT
Guatemala is a verdant country with a large indigenous population—descendants of the Mayans. Incredible ruined cities overgrown by jungle tell of a civilization that lasted for two thousand years and whose decline has never been definitively explained. Guatemala is considered by many to be one of the most beautiful countries in the world, with its volcanoes, mountains, jungles, and scenic cities and villages, such as Antigua, Panajachel, and Chichicastenango.

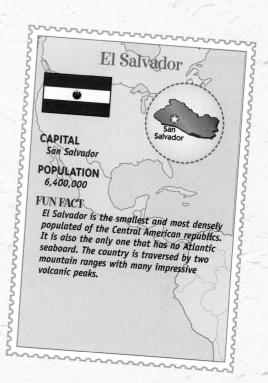

El Salvador

CAPITAL
San Salvador

POPULATION
6,400,000

FUN FACT
El Salvador is the smallest and most densely populated of the Central American republics. It is also the only one that has no Atlantic seaboard. The country is traversed by two mountain ranges with many impressive volcanic peaks.

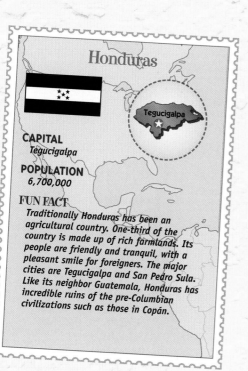

Honduras

CAPITAL
Tegucigalpa

POPULATION
6,700,000

FUN FACT
Traditionally Honduras has been an agricultural country. One-third of the country is made up of rich farmlands. Its people are friendly and tranquil, with a pleasant smile for foreigners. The major cities are Tegucigalpa and San Pedro Sula. Like its neighbor Guatemala, Honduras has incredible ruins of the pre-Columbian civilizations such as those in Copán.

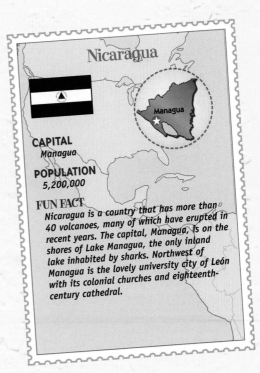

Nicaragua

CAPITAL
Managua

POPULATION
5,200,000

FUN FACT
Nicaragua is a country that has more than 40 volcanoes, many of which have erupted in recent years. The capital, Managua, is on the shores of Lake Managua, the only inland lake inhabited by sharks. Northwest of Managua is the lovely university city of León with its colonial churches and eighteenth-century cathedral.

El mundo hispanohablante

Costa Rica

CAPITAL
San José

POPULATION
3,700,000

FUN FACT
Many consider Costa Rica a very special place. Its residents, Ticos, are polite, peaceful, and extremely friendly. Costa Rica has no army and prides itself on having more teachers than police officers. Costa Rica is a country of sun-drenched beaches on the Pacific, tropical jungles along the Caribbean coast, cosmopolitan cities such as San José, and high mountains in the central valley. Costa Rica is a tourist's paradise as well as home to many expatriates.

Panamá

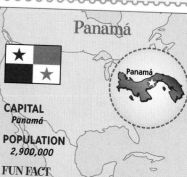

CAPITAL
Panamá

POPULATION
2,900,000

FUN FACT
Panama is a country of variety—a variety of races, customs, natural wonders, and attractions. It is a country of tropical forests, mountains, beautiful beaches, excellent fishing, picturesque lakes, rivers, two oceans, and—the most incredible engineering feat—the Panama Canal. Panama is also the largest financial center of Latin America. All this in a mere 77,432 square kilometers!

Cuba

CAPITAL
La Habana

POPULATION
11,300,000

FUN FACT
Havana, the capital of Cuba, is known for its gorgeous colonial architecture. This lush island, not far from Florida, is one of the world's greatest producers of sugar cane. Cuba has been ruled by Fidel Castro since 1959 when he overthrew the dictator Fulgencio Batista.

La República Dominicana

CAPITAL
Santo Domingo

POPULATION
8,600,000

FUN FACT
The Dominican Republic shares with Haiti the island of Hispaniola in the greater Antilles. The oldest university in our hemisphere, la Universidad de Santo Domingo, was founded in Santo Domingo. The Dominicans are ardent fans of aficionados of baseball, and this rather small island nation has produced some of the finest major league players.

Puerto Rico

CAPITAL
San Juan

POPULATION
3,900,000

FUN FACT
Puerto Ricans have an endearing term for their beloved island—la isla del encanto—island of enchantment. A commonwealth of the United States, Puerto Rico is a lush, tropical island with beaches along its Atlantic and Caribbean shores and gorgeous mountains with Alpine-like views in its interior. Puerto Rico is the home of the beloved coquí—a little frog that lives only in Puerto Rico and who lets no one see him.

Venezuela

CAPITAL
Caracas

POPULATION
24,600,000

FUN FACT
Venezuela was the name given to this country by Spanish explorers in 1499, when they came across indigenous villages where people lived on the water and where all commerce was conducted by dugout canoes. The waterways reminded them of Venice, Italy. Caracas is a teeming cosmopolitan city of high-rises surrounded by mountains and tucked in a narrow nine-mile valley. Angel Falls in southern Venezuela is the highest waterfall in the world, reaching a height of 3,212 feet with an unbroken fall of 2,648 feet.

Colombia

CAPITAL
Bogotá

POPULATION
43,100,000

FUN FACT
Colombia covers over 440,000 square miles of tropical and mountainous terrain. Bogotá is situated in the center of the country in an Andean valley 8,640 feet above sea level. The Caribbean coast in the North boasts many beautiful beaches; the South is covered by jungle, and the southern port of Leticia is on the Amazon River.

Ecuador

CAPITAL
Quito

POPULATION
12,900,000

FUN FACT
Ecuador takes its name from the equator, which cuts right across the country. Ecuador is the meeting place of the high Andean sierra in the center, the tropical coastal plain to the west, and the Amazon Basin jungle to the east. Snowcapped volcanoes stretch some 400 miles from north to south. The beautiful colonial section of the capital, Quito, is sometimes called "the Florence of the Americas."

Perú

CAPITAL
Lima

POPULATION
26,100,000

FUN FACT
Peru, like Ecuador, is divided into three geographical areas—a narrow coastal strip of desert along the Pacific, the Andean highlands where nearly half the population lives, and the Amazon jungle to the east. Lima is on the coast, and for almost nine months out of the year it is enshrouded in a fog called la garúa. Peru is famous for its Incan heritage. Nothing can prepare visitors for the awe-inspiring view of the Incan city of Machu Picchu, an imposing architectural complex high in the Andes.

Bolivia

CAPITAL
La Paz

POPULATION
8,500,000

FUN FACT
Bolivia is one of two landlocked countries in South America. Mountains dominate the Bolivian landscape. La Paz is the highest city in the world at an altitude of 12,500 feet. Bolivia also has the world's highest navigable lake, Lake Titicaca, which is surrounded by the picturesque villages of the Aymara Indians.

Chile

CAPITAL
Santiago

POPULATION
15,400,000

FUN FACT
Chile, a "string bean" country never more than 111 miles wide, stretches 2,666 miles from north to south along the Pacific Coast. The imposing Andes isolate it from Bolivia and Argentina. The northern part of the country is characterized by the super-arid Atacama desert, the South by the spectacular wind-swept glaciers and fjords of Patagonia. Over one-third of the country's population lives in the Santiago area.

Argentina

CAPITAL
Buenos Aires

POPULATION
37,500,000

FUN FACT
Argentina is often considered the most European country of South America. Buenos Aires is a beautiful city of parks, boutiques, restaurants, and wide boulevards. Argentina is famous for its beef from the cattle that graze on the huge estancias of the grassy Pampas. Farther south on the Chilean border is the gorgeous lake area with Swiss-like villages around Bariloche. To the south is Patagonia with its rocky countryside where the Welsh still graze sheep.

Paraguay

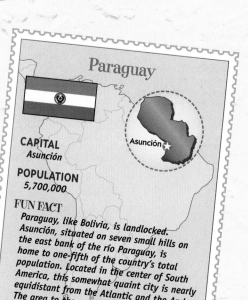

CAPITAL
Asunción

POPULATION
5,700,000

FUN FACT
Paraguay, like Bolivia, is landlocked. Asunción, situated on seven small hills on the east bank of the río Paraguay, is home to one-fifth of the country's total population. Located in the center of South America, this somewhat quaint city is nearly equidistant from the Atlantic and the Andes. The area to the west of the río Paraguay is called the Chaco—a very dry, hot, windy area of grasslands and scrubby forests.

Uruguay

CAPITAL
Montevideo

POPULATION
3,400,000

FUN FACT
Uruguay is the smallest country in South America. Most of the country's terrain is grazing land for sheep and cattle. Montevideo, situated where the río de la Plata empties into the Atlantic, is a rather peaceful city whose suburbs look more like beautiful resorts. The beaches of Uruguay's Atlantic coastline, particularly Punta del Este, attract many people from Brazil and Argentina.

Ceuta and Melilla

POPULATION
72,200

FUN FACT
Ceuta and Melilla, located on the north coast of Africa, comprise an autonomous community of Spain. Both of these modern cities are free ports and offer a beautiful blend of many cultures: Christian, Moslem, Hebrew, and Hindu.

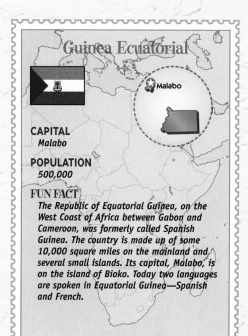

Guinea Ecuatorial

Malabo

CAPITAL
Malabo

POPULATION
500,000

FUN FACT
The Republic of Equatorial Guinea, on the West Coast of Africa between Gabon and Cameroon, was formerly called Spanish Guinea. The country is made up of some 10,000 square miles on the mainland and several small islands. Its capital, Malabo, is on the island of Bioko. Today two languages are spoken in Equatorial Guinea—Spanish and French.

Las Islas Filipinas

Manila

CAPITAL
Manila

POPULATION
77,200,000

FUN FACT
The Republic of the Philippines is an island nation in the South Pacific. The official language of the Philippines is Tagalog. Many people also speak Filipino—a language that has borrowed many words from Spanish. Spanish influence was extremely strong during the eighteenth and nineteenth centuries. Many Filipinos have Spanish names, and many can still speak Spanish.

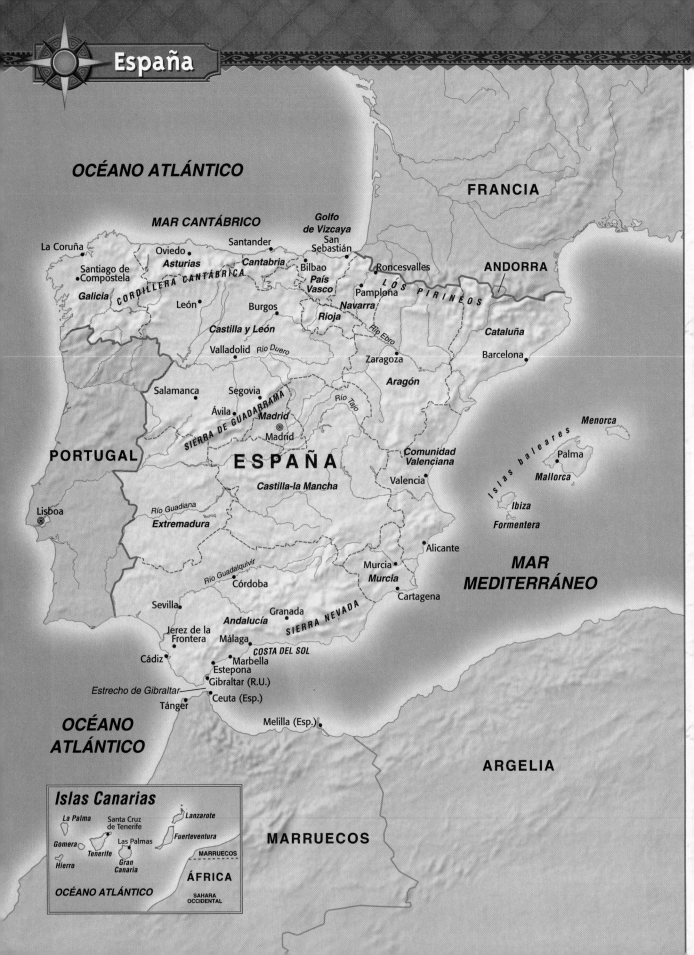

España

OCÉANO ATLÁNTICO

FRANCIA

MAR CANTÁBRICO

Golfo de Vizcaya

ANDORRA

La Coruña

Santiago de Compostela

Oviedo

Asturias

Santander

Cantabria

San Sebastián

Bilbao

Roncesvalles

Galicia

CORDILLERA CANTÁBRICA

País Vasco

Pamplona

LOS PIRINEOS

León

Burgos

Navarra

Rioja

Río Ebro

Cataluña

Castilla y León

Zaragoza

Barcelona

Valladolid

Río Duero

Salamanca

Segovia

Aragón

Ávila

SIERRA DE GUADARRAMA

Río Tajo

Madrid

Madrid

Menorca

Islas Baleares

Palma

PORTUGAL

ESPAÑA

Comunidad Valenciana

Mallorca

Castilla-la Mancha

Valencia

Ibiza

Río Guadiana

Formentera

Extremadura

Lisboa

Alicante

MAR MEDITERRÁNEO

Río Guadalquivir

Murcia

Murcia

Córdoba

Cartagena

Sevilla

Granada

Andalucía

SIERRA NEVADA

Jerez de la Frontera

Málaga

COSTA DEL SOL

Marbella

Cádiz

Estepona

Gibraltar (R.U.)

Estrecho de Gibraltar

Ceuta (Esp.)

Tánger

Melilla (Esp.)

OCÉANO ATLÁNTICO

ARGELIA

Islas Canarias

La Palma

Santa Cruz de Tenerife

Lanzarote

Gomera

Las Palmas

Fuerteventura

Tenerife

MARRUECOS

Hierro

Gran Canaria

ÁFRICA

OCÉANO ATLÁNTICO

SAHARA OCCIDENTAL

MARRUECOS

La América del Sur

MAR CARIBE

OCÉANO
ATLÁNTICO

Barranquilla
Cartagena
Maracaibo
Caracas
Lago de
Maracaibo
Río Orinoco
Medellín
VENEZUELA
GUYANA
Santafé de
Bogotá
SURINAM
Cali
COLOMBIA
GUAYANA
FRANCESA

Ecuador
Otavalo
Quito
Islas Galápagos
(Ecuador)
ECUADOR
Guayaquil
Cuenca
Río Amazonas

PERÚ
BRASIL

El Callao
Lima
Cuzco
Lago
Titicaca
BOLIVIA
La Paz
Cochabamba
Brasília
Santa Cruz
Sucre

Trópico de Capricornio
PARAGUAY
Asunción

CHILE
Vicuña
Córdoba
Río Paraná
OCÉANO
PACÍFICO
Valparaíso
Rosario
URUGUAY
Santiago
Buenos Aires
Montevideo
ARGENTINA
La Plata
Río de la Plata

Mar del Plata
OCÉANO
ATLÁNTICO
Puerto Montt

CORDILLERA DE LOS ANDES

PATAGONIA

Estrecho de
Magallanes
Islas Malvinas
(R.U.)
Tierra del
Fuego
Punta Arenas
Cabo de Hornos

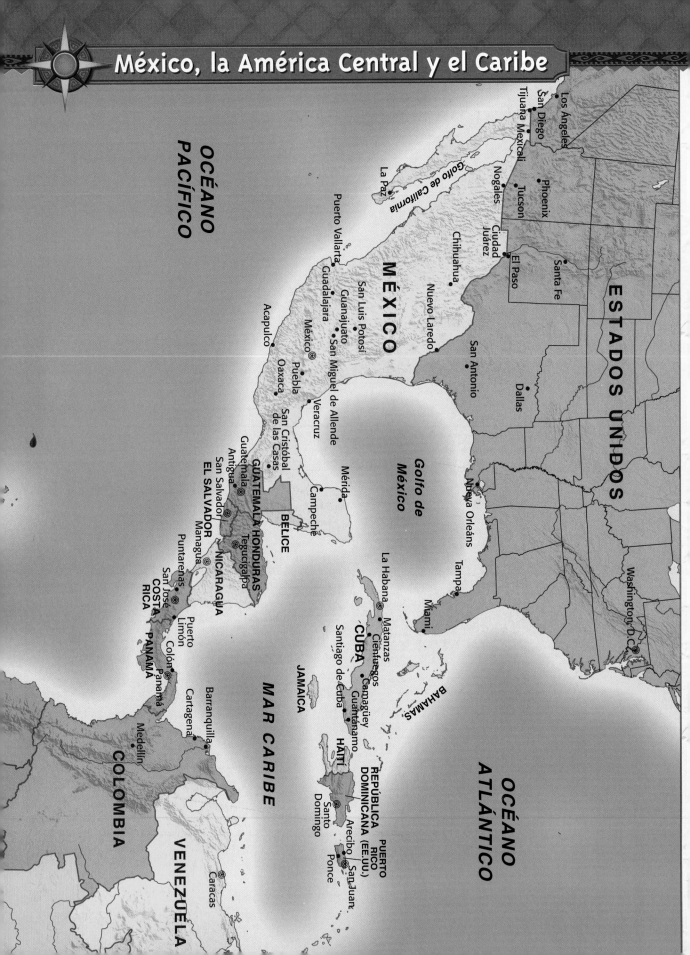

México, la América Central y el Caribe

Los Estados Unidos

OCÉANO ATLÁNTICO

OCÉANO PACÍFICO

CANADÁ

MÉXICO

ESTADOS UNIDOS

Golfo de México

Maine ★ Augusta
New Hampshire ★ Concord
Massachusetts ★ Boston
Rhode Island ★ Providence
Connecticut ★ Hartford
Vermont ★ Montpelier
Nueva York ★ Albany
Nueva Jersey ★ Trenton
Delaware ★ Dover
Maryland ★ Annapolis
L. Ontario
Pensilvania ★ Harrisburg
L. Erie
Washington, D.C.
Virginia ★ Richmond
Virginia Occidental ★ Charleston
Carolina del Norte ★ Raleigh
Carolina del Sur ★ Columbia
L. Huron
Ohio ★ Columbus
Michigan ★ Lansing
Indiana ★ Indianápolis
Kentucky ★ Frankfort
Tennessee ★ Nashville
Georgia ★ Atlanta
Alabama ★ Montgomery
L. Superior
L. Michigan
Wisconsin ★ Madison
Illinois ★ Springfield
Misuri ★ Jefferson City
Arkansas ★ Little Rock
Misisipí ★ Jackson
Luisiana ★ Baton Rouge
Florida ★ Tallahassee
Minnesota ★ Saint Paul
Iowa ★ Des Moines
Dakota del Norte ★ Bismarck
Dakota del Sur ★ Pierre
Nebraska ★ Lincoln
Kansas ★ Topeka
Oklahoma ★ Oklahoma City
Texas ★ Austin
Montana ★ Helena
Wyoming ★ Cheyenne
Colorado ★ Denver
Nuevo México ★ Santa Fe
Idaho ★ Boise
Utah ★ Salt Lake City
Arizona ★ Phoenix
Nevada ★ Carson City
California ★ Sacramento
Washington ★ Olympia
Oregón ★ Salem

Recuadro Alaska

RUSIA
Mar de Bering
Alaska
CANADÁ
★ Juneau
Golfo de Alaska
OCÉANO PACÍFICO

Recuadro Hawai

Hawai
★ Honolulú
OCÉANO PACÍFICO

xxxiii

Why Learn Spanish?

The Spanish-Speaking World

Culture Knowing Spanish will open doors to you around the world. As you study the language, you will come to understand and appreciate the way of life, customs, values, and cultures of people from many different areas of the world. Look at the map on pages xxii–xxiii to see where Spanish is spoken, either as a first or second language.

Learning Spanish can be fun and will bring you a sense of accomplishment. You'll be really pleased when you are able to carry on a conversation in Spanish. You will be able to read the literature of Spain and Latin America, keep up with current events in magazines and newspapers from Spain and Latin America, and understand Spanish language films without relying on subtitles.

The Spanish language will be a source of enrichment for the rest of your life—and you don't have to leave home to enjoy it. In all areas of the United States there are Hispanic radio and television stations, Latin musicians, Spanish-language magazines and newspapers, and a great diversity of restaurants serving foods from all areas of the Spanish-speaking world. The Latin or Hispanic population of the United States today totals more than 35 million people and is the fastest growing segment of the population.

Career Opportunities

Business Your knowledge of Spanish will also be an asset to you in a wide variety of careers. Many companies from Spain and Latin America are multinational and have branches around the world, including the United States. Many U.S. corporations have great exposure in the Spanish-speaking countries. With the growth of the Hispanic population in the U.S., bilingualism is becoming an important asset in many fields including retail, fashion, cosmetics, pharmaceutical, agriculture, automotive, tourism, airlines, technology, finance, and accounting.

You can use your Spanish in all these fields, not only abroad but also in the United States. On the national scene there are innumerable possibilities in medical and hospital services, banking and finance, law, social work, and law enforcement. The opportunities are limitless.

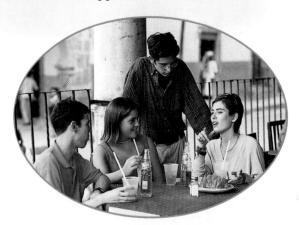

Language Link

Another benefit to learning Spanish is that it will improve your English. Once you know another language, you can make comparisons between the two and gain a greater understanding of how languages function. You'll also come across a number of Spanish words that are used in English. Just a few examples are: **adobe, corral, meseta, rodeo, poncho, canyon, llama, alpaca.** Spanish will also be helpful if you decide to learn yet another language. Once you learn a second language, the learning process for acquiring other languages becomes much easier.

Spanish is a beautiful, rich language spoken on many continents. Whatever your motivation is for choosing to study it, Spanish will expand your horizons and increase your job opportunities. **¡Viva el español! Y ¡buen viaje!**

Repaso A

Las compras para la escuela

Vocabulario

Los alumnos llegan a la escuela a las
ocho menos cuarto.
Algunos toman el bus escolar.
Otros van a la escuela a pie.

Los alumnos estudian mucho.
Toman apuntes.
Escuchan a la profesora cuando habla.
La profesora enseña.

José está en la papelería.
Necesita materiales escolares.
Compra un cuaderno, un lápiz y
un bolígrafo.

Teresa está en la tienda de ropa.
Compra una blusa para llevar a la escuela.
Mira la blusa.
Paga en la caja.

1 Historieta **En la escuela** Contesten.

1. ¿Cómo llegan los alumnos a la escuela? ¿Toman el bus, van en carro o van a pie?
2. ¿A qué hora llegan a la escuela?
3. ¿Con quién hablan los alumnos cuando entran en la sala de clase?
4. ¿Quiénes toman exámenes y quién da los exámenes?
5. ¿Sacan los alumnos notas altas?
6. ¿Prestan ellos atención cuando la profesora habla?

2 Historieta **A la papelería** Escojan.

1. Alicia necesita materiales escolares. ¿Adónde va ella?
   a. a la cafetería   **b.** a la tienda de ropa   **c.** a la papelería
2. ¿Con quién habla Alicia en la papelería?
   a. con el empleado   **b.** con el profesor   **c.** con el mesero
3. ¿Qué compra Alicia en la papelería?
   a. un refresco   **b.** un pantalón corto   **c.** un cuaderno
4. ¿Dónde paga Alicia?
   a. cien pesos   **b.** en la caja   **c.** en el parque
5. ¿En qué lleva ella los materiales escolares?
   a. en una mochila   **b.** en un cuaderno   **c.** en una asignatura

3 Historieta **En la tienda de ropa**

Contesten según se indica.

1. ¿Adónde va Roberto? (a la tienda de ropa)
2. ¿Qué necesita? (una camisa de mangas cortas)
3. ¿Busca una camisa verde? (no, roja y azul)
4. ¿Qué talla usa? (38)
5. ¿Compra Roberto una camisa? (sí)
6. ¿Cuánto cuesta? (125 pesos)
7. ¿Dónde paga Roberto? (en la caja)

Calle Florida, Buenos Aires, Argentina

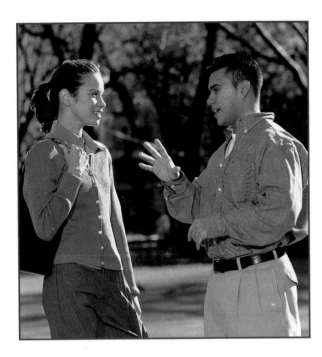

Conversación

La apertura de clases

Paco Elena, ¿cómo estás?

Elena Muy bien, Paco. ¿Y tú?

Paco Bien. ¿Adónde vas?

Elena Voy a la papelería. Necesito comprar algunas cosas para la apertura de clases.

Paco Verdad. Septiembre una vez más. ¡Es increíble!

Después de conversar

Contesten.

1. ¿Con quién habla Elena?
2. ¿Cómo está Paco?
3. ¿Son amigos Elena y Paco?
4. ¿Adónde va Elena?
5. ¿Qué necesita ella?
6. ¿De qué hablan los dos amigos?

EDICIÓN EN CD-ROM

MARÍA MOLINER

DICCIONARIO
DE USO DEL ESPAÑOL

PRIMERA EDICIÓN

PAPELERIA
MONOG

TODO PARA EL ESTUDIANTE
TODO PARA LA OFICINA
Y MIL COSAS MAS.

Rosa María de Valdéz
PROPIETARIA

Av. Obregon 721
Tel. y Fax 2-54-55

Nogales, Sonora, Mex.

Estructura

 Presente de los verbos en -ar

1. Review the forms of the present tense of regular **-ar** verbs.

MIRAR	miro	miras	mira	miramos	*miráis*	miran
TOMAR	tomo	tomas	toma	tomamos	*tomáis*	toman

2. Remember, to make a sentence negative you put **no** before the verb.

No hablamos francés. Hablamos español.

3. Remember to use **tú** when talking to a friend, family member, or person your own age. Use **Ud.** when speaking to an adult, a person you do not know well, or someone to whom you wish to show respect.

¿Tú estudias español, Roberto?
¿Y Ud., señora? ¿Ud. también estudia español?

4 **Entrevista** Contesten personalmente.

1. ¿En qué escuela estudias?
2. ¿Cómo llegas a la escuela por la mañana?
3. ¿Cuántos cursos tomas?
4. ¿En qué llevas los materiales escolares?
5. ¿Estudian mucho los alumnos de tu escuela?
6. ¿Sacan Uds. buenas notas?
7. ¿Toman Uds. muchos exámenes?
8. ¿Escuchan Uds. cuando la profesora habla?

Universidad Iberoamericana,
Ciudad de México

5 Historieta En la fiesta Completen.

1. Durante la fiesta todos nosotros _____. (bailar)
2. Felipe _____ el piano. (tocar)
3. Mientras él _____ el piano, Elena y Carlos _____. (tocar, cantar)
4. ¿_____ Uds. refrescos durante la fiesta? (preparar)
5. ¿_____ Uds. fotos durante la fiesta? (tomar)
6. Sí, y todos nosotros _____ las fotografías. (mirar)

Una fiesta en la Ciudad de Guatemala

 ## Los verbos ir, dar, estar

1. Note that the verbs **ir, dar,** and **estar** are the same as regular **-ar** verbs in all forms except **yo.**

ESTAR	estoy	estás	está	estamos	*estáis*	están
DAR	doy	das	da	damos	*dais*	dan
IR	voy	vas	va	vamos	*vais*	van

2. The preposition **a** often follows the verb **ir.** Remember that **a** contracts with **el** to form one word—**al.**

   Voy al café. No voy a la tienda.

6 **Historieta** **Voy a la escuela.** Contesten.

1. ¿Vas a la escuela?
2. ¿A qué hora vas a la escuela?
3. ¿Con quién vas a la escuela?
4. ¿Están Uds. en la escuela ahora?
5. ¿Cómo van Uds. a la escuela?

 7 **Historieta** **A la tienda de ropa**
Completen.

Yo __1__ (ir) a la tienda de ropa.
Emilio __2__ (ir) también. Él y
yo __3__ (estar) en la tienda. Yo
__4__ (comprar) una camiseta y
él __5__ (comprar) un blue jean.
Nosotros no __6__ (necesitar) mucha
ropa porque __7__ (llevar) uniforme
a la escuela.

Elena y Tomás __8__ (llevar)
uniforme a la escuela también. Ellos __9__ (ir)
a una escuela en las afueras de Lima, en Miraflores.

Estepona, España

8 **¿Cuándo? ¿En clase, después de las clases o en la fiesta?**
Work with a classmate. He or she will suggest an activity. You will tell
where you and your friends typically take part in the activity.

9 **En la tienda de ropa** You are at a clothing store. You need to buy
some things. Your partner will be the sales clerk. Have a conversation
with each other and then reverse roles.

10 **Juego** **¿Quién es?** Work in small groups. One person tells what
someone in the class is wearing. The others have to guess who it is. If
several people are wearing the same thing, the person giving the clues
will have to give more details.

Repaso B

Amigos y alumnos

Vocabulario

Es María Gorostiza.
Ella es mexicana.
Es rubia y bastante alta.
María es de Guadalajara.
Ella es alumna en el Colegio Hidalgo.

Felipe y Teresa son amigos.
Ellos son alumnos en la misma escuela.
Son alumnos buenos. Son inteligentes.
Y ellos son bastante cómicos.

1 **Historieta** **María Gorostiza**

Contesten.

1. ¿De qué nacionalidad es María Gorostiza?
2. ¿De dónde es?
3. ¿Cómo es ella?
4. ¿Es ella alumna?
5. ¿Dónde es alumna María?

2 **Historieta** **Felipe y Teresa**

Corrijan las oraciones falsas.

1. Felipe y Teresa son hermanos.
2. Ellos son alumnos en escuelas diferentes.
3. Ellos son alumnos muy malos.
4. No son inteligentes.
5. Son muy serios y tímidos.

Conversación

¿De dónde son?

Julio ¡Hola!
Rosa ¡Hola! ¿Qué tal?
Julio Bien, ¿y tú?
Rosa Bien. Oye, ¿eres un amigo de Teresa Irizarry, ¿no?
Julio Sí, soy Julio Arenal.
Rosa ¿De dónde eres, Julio?
Julio ¿Yo? Soy de San Juan. Y tú eres de Ponce como Teresa, ¿no?
Rosa Sí, soy ponceña.

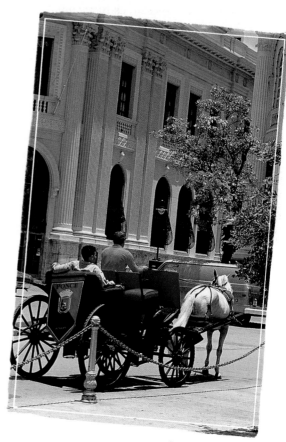

Ponce, Puerto Rico

Después de conversar

Contesten.

1. ¿Son puertorriqueños los dos muchachos?
2. ¿De dónde es Julio?
3. ¿Es Julio un amigo de Teresa Irizarry?
4. ¿De dónde son Teresa y Rosa?

1692
PONCE

Estructura

Presente del verbo **ser**

Review the forms of the irregular verb **ser**.

| SER | **soy** | **eres** | **es** | **somos** | *sois* | **son** |

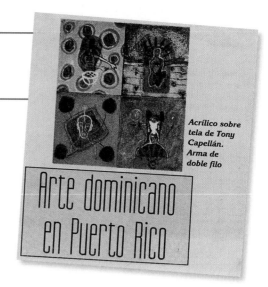

Acrílico sobre tela de Tony Capellán. *Arma de doble filo*

Arte dominicano en Puerto Rico

3 **Entrevista** Contesten personalmente.

1. ¿Quién eres?
2. ¿De qué nacionalidad eres?
3. ¿Dónde eres alumno o alumna?
4. ¿Cómo es tu escuela?

4 **Historieta** **El amigo de Andrés**
Completen con **ser.**

Yo __1__ un amigo de Andrés. Andrés __2__ muy simpático.
Y él __3__ gracioso. Andrés y yo __4__ dominicanos. __5__ de
la República Dominicana.

La capital de la República
Dominicana __6__ Santo
Domingo. Nosotros __7__
alumnos en un colegio en
Santo Domingo. Nosotros
__8__ alumnos de inglés. La
profesora de inglés __9__ la
señorita White. Ella __10__
americana.

Fortaleza de Orzama, Santo Domingo

Sustantivos, artículos y adjetivos

1. Spanish nouns are either masculine or feminine. Most nouns ending in **o** are masculine and most nouns ending in **a** are feminine. The definite articles **el** and **los** accompany masculine nouns; **la** and **las** accompany feminine nouns.

el alumno	los alumnos	la amiga	las amigas
el curso	los cursos	la escuela	las escuelas

2. An adjective must agree with the noun it describes or modifies. Adjectives that end in **o** have four forms.

el amigo sincero	los amigos sinceros
la amiga sincera	las amigas sinceras

3. Adjectives that end in **e** or a consonant have only two forms.

el curso interesante	los cursos interesantes
la asignatura interesante	las asignaturas interesantes
el curso difícil	los cursos difíciles
la asignatura difícil	las asignaturas difíciles

Unas amigas argentinas, Buenos Aires

AMIGOS Y ALUMNOS

5 **Julia** Describan a la muchacha.

Una muchacha de San Juan,
Puerto Rico

6 **Los amigos** Describan al grupo de amigos.

En la colonia de San Ángel,
Ciudad de México

7 **Mi clase favorita** Describan su clase favorita.

8 ¡**Qué clase tan difícil!** Work in groups of three or four. In each group, rate your courses as **fácil, difícil, regular, aburrido, fantástico.** Tally the results and report the information to the class.

9 **En Venezuela** You are spending the summer with a family in Venezuela. Tell your Venezuelan "brother" or "sister" (your partner) all you can about your Spanish class and your Spanish teacher. Answer any questions he or she may have. Then reverse roles.

Salto Ángel, Venezuela

10 **Cursos** You are speaking with an exchange student from Peru (your partner). He or she wants to know about your school, your schedule, and your classes. Tell as much as you can about your school and then ask him or her about school life in Peru.

Una alumna de Lima, Perú

La familia

Vocabulario

Es la familia Ramos.
En la familia Ramos hay cinco personas.
Ellos tienen una casa en San Pedro Sula.
Ellos viven en Honduras.

Su casa tiene siete cuartos.

La familia está en la sala.
La señora Ramos lee un libro.
Su esposo lee el periódico.
José ve la televisión.
Una hermana de José escribe una carta.

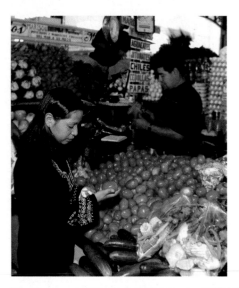

En el mercado venden frutas y vegetales.
Venden carne también.
La señora compra un kilo de tomates.
Los tomates están a 50 pesos el kilo.

1 **Historieta** **La familia Ramos** Contesten.

1. ¿Cuántas personas hay en la familia Ramos?
2. ¿Tienen ellos una casa o un apartamento?
3. ¿Dónde viven ellos?
4. ¿Cuántos cuartos tiene su casa?
5. ¿Cuáles son los cuartos de la casa?

San Miguel de Allende, México

2 **Expresiones** Pareen.

1. leer	a. mucho en la escuela
2. escribir	b. al quinto piso
3. vivir	c. una novela
4. aprender	d. un alumno bueno y serio
5. vender	e. una carta con bolígrafo
6. comer	f. una limonada
7. ver	g. en una casa particular
8. ser	h. una emisión deportiva
9. subir	i. discos en una tienda
10. beber	j. carne, ensalada y papas

3 **Juego** **¿Cuáles son?** Contesten.

1. ¿Cuáles son algunas cosas que comemos?
2. ¿Cuáles son algunas cosas que bebemos?
3. ¿Cuáles son algunas cosas que leemos?
4. ¿Cuáles son algunas cosas que escribimos?

Conversación

¿Dónde viven?

Tomás Elena, ¿tienes una familia grande?
Elena Sí, bastante grande. Somos seis.
Tomás ¿Viven Uds. aquí en la capital?
Elena Sí, vivimos en la calle Mayor. Nuestro apartamento está en el edificio Bolívar.

Después de conversar

Contesten.

1. ¿Con quién habla Tomás?
2. ¿Tiene Elena una familia bastante grande?
3. ¿Cuántas personas hay en su familia?
4. ¿Viven ellos en la capital?
5. ¿En qué calle viven?
6. ¿Dónde tienen un apartamento?

Málaga, España

Estructura

 ## Presente de los verbos en **-er** e **-ir**

1. Review the following forms of regular **-er** and **-ir** verbs.

COMER	como	comes	come	comemos	*coméis*	comen
BEBER	bebo	bebes	bebe	bebemos	*bebéis*	beben
VIVIR	vivo	vives	vive	vivimos	*vivís*	viven
SUBIR	subo	subes	sube	subimos	*subís*	suben

2. Note that the **-er** and **-ir** verbs have the same endings in all forms except **nosotros** (and **vosotros**).

comemos   vivimos
coméis   *vivís*

Las Ramblas, Barcelona, España

4 **Tú y tus amigos** Contesten.

1. ¿Qué comes cuando vas a un café?
2. ¿Qué bebes cuando estás en un café?
3. ¿Qué aprenden tú y tus amigos en la escuela?
4. ¿Qué leen Uds. en la clase de inglés?
5. ¿Qué escriben Uds.?
6. ¿Comprenden los alumnos cuando la profesora de español habla?
7. ¿Reciben Uds. notas buenas en todas sus asignaturas?

5 **Historieta** **En un café** Completen.

En el café los clientes __1__ (ver) al mesero.
Ellos __2__ (hablar) con el mesero. Los clientes
__3__ (leer) el menú y __4__ (decidir) lo que van
a tomar. Los meseros __5__ (tomar) la orden
y __6__ (escribir) la orden en un cuaderno
pequeño o un bloc. Los meseros no __7__ (leer)
el menú. Y los clientes no __8__ (escribir)
la orden.

Barcelona, España

El verbo **tener**

1. Review the forms of the irregular verb **tener.**

TENER   **tengo   tienes   tiene   tenemos   *tenéis*   tienen**

2. Note that the expression **tener que** followed by an infinitive means *to have to.*

Tenemos que estudiar y aprender mucho.

6 **Historieta** **Mi familia** Contesten.

1. ¿Tienes una familia grande o pequeña?
2. ¿Cuántos hermanos tienes?
3. ¿Cuántos años tienen ellos?
4. ¿Y cuántos años tienes tú?
5. ¿Tienen Uds. un perro o un gato?
6. ¿Tiene tu padre o tu madre un carro?
7. En la escuela, ¿tienes que estudiar mucho?
8. ¿Y tienen que trabajar mucho tus padres?

Barcelona, España

7 **Historieta** **La familia Bravo**
Completen con **tener.**

La familia Bravo __1__ un piso o apartamento en Madrid. Su piso __2__ seis cuartos. Está en Salamanca, una zona muy bonita de la ciudad. Muchas calles en la zona Salamanca __3__ los nombres de artistas famosos—la calle Goya, la calle Velázquez.

Hay cuatro personas en la familia Bravo. Teresa __4__ diecisiete años y su hermano __5__ quince años. Ellos __6__ un perro adorable.

LA FAMILIA

Adjetivos posesivos

1. Review the forms of the possessive adjectives **mi, tu,** and **su.** These adjectives have only two forms.

> **¿Dan una fiesta tu hermana y tus primos?**
> **Sí, mi hermana y mis primos dan una fiesta.**
> **Todos sus amigos van a recibir una invitación a su fiesta.**

2. The possessive adjective **nuestro** has four forms.

> **Nuestro primo, nuestra tía, nuestras sobrinas y nuestros abuelos viven todos en Madrid.**

8 **Historieta** **Mi familia y mi casa** Contesten.

1. ¿Dónde está tu casa o tu apartamento?
2. ¿Cuántos cuartos tiene tu casa o tu apartamento?
3. ¿Cuántas personas hay en tu familia?
4. ¿Dónde viven tus abuelos?
5. Y tus primos, ¿dónde viven?

9 **Historieta** **Nuestra casa** Completen.

Nosotros vivimos en ____ (*name of city or town*). __1__ casa está en la calle ____ (*name of street*). __2__ padres tienen un carro. __3__ carro es bastante nuevo. Yo tengo una bicicleta. __4__ bicicleta está en el garaje con el carro de __5__ padres. Nosotros tenemos un perro. __6__ perro es adorable. __7__ perro está en el jardín. Mi hermano y __8__ amigos siempre juegan en el jardín alrededor de __9__ casa.

Revista mensual de decoración Nº 347

Hogares
400 Ptas.

ESPECIAL: MALLORCA

Las mejores propuestas de la isla

DE COMPRAS POR... Sant Cugat

RASTREO POR... Via Augusta

CITA EN... La Garriga

DOSSIER VENTANAS Y CERRAMIENTOS

UN PASEO POR... Los artesanos del Barrio de Gracia

DESCUBRE... Tiendas de arreglos florales

10 Ideas para decorar el recibidor

Y ADEMÁS... *Las mejores ideas, precios y direcciones*
REVISTA-GUIA DE TIENDAS DE DECORACION

10 **Apartamentos** With a classmate, look at this plan of the fourth floor of an apartment building. A different family lives in each of the two apartments. Give each family a name. Then say as much as you can about each family and their activities. Don't forget to describe their apartment. Be as original as possible.

11 **En el café** Work in groups of three or four. You're all friends from Chile. After school you go to a café where you talk about lots of things—school, teachers, friends, home, family, etc. One of you will be the waiter or waitress. You have to interrupt the conversation once in a while to take the orders and serve. Take turns.

Volcán Villarrica, Pucón, Chile

Repaso D

Los deportes

Vocabulario

Los dos equipos juegan (al) fútbol.
Empieza el segundo tiempo.
Los jugadores vuelven al campo de fútbol.
Los dos equipos quieren ganar.

LOCAL 0 2 **VISITANTE** 0
34:06

Elena, ¿te gusta el béisbol?

Sí, me gusta. Pero me gusta más el fútbol.

Sí, me gusta mucho. ¿Y a ti?

A mí, no. Me aburre.

Es un partido de béisbol.
El jugador batea la pelota.
Luego corre de una base a otra.

DEPORTE DE PUEBLO

1 Historieta El juego de fútbol

Contesten según se indica.

1. ¿Cuántos tiempos hay en un juego de fútbol? (dos)
2. ¿Cuántos jugadores hay en un equipo de fútbol? (once)
3. ¿Dónde juegan fútbol? (en el campo de fútbol)
4. ¿Quién guarda la portería? (el portero)
5. ¿Qué bloquea? (el balón)
6. ¿Quieren perder los dos equipos? (no, ganar)
7. ¿Pierde un equipo si el tanto queda empatado? (no)

2 ¿Qué deporte es? Escojan.

1. El jugador lanza el balón con el pie.
2. Hay cinco jugadores en el equipo.
3. Hay nueve entradas en el partido.
4. El jugador corre de una base a otra.
5. El portero para o bloquea el balón.
6. El jugador tira el balón y encesta.

3 Gustos Contesten.

1. ¿Cuáles son los deportes que a ti te gustan?
2. ¿Cuáles son los comestibles que te gustan?
3. ¿Cuáles son los cursos que te interesan?
4. ¿Cuáles son algunas cosas que no te gustan, que te aburren?

Conversación

Un partido importante

Tadeo Isabel, ¿quieres ir al café Solís con nosotros?

Isabel Gracias, Tadeo, pero no puedo. Quiero ver el partido.

Tadeo ¿De qué partido hablas?

Isabel El Real juega contra el Valencia.

Tadeo ¿Cuál es tu equipo favorito? ¿Cuál te gusta más?

Isabel El Real.

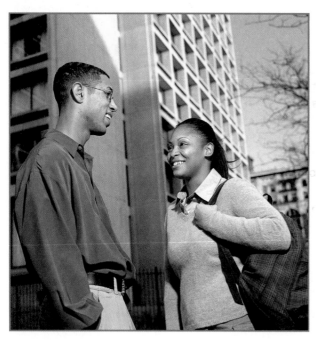

ATLETICO de MADRID

¡AUPA ATLETI!

Después de conversar

Contesten.

1. ¿Adónde van los amigos de Tadeo?
2. ¿Quiere ir con ellos Isabel?
3. ¿Por qué no puede ir?
4. ¿Qué quiere ver?
5. ¿Qué equipos juegan?
6. ¿Cuál es el equipo favorito de Isabel?

Manuel Martínez
PRESENTADOR DEPORTIVO

CANAL CUATRO
TELEFONOS: 24-1015 · 24-4555
FAX (503) 24-5708
APARTADO POSTAL 444
SAN SALVADOR,
EL SALVADOR, C.A.

Estructura

 Verbos de cambio radical

1. Review the following forms of stem-changing verbs. Remember that the **e** changes to **ie** in all forms except **nosotros** (and **vosotros**).

EMPEZAR	empiezo	empiezas	empieza	empezamos	*empezáis*	empiezan
PERDER	pierdo	pierdes	pierde	perdemos	*perdéis*	pierden

2. The following verbs change the **o** to **ue** in all forms except **nosotros** (and **vosotros**).

VOLVER	vuelvo	vuelves	vuelve	volvemos	*volvéis*	vuelven
PODER	puedo	puedes	puede	podemos	*podéis*	pueden

3. The verb **jugar** also has a stem change.

JUGAR	juego	juegas	juega	jugamos	*jugáis*	juegan

4 **Historieta** **Un juego de béisbol** Completen.

El juego de béisbol __1__ (empezar) a las tres y media. Habla Teresa:

—Hoy yo __2__ (querer) ser la pícher.

La verdad es que Teresa __3__ (ser) una pícher muy buena. Ella __4__ (jugar) muy bien. Nosotros __5__ (tener) un equipo bueno. Todos nosotros __6__ (jugar) bien. Nuestro equipo no __7__ (perder) mucho.

Caracas, Venezuela

5 **Historieta** **Una fiesta** Contesten.

1. ¿Quieres ir a la fiesta?
2. ¿Quieren Uds. bailar durante la fiesta?
3. ¿A qué hora empieza la fiesta?
4. ¿Puedes llegar a tiempo?
5. ¿Pueden Uds. tomar el bus a la fiesta?
6. ¿A qué hora vuelven Uds. a casa?

6 **Juego** **Puedo, quiero, prefiero**

1. **Puedo…** Tell all that you can do.
2. **Quiero…** Tell all that you want to do.
3. **Quiero pero no puedo…** Tell all that you want to do but for some reason you cannot do.
4. **No quiero porque prefiero…** Tell something you don't want to do because you prefer to do something else.

Verbos como **aburrir, interesar** y **gustar**

1. The verbs **interesar** and **aburrir** function the same in Spanish and English.

   ¿Te aburre el arte?
   Does art bore you?
   ¿Te aburren los deportes?
   Do sports bore you?
   No, los deportes me interesan.
   No, sports interest me.

2. The verb **gustar** functions the same as **interesar** and **aburrir**. Gustar conveys the meaning "to like," but it actually means "to be pleasing to."

   ¿Te gusta el béisbol?
   Sí, me gusta mucho.
   ¿Te gustan los deportes?
   Sí, me gustan.

7 **Gustos** Sigan el modelo.

> ¿A mí? ¿Los tomates?
> **Me gustan mucho los tomates.**

1. ¿A mí? ¿El pescado?
2. ¿A mí? ¿Los vegetales?
3. ¿A mí? ¿La carne?
4. ¿A mí? ¿El jamón?
5. ¿A mí? ¿Los mariscos?

8 **¿Sí o no?** Contesten.

1. ¿Te interesan o te aburren las matemáticas? ¿Te gustan o no?
2. ¿Te interesa o te aburre la historia? ¿Te gusta o no?
3. ¿Te interesan o te aburren las ciencias? ¿Te gustan o no?
4. ¿Te interesa o te aburre la literatura? ¿Te gusta o no?
5. ¿Te interesa o te aburre la geografía? ¿Te gusta o no?

9 **¿Qué te gusta hacer?** Contesten según los dibujos.

1.   2.   3.   4.

10 **No soy muy aficionado(a).** Work with a classmate. Tell him or her what sport you don't want to play because you don't like it. Tell him or her what you prefer to play. Then ask your classmate questions to find out what sports he or she likes.

11 **Mi equipo favorito** Work with a classmate. Tell him or her about your favorite team. Tell all about the sport and tell why you really like this team in particular. Then ask your classmate about his or her favorite team. Do you by chance have the same favorite team?

12 **Juego** **¿Qué deporte es?** Work with a classmate. Give him or her some information about a sport. He or she has to guess what sport you're talking about. Take turns.

Repaso E

Un viaje en avión

Interna

Vocabulario

Los pasajeros están en el aeropuerto.
La agente de la línea aérea revisa los
   boletos (billetes).
Tiene que mirar los pasaportes también.

Los pasajeros hacen un viaje en avión.
El vuelo 102 con destino a México sale
   de la puerta diez.
El vuelo está saliendo a tiempo.
No sale con una demora.

Los pasajeros traen bastante equipaje de mano.
Ponen su equipaje de mano debajo del asiento.

1 Historieta En el aeropuerto

Contesten. Inventen una historia.

1. ¿Están en el aeropuerto los pasajeros?
2. ¿Hacen un viaje en avión?
3. ¿Hablan con la agente de la línea aérea?
4. ¿Qué tiene que revisar la agente?
5. ¿Para dónde sale el vuelo?
6. ¿Está saliendo a tiempo o con una demora?
7. ¿Qué traen los pasajeros?
8. ¿Dónde ponen su equipaje de mano?

2 ¿Sí o no? Digan que sí o que no.

1. El avión aterriza cuando sale.
2. El avión despega cuando llega a su destino.
3. Un vuelo internacional es un vuelo que va a un país extranjero.
4. Los agentes de la línea aérea que trabajan en el mostrador en el aeropuerto son los asistentes de vuelo.
5. La tripulación consiste en los empleados que trabajan a bordo del avión.

Aerolínea mexicana

MEXICANA.
Aterrice con nosotros.

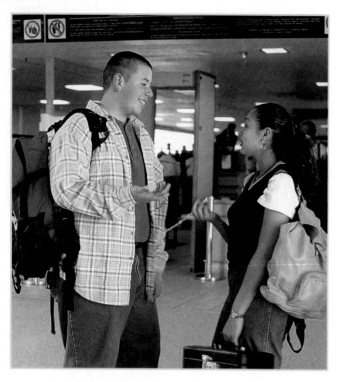

Conversación

En el aeropuerto

Felipe Están anunciando la salida de nuestro vuelo, ¿no?

Alejandra Sí, sí. Es nuestro vuelo.

Felipe ¿De qué puerta sale?

Alejandra Sale de la puerta once.

Felipe ¿Tenemos que pasar por el control de seguridad?

Alejandra Sí, tienen que tomar unos rayos equis de nuestro equipaje de mano.

Después de conversar

Corrijan las oraciones.

1. Están anunciando la llegada del vuelo de Felipe y Alejandra.
2. Su vuelo va a salir de la puerta dos.
3. Ellos tienen que pasar por migración.
4. Tienen que tomar unos rayos equis de sus boletos y pasaportes.

R38

REPASO E

Estructura

Presente de algunos verbos irregulares

1. Many verbs that are irregular in the present tense are irregular only in the **yo** form. All other forms are regular. Study the following verbs that have a **g** in the **yo** form.

HACER	**hago**
PONER	**pongo**
TRAER	**traigo**
SALIR	**salgo**

2. The verbs **saber** and **conocer** also have an irregular **yo** form.

SABER	**sé**
CONOCER	**conozco**

Saber is used to express knowledge of simple facts. **Conocer** means "to know" in the sense of to be acquainted with someone or something.

> **Yo sé que Madrid está en España.**
> **Yo conozco Madrid.**
> **Yo conozco a Eduardo también.**
> **Yo sé que él es de Madrid.**

Madrid, España

3 **Historieta** **Un viaje imaginario**
Contesten.

1. ¿Haces un viaje a España?
2. ¿Haces el viaje en avión?
3. Antes, ¿haces las maletas?
4. ¿Qué pones en las maletas?
5. ¿Cuándo sales?
6. ¿Sales para el aeropuerto en taxi?
7. ¿A qué hora sale tu vuelo?
8. A bordo del avión, ¿dónde ponen los pasajeros su equipaje de mano?
9. ¿Conoces la ciudad de Madrid?
10. ¿Sabes hablar español?

IBERIA TARJETA DE EMBARQUE

INFORMACION AL PASAJERO					
Vuelo	Destin	Hora Limite	Puerta	Clase	Su asiento
IB3127	MAD	12.45	15	C	8C

LUNA/GABRIEL

LIS/22APR   C 048

Conserve esta tarjeta hasta su destino

4 **La maleta** Completen con **hacer, poner** o **salir.**

1. Juan ____ su maleta. Él ____ una camisa en la maleta. Él ____
   para Málaga.
2. Nosotros ____ nuestra maleta. Nosotros ____ blue jeans en
   la maleta porque ____ para Cancún en México.
3. ¿Tú ____ tu maleta? ¿Qué ____ en la maleta? ¿Para dónde ____?
4. Mis padres ____ su maleta. Ellos ____ muchas cosas en la maleta.
   Ellos ____ su maleta porque ____ para Miami.

Málaga, España

 El presente progresivo

1. The present progressive tense is used to express an action or activity that is
   presently going on.

2. To form the present progressive, you use the present tense of the verb **estar**
   and the present participle. Review the forms of the present participle.

   HABLAR   **hablando**
   COMER   **comiendo**
   SALIR   **saliendo**

   ¿Qué está haciendo Teresa?
   Teresa está esperando el avión porque está saliendo para México.

5 **Historieta** **En el aeropuerto**
Contesten según se indica.

1. ¿Adónde están llegando los pasajeros?
   (al aeropuerto)
2. ¿Cómo están llegando? (en taxi)
3. ¿Adónde están viajando? (a Colombia)
4. ¿Cómo están haciendo el viaje? (en avión)
5. ¿Dónde están facturando su equipaje?
   (en el mostrador de la línea aérea)
6. ¿Qué está mirando la agente? (los boletos
   y los pasaportes)

Isla de Providencia, Colombia

6 **Un boleto para Monterrey** Work with a
classmate. You want to fly from your hometown
to Monterrey, México. Call the airline to get a
reservation. Your partner will be the reservations
agent. Before you call, think about all the
information you will need to give or get from the
agent: date of departure, time, arrival time in
Monterrey, flight number, price, etc. Take turns.

7 **Un viaje** You know quite a bit about several
Spanish-speaking countries. Work with a
classmate. Choose a country you would both like
to visit. Discuss how you plan to get there and
what you are going to do and see there.

Monterrey, México

8 **El aeropuerto** Work with a
classmate. Look at the illustration
of the many activities taking place
at an airport. Tell all about the
illustration in your own words.

UN VIAJE EN AVIÓN

La rutina y la salud

Vocabulario

Estefanía está bien.
Ella se levanta cada mañana a
   las seis y media.

Ella se lava la cara.

Se peina.
Estefanía se mira en el espejo
   cuando se peina.

Juan no está bien hoy.
Está enfermo.
Tiene fiebre.
Tiene (una) tos.
Está en cama.

Juan va al consultorio de la médica.
Está en el consultorio.
La médica examina a Juan.

1 **Historieta** **La rutina diaria** Contesten.

1. ¿A qué hora se levanta Claudia cada mañana?
2. ¿Ella se desayuna en casa?
3. Después de desayunarse, ¿se cepilla los dientes?
4. ¿Se lava la cara?
5. ¿A qué hora se acuesta ella cada noche?

2 **La salud** Digan que sí o que no.

1. Cuando estamos cansados, queremos dormir.
2. Cuando estamos enfermos, vamos a ver al médico.
3. Tenemos que ir al hospital cuando tenemos un catarro.
4. Tenemos fiebre cuando tenemos la gripe.
5. Estamos contentos y nos sentimos bien cuando tenemos la temperatura elevada.
6. Tenemos que guardar cama cuando tenemos dolor de cabeza.

3 **Juego** **El cuerpo** ¿Cuáles son los nombres de todas las partes del cuerpo que sabes en español?

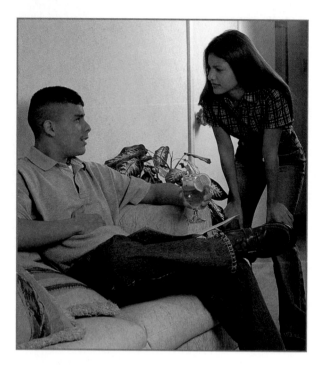

Conversación

¿Cómo estás?

Sandra ¿Cómo estás, Pepe?

Pepe La verdad es que no me siento muy bien.

Sandra ¿Estás enfermo? ¿Qué tienes?

Pepe Tengo dolor de garganta y estoy cansado.

Sandra Pues, sabes donde está la consulta del médico, ¿no?

Después de conversar

Contesten.

1. ¿Cómo está Pepe?
2. ¿Cómo se siente él?
3. ¿Qué tiene?
4. ¿Tiene mucha energía?
5. ¿Está cansado?
6. ¿Adónde debe ir?

El dolor de cabeza
¿es muy perro?

DISPRINA va a la cabeza en alivio pronto y efectivo. Y no irrita el estómago.

sanofi

DISPRINA se deshace por ti.

Estructura

 ## Ser y estar

1. The verbs **ser** and **estar** both mean "to be." **Ser** is used to tell where someone or something is from. It is also used to describe an inherent trait or characteristic.

> **Roberto es de Miami.**
> **Él es inteligente y guapo.**

2. **Estar** is used to tell where someone or something is located. It is also used to describe a temporary state or condition.

> **Roberto es de Miami pero ahora está en Madrid.**
> **Madrid está en España.**
> **Roberto está muy contento en Madrid.**

4 **Historieta** **¿En qué clase estás?**
Contesten.

1. ¿Estás en la escuela ahora?
2. ¿Dónde está la escuela?
3. ¿En qué clase estás?
4. ¿Está la profesora en la clase también?
5. ¿Cómo es la profesora?
6. Y, ¿cómo es la clase de español?
7. ¿De dónde es la profesora?
8. Y tú, ¿de dónde eres?
9. ¿Cómo estás hoy?
10. Y la profesora, ¿cómo está?

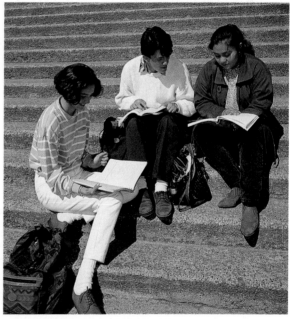

Alumnos mexicanos, Ciudad de México

5 **Historieta** **Ángel** Completen con **ser** o **estar.**

Ángel __1__ de Caracas. Él __2__ muy simpático. __3__ gracioso también. Ahora Ángel __4__ en Nueva York. __5__ estudiante en la universidad. Ángel __6__ muy contento en Nueva York.

Nueva York __7__ en el nordeste de los Estados Unidos. La Ciudad de Nueva York __8__ muy grande y __9__ muy interesante. A Ángel le gusta mucho Nueva York.

Caracas, Venezuela

 ## Verbos reflexivos

The subject of a reflexive verb both performs and receives the action of the verb. Each subject has its corresponding reflexive pronoun. Review the following forms.

INFINITIVE	levantarse	acostarse
yo	me levanto	me acuesto
tú	te levantas	te acuestas
él, ella, Ud.	se levanta	se acuesta
nosotros(as)	nos levantamos	nos acostamos
vosotros(as)	os levantáis	os acostáis
ellos, ellas, Uds.	se levantan	se acuestan

6 **¿Y tú?** Contesten personalmente.

1. ¿A qué hora te acuestas?
2. ¿Te duermes enseguida?
3. Y, ¿a qué hora te despiertas?
4. Cuando te despiertas, ¿te levantas enseguida?
5. ¿Te lavas en el cuarto de baño?
6. ¿Te desayunas en casa?
7. Después, ¿te cepillas los dientes?

7 **Su rutina** Describan cada foto.

1. Ellos
   Nosotros
   Uds.

2. Yo
   Ella
   Tú

8 **Un día típico** Work with a classmate. Compare a typical day in your life with a typical day in your partner's life. Then tell what activities you have in common.

9 **En la consulta del médico**
This is a really busy doctor's office. There is a lot going on at the same time. With a classmate, describe all that you see in the illustration.

El verano y el invierno

Vocabulario

Raúl pasó el verano en la playa.
Nadó en el mar.

Tomó el sol.
Volvió a casa muy bronceado.

Susana pasó una semana en una
estación de esquí.
Tomó el telesilla para subir la montaña.
Subió en el telesilla.

Ella bajó la pista para expertos.
No bajó la pista para principiantes.

Historieta En la playa

Contesten.

1. ¿Fue José a la playa?
2. ¿Nadó en el mar?
3. ¿Esquió en el agua?
4. ¿Se sentó en la arena?
5. ¿Tomó el sol?
6. ¿Volvió a casa muy bronceado?

Acapulco, México

Los Andes, Chile

 Historieta En la estación de esquí

Contesten.

1. ¿Fueron a una estación de esquí los amigos?
2. ¿Salieron ellos muy temprano por la mañana?
3. ¿Pasaron el día entero en las pistas?
4. ¿Subieron la montaña en el telesilla?
5. ¿Bajaron la pista para expertos o para principiantes?
6. ¿Volvieron a casa el mismo día?

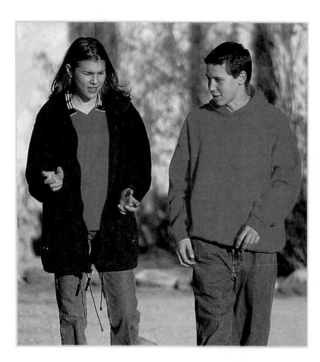

Conversación

¿Qué hicieron los amigos?

José ¿Adónde fuiste ayer, Adriana?

Adriana Fui a casa de Elena.

José ¿Y…?

Adriana Jugamos tenis.

José ¿Tiene Elena una cancha de tenis?

Adriana No, hay canchas en un parque cerca de su casa. Pero Elena tiene una piscina.

José ¿Sí? ¿Nadaron Uds.?

Adriana Sí, nadamos después de jugar tenis.

Málaga, España

Después de conversar

Digan que sí o que no.

1. José fue con Adriana a casa de Elena.
2. La casa de Elena tiene una cancha de tenis.
3. Adriana y Elena jugaron tenis.
4. Jugaron en una cancha en un parque.
5. Nadaron también.
6. Nadaron en una piscina en el parque.

Estructura

 El pretérito

1. Review the forms of the preterite of regular verbs.

INFINITIVE	nadar	comer	subir
yo	nadé	comí	subí
tú	nadaste	comiste	subiste
él, ella, Ud.	nadó	comió	subió
nosotros(as)	nadamos	comimos	subimos
vosotros(as)	*nadasteis*	*comisteis*	*subisteis*
ellos, ellas, Uds.	nadaron	comieron	subieron

2. The forms of the verbs **ir** and **ser** are the same in the preterite. The meaning is made clear by the context of the sentence.

fui   fuiste   fue   fuimos   *fuisteis*   fueron

3. The preterite is used to express an event or action that began and ended at a definite time in the past.

Ellos pasaron el año pasado en México.
Fueron a Acapulco.

---

3 **Historieta En la escuela** Contesten.

1. ¿Fuiste a la escuela ayer?
2. ¿A qué hora llegaste a la escuela?
3. ¿Hablaste con el/la profesor(a) de español?
4. ¿Tomaste un examen?
5. ¿En qué curso tomaste el examen?
6. ¿Saliste bien en el examen?
7. ¿Comiste en la cafetería de la escuela?
8. ¿A qué hora volviste a casa?

4 Muchas actividades Contesten.

1. ¿Fuiste al cine ayer?
   ¿Viste una película?
   ¿Tomaste un refresco en el cine?

2. ¿Salieron Uds. anoche?
   ¿Fueron a una fiesta?
   ¿Bailaron y cantaron durante la fiesta?

3. ¿Esquió Sandra?
   ¿Subió la montaña en el telesilla?
   ¿Bajó la pista para expertos?

4. ¿Pasaron los amigos el fin de semana en la playa?
   ¿Te escribieron una tarjeta postal?
   ¿Nadaron y esquiaron en el agua?

CANAL SUR	
8.00	TELETRASTO (Infantil) «LA FAMILIA BIONICA», «EL INSPECTOR GADGET», «TRAS-TO»
9.00	HOSPITAL
10.00	ANDALUCIA NUESTRA
10.30	VECINOS
11.00	LAS MAÑANAS DE CANAL SUR
12.00	CINE MATINAL «LAS PROTEGIDAS»
13.30	SIEMPRE HAY UNA SUEGRA
14.30	EL DIARIO 1
15.00	EL TIEMPO
15.05	PIGMALION
15.30	IMAGINA

Los pronombres de complemento

1. The object pronouns **me, te,** and **nos** can be either a direct or an indirect object. Note that the object pronoun precedes the conjugated verb.

   Él **me** miró.   Él **me** habló por teléfono.
   ¿**Te** invitó Carlos?   ¿**Te** dio una invitación?

2. **Lo, los, la,** and **las** function as direct objects only. They can replace either persons or things.

   Pablo compró el **boleto.**   Pablo **lo** compró.
   Pablo compró los **boletos.**   Pablo **los** compró.
   Teresa compró la **raqueta.**   Teresa **la** compró.
   Teresa compró las **raquetas.**   Teresa **las** compró.
   Yo vi a los **muchachos.**   Yo **los** vi.

3. **Le** and **les** function as indirect objects only.

   Yo **le** escribí una carta (a él, a ella, a Ud.).
   Yo **les** escribí una carta (a ellos, a ellas, a Uds.).

5 **Historieta A la consulta del médico** Contesten.

1. ¿Fuiste a la consulta del médico?
2. ¿Te habló el médico?
3. ¿Te examinó?
4. ¿Te dio una diagnosis?
5. ¿Te recetó unos antibióticos?

6 **Aquí lo tienes.** Sigan el modelo.

la toalla
Aquí la tienes.

1. la toalla playera
2. la crema bronceadora
3. el bañador
4. el traje de baño
5. los anteojos para el sol
6. los boletos para el telesilla
7. los esquís
8. las raquetas

7 **Historieta En el aeropuerto** Completen con **le** o **les**.

La señora Iturria fue al mostrador de la línea aérea. Ella __1__ habló al agente. __2__ habló en español; no __3__ habló en inglés. Ella __4__ dio su boleto y él lo miró. Ella __5__ dio su pasaporte también.

A bordo del avión los asistentes de vuelo __6__ hablaron a los pasajeros. __7__ dieron la bienvenida a bordo y __8__ explicaron las reglas de seguridad.

8 **Las estaciones** Work with a classmate. Tell whether you prefer summer or winter. Explain why you prefer one over the other. Tell what you do during that season. Take turns.

9 **¡A viajar!** Look at these postcards. Work with a classmate. Tell where you prefer to go and why. Take turns.

Costa del Sol

Puerto Marina

Capítulo

1

Un viaje en tren

Objetivos

In this chapter you will learn to:

❖ use expressions related to train travel
❖ purchase a train ticket and request information about arrival, departure, etc.
❖ talk about more past events or activities
❖ tell what people say
❖ discuss an interesting train trip in Spain and Peru

Vocabulario

PALABRAS 1

En la estación de ferrocarril

Próximas LLegadas		
Regionales y L. Recorrido		
H.Prev.	Procedencia	Via
13:18	BADAJ/CACER	5
13:19	JAEN	
13:46	TOLEDO	4
13:49	CARTAGENA	
14:15	SANTANDER	5
14:20	ALICANTE	5

Próximas Salidas					
Cercanías		Regionales y L. Recorrido			
Hora	Destino	Via	Hora	Destino	Via	Tren
	FUENLABRADA	9	13:18	BARCELONA	5	TALGO
	MOSTOL/SOTO	8	13:33	AVILA	2	REGIO
	PARLA	6	13:50	ALBACETE	5	R EXP
13:05	P PIO/VILLA	7	14:03	SEGOVIA	2	REGIO
13:10	CHAMARTIN	2	14:15	ALICANTE	5	TALGO
13:10	ALCALA	3	14:20	GIJON	5	TALGO
13:13	TRES CANTOS	2	14:25	TOLEDO	4	REGIO
13:16	COSLADA	3	15:03	SEGOVIA	2	REGIO
13:22	GUADALAJARA	3				
13:23	CHAMAR/P PI	2				

el tablero de llegadas

el tablero de salidas

el quiosco

la sala de espera

HORARIOS ⑧ MADRID ALMERIA GRANADA

el horario

Un billete para Madrid, por favor.

¿En primera o en segunda?

En segunda—de ida y vuelta.

la ventanilla

el billete de ida y vuelta

el billete sencillo

el vagón, el coche

el tren

el mozo, el maletero

el equipaje

la maleta

la bolsa

la vía

el andén

La señora hizo un viaje.
Hizo el viaje en tren.
Tomó el tren porque no quiso ir en carro.
Subió al tren.

El mozo vino con el equipaje.
El mozo puso el equipaje en el tren.
Los mozos ayudaron a los pasajeros
   con su equipaje.

El tren salió del andén número cinco.
Algunos amigos estuvieron en el andén.

Para empezar
Let's use our new words

1 **Historieta** **En la estación de ferrocarril**

Contesten según se indica.

1. ¿Cómo vino la señora a la estación? (en taxi)
2. ¿Dónde puso sus maletas? (en la maletera del taxi)
3. En la estación, ¿adónde fue? (a la ventanilla)
4. ¿Qué compró? (un billete)
5. ¿Qué tipo de billete compró? (de ida y vuelta)
6. ¿En qué clase? (segunda)
7. ¿Dónde puso su billete? (en su bolsa)
8. ¿Qué consultó? (el horario)
9. ¿Adónde fue? (al andén)
10. ¿De qué andén salió el tren? (del número dos)
11. ¿Por qué hizo la señora el viaje en tren? (no quiso ir en coche)

Atocha, una estación de ferrocarril en Madrid

En la estación de Atocha

2 **Historieta** **Antes de abordar el tren**

Escojan.

1. ¿Dónde espera la gente el tren?
   a. en la ventanilla   b. en la sala de espera
   c. en el quiosco
2. ¿Dónde venden o despachan los billetes?
   a. en la ventanilla   b. en el equipaje
   c. en el quiosco
3. ¿Qué venden en el quiosco?
   a. boletos   b. maletas
   c. periódicos y revistas
4. ¿Qué consulta el pasajero para verificar la hora de salida del tren?
   a. la llegada   b. la vía   c. el horario
5. ¿Quién ayuda a los pasajeros con el equipaje?
   a. el mozo   b. el tablero   c. el andén
6. ¿De dónde sale el tren?
   a. de la ventanilla   b. del andén
   c. del tablero

3 Historieta **El billete del tren** Contesten.

Billete y Reserva

Nombre :							
Tren	Clase	Fecha	Salida	Llegada	Coche	Plaza	Departamento
LAN30	7	06/07	15.30	16.19	0007	070	NO FUMA
De PTA.ATOCHA		A		CDAD.REAL			
Tarifa	410	TARIFA GENERAL					
Forma de pago METALICO				Total pts ★★★★2450 Incluido SOV e IVA			

EL CONTROL DE ACCESO AL TREN SE CIERRA DOS MINUTOS ANTES DE LA SALIDA

1. ¿De qué estación sale el tren?
2. ¿Adónde va el tren?
3. ¿Cuál es la fecha del billete?
4. ¿A qué hora sale el tren?
5. ¿Está el asiento en la sección de fumar o de no fumar?
6. ¿Qué clase de billete es?
7. ¿Con qué pagó el/la pasajero(a)?

4 RENFE (Red Nacional de Ferrocarriles Españoles)

You're in Spain and you want to visit one of the cities on the map. A classmate will be the ticket agent. Get yourself a ticket and ask the agent any questions you have about your train trip.

En el tren

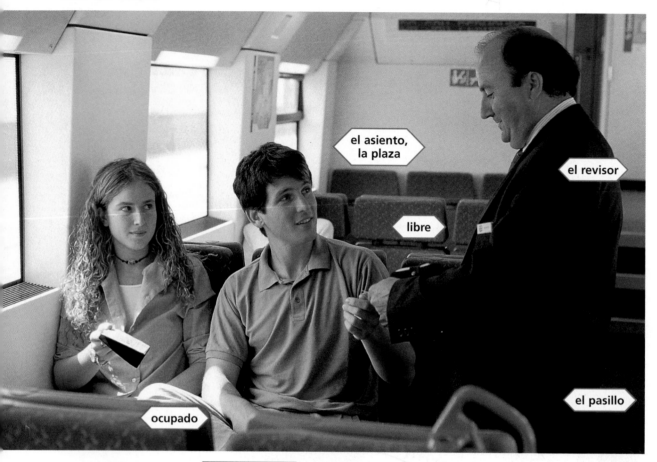

el asiento, la plaza

el revisor

libre

ocupado

el pasillo

el coche-comedor, el coche-cafetería

la litera

el coche-cama

MADRID Puerta de Atocha CADIZ	LLANO	
NUMERO DE TREN	9220	41 (1)
DIAS DE CIRCULACION	LMXJVSD	LMXJVSD
MADRID Puerta de Atocha	10:05	16:05
CIUDAD REAL	11:06	17:06
PUERTOLLANO	11:23	17:23
CORDOBA	12:12	18:11
SEVILLA Santa Justa	13:19	19:26
JEREZ DE LA FRONTERA	14:16	20:23
EL PUERTO DE STA. MARIA	14:27	20:36
SAN FERNANDO DE CADIZ	14:41	20:50
CADIZ	14:55	21:05

El tren salió a tiempo.
No salió tarde.
No salió con retraso
    (con una demora).

bajar(se) del tren

Los pasajeros van a bajar en la próxima
    parada (estación).
Van a transbordar en la próxima parada.

transbordar

Vocabulario

Para empezar
Let's use our new words

5 **Historieta** **En el tren**

Contesten.

1. Cuando llegó el tren a la estación, ¿subieron los pasajeros a bordo?
2. ¿El tren salió tarde?
3. ¿Con cuántos minutos de demora salió?
4. ¿Vino el revisor?
5. ¿Revisó él los boletos?

Santiago, Chile

Madrid, España

6 **Historieta** **El tren**

Contesten según la foto.

1. ¿Tiene el tren compartimientos?
2. ¿Tiene el coche o vagón un pasillo?
3. ¿Cuántos asientos hay a cada lado del pasillo?
4. ¿Hay asientos libres o están todos ocupados?
5. ¿Está completo el tren?
6. ¿Hay pasajeros de pie en el pasillo?

7 **Historieta** **Un viaje en tren** Completen.

1. Entre Granada y Málaga el tren local hace muchas ____.
2. No hay un tren directo a Benidorm. Es necesario cambiar de tren. Los pasajeros tienen que ____.
3. Los pasajeros que van a Benidorm tienen que ____ en la próxima ____ o ____.
4. ¿Cómo lo sabes? El ____ nos informó que nuestro tren no es directo.

8 ¿Qué tienes que hacer?

Work with a classmate. You are
spending a month in Madrid and
your Spanish hosts are taking you to
San Sebastián. You're trying to pack
your bags and their child (your
partner) has a lot of questions.
Answer his or her questions and try
to be patient. The child has never
taken a train trip before.

¿Dónde nos sentamos en el tren?

Nos sentamos en un compartimiento.

Madrid

San Sebastián

9 De Santiago a Puerto Montt You're planning a trip from
Santiago de Chile to Puerto Montt. A classmate will be your travel
agent. Get as much information as you can about the trip from
Santiago to Puerto Montt. It gets rather cold and windy there and it
rains a lot. You may want to find out if there are frequent delays. The
following are some words and expressions you may want to use with
the travel agent: **la demora, la tarifa, reservar, el número de paradas,
el horario, el boleto de ida y vuelta, primera (segunda) clase.**

**For more practice using words from Palabras 2,
do Activity 1 on page H2 at the end of this book.**

Estructura

 Relating more past actions
Hacer, querer y venir en el pretérito

1. The verbs **hacer, querer,** and **venir** are irregular in the preterite. Note that they all have an **i** in the stem and the endings for the **yo, él, ella,** and **Ud.** forms are different from the endings of regular verbs.

INFINITIVE	hacer	querer	venir
yo	hice	quise	vine
tú	hiciste	quisiste	viniste
él, ella, Ud.	hizo	quiso	vino
nosotros(as)	hicimos	quisimos	vinimos
vosotros(as)	*hicisteis*	*quisisteis*	*vinisteis*
ellos, ellas, Uds.	hicieron	quisieron	vinieron

2. The verb **querer** has several special meanings in the preterite.

Quise ayudar.	*I tried to help.*
No quise ir en carro.	*I refused to go by car.*

SPANISH Online

For more information about travel in Peru and other areas of the Spanish-speaking world, go to the Glencoe Spanish Web site: spanish.glencoe.com

Para continuar
Let's put our words together

10 Historieta ¿Cómo viniste?
Contesten.

1. ¿Viniste a la estación en taxi?
2. ¿Viniste en un taxi público o privado?
3. ¿Hiciste el viaje en tren?
4. ¿Hiciste el viaje en el tren local?
5. ¿Lo hiciste en tren porque no quisiste ir en coche?

Lima, Perú

11 **No quisieron.** Completen.

1. —Ellos no __1__ (querer) hacer el viaje.

   —¿No lo __2__ (querer) hacer?

   —No, de ninguna manera.

   —Pues, ¿qué pasó entonces? ¿Lo __3__ (hacer) o no lo
   __4__ (hacer)?

   —No lo __5__ (hacer).

2. —¿Por qué no __6__ (venir) Uds. esta mañana?

   —Nosotros no __7__ (venir) porque no __8__ (hacer)
   las reservaciones.

3. —Carlos no __9__ (querer) hacer la cama.

   —Entonces, ¿quién la __10__ (hacer)?

   —Pues, la __11__ (hacer) yo.

   —¡Qué absurdo! ¿Tú la __12__ (hacer) porque él no la
   __13__ (querer) hacer?

12 **¡Rebelde!** A friend of yours (your classmate) is in trouble with his or
her parents because he or she didn't help to get ready for their trip. Find
out what your friend didn't do and why. Use the model as a guide.

hacer la maleta
reservar un taxi
comprar los billetes
llamar a los parientes
hacer las reservaciones

13 **¿Qué hiciste durante el fin de semana?** With a classmate,
take turns asking each other what you and other friends did over
the weekend.

UN VIAJE EN TREN

Describing more past actions
Verbos irregulares en el pretérito

1. The verbs **estar, andar,** and **tener** are irregular in the preterite. They all have a **u** in the stem. Study the following forms.

INFINITIVE	estar	andar	tener
yo	estuve	anduve	tuve
tú	estuviste	anduviste	tuviste
él, ella, Ud.	estuvo	anduvo	tuvo
nosotros(as)	estuvimos	anduvimos	tuvimos
vosotros(as)	*estuvisteis*	*anduvisteis*	*tuvisteis*
ellos, ellas, Uds.	estuvieron	anduvieron	tuvieron

2. The verb **andar** means *to go,* but not to a specific place. The verb **ir** is used with a specific place.

> **Fueron a Toledo.**
> *They went to Toledo.*

> **Anduvieron por las plazas pintorescas de Toledo.**
> *They wandered through (walked around) the picturesque squares of Toledo.*

Vista de Toledo de El Greco

3. The verbs **poder**, **poner**, and **saber** are also irregular in the preterite. Like the verbs **estar**, **andar**, and **tener**, they all have a **u** in the stem. Study the following forms.

INFINITIVE	poder	poner	saber
yo	pude	puse	supe
tú	pudiste	pusiste	supiste
él, ella, Ud.	pudo	puso	supo
nosotros(as)	pudimos	pusimos	supimos
vosotros(as)	pudisteis	pusisteis	supisteis
ellos, ellas, Uds.	pudieron	pusieron	supieron

4. Like **querer**, the verbs **poder** and **saber** have special meanings in the preterite.

Pude parar.	*(After trying hard) I managed to stop.*
No pude parar.	*(I tried but) I couldn't stop.*
Yo lo supe ayer.	*I found it out (learned it) yesterday.*

Para continuar
Let's put our words together

14 **Historieta** **¿Dónde está mi tarjeta de identidad estudiantil?**
Contesten según se indica.

1. ¿Estuviste ayer en la estación de ferrocarril? (sí)
2. ¿Tuviste que tomar el tren a Toledo? (sí)
3. ¿Pudiste comprar un billete de precio reducido? (no)
4. ¿Tuviste que presentar tu tarjeta de identidad estudiantil? (sí)
5. ¿Dónde la pusiste? (no sé)
6. ¿La perdiste? (sí, creo)
7. ¿Cuándo supiste que la perdiste? (cuando llegué a la estación)

Toledo, España

15 **Historieta** **En el mercado**

Completen.

El otro día yo __1__ (estar) en el mercado de Chichicastenango, en Guatemala. Ramón __2__ (estar) allí también. Nosotros __3__ (andar) por el mercado pero no __4__ (poder) comprar nada. No es que no __5__ (querer) comprar nada, es que no __6__ (poder) porque __7__ (ir) al mercado sin un quetzal.

Chichicastenango, Guatemala

Telling what people say
Decir en el presente y en el pretérito

1. The verb **decir** (*to say*) is irregular in the present and preterite tenses. Study the following forms.

	Presente	**Pretérito**
yo	digo	dije
tú	dices	dijiste
él, ella, Ud.	dice	dijo
nosotros(as)	decimos	dijimos
vosotros(as)	*decís*	*dijisteis*
ellos, ellas, Uds.	dicen	dijeron

Para continuar
Let's put our words together

16 **¿Qué dices?** Sigan el modelo.

> ¿Qué dices de la clase de español?

> Pues, yo digo que es fantástica. Estoy aprendiendo mucho.

1. ¿Qué dices de la clase de matemáticas?
2. ¿Qué dices de la clase de inglés?
3. ¿Qué dices de la clase de biología?

4. ¿Qué dices de la clase de educación física?
5. ¿Qué dices de la clase de historia?

17 **¿Qué dicen todos?** Completen con la forma apropiada del presente de **decir.**

Yo __1__ que quiero ir en tren pero Elena me __2__ que prefiere tomar el avión. Ella y Tomás también __3__ que no hay mucha diferencia entre la tarifa del avión y la tarifa del tren.

—¿Qué __4__ tú?

—Yo __5__ que es mejor ir en tren.

—Bien. Tú y yo __6__ la misma cosa. Estamos de acuerdo.

18 **¿Qué dijeron todos?** Contesten.

1. ¿Dijiste tú que quieres ir?
2. ¿Dijeron Uds. que es mejor ir en tren?
3. ¿Dije yo que sí?

4. ¿Dijo Elena que ella tiene los boletos?
5. ¿Dijimos la misma cosa?

Andas bien. ¡Adelante!

Conversación

En la ventanilla

Pasajera Un billete para Madrid, por favor.
Agente ¿Sencillo o de ida y vuelta?
Pasajera Sencillo, por favor.
Agente ¿Para cuándo, señorita?
Pasajera Para hoy.
Agente ¿En qué clase, primera o segunda?
Pasajera En segunda. ¿Tiene Ud. una tarifa reducida para estudiantes?
Agente Sí. ¿Tiene Ud. su tarjeta de identidad estudiantil?
Pasajera Sí, aquí la tiene Ud.
Agente Con el descuento son tres mil pesetas.
Pasajera ¿A qué hora sale el próximo tren?
Agente Sale a las veinte y diez del andén número ocho.
Pasajera Gracias.

Después de conversar

Contesten.

1. ¿Dónde está la señorita?
2. ¿Adónde va?
3. ¿Qué tipo de billete quiere?
4. ¿Para cuándo lo quiere?
5. ¿En qué clase quiere viajar?
6. ¿Es alumna la señorita?
7. ¿Hay una tarifa reducida para estudiantes?
8. ¿Qué tiene la señorita?
9. ¿Cuánto cuesta el billete con el descuento estudiantil?
10. ¿A qué hora sale el tren?
11. ¿De qué andén sale?

Vamos a hablar más
Let's talk some more

A **El horario** Look at the train schedule. With a classmate, ask and answer as many questions as you can about it.

B **Vamos a Barcelona.** You and a classmate are spending a semester in Spain. You will be going to Barcelona for a couple of days. One of you is going to fly and the other is going to take the train. Compare your trips: time, cost, and what you have to do the day of departure.

Madrid Toledo

Válido desde el 29 de mayo 24 de septiembre

TIPO DE TREN	REGIONAL	REGIONAL	REGIONAL	REGIONAL	REGIO
PRESTACIONES	2.ª	2.ª	2.ª	2.ª	2.ª
ORIGEN				MADRID CH. 9.25	
MADRID-ATOCHA	■				■
VILLAVERDE BAJO		7.20	8.25		10.56
LOS ANGELES		7.28	8.33	9.39	11.03
SAN CRISTOBAL DE LOS ANGELES		7.30	8.35		11.05
GETAFE-INDUSTRIAL		7.33	8.38		11.08
PINTO		7.36	8.41		11.11
VALDEMORO		7.41	8.46		11.16
CIEMPOZUELOS		7.47	8.52		11.22
ARANJUEZ	■	7.52	8.57		11.27
CASTILLEJO-AÑOVER	6.20	8.03	9.08	10.11	11.38
VILLAMEJOR		8.13	9.18		11.53
ALGODOR					
TOLEDO-INDUSTRIAL	6.37	8.22			12.02
TOLEDO	6.50	8.29			12.09
		8.36	9.44	10.40	12.16
DESTINO	■	■	■		■
OBSERVACIONES	L M X J V S – (1)	Diario (2)	L M X J V – – (4)	– – – – – S D (3)	Diario

OBSERVACIONES:
(1) No circula 25-VII y 15-VIII.
(2) Efectua parada en Santa Catalina (7.26).
(3) Circula 25-VII y 15-VIII.
(4) No circula 25-VII y 15-VIII. Diario hasta Aranjuez.
(5) Efectua parada en Santa Catalina (14.31).

(L) Lunes   (V) Viernes
(M) Martes   (S) Sábado
(X) Miércoles   (D) Domingo
(J) Jueves

Pronunciación

Las consonantes ñ, ch

The **ñ** is a separate letter of the Spanish alphabet. The mark over it is called a **tilde**. Note that it is pronounced similarly to the *ny* in the English word *canyon*. Repeat the following.

> señor   otoño   España
> señora   pequeño   cumpleaños
> año

Ch is pronounced much like the *ch* in the English word *church*. Repeat the following.

> coche   chaqueta
> chocolate   muchacho

Repeat the following sentences.

> El señor español compra un coche cada año en el otoño.
> El muchacho chileno duerme en una cama pequeña en el coche-cama.
> El muchacho pequeño lleva una chaqueta color chocolate.

Lecturas culturales

En el AVE

José Luis y su hermana, Maripaz, pasan dos días en Sevilla. Vinieron a visitar a sus abuelos. El viaje que hicieron de Madrid, donde viven, fue fantástico. Tomaron el tren y llegaron a Sevilla en sólo dos horas y quince minutos. Salieron de Atocha en Madrid a las 17:00 y bajaron del tren en Sevilla a las 19:15. ¿Es posible recorrer el trayecto[1] Madrid–Sevilla en dos horas quince minutos? Es una distancia de 538 kilómetros. ¡Es increíble!

[1]recorrer el trayecto *cover the route*

Reading Strategy

Interpretation of images Reading passages sometimes use images as a symbol to create an impression. Many times these images are animals. If you are able to identify an image, it is helpful to stop for a moment and think about the qualities and characteristics of the particular symbol the author is using in his or her imagery. Then when you have finished reading, go back and think about how the image and the topic of the reading are alike.

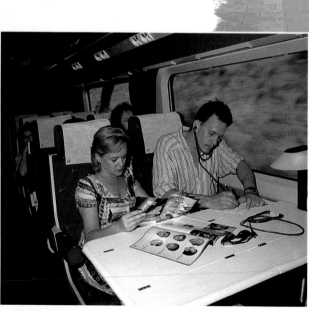

A bordo del AVE

Plaza de España, Sevilla

Sí, es increíble, pero es verdad. El tren español de alta velocidad es uno de los trenes más rápidos del mundo. Viaja a 250 kilómetros por hora. El tren se llama el AVE. ¿Por qué el AVE? Porque el tren vuela como un ave o pájaro.

José Luis y Maripaz tomaron el AVE. Según ellos, el viaje fue fantástico. ¿Por qué? Primero la velocidad. Pero el tren es también muy cómodo[2]. Lleva ocho coches en tres clases. Los pasajeros pueden escuchar música estereofónica o mirar tres canales de video. El tren también dispone de[3] teléfono por si acaso[4] un pasajero quiere o necesita hacer una llamada telefónica.

[2]cómodo *comfortable*
[3]dispone de *has available*
[4]por si acaso *in case*

Torre del Oro, Sevilla

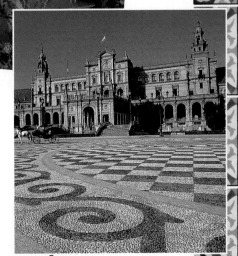

Después de leer

A Una visita a los abuelos
Contesten.
1. ¿Quiénes hicieron un viaje de Madrid a Sevilla?
2. ¿Quiénes vinieron a Sevilla, José Luis y su hermana o sus abuelos?
3. ¿Cómo hicieron el viaje?
4. ¿Qué tal fue el viaje?
5. ¿Cuánto tiempo tardó el viaje?
6. ¿A qué hora salieron de Madrid?
7. ¿A qué hora llegaron a Sevilla?

B Información Busquen la información.
1. uno de los trenes más rápidos del mundo
2. el nombre del tren
3. el número de coches que lleva el tren
4. el número de clases que tiene
5. algunas comodidades que el tren ofrece a los pasajeros

Plaza de España, Sevilla

Lectura opcional

De Cuzco a Machu Picchu

Un viaje muy interesante en tren es el viaje de Cuzco a Machu Picchu en el Perú. Cada día a las siete de la mañana, un tren de vía estrecha[1] sale de la estación de San Pedro en Cuzco y llega a Machu Picchu a las diez y media. Cuzco está a unos 3.500 metros sobre el nivel del mar. El tren tiene que bajar a 2.300 metros para llegar a Machu Picchu. Tiene que bajar 1.200 metros y en el viaje de regreso tiene que subir 1.200 metros.

Pero, ¿quiénes toman el tren para ir a Machu Picchu? Es un tren que lleva a muchos turistas que quieren ir a ver las famosas ruinas de los incas. Machu Picchu es una ciudad entera, totalmente aislada[2] en un pico andino al borde de[3] un cañón. Un dato histórico increíble es que los españoles no

[1]de vía estrecha *narrow gauge*
[2]aislada *isolated*
[3]al borde de *on the edge of*

La Plaza de Armas, Cuzco

El valle del Urubamba, Perú

Machu Picchu

descubrieron a Machu Picchu durante su conquista del Perú. Los historiadores creen que Machu Picchu fue el último refugio de los nobles incas al escaparse[4] de los españoles.

Machu Picchu fue descubierto por Hiram Bingham, el explorador y senador de los Estados Unidos, en 1911. ¿Cómo llegó Bingham a Machu Picchu en 1911? ¡A pie! Y aún hoy hay sólo dos maneras de ir a Machu Picchu—a pie o en el tren que sale a las siete y media de Cuzco.

[4]al escaparse *upon escaping*

Después de leer

¿Sí o no? Digan que sí o que no.
1. Machu Picchu está a una altura más elevada que Cuzco.
2. El tren que va de Machu Picchu a Cuzco tiene que subir 1.200 metros.
3. El viaje de Cuzco a Machu Picchu toma tres horas y media.
4. Hay muy pocos turistas en el tren a Machu Picchu.
5. En Machu Picchu hay ruinas famosas de los incas.
6. Machu Picchu fue una ciudad de los incas.
7. Los españoles descubrieron la ciudad de Machu Picchu durante su conquista del Perú.
8. Hiram Bingham fue un senador de los Estados Unidos.
9. Él también fue a Machu Picchu en tren.

Conexiones
Las matemáticas

Conversiones aritméticas

When traveling through many of the Spanish-speaking countries, you will need to make some mathematical conversions. For example, train as well as plane schedules and hours for formal events, radio, and television are given using the twenty-four-hour clock. The metric system rather than the English system is used for weights and measures. Let's take a look at some of the conversions that must be made.

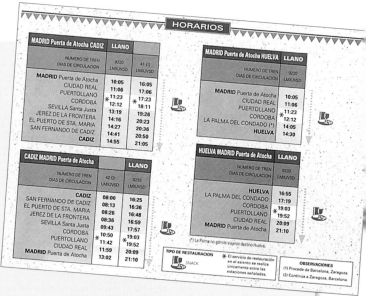

La hora

Cuando lees el horario para el tren o un anuncio para un programa cultural, dan la hora usando las 24 horas. La una (1:00) es la una de la mañana y las doce (12:00) es el mediodía. Las trece (13:00), una hora después del mediodía, es la una de la tarde y las veinticuatro horas (00:00) es la medianoche.

Nuestros amigos José Luis y Maripaz salieron de Madrid a las 17:00 y llegaron a Sevilla a las 19:15. Es decir que salieron de Madrid a las 5:00 de la tarde y llegaron a las 7:15 de la tarde.

El sistema métrico—pesos y medidas[1]

Pesos

Las medidas tradicionales para peso en los Estados Unidos son la onza, la libra y la tonelada. En el sistema métrico decimal, las medidas para peso están basadas en el kilogramo, o kilo.

---

[1]pesos y medidas *weights and measures*

Estructura

3 **Escriban en el pretérito.**

10. Los turistas andan por la plaza principal.
11. Él hace la cama en la mañana.
12. Lo pongo en la maleta.
13. ¿Quién lo sabe?
14. No estamos en la capital.

To review the preterite, turn to pages 10, 12, and 13.

4 **Completen con decir.**

15–16. Yo lo ____ ahora y lo ____ ayer.
17–18. Ellos lo ____ ahora y lo ____ ayer.

To review decir, turn to page 14.

Cultura

5 **Contesten.**

19. ¿Qué es el AVE?
20. ¿A qué ciudad de Andalucía fueron José Luis y su hermana?

To review this cultural information, turn to page 18.

Plaza de España, Sevilla

Getting around a train station

la estación de
  ferrocarril
la ventanilla
el billete, el boleto sencillo
  de ida y vuelta
la sala de espera
el mozo, el maletero
el equipaje
la maleta
la bolsa

el tablero de llegadas,
  de salidas
el horario
el quiosco
el tren
el andén
la vía
en segunda (clase)
en primera (clase)

Describing activities at a train station

bajar(se) del tren
subir al tren
transbordar
salir a tiempo
  con retraso, con una demora

> ### How well do you know your vocabulary?
> - Choose five words from the vocabulary list.
> - Use the words in original sentences to tell a story.

On board the train

el coche, el vagón
el pasillo
el compartimiento
el asiento, la plaza
  libre
  ocupado(a)
  reservado(a)
completo(a)
el coche-cama
el coche-comedor, el coche-cafetería
la litera
el revisor
la parada
en la próxima parada

TECNOTUR

¡Buen viaje!

VIDEO • Episodio 1

Un viaje en tren

In this video episode, Juan Ramón and Teresa take the AVE from Madrid to Seville.

Juan Ramón y Teresa hacen un viaje en tren a Sevilla. ▶

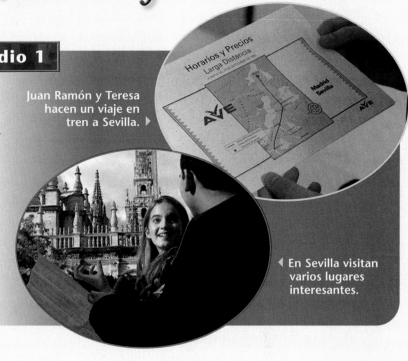

◀ En Sevilla visitan varios lugares interesantes.

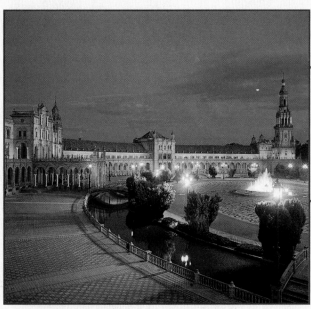

SPANISH Online

In the Chapter 1 Internet Activity, you will have a chance to plan your own train trip. To begin your virtual adventure, go to the Glencoe Spanish Web site:
spanish.glencoe.com

◀ Learn more online about the beautiful city of Sevilla that Juan Ramón and Teresa had a chance to visit.

Muchos españoles creen que Sevilla es la ciudad más bonita del mundo.

Capítulo 2

En el restaurante

Objetivos

In this chapter you will learn to:

❖ order food or a beverage at a restaurant
❖ identify eating utensils and dishes
❖ identify more foods
❖ make a reservation at a restaurant
❖ talk about present and past events
❖ describe some cuisines of the Hispanic world

En el restaurante

El mesero pone la mesa.

el camarero,
el mesero

el vaso

Tengo hambre.

Tengo hambre y quiero comer.

Tengo sed.

Tengo sed y quiero beber algo.

la sal

la pimienta

la taza

el platillo

el plato

la cuchara

la cucharita

el cuchillo

el tenedor

la servilleta

el mantel

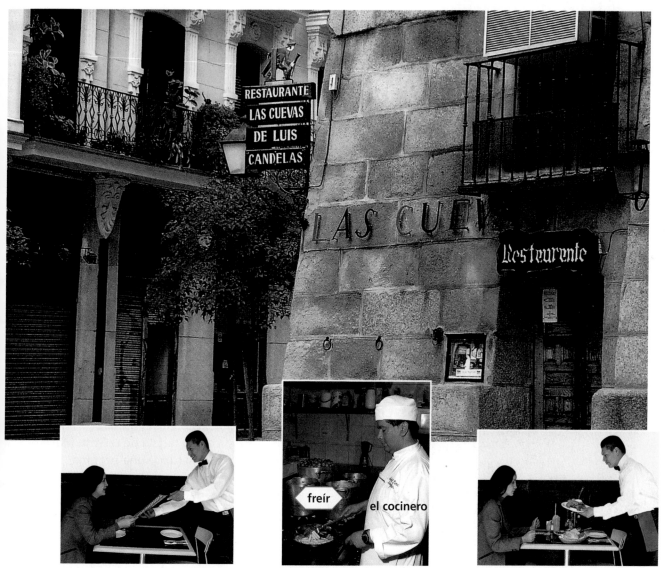

La señorita pide el menú.

El cocinero fríe las papas.
Está friendo las papas.

El mesero le sirve la comida.

el dinero

la propina

La señorita pide la cuenta.
El servicio no está incluido.
Ella deja una propina.

Para empezar
Let's use our new words

1 **¿Qué necesitas?** Contesten según el modelo.

> **¿Para tomar leche?**
> **Para tomar leche necesito un vaso.**

1. ¿Para tomar agua?
2. ¿Para tomar café?
3. ¿Para comer la ensalada?
4. ¿Para comer el postre?
5. ¿Para cortar la carne?

2 **Historieta** **En el restaurante**

Contesten.

1. ¿Cuántas personas hay en la mesa?
2. ¿Tiene hambre María?
3. ¿Pide María el menú?
4. ¿Le trae el menú el mesero?
5. ¿Qué pide María?
6. ¿El mesero le sirve?
7. ¿El mesero le sirve bien?
8. Después de la comida, ¿le pide la cuenta al mesero?
9. ¿Le trae la cuenta el mesero?
10. ¿Paga con su tarjeta de crédito María?
11. ¿María le da (deja) una propina al mesero?
12. Después de la comida, ¿tiene hambre María?

ALKALDE
Restaurante
—
Jorge Juan, 10
MADRID

CI - B - 28163087

24475

Teléfono 576 33 59

```
2361 21/05/96  C 1 M0001
SUEST LKUP    #0006
CUBIERTO        2x
        90     *0
PAN             2x
      9150    *300
TTO. CASA     *810
MINERAL/      *250
ESPARRAS     *1650
VERD. JAM    *1350
FIL. MION    *1800
FRITURA      *1950
CAFE-INF        2x
      9200    *400
SUBTL       *8510
     %       7.00
I. V. A.      *596
    IMPORTE  *9106
```

Viene de la Fra.
N.° _____

Pasa a la Fra.
N.° _____

Vocabulario

3 **Palabras relacionadas** Busquen una palabra relacionada.

1. la mesa
2. la cocina
3. servir
4. freír
5. comer
6. beber

a. el servicio
b. la bebida
c. el cocinero
d. la comida
e. el mesero
f. frito

Alcalá de Henares, España

4 **Historieta El mesero pone la mesa.** Completen.

1. Para comer, los clientes necesitan ____, ____, ____ y ____.
2. Dos condimentos son la ____ y la ____.
3. El mesero cubre la mesa con ____.
4. En la mesa el mesero pone una ____ para cada cliente.
5. El niño pide un ____ de leche y sus padres piden una ____ de café.
6. Ellos tienen ____ y piden una botella de agua mineral.

5 **En el restaurante** Look at the advertisement for a restaurant in Santiago de Chile. Tell as much as you can about the restaurant based on the information in the advertisement. A classmate will tell whether he or she wants to go to the restaurant and why.

Aquí está Coco

El sabor de los mejores pescados y mariscos del Pacífico Sur, preparados como usted quiera, en un ambiente agradable e informal.

Más alimentos o comestibles

la carne

la carne de res, el biftec

la ternera

el cerdo

el cordero

el pescado

los mariscos

los camarones

las almejas

la langosta

la alcachofa

el ajo

el arroz

la berenjena

el maíz

los guisantes

el aceite

La joven pidió un biftec.
El mesero sirvió el biftec.
La comida está rica, deliciosa.

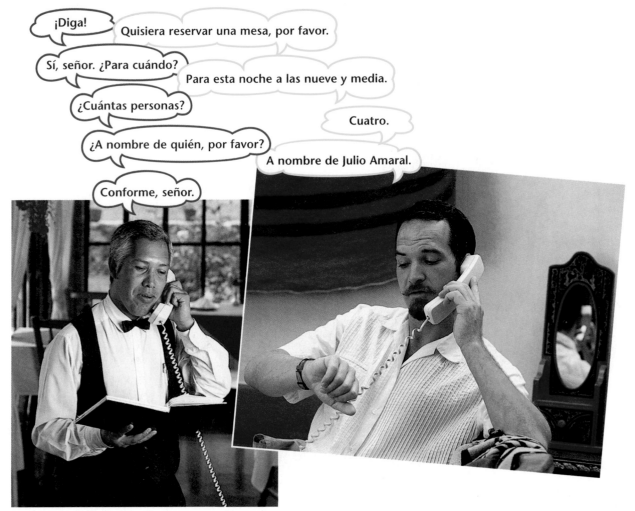

¡Diga!

Quisiera reservar una mesa, por favor.

Sí, señor. ¿Para cuándo?

Para esta noche a las nueve y media.

¿Cuántas personas?

Cuatro.

¿A nombre de quién, por favor?

A nombre de Julio Amaral.

Conforme, señor.

EN EL RESTAURANTE

Para empezar
Let's use our new words

6 ¿Te gusta(n) o no te gusta(n)? Contesten según los dibujos.

1.

2.

3.

4.

5.

6.

Barcelona, España

7 **Historieta** Cenó en el restaurante.
Contesten.

1. ¿Fue Victoria al restaurante anoche?
2. ¿Quién le sirvió?
3. ¿Pidió Victoria un biftec?
4. ¿Pidió también una ensalada?
5. ¿Le sirvió el mesero una ensalada de lechuga y tomate?
6. ¿Le sirvió una comida deliciosa o una comida mala?

SPANISH Online

For more information about varieties of food in the Spanish-speaking world, go to the Glencoe Spanish Web site:
spanish.glencoe.com

8 **¿Qué te gusta?** Contesten personalmente.

1. ¿Te gusta la ensalada?
2. ¿Te gusta la ensalada con aceite y vinagre?
3. ¿Te gusta el biftec?
4. ¿Te gusta el sándwich de jamón y queso?
   ¿Te gusta más con pan tostado?
5. ¿Te gusta la tortilla de queso?
6. ¿Te gustan los huevos con jamón?

9 **Una reservación** You call a restaurant in Buenos Aires. The headwaiter (a classmate) answers. Make a reservation for yourself and a group of friends.

10 **¿Qué recomienda Ud.?** Here's a menu from a very famous restaurant in Madrid. In fact, it's the oldest restaurant in the city, dating from 1725. There are many items on the menu that you will be able to recognize. A classmate will be the server. Ask what he or she recommends and then order.

CARTA
I.V.A. 7% INCLUIDO

RESTAURANT
3ª Categoría

ENTRADAS

Jugos de tomate, naranja	395
Pimientos asados con bacalao	960
Lomo ibérico de bellota	2.260
Jamón ibérico de bellota	2.475
Surtido ibérico de bellota	2.115
Melón con jamón	2.095
Queso (manchego)	875
Ensalada riojana	930
Ensalada de lechuga y tomate	475
ENSALADA BOTIN (con pollo y jamón)	1.195
Ensalada de rape y langostinos	2.575
Ensalada de endivias con perdiz	2.075
Morcilla de Burgos	725
Croquetas de pollo y jamón	875
Manitas de cochinillo rebozadas	785
Salmón ahumado	1.990

SOPAS

Sopa al cuarto de hora (de pescados)	1.590
SOPA DE AJO CON HUEVO	580
Caldo de ave	480
Gazpacho	800

HUEVOS

Revuelto de la casa (morcilla y patatas)	830
Huevos revueltos con espárragos trigueros	995
Huevos revueltos con salmón ahumado	1.050
Tortilla de gambas	1.050

VERDURAS

Espárragos con mahonesa	1.335
Menestra de verduras salteadas con jamón ibérico	1.170
Alcachofas salteadas con jamón ibérico	885
Judías verdes con jamón ibérico	885
Setas a la segoviana	965
Patatas fritas	370
Patatas asadas	370

PESCADOS

Angulas (según mercado)	2.355
ALMEJAS BOTIN	3.730
Langostinos con mahonesa	2.695
Gambas al ajillo	2.695
Gambas a la plancha	2.825
Cazuela de pescados	2.610
Rape en salsa	3.085
Merluza al horno o frita	2.495
Lenguado frito, al horno o a la plancha (pieza)	1.565
Calamares fritos	1.640
CHIPIRONES EN SU TINTA (arroz blanco)	

ASADOS Y PARRILLAS

	2.315
COCHINILLO ASADO	2.500
CORDERO ASADO	950
Pollo asado 1/2	1.260
Pollo en cacerola 1/2	2.460
Perdiz estofada (pieza)	1.850
Filete de ternera a la plancha	1.880
Escalope de ternera	1.880
Ternera asada con guisantes	2.695
Solomillo a la plancha	2.695
SOLOMILLO BOTIN (al champiñón)	2.530
"Entrecotte" de cebón a la plancha	

POSTRES

Cuajada	645
Tarta helada	650
Tarta de la casa (crema y bizcocho)	660
Tarta de chocolate	715
Tarta de frambuesa	805
Pastel ruso (crema de praliné)	785
Flan de la casa	415
Flan de la casa con nata	675
Helado de chocolate o caramelo	510
Helado de vainilla con salsa de chocolate	520
Surtido de buñuelos	855
Hojaldre de crema	725
Piña natural al dry-sack	605
Fresón con nata	765
Sorbete de limón	580
Melón	640
Bartolillos (sábados y domingos)	715

MENU DE LA CASA
(Primavera - Verano)
Precio: 4.080 ptas.

Gazpacho campero
Cochinillo asado
Helado

CAFE 215 - PAN 100 - MANTEQUILLA 125
HORAS DE SERVICIO: ALMUERZO, de 1:00 A 4:00 - CENA, de 8:00 A 12:00
HAY HOJAS DE RECLAMACION
ABIERTO TODOS LOS DIAS

RESTAVRANTE BOTIN

Describing more present activities
Verbos con el cambio e → i en el presente

1. The verbs **pedir, servir, repetir, freír, seguir** *(to follow)*, and **vestirse** *(to get dressed)* are stem-changing verbs. The **e** of the infinitive stem changes to **i** in all forms of the present tense except the **nosotros** and **vosotros** forms. Study the following forms. Note the spelling of **seguir.**

INFINITIVE	pedir	servir	seguir	vestirse
yo	pido	sirvo	sigo	me visto
tú	pides	sirves	sigues	te vistes
él, ella, Ud.	pide	sirve	sigue	se viste
nosotros(as)	pedimos	servimos	seguimos	nos vestimos
vosotros(as)	*pedís*	*servís*	*seguís*	*os vestís*
ellos, ellas, Uds.	piden	sirven	siguen	se visten

Para continuar
Let's put our words together

11 **Lo que yo pido** Digan si piden lo siguente o no.

1.

2.

3.

4.

5.

6.

12 **Lo que pedimos en el restaurante**
Sigan el modelo.

 A Juan le gusta el pescado.
¿Qué pide él?

Él pide pescado.

1. A Teresa le gustan los mariscos.
   ¿Qué pide ella?
2. A Carlos le gusta el biftec.
   ¿Qué pide él?
3. A mis amigos les gustan las legumbres.
   ¿Qué piden ellos?
4. A mis padres les gusta mucho la ensalada.
   ¿Qué piden ellos?
5. Nos gusta el postre. ¿Qué pedimos?
6. Nos gustan las tortillas. ¿Qué pedimos?
7. ¿Qué pides cuando tienes sed?
8. ¿Qué pides cuando tienes hambre?

13 **Historieta** **Vamos al restaurante.** Completen.

Cuando mi amiga y yo __1__ (ir) al restaurante, nosotros __2__ (pedir)
casi siempre una hamburguesa. Yo la __3__ (pedir) con lechuga y tomate
y ella la __4__ (pedir) con queso. A mi amiga le __5__ (gustar) mucho las
papas fritas. Ella __6__ (decir) que le __7__ (gustar) más cuando el cocinero
las __8__ (freír) en aceite de oliva.

Marbella, España

14 **Entrevista** Contesten personalmente.

1. Cuando vas a un restaurante, ¿qué pides?
2. ¿Pides papas? Si no pides papas, ¿pides arroz?
3. ¿Qué más pides con la carne y las papas o el arroz?
4. ¿Quién te sirve en el restaurante?
5. Si te sirve bien, ¿qué le dejas?

15 **¿Por qué no pides... ?** You're in a restaurant with
a friend (a classmate). You are hungry and thirsty, but
you don't know what to order. Your friend will
suggest something. Then you decide.

*For more practice using words from **Palabras 2** and the verb
pedir, do Activity 2 on page H3 at the end of this book.*

UN POCO
MÁS

Describing more activities in the past
Verbos con el cambio e → i, o → u en el pretérito

1. The verbs **pedir**, **repetir**, **freír**, **servir**, and **vestirse** have a stem change in the preterite. The **e** of the infinitive stem changes to **i** in the **él** and **ellos** forms.

INFINITIVE	pedir	repetir	vestirse
yo	pedí	repetí	me vestí
tú	pediste	repetiste	te vestiste
él, ella, Ud.	pidió	repitió	se vistió
nosotros(as)	pedimos	repetimos	nos vestimos
vosotros(as)	pedisteis	repetisteis	os vestisteis
ellos, ellas, Uds.	pidieron	repitieron	se vistieron

2. The verbs **preferir**, **divertirse**, and **dormir** also have a stem change in the preterite. The **e** in **preferir** and **divertirse** changes to **i** and the **o** in **dormir** changes to **u** in the **él** and **ellos** forms.

INFINITIVE	preferir	divertirse	dormir
yo	preferí	me divertí	dormí
tú	preferiste	te divertiste	dormiste
él, ella, Ud.	prefirió	se divirtió	durmió
nosotros(as)	preferimos	nos divertimos	dormimos
vosotros(as)	preferisteis	os divertisteis	dormisteis
ellos, ellas, Uds.	prefirieron	se divirtieron	durmieron

Para continuar
Let's put our words together

16 **Historieta** **Servicio bueno o malo** Contesten según se indica.

1. ¿Qué pediste en el restaurante? (una ensalada)
2. ¿Cómo la pediste? (sin aceite y vinagre)
3. ¿Cuántas veces repetiste «sin aceite y vinagre»? (dos veces)
4. Y, ¿cómo sirvió el mesero la ensalada? (con aceite y vinagre)
5. ¿Qué hiciste? (pedí otra ensalada)
6. ¿Qué pidió tu amigo? (puré de papas)
7. ¿Y qué pasó? (el cocinero frió las papas)
8. ¿Qué sirvió el mesero? (papas fritas)
9. ¿Pidieron Uds. una bebida? (sí)
10. ¿Qué pidieron para beber? (una limonada)
11. ¿Qué sirvió el mesero? (un té)
12. ¿Le dieron Uds. una propina al mesero? (no)

17 **Historieta** **Preparando la comida**
Completen con el pretérito.

Anoche mi hermano y yo __1__ (preparar) la comida para la familia. Yo __2__ (freír) el pescado. Mi hermano __3__ (freír) las papas. Mamá __4__ (poner) la mesa. Y papá __5__ (servir) la comida. Todos nosotros __6__ (comer) muy bien. A todos nos __7__ (gustar) mucho el pescado. Mi hermano y mi papá __8__ (repetir) el pescado. Luego yo __9__ (servir) el postre, un sorbete. Después de la comida mi hermano tomó una siesta. Él __10__ (dormir) media hora. Yo no __11__ (dormir). No me gusta dormir inmediatamente después de comer.

Valparaíso, Chile

18 **Lo siento mucho.** You're in a restaurant and you're fed up with the waiter. He hasn't done a thing right. Call over the manager (a classmate) and tell him or her all that happened. He or she will apologize and say something to try to make you happy.

Andas bien. ¡Adelante!

En el restaurante

Teresa	¿Tiene Ud. una mesa para dos personas?
Mesero	Sí, señorita. Por aquí, por favor.
Teresa	¿Es posible tener un menú en inglés?
Mesero	Sí, ¡cómo no!
Paco	Teresa, no necesito un menú en inglés. Lo puedo leer en español. *(El mesero les da un menú en inglés.)*
Paco	No sé por qué ella me pidió un menú en inglés.
Mesero	No hay problema. Le traigo uno en español.
Paco	Gracias.
Teresa	Pues, Paco, ¿qué vas a pedir?
Paco	Para mí, la especialidad de la casa.
Teresa	Yo también pido la especialidad de la casa.

Después de conversar

Completen.

1. ¿Para cuántas personas quiere la mesa Teresa?
2. ¿Tiene el mesero una mesa libre?
3. ¿Qué tipo de menú pide Teresa?
4. ¿Necesita un menú en inglés Paco?
5. ¿Sabe él por qué ella le pidió un menú en inglés?
6. ¿Qué va a pedir Paco?
7. Y Teresa, ¿qué pide ella?

Vamos a hablar más
Let's talk some more

A **Fuimos al restaurante.** You and your parents went to a restaurant last night. A classmate will ask you questions about your experience. Answer him or her.

B **Preferencias** Work with a classmate and discuss whether you prefer to eat at home or in a restaurant. Give reasons for your preferences.

Pronunciación

La consonante x

An **x** between two vowels is pronounced much like the English *x* but a bit softer. It's like a **gs: examen → eg-samen.** Repeat the following.

exacto	examen
éxito	próximo

When **x** is followed by a consonant, it is often pronounced like an **s.** Repeat the following.

    extremo   explicar   exclamar

Repeat the following sentence.

    El extranjero exclama que baja en la próxima parada.

EN EL RESTAURANTE

cuarenta y cinco **45**

Lecturas culturales

La comida mexicana 🔄 🎧

Reading Strategy

Thinking while reading
Good readers always think while reading. They think about what the passage might be about after reading the title and looking at the visuals. They predict, create visual images, compare, and check for understanding; they continually think while the author is explaining.

Es muy difícil decir lo que es la comida hispana porque la comida varía mucho de una región hispana a otra.

Aquí en los Estados Unidos la comida mexicana es muy popular. Hay muchos restaurantes mexicanos. Algunos sirven comida típicamente mexicana y otros sirven variaciones que vienen del suroeste de los Estados Unidos donde vive mucha gente de ascendencia mexicana.

La base de muchos platos mexicanos es la tortilla. La tortilla es un tipo de panqueque. Puede ser de harina[1] de maíz o de trigo[2]. Con las tortillas, los mexicanos preparan tostadas, tacos, enchiladas, etc. Rellenan[3] las tortillas de pollo, carne de res o frijoles y queso.

[1]harina *flour*
[2]trigo *wheat*
[3]Rellenan *They fill*

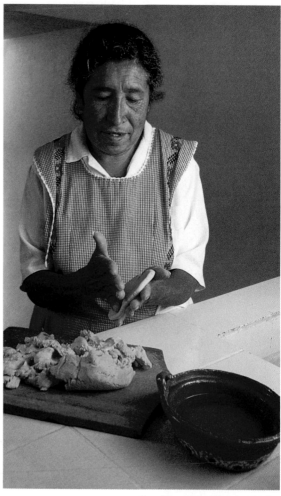

San Miguel de Allende, México

El cultivo del maíz
de Diego Rivera

SECRETARIA DE EDUCACION, CULTURA
Y RECREACION

MUSEO CASA
"DIEGO RIVERA"
GUANAJUATO, GTO.

COOPERACION N$ 5.00

Después de leer

La comida mexicana Contesten.

1. ¿Varía mucho la cocina hispana de una región a otra?
2. ¿Dónde es popular la comida mexicana?
3. ¿De dónde vienen muchas variaciones de la cocina mexicana?
4. ¿Qué sirve de base para muchos platos mexicanos?
5. ¿Qué es una tortilla? ¿De qué puede ser?
6. ¿De qué rellenan las tortillas?

Lectura opcional ❶

La comida española

En España, como en México, hay tortillas también. Pero hay una gran diferencia entre una tortilla mexicana y una tortilla española. La tortilla española no es de maíz. El cocinero español prepara la tortilla con huevos. La tortilla española, que es muy típica, lleva patatas (papas) y cebollas[1].

La cocina española es muy buena y muy variada. Como España es un país que tiene mucha costa, muchos platos españoles llevan marisco y pescado. Y los cocineros preparan muchos platos con aceite de oliva.

[1]cebollas *onions*

Málaga, España

Después de leer

La cocina española Contesten.
1. ¿Cuál es la diferencia entre una tortilla española y una tortilla mexicana?
2. ¿Qué lleva la típica tortilla española?
3. ¿Por qué llevan marisco y pescado muchos platos españoles?
4. ¿Qué usan muchos cocineros españoles para preparar una comida?

Lectura opcional ②

La comida del Caribe

Humacao, Puerto Rico

En el Caribe, en Puerto Rico, Cuba y la República Dominicana, la gente come muchos mariscos y pescado. Es natural porque Puerto Rico, Cuba y la República Dominicana son islas. Pero la carne favorita de la región es el puerco o el lechón[1]. No hay nada más delicioso que un buen lechón asado[2]. Sirven el lechón con arroz, frijoles (habichuelas) y tostones. Para hacer tostones el cocinero corta en rebanadas[3] un plátano, una banana grande, verde y dura. Luego fríe las rebanadas en manteca[4].

[1]lechón *suckling pig*
[2]asado *roast*
[3]rebanadas *slices*
[4]manteca *lard*

Después de leer

¿Lo sabes? Busquen la información.

1. algunos países de la región del Caribe
2. por qué come la gente muchos mariscos y pescado en la región del Caribe
3. una carne favorita de los puertorriqueños, cubanos y dominicanos
4. lo que sirven con el lechón asado
5. lo que son tostones

Conexiones

Las humanidades

El lenguaje

As we already know, Spanish is a language that is spoken in many areas of the world. In spite of the fact that the Spanish-speaking world covers a large area of the globe, it is possible to understand a speaker of Spanish regardless of where he or she is from. Although there are regional differences, these differences do not cause serious comprehension problems.

However, pronunciation does change from area to area. For example, people from San Juan, Puerto Rico; Buenos Aires, Argentina; and Madrid, Spain have pronunciations that are quite different from one another. However, the same is true of English. People from New York, Memphis, and London also have a distinct pronunciation, but they can all understand one another.

The use of certain words also changes from one area to another. This is particularly true in the case of words for foods. Let's look at some regional differences with regard to vocabulary.

Regionalismos

Comestibles

En España son patatas y en todas partes de Latinoamérica son papas.

En casi todas partes es el maíz, pero en México es el maíz o el elote y en Chile es el choclo.

En España son cacahuetes; en muchas partes de Latinoamérica son cacahuates, pero en el Caribe son maní.

En muchas partes es jugo de naranja, pero en Puerto Rico es jugo de china y en España es zumo de naranja.

Las judías verdes tienen muchos nombres. Además de judías verdes son habichuelas tiernas, chauchas, vainitas, ejotes y porotos.

Cosas que no son comestibles

Tomamos el autobús en España, el camión en México y la guagua en el Caribe y en las Islas Canarias.

En España todos duermen en el dormitorio o en la habitación. En México duermen en la recámara y en muchas partes en el cuarto o en el cuarto de dormir.

En España sacas un billete en la ventanilla y en Latinoamérica compras un boleto en la ventanilla o en la boletería.

Después de leer

A **Hispanohablantes** If any of your classmates are heritage speakers of Spanish, ask them to compare the way they say things. Have them share this information with you.

B **El inglés** There are variations in the use of English words. Discuss the following terms and where they might be heard.

1. bag, sack
2. soda, pop
3. elevator, lift
4. line, queue
5. pram, baby carriage
6. truck, lorry
7. traffic circle, rotary, roundabout
8. subway, underground

¡Te toca a ti!

Use what you have learned

HABLAR

1 Vamos a un restaurante

✔ *Order food and beverages at a restaurant*

Pretend your Spanish class is at a restaurant. The restaurant serves food from Spain or Latin America. All the waiters and waitresses are Spanish speaking. Order your meal in Spanish and speak together in Spanish during your meal.

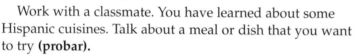
HABLAR

2 Una comida hispana

✔ *Describe a meal from some area of the Spanish-speaking world*

Work with a classmate. You have learned about some Hispanic cuisines. Talk about a meal or dish that you want to try **(probar).**

HABLAR

3 La comida

✔ *Talk about categories of food*

Mention a food category, such as meat, seafood, fruit, vegetable. Your partner will give the name of a food that belongs in that category. Take several turns each. Try to use as much as possible of the food vocabulary you've learned.

ESCRIBIR

4 El menú

✔ *Plan a menu*

Write out the menu for several meals in Spanish. You can plan meals for **el desayuno, el almuerzo,** and **la cena.**

35° Aniversario **La Estancia**

ASADOR CRIOLLO

Lechón al Asador	$ 14,00
Chivito «La Estancia»	$ 16,00
Asado al Asador	$ 11,00

COCINA

Costilla de Cerdo con puré de manzana	$ 10,00
Costilla de Cerdo a la Riojana	$ 12,00
Lomo a la Pimienta con papas a la crema	$ 16,00
Lomo al Champignon	$ 17,00
Milanesa de Lomo	$ 6,50
Milanesa de Lomo a la Napolitana	$ 9,50
Milanesa de Pollo	$ 6,00
Milanesa de Pollo a la Napolitana	$ 9,00
Suprema de Pollo «La Estancia»	$ 10,50
Suprema de Pollo a la Maryland	$ 10,00
1/2 Pollo deshuesado a la Parrilla	$ 10,00

BIFES

Bife de costilla con Lomo con guarnición de papas fritas	$ 8,50
Bife de Chorizo	$ 7,50
Bife especial «La Estancia»	$ 16,50
Bife de Lomo especial «La Estancia»	$ 15,00
Costillas de Cerdo	$ 8,00
Chorizos (c/u)	$ 2,50
Salchicha Criolla (c/u)	$ 3,00
Morcillas (c/u)	$ 2,50
Matambrito Tiernizado	$ 10,00
Bife Aniversario con Lomo	$ 17,00
Mollejas porción	$ 11,00
Longaniza (c/u)	$ 4,00
Riñones porción	$ 5,00
Chinchulines de Ternera porción	$ 5,00
Chinchulines de Cordero porción	$ 9,00
Ubre porción	$ 4,50

Writing Strategy

Writing a letter of complaint When you write a letter of complaint, you must clearly identify the problem and suggest solutions; you should use a businesslike tone. You might be angry when you write a letter of complaint. But to be effective, you must control your emotions since your goal is to get the problem corrected. Your tone of voice is reflected in writing as much as it is in speech; your results will be better if you address the situation calmly and reasonably. In addition, it is important that the letter be addressed to the person who has the most authority.

ESCRIBIR

5 ¡Qué desastre!

Pretend you went to a restaurant where you had a very bad experience. The waiter didn't serve you what you ordered nor the way you ordered it. Write a letter to the management complaining about the food and the service.

Vocabulario

1 Identifiquen.

To review
Palabras 1, turn to
pages 32-33.

1.
2.
3.
4.
5.

2 Identifiquen.

6.   7.   8.

To review
Palabras 2, turn to
pages 36-37.

9.   10.

3 **¿Sí o no?** Indiquen si la persona contesta bien.

11. —¿Para cuándo quiere Ud. la reservación?
—Para cuatro.

12. —¿A nombre de quién, por favor?
—Conforme, señor Pereda.

Estructura

4 **Completen con el presente.**

13. El mesero les ____ a los clientes en el restaurante. (servir)
14. Yo siempre ____ la misma cosa, un biftec. (pedir)
15. Ellas ____ elegantemente para ir al restaurante. (vestirse)
16. Nosotros no lo ____. (repetir)
17. El cocinero ____ las papas. (freír)

To review the present of stem-changing verbs, turn to page 40.

5 **Sigan el modelo.**

> **Él lo pidió.**
> **Y yo lo pedí, también.**

18. Ellos se divirtieron.
    Y yo ____.
19. Yo dormí bien.
    Y él ____ bien.
20. Tú lo repetiste.
    Y nosotros lo ____.
21. Ellos lo prefirieron.
    Y su amigo lo ____.
22. Nos vestimos
    Y ellos se ____.

To review the preterite of stem-changing verbs, turn to page 42.

Cultura

6 **Contesten.**

23. ¿Cuál es la base de muchas comidas mexicanas?
24. ¿Qué es una tortilla mexicana?
25. ¿De qué rellenan las tortillas para hacer tacos y enchiladas?

To review this cultural information, turn to page 46.

Vocabulario

Getting along at a restaurant

el restaurante
la mesa
el/la mesero(a),
  el/la camarero(a)
el/la cocinero(a)

el menú
la cuenta
la tarjeta de crédito
la propina
el dinero

Identifying a place setting

el vaso
la taza
el platillo
el plato
el tenedor
el cuchillo

la cucharita
la cuchara
el mantel
la servilleta

Describing some restaurant activities

poner la mesa
pedir
servir
freír

repetir
reservar
tener hambre
tener sed

Identifying more foods

la carne
la carne de res,
  el biftec
la ternera
el cerdo

el cordero
el pescado
los mariscos
los camarones
las almejas

la langosta
el ajo
la berenjena
la alcachofa
el arroz

el maíz
la sal
la pimienta
el aceite
el vinagre

Describing food

rico(a), delicioso(a)

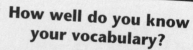

How well do you know your vocabulary?

- Choose a food category from the list, for example, **la carne**.
- Have classmates choose the names of foods that belong to that category.

TECNOTUR

¡Buen viaje!

VIDEO • Episodio 2

En el restaurante

In this video episode, Cristina, Isabel, and Luis are having lunch at a restaurant in Mexico.

Cristina, Isabel y Luis van a un restaurante. ▶

◀ Después del almuerzo los jóvenes miran los videos que reciben de España.

La Casa de los Azulejos en la Ciudad de México es un restaurante muy popular.

SPANISH Online

In the Chapter 2 Internet Activity, you will have a chance to learn more about restaurants in the Spanish-speaking world. To begin your virtual adventure, go to the Glencoe Spanish Web site: spanish.glencoe.com

◀ Learn more online about other popular restaurants in Mexico.

Capítulo 3

Telecomunicaciones

Objetivos

In this chapter you will learn to:

- ❖ talk about computers, e-mail, the Internet, faxes, and telephones
- ❖ talk about past habitual and routine actions
- ❖ describe people and events in the past
- ❖ make and receive telephone calls in Spanish

La computadora

el monitor, la pantalla

la computadora, el ordenador

la impresora

el disquete

el disco compacto

el ratón

el teclado

La muchacha prende la máquina.

Ella mete un disquete en la ranura.

Ella usa la computadora para hacer las tareas. Ella entra los datos.

La muchacha no pierde los datos porque los guarda.

Después se comunica con los amigos. Usa el correo electrónico.

Cuando termina, ella apaga la máquina y saca el disquete.

El fax, el facsímil

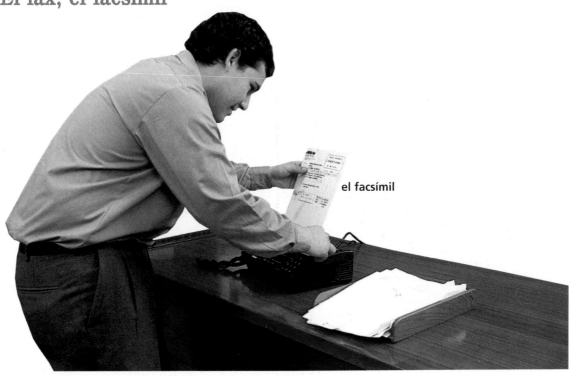

el facsímil

El señor manda el documento por fax.

Él mete el documento boca arriba.
No lo mete boca abajo.

el botón

Él pulsa el botón.

Él transmite el documento.

Vocabulario

Para empezar
Let's use our new words

1 **¿Usas una computadora?**
Contesten personalmente.

1. ¿Sabes usar una computadora?
2. ¿Cuáles son tres partes de la computadora?
3. El monitor, ¿es de color o blanco y negro?
4. ¿Usas el correo electrónico?
5. ¿Con quién te comunicas por correo electrónico?
6. ¿Haces tus tareas en la computadora?
7. ¿Para qué clase o clases usas la computadora?
8. ¿Usas Internet?
9. ¿Tienes CD-ROM?
10. ¿Cuál es tu juego favorito en la computadora?

Caracas, Venezuela

2 **Los pasos a seguir** Pongan las oraciones en orden lógico.

1. Meto un disquete en la ranura.
2. Entro los datos.
3. Prendo la computadora.
4. Saco el disquete.
5. Apago la máquina.
6. Guardo los datos.

3 **Historieta** **En la oficina**
Contesten según la foto.

1. ¿Qué quiere hacer la señorita?
2. ¿Usa la señorita la máquina de fax o la computadora?
3. ¿Está prendida la máquina?
4. ¿Cómo mete el documento, boca arriba o boca abajo?
5. ¿Qué pulsa ella?

4 **¿Cómo uso la computadora?** Un(a) alumno(a) de
Latinoamérica quiere aprender a usar tu computadora.
Explícale.

 5 **¿Cómo mando un fax?** Tú y tu compañero(a) están trabajando
en una oficina. Tú sabes usar la máquina de fax, pero tu
compañero(a), no. Explícale.

 6 **Programas de software** Con un(a) compañero(a), hablen de cómo
pasan el tiempo en la computadora. ¿Juegan mucho o hacen las tareas?
Discutan los programas de software que Uds. usan. ¿Son los mismos o
no? Luego miren la pantalla de la computadora abajo. Discutan lo que
ven en el monitor. Decidan si consideran útil tal programa.

**For more information
about computers and
search engines in the
Spanish-speaking world,
go to the Glencoe Spanish
Web site:**
spanish.glencoe.com

El teléfono

dejar un mensaje

> Hola, Paco. Habla María. ¿Dónde estás? ¿Me puedes llamar esta tarde? Gracias.

el contestador automático

la ranura

la guía telefónica

Telefónica

el auricular

el teléfono celular

el prefijo de país

(034) 952 822-5364

la clave de área

el número de teléfono

el teclado

la tecla

el teléfono de botones

Nota Un aparato is usually a device like a telephone or an appliance; una máquina is usually something more complex, like a computer.

el teléfono público

Rafael va a hacer una
llamada telefónica.

Él descuelga el auricular.

Él introduce la tarjeta telefónica.
No introduce una moneda.

Él espera el tono.

Cuando oye el tono,
él marca el número.

El teléfono suena.

¿Está Alicia?

De Rafael.

Sí, está. ¿De
parte de quién?

Un momento,
por favor.

La hermana de su amiga contesta.

Cuando yo estaba en Madrid, vivía en
una residencia para estudiantes.

Yo llamaba a mis padres a menudo
(con frecuencia).
Yo siempre quería hablar mucho. Pero
las llamadas largas costaban mucho.
Eran muy caras.

Vocabulario

Para empezar
Let's use our new words

7 Historieta **Una llamada telefónica**
Contesten.

1. ¿El muchacho hace la llamada desde un teléfono público o con un teléfono celular?
2. ¿Es un teléfono de disco o de botones?
3. ¿Qué tiene que esperar antes de marcar el número?
4. Si no sabe el número, ¿dónde puede buscar el número?
5. Si no es un número local, ¿qué tiene que marcar primero?
6. Y si es una llamada a un país extranjero, ¿qué tiene que marcar?

Lima, Perú

8 Aparatos y máquinas Escojan.

1. Las computadoras y los teléfonos públicos tienen ____.
   a. ranuras   **b.** teclas   **c.** monitores
2. Si una persona no está en casa cuando llamas, puedes dejar un mensaje en el ____.
   a. teclado   **b.** auricular   **c.** contestador automático
3. Cuando estás en un automóvil o cuando no estás cerca de un teléfono público, puedes usar un teléfono ____.
   a. automático   **b.** celular   **c.** electrónico
4. Para usar cualquier máquina eléctrica, primero tienes que ____ la máquina.
   a. prender   **b.** apagar   **c.** marcar
5. Y cuando terminas, tienes que ____ la máquina.
   a. esperar   **b.** meter   **c.** apagar

For more practice using words from **Palabras 1** *and* **Palabras 2**, *do Activity 3 on page H4 at the end of this book.*

CAPÍTULO 3

9 Historieta Linda, la americanita en Madrid

Contesten.

1. ¿Dónde vivía Linda cuando era alumna en Madrid? (en una residencia para estudiantes)
2. ¿Cuándo llamaba a sus padres? (a menudo)
3. ¿Quién siempre contestaba el teléfono? (su madre)
4. ¿Quería hablar mucho Linda? (sí, siempre)
5. ¿Hablaban mucho Linda y su madre? (sí)
6. ¿Costaban mucho las llamadas cortas? (no, largas)
7. ¿Cómo eran las llamadas largas? (caras)

Madrid, España

Puerta del Sol, Madrid

10 Un número equivocado Llamas a un(a) amigo(a) por teléfono, pero otra persona (tu compañero[a]) contesta y dice que tu amigo(a) no vive allí. Dile a la persona el número que marcaste. La persona va a decir que el número es correcto, pero la clave de área, no, y te va a dar la clave de área correcta.

1. (201) 899–6645 Felipe / (301)
2. (513) 371–8302 Andrea / (313)
3. (917) 356–3223 Tomás / (817)
4. (516) 384–1475 Inés / (517)

11 ¿Cómo lo hago? Estás en Madrid y quieres hacer una llamada telefónica. No sabes usar el teléfono público que está en la calle. Le pides ayuda a una persona en la calle (tu compañero[a]). Le preguntas a la persona cómo hacer la llamada. Él o ella te va a explicar lo que tienes que hacer.

Estructura

Talking about habitual past actions
Imperfecto de los verbos en -ar

1. In Spanish there are two simple past tenses. The preterite tense, which you have already learned, is used to state an action that began and ended at a specific time in the past. The other simple past tense is the imperfect.

2. The imperfect tense is used to describe a habitual or repeated action in the past. The exact times when the action began and ended are not important. These are the forms of regular **-ar** verbs in the imperfect.

¿Lo sabes?

Verbs that have a stem change in the present do not have one in the imperfect.

jugar: jugaba
acostarse: me acostaba

INFINITIVE	tomar	llamar	ENDINGS
STEM	tom-	llam-	
yo	tomaba	llamaba	-aba
tú	tomabas	llamabas	-abas
él, ella, Ud.	tomaba	llamaba	-aba
nosotros(as)	tomábamos	llamábamos	-ábamos
vosotros(as)	*tomabais*	*llamabais*	*-abais*
ellos, ellas, Uds.	tomaban	llamaban	-aban

Carlos siempre se levantaba temprano.
Él tomaba el bus escolar a las siete.
El bus llegaba a la escuela a las siete y media.
Algunos muchachos caminaban a la escuela.
Todos los alumnos entraban a clase a las ocho.

La Ciudad de México

Para continuar
Let's put our words together

12 **Historieta** **Carlota iba a la escuela.** Contesten.

1. ¿Carlota se levantaba tarde o temprano todos los días?
2. ¿Carlota caminaba a la escuela o tomaba el bus?
3. ¿A qué hora llegaba a la escuela?
4. ¿Todos los alumnos caminaban a la escuela?
5. ¿A qué hora entraban todos a clase?

13 **Historieta** **En el primer grado** Contesten.

1. En el primer grado, ¿tú caminabas a la escuela?
2. ¿Cómo se llamaba tu maestro(a) de primer grado?
3. ¿Qué estudiabas en el primer grado?
4. ¿Tomabas el almuerzo en casa o en la escuela?
5. ¿Dónde estaba tu escuela?
6. ¿A qué hora terminaban las clases?
7. ¿Qué te gustaba hacer por la tarde?
8. ¿Con quién jugabas?

14 **Historieta** **La oficina de Carmen** Completen con el imperfecto.

Todos los veranos Carmen __1__ (trabajar) en una oficina. La oficina __2__ (estar) en la ciudad. Más de treinta personas __3__ (trabajar) allí. Carmen __4__ (tomar) el tren para ir a la ciudad. El tren __5__ (llegar) a las ocho. Carmen __6__ (caminar) de la estación a la oficina. Carmen __7__ (usar) una computadora. Ella __8__ (entrar) datos y los __9__ (revisar). Ella también __10__ (mandar) copias de documentos por fax. A las doce, Carmen y sus amigas __11__ (tomar) el almuerzo. A las cinco, ellas __12__ (terminar) de trabajar. Entonces Carmen __13__ (apagar) las máquinas y __14__ (regresar) a su casa.

Paseo de la Reforma, la Ciudad de México, México

Estructura

15 **El verano pasado** Mira la lista de palabras. Escoge una y pregúntale a tu compañero(a) si hacía eso con frecuencia durante el verano. Luego cambien de rol. Sigan hasta terminar con la lista.

nadar   comprar helados   tomar el sol   jugar tenis

trabajar   estudiar   viajar   acostarse tarde

levantarse tarde   escuchar discos   mirar la tele

Talking about habitual past actions
Imperfecto de los verbos en -er e -ir

1. The imperfect tense forms of regular **-er** and **-ir** verbs are identical.

INFINITIVE	leer	comer	escribir	vivir	ENDINGS
STEM	le-	com-	escrib-	viv-	
yo	leía	comía	escribía	vivía	-ía
tú	leías	comías	escribías	vivías	-ías
él, ella, Ud.	leía	comía	escribía	vivía	-ía
nosotros(as)	leíamos	comíamos	escribíamos	vivíamos	-íamos
vosotros(as)	leíais	comíais	escribíais	vivíais	-íais
ellos, ellas, Uds.	leían	comían	escribían	vivían	-ían

2. The imperfect of **hay** is **había.**

> No había papel en el fax.
> No había mensajes en el contestador automático.

¿Te acuerdas?

Remember that verbs that have a stem change in the present do not have one in the imperfect.

querer: quería
volver: volvía

Para continuar
Let's put our words together

16 **Cuando yo tenía doce años...** Contesten.

1. Cuando tenías doce años, ¿dónde vivías?
2. ¿A qué escuela asistías?
3. ¿Tenías muchos amigos?
4. ¿Podías hablar español?
5. ¿Sabías usar una computadora?
6. ¿Leías muchos libros?
7. ¿Tenías que estudiar mucho?

17 **¿Qué hacía la gente en la oficina?** Contesten según los dibujos.

1. ¿Qué hacía la señorita Flores?

2. ¿Qué hacían los señores?

3. ¿Qué hacía Eugenio?

4. ¿Qué hacía Teresita?

5. ¿Qué hacían Uds.?

6. ¿Qué hacías tú?

18 **Historieta** **Las amiguitas de Ramona** Completen.

Cuando Ramona __1__ (tener) cuatro años, ella __2__ (vivir) en el campo. Los padres de Ramona __3__ (tener) una hacienda con muchos animales. Ramona __4__ (divertirse) mucho en el campo. Ella __5__ (tener) muchas amiguitas imaginarias. Ella les __6__ (servir) café a sus amiguitas. Las amigas la __7__ (querer) mucho a Ramona. Los padres no __8__ (poder) ver a las amiguitas, pero ellos __9__ (saber) que, para Ramona, las amiguitas sí __10__ (existir). Y Ramona nunca __11__ (aburrirse).

En el campo, cerca de Cuzco, Perú

Estructura

19 **Entrevista** Prepara una entrevista con tu profesor o profesora de español (tu compañero[a]). Entre otras cosas, tú quieres saber algo de su vida cuando asistía a la escuela secundaria. ¡Usen la imaginación!

Talking about habitual past actions
Imperfecto de los verbos **ser** e **ir**

The verbs **ser** and **ir** are irregular in the imperfect tense.

INFINITIVE	ser	ir
yo	era	iba
tú	eras	ibas
él, ella, Ud.	era	iba
nosotros(as)	éramos	íbamos
vosotros(as)	erais	ibais
ellos, ellas, Uds.	eran	iban

¿Lo sabes?

Ver is also considered irregular in the imperfect tense.
veía, veías…

Para continuar
Let's put our words together

20 **Historieta** **En la primaria**
Contesten.

1. ¿Quiénes eran tus amigos?
2. ¿Adónde iban tus amigos por la tarde?
3. ¿Adónde iban Uds. los sábados?
4. ¿Quién era tu profesor(a) de español?
5. ¿Cómo ibas a la escuela?
6. ¿Quiénes eran tus maestros favoritos?

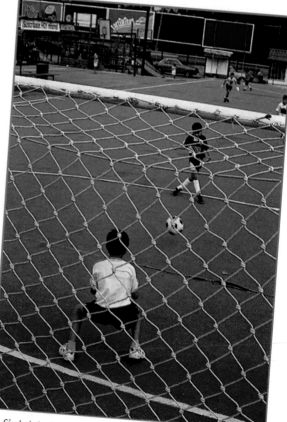

La Ciudad de Guatemala

21 Historieta **Buenos amigos**

Completen con la forma correcta de **ser** o **ir**.

Cuando Maribel y Paco __1__ jóvenes, __2__ muy buenos amigos. Ellos __3__ a la escuela juntos. Ellos __4__ a comer juntos. Maribel no __5__ muy buena alumna, pero ella __6__ excelente atleta. Y Paco no __7__ buen atleta, pero __8__ excelente alumno. Maribel __9__ a casa de Paco para hacer la tarea con él. Los dos muchachos __10__ al gimnasio donde Maribel le enseñaba a Paco a hacer los ejercicios. Todo el mundo decía que los dos __11__ a ser buenos amigos para siempre.

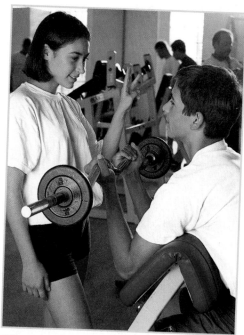

Málaga, España

22 **Los maestros de cuarto y quinto** Dile a tu compañero(a) cómo eran tus maestros(as) de cuarto y quinto grado. Tu compañero(a) va a hacer lo mismo. Después digan quiénes eran y cómo eran sus buenos(as) amigos(as) en esos grados.

Una clase de primaria

Describing things in the past
Usos del imperfecto

In addition to expressing repeated, habitual actions or events in the past, the imperfect is used to describe persons, places, objects, events, weather, and time in the past.

APPEARANCE	Victoria era alta y fuerte.
AGE	Tenía dieciséis años.
PHYSICAL CONDITION	Estaba cansada.
EMOTIONAL STATE	Pero estaba muy contenta.
ATTITUDES AND DESIRES	Ella quería ganar el campeonato.
LOCATION	Todos los equipos estaban en la cancha.
DATE	Era el ocho de octubre.
TIME	Eran las cuatro de la tarde.
WEATHER	Hacía bastante frío.

Let's put our words together

 23 **Victoria la victoriosa** Contesten.

1. ¿Cómo era Victoria?
2. ¿Tenía veinte años?
3. ¿Estaba enferma o cansada?
4. ¿Estaba triste?
5. ¿Qué quería Victoria?
6. ¿Dónde estaban todos los atletas?
7. ¿Cuál era la fecha?
8. Y, ¿qué hora era?
9. ¿Qué tiempo hacía?

24 **Don Quijote y Sancho Panza** Contesten.

1. ¿Quién era alto? (Don Quijote)
2. ¿Quién era bajo? (Sancho Panza)
3. ¿Quién tenía un asno? (Sancho Panza)
4. ¿Quién tenía un caballo? (Don Quijote)
5. ¿Quién era idealista? (Don Quijote)
6. ¿Quién era realista? (Sancho Panza)
7. ¿Quién quería viajar? (Don Quijote)
8. ¿Quién quería volver a casa? (Sancho Panza)
9. ¿Quién quería conquistar los males del mundo? (Don Quijote)
10. ¿Quién estaba loco? (Don Quijote)

25 **El año pasado en la escuela** Dile a tu compañero(a) las cosas que tú hacías a menudo en la escuela el año pasado. Tu compañero(a) te va a decir las cosas que él o ella hacía.

26 **Eventos culturales** Tú asististe a uno de los siguientes eventos culturales. Descríbelo en detalle a un(a) compañero(a). Incluye el local, el día, la hora, etc. Di por qué querías asistir. Luego cambien de rol.

Andas bien. ¡Adelante!

Conversación

Una llamada internacional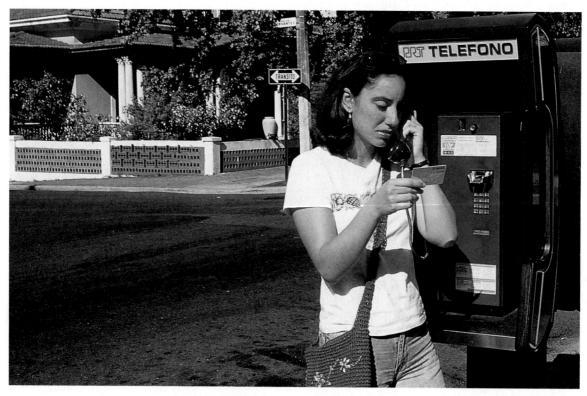

Teresita Operadora, quiero hacer una llamada a los Estados Unidos.

Operadora ¿Cómo va a pagar la llamada?

Teresita Con tarjeta telefónica. ¿La puedo usar?

Operadora Claro que sí, si hay bastante dinero en la tarjeta.

Teresita Sí, hay bastante. ¿Puedo marcar directamente, o tiene Ud. que poner la llamada?

Operadora Puede llamar directamente. Sólo tiene que meter la tarjeta en la ranura, marcar el «uno», que es el prefijo de los Estados Unidos, y ya está. Ud. sabe la clave de área y el número que desea, ¿no?

Teresita Sí, sí. Ah, si el número está ocupado o si no contestan, no me cuesta nada, ¿verdad?

Operadora Claro que no.

Después de conversar

Contesten.

1. ¿A dónde quiere llamar Teresita?
2. ¿Qué le pregunta la operadora?
3. ¿Qué tiene Teresita?
4. ¿Hay bastante dinero en la tarjeta?
5. ¿La operadora tiene que poner la llamada?
6. ¿Dónde tiene que meter la tarjeta Teresita?
7. ¿Por qué tiene que marcar el «uno»?
8. Si nadie contesta, ¿le cuesta algo a Teresita?

Vamos a hablar más
Let's talk some more

A **Los abuelos cuando eran jóvenes** Dile a tu compañero(a) todo lo que sabes de tus abuelos cuando ellos eran jóvenes: cómo eran, dónde vivían y trabajaban, qué hacían con tus padres, etc. Tu compañero(a) va a hacer lo mismo.

B **El/La operador(a) internacional** Tú eres el/la operador(a) internacional. Una persona (tu compañero[a]) llama para saber los prefijos de país y las claves de área para las ciudades a donde quiere llamar. Después cambien de rol.

PAÍS	PREFIJO DE PAÍS	CIUDAD	CLAVE DE ÁREA
Chile	56	Valparaíso	32
Ecuador	593	Quito	2
España	34	Sevilla	5
México	52	Acapulco	74
Perú	51	Lima	1
Uruguay	598	Paysandú	722

C **Las cosas que nos gustaban** Habla con tu compañero(a) de las cosas que les gustaba hacer cuando eran pequeños, pero que no les gusta hacer ahora.

D *Juego* **¿Para qué lo (la) uso?** With a partner, look at the following photos. One of you will make up a sentence describing something you do with one of the items in the photos. The other will guess which item you need. Take turns. Use the model as a guide.

—**Quiero buscar el número de teléfono de mi tía.**
—**Ah, necesitas la guía telefónica.**

TELECOMUNICACIONES

Lecturas culturales

Futura ingeniera

Carmen Tordesillas es estudiante de ingeniería[1] en Madrid. El año que viene va a trabajar para la Compañía de Teléfonos, «la Telefónica». Ella nos habla.

—Cuando yo era niña siempre quería ser ingeniera. Los aparatos electrónicos me fascinaban, especialmente el teléfono. Mi papá me permitía hacer llamadas a casa desde los teléfonos públicos. Era una aventura. Él me levantaba. Me daba unas monedas. Yo las metía en la ranura. Cuando mami contestaba, las monedas caían[2] y empezábamos a hablar. Después de unos minutos sonaba un tono que decía que iba a terminar la conexión. Yo le pedía más monedas a papá. Cuando me daba las monedas, yo estaba contenta; si no, yo protestaba.

Hoy no necesitamos monedas, porque tenemos tarjetas telefónicas y teléfonos celulares que son muy convenientes.

Y van a ver lo que el futuro nos trae. Yo voy a trabajar en «la Telefónica». ¡Voy a crear una revolución en las telecomunicaciones!

[1]ingeniería *engineering*
[2]caían *dropped*

ESPAÑA DIRECTO ✈

LA MEJOR FORMA DE LLAMAR A CASA DESDE EL EXTRANJERO.

GUÍA DE CÓDIGOS

Telefónica

Después de leer

Carmen Tordesillas Contesten.

1. Actualmente, ¿Carmen trabaja o estudia?
2. ¿Dónde quiere Carmen trabajar?
3. ¿Qué quería ser Carmen cuando era pequeña?
4. ¿Qué le interesaba mucho a la pequeña Carmen?
5. ¿Qué le permitía hacer su padre?
6. Cuando alguien contestaba, ¿qué pasaba con las monedas?
7. ¿Por qué le pedía más monedas a su padre?
8. ¿Su padre siempre le daba monedas a Carmen?
9. ¿Por qué no necesitamos monedas para llamar hoy?
10. ¿Qué va a hacer Carmen en el futuro?

Madrid, España

El Palacio Real, Madrid, España

Lectura opcional 1

La tarjeta telefónica— una innovación popularísima

La introducción de la tarjeta telefónica ocurrió en España antes que en los Estados Unidos. Allí usan este conveniente método de hacer llamadas con teléfonos públicos. Las tarjetas tienen un microchip que registra la cantidad de dinero para llamadas. Introduces la tarjeta en la ranura del teléfono para hacer la conexión. Las tarjetas son muy convenientes. No tienes que llevar muchas monedas o ir a las tiendas para pedir cambio[1]. Y las compañías ahora tienen otro medio de propaganda. Muchas tarjetas llevan un anuncio[2] comercial. Y algunas compañías regalan tarjetas con sus anuncios a sus buenos clientes. La tarjeta telefónica es un invento muy popular.

[1]cambio *change*   [2]anuncio *advertisement, announcement*

Después de leer

¿Sí o no? Digan que sí o que no.

1. La introducción de la tarjeta telefónica ocurrió primero en los Estados Unidos.
2. Usan las tarjetas en los teléfonos públicos.
3. Hay un microchip en las tarjetas telefónicas.
4. Para usar las tarjetas necesitas muchas monedas.
5. Las compañías venden las tarjetas a todos sus clientes.
6. Algunas tarjetas llevan anuncios.

Lectura opcional ②

La solución a un problema de comunicaciones

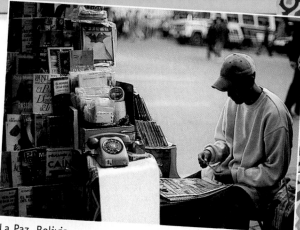
La Paz, Bolivia

En los Estados Unidos y en España y las grandes ciudades de Latinoamérica, los teléfonos celulares son muy populares. Los hombres y las mujeres mantienen contacto con la oficina o con los clientes mientras viajan de casa al trabajo y viceversa. Pero en muchos pueblos de Latinoamérica el teléfono celular tiene otro rol.

Hay algunos pueblos y ciudades donde el sistema telefónico está en muy malas condiciones. Las familias tienen que esperar años para la instalación de un teléfono. Donde hay una necesidad, siempre hay una solución. En muchos pueblos y en algunas ciudades, empresarios[1] obtienen[2] teléfonos celulares o aún teléfonos de disco[3] y una conexión con el sistema telefónico. En las calles y las plazas hay mesitas donde un empleado se sienta con un teléfono. Si una persona quiere hacer una llamada, puede usar el teléfono y pagar al empleado. Así el pequeño empresario gana dinero y el público tiene acceso al servicio telefónico.

[1]empresarios *entrepreneurs, businesspeople*
[2]obtienen *obtain*
[3]de disco *rotary*

Cuzco, Perú

Después de leer

A El teléfono celular Contesten.
1. ¿Quiénes usan mucho el teléfono celular?
2. ¿Para qué usan el teléfono celular?
3. ¿Cuál es el problema con el sistema telefónico en algunas partes de Latinoamérica?
4. ¿Qué problema tienen las familias?
5. ¿Dónde puedes ver los teléfonos en partes de Latinoamérica?
6. ¿Qué puede hacer una persona que quiere hacer una llamada?

B La solución a un problema Expliquen, en sus propias palabras, el uso de un teléfono celular o de disco que describen en la lectura.

Conexiones
La tecnología

La computadora

It's hard to imagine life before the computer and the fax machine. The computer has revolutionized travel, medicine, architecture, the military, banking, and commerce. Hardly a field has been unaffected by computers. Even agriculture and the arts make extensive use of the new technology. The changes have been tremendous. Because the United States has led the way in computer science, much of the vocabulary used worldwide is in English or derived from English. Let's read about some of these changes in technology and the prevalence of English in this field.

Los avances en las telecomunicaciones

Las computadoras de hace treinta años eran enormes. Una computadora antigua, como la original ENIAC de 1946, procesaba menos datos que un PC moderno y llenaba toda una sala. Hoy hay computadoras portátiles que pesan menos de 2 kilos. Lo que ha facilitado el progreso en las computadoras es la «miniaturización». Un solo microchip puede almacenar[1] miles y miles de datos. Los primeros aparatos de transmisión de facsímil también eran muy grandes y las copias que salían en el destino muchas veces no se podían leer.

[1]almacenar *store*

Computadora ENIAC

Laura Ballesteros trabaja en uno de los ministerios del gobierno chileno. Ella es recepcionista. El edificio es del siglo XIX, pero los aparatos que usa Laura son muy modernos. Ella tiene una computadora y un fax. En el colegio Laura estudiaba inglés. Buena idea, porque hay mucho inglés en el vocabulario de la informática[2]. Por ejemplo, tienes que hacer «clic» en un «icono» para tener acceso a un programa de «software». Y un «virus» puede infectar los programas.

Aquí hay otros ejemplos del predominio del inglés en el mundo de las computadoras: monitor, datos, disquete, memoria, documentación, drive, formateo, site de Internet. ¿Sabes lo que son en inglés?

[2]informática *computer science*

Edificio del siglo XIX

Interior del mismo edificio

Después de leer

A **¿Cómo se llama... ?** Den la palabra en español.
1. icon
2. access
3. memory
4. program
5. click
6. data

B **¿Qué es?** Identifiquen.
1. el proceso de hacer muy pequeño un aparato u otra cosa
2. una copia exacta y precisa
3. la pantalla como la de un televisor en donde proyectan la información de la computadora
4. el disco pequeño para guardar datos que pueden sacar de la computadora
5. el disco grande con mucha memoria dentro de la computadora
6. una computadora muy pequeña que pueden llevar de viaje

¡Te toca a ti!

Use what you have learned

¿Qué pasa?
✔ *Talk about computers, e-mail, faxes, and cell phones*

Con un(a) compañero(a), miren las fotos. Cada uno(a) va a escoger una y explicar lo que pasa.

a.　　　　　　　　　　b.　　　　　　　　　　c.

Un mensaje telefónico
✔ *Leave a message on an answering machine*

Tú y tu compañero(a) tienen muchos amigos de habla española. Cada uno(a) de Uds. debe pensar en un mensaje en español para el contestador automático. Comparen sus mensajes y escojan uno para usar en el contestador automático.

Los veranos de mi niñez
✔ *Talk about past habitual actions*

Pregúntale a un(a) compañero(a) de clase lo que hacía en el verano cuando era pequeño(a). Pregúntale adónde iba, con quién, lo que hacía, etc. Luego cambien de papel.

Un juego telefónico
✔ *Describe routine actions*

Divide the class into teams by rows. Using the imperfect, the last person in each row will whisper to the person in front of him or her one sentence about what he or she always did in the past. Each person will whisper the same sentence to the next person until the message reaches the front of the row. The first person in each row will say the sentence to the class. The team whose final sentence most clearly resembles the original wins.

5 Recuerdos de mi niñez

✔ *Write about people and events in the past*

Cuando eras niño(a), ¿ibas con frecuencia a visitar a unos primos o amigos? En un párrafo, describe a quién (quiénes) visitabas, cómo eran, qué tipo de casa tenían. Incluye en tu párrafo todo lo que hacían cuando estaban juntos.

Barcelona, España

6 Una historieta o un cuento

✔ *Narrate in the past*

Escribe un cuento utilizando las siguientes categorías como guía.

- Fecha
- Tiempo
- Personajes y lugar (quiénes y dónde)
- Descripción física y emocional de los personajes
- Actitudes
- Deseos
- Actividades usuales

Writing Strategy

Expository writing Expository writing is writing that explains and informs. It helps one understand a topic. Two important expressions to think about while writing an expository piece are "how to" and "why." Use familiar terms in your definitions and descriptions. Be careful not to omit important facts and steps. Be certain not to present steps out of order. These measures will help you present a clear and concise explanation that readers will find interesting and informative.

7 Un trabajo interesante

You had a job this past summer with a service organization in the Hispanic community in your town. You got the job because you speak Spanish. Since you've never worked in an office before, you were excited about learning to use equipment that was all new to you. Write to Octavio, your Peruvian pen pal, and explain some of the things you did in the office and what equipment you used. Since you know that Octavio has never worked in an office and is not familiar with office machines, be as clear and logical as you can in your explanation.

Vocabulario

1 Escojan.

1. Antes de empezar a trabajar, es necesario ____ la computadora.

   a. guardar   **b.** meter   **c.** prender

2. La joven mete su disquete en ____.

   a. el teclado   **b.** el dato   **c.** la ranura

3. La joven no pierde los datos. Los ____.

   a. guarda   **b.** entra   **c.** saca

4. Ve lo que entra en la computadora en ____.

   a. el ratón   **b.** el teclado   **c.** la pantalla

To review **Palabras 1**, turn to pages 60-61.

2 Den lo contrario.

5. prender la máquina

6. meter el disquete

7. boca arriba

3 Identifiquen.

To review **Palabras 2**, turn to pages 64-65.

8.

INFORMACIÓN DE INTERÉS

Málaga y Melilla

Telefónica

9.

(034) 952 822-5364

10.

4 **Completen.**

11. Él ____ el auricular para hacer una llamada telefónica.
12. Él no introduce una moneda en la ranura. Introduce su ____.
13. Cuando oye el ____, marca el número.

Estructura

5 **Escriban en el imperfecto.**

14. Él habla mucho.
15. Él hace muchas llamadas telefónicas.
16. Tomo fotos de la casa.
17. Yo vivo en la casa.
18. ¿Comes en la cafetería de la escuela?
19. ¿Tomas el desayuno en la escuela?
20. Escribimos muchas cartas a nuestros abuelos.

6 **Completen.**

21–22. Cuando yo ____ muy joven, ____ a la escuela a pie. (ser, ir)

7 **Completen en el pasado.**

23–25. Sancho Panza ____ (ser) el escudero de don Quijote. Don Quijote siempre ____ (querer) conquistar los males del mundo. Los dos ____ (viajar) por toda España.

To review regular -ar, -er, and -ir verbs in the imperfect tense, turn to pages 68 and 71.

To review ser and ir in the imperfect tense, turn to page 72.

To review the imperfect tense, turn to pages 68-75.

Vocabulario

Describing a computer

la computadora,	el ratón
el ordenador	la impresora
el teclado	la ranura
el monitor, la pantalla	el correo electrónico
el disquete	el CD-ROM
el disco compacto	Internet

Describing computer activities

prender la máquina	hacer las tareas	terminar
meter un disquete	guardar	apagar
entrar los datos	comunicarse	sacar

Describing how to send a fax

el facsímil, el fax	boca abajo
el aparato	mandar, transmitir
el documento	meter
boca arriba	pulsar el botón

Describing a telephone

el teléfono público	la tecla
la ranura	el teléfono celular
el auricular	el contestador automático
el disco	dejar un mensaje
el teléfono de botones	

Describing telephone numbers

la guía telefónica	la clave de área
el prefijo de país	el número de teléfono

Making a telephone call

hacer una llamada	marcar el número
telefónica, llamar	sonar
descolgar el auricular	contestar
introducir la tarjeta	¿Está… ?
telefónica	¿De parte de quién?
oír el tono	

Other useful expressions

a menudo	con frecuencia

> ## How well do you know your vocabulary?
> - Choose words to describe your favorite method of communication.
> - Write a brief explanation of sending an e-mail or making a telephone call.

TECNOTUR

¡Buen viaje!

VIDEO • Episodio 3

Telecomunicaciones

Juan Ramón
necesita reparar
su computadora
(ordenador). ▶

In this video episode, Juan Ramón
and Teresa call their friends in
Mexico from Spain and receive
an answer by e-mail.

◀ Teresa le enseña a
Juan Ramón como
hacer una llamada
telefónica a México.

Maletín para portátil TARGUS
compacto y ligero en nylon negro,

~~5.495~~ **4.995** €30,02
(Portátil no incluido)

**Las computadoras son un elemento importante
en el mundo hispano.**

SPANISH Online

**In the Chapter 3 Internet Activity, you will
have a chance to learn more about phone
cards in the Spanish-speaking world. To
begin your virtual adventure, go to the
Glencoe Spanish Web site:
spanish.glencoe.com**

◀ Learn more online about the importance
of computers and other means of
telecommunicating in the Spanish-
speaking world.

Capítulo 4

De tiendas

Objetivos

In this chapter you will learn to:

❖ shop for apparel and food in Spanish-speaking countries

❖ ask for the quantities and sizes you want

❖ find out prices

❖ talk about different types of past actions

❖ talk in general terms about what is done

❖ talk about shopping practices in Spanish-speaking countries

La tienda de ropa para caballeros

el abrigo
el traje
el pañuelo
el impermeable, la gabardina
el escaparate

la ropa interior
los calcetines

José fue a una tienda de ropa.
Miró la ropa en el escaparate.
En el escaparate había un traje.
A José le gustó el traje.

José entró en la tienda.
Se probó el traje.
Se miró en el espejo.

La tienda de ropa para señoras

el saco, la chaqueta
la bufanda
la manga corta
el suéter
la manga larga
el vestido
el bolsillo
la blusa
el pantalón
los botones
el cinturón

¿En qué puedo servirle?
Quisiera un suéter gris.
Su tamaño, por favor.
Mediano. (38)

María fue a la tienda de ropa.
Quería comprar un suéter.

En la zapatería

anchos

estrechos

las sandalias

No me quedan bien.
Son demasiado estrechos.

las botas

los zapatos

el tacón

En la joyería

la oreja

el oído

un arete,
un pendiente

el cuello

una cadena

la muñeca

el dedo

un anillo

un reloj

una pulsera

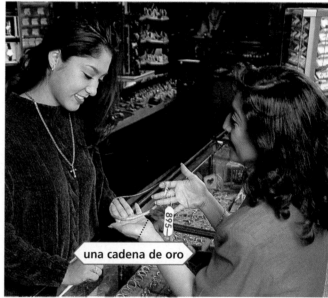

una cadena de oro

Había muchas joyas en la vitrina.
La dependienta le enseñó una cadena a Anita.
La cadena era de oro.
Era muy cara pero Anita la compró.

Vocabulario

Para empezar
Let's use our new words

1 **¿Qué es?** Identifiquen.

1.
2.
3.
4.
5.
6.
7.
8.
9.
10.

2 **La ropa que llevamos** Escojan.

1. Es el verano y hace calor. Tadeo quiere comprar _____.
   a. un abrigo   **b.** una camisa de mangas largas
   c. una camisa de mangas cortas
2. Llevamos _____ cuando llueve.
   a. una bufanda   **b.** un impermeable   **c.** sandalias
3. _____ tiene botones.
   a. Un calcetín   **b.** Una blusa   **c.** Un pañuelo
4. Llevo _____ cuando voy a la playa.
   a. zapatos   **b.** sandalias   **c.** botas
5. Es necesario llevar _____ con algunos pantalones.
   a. corbata   **b.** calcetines   **c.** cinturón
6. Los zapatos que está llevando Elena tienen un tacón muy _____.
   a. largo   **b.** caro   **c.** alto
7. Isabel no compró los zapatos porque _____.
   a. le quedaban bien   **b.** eran un poco estrechos   **c.** le gustaban
8. Uno puede llevar _____ en el dedo.
   a. una cadena   **b.** un arete   **c.** un anillo
9. Uno lleva una pulsera en _____.
   a. la oreja   **b.** la muñeca   **c.** el cuello

MAJORICA
Joyas y Perlas

Colgante / Pendientes

3 Historieta En la tienda de ropa

Contesten según se indica.

1. ¿Adónde fue Juan? (a la tienda de ropa)
2. ¿Qué vio en el escaparate? (un traje)
3. ¿Le gustó? (sí, mucho)
4. ¿De qué color era? (azul oscuro)
5. ¿Cuántos botones tenía la chaqueta? (tres)
6. ¿Entró Juan en la tienda? (sí)
7. ¿Con quién habló? (el dependiente)
8. ¿Qué le enseñó el dependiente?
   (el traje que vio en el escaparate)
9. ¿Qué hizo Juan? (se probó el traje)
10. ¿Cómo le quedó? (muy bien)

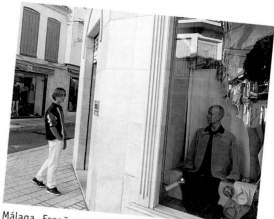

Málaga, España

4 Preguntas personales Contesten.

1. La última ropa que compraste, ¿dónde la compraste?
2. ¿Te atendió un dependiente?
3. ¿Viste el artículo que querías en una vitrina?
4. ¿Qué artículos de ropa te enseñó el dependiente?
5. ¿Tenían lo que querías en tu tamaño?
6. ¿Cuánto te costó?

5 Todo nuevo
Un(a) amigo(a) te invitó al baile en tu escuela. Vas a la tienda de ropa a comprar algo especial para la ocasión. Habla con el/la dependiente(a) (tu compañero[a]). Describe todo lo que quieres. Él o ella te va a ayudar. Luego cambien de rol.

6 Juego ¿Qué es?
Piensa en un artículo de ropa o en algo que ves en una joyería. Descríbelo a tu compañero(a). Él o ella va a adivinar lo que estás describiendo. Luego cambien de rol. Puedes usar el modelo como guía.

Lo llevo en la muñeca y lo uso para saber la hora.

¡Es un reloj!

La compra de comestibles

el puesto

200 150 350 500 600 300

el mercado

el colmado, la tienda de abarrotes, la tienda de ultramarinos

el supermercado

el hipermercado

En la panadería se vende pan.

En la carnicería se vende carne.

En la pescadería se vende pescado. Se venden también mariscos.

En la pastelería se venden pasteles.

En la verdulería se venden legumbres (vegetales).

En la frutería se venden frutas.

La señora iba de compras todos los días.
Compraba pan en la panadería.

¿A cuánto están los tomates hoy?

Están a cincuenta el kilo. Están muy frescos.

Sí, tienen muy buena pinta. Medio kilo, por favor.

Y compraba vegetales frescos en la verdulería.

el carrito

el pasillo

A veces la señora hacía sus compras en
    el supermercado.
Empujaba el carrito por los pasillos.
Hoy compró:
    seis tajadas (rebanadas) de jamón
    un paquete de guisantes congelados
    seis latas de refrescos
    una botella de agua mineral
    un frasco de mayonesa
    una caja de detergente

En el supermercado la señora siempre
    pagaba en la caja.
La empleada ponía sus compras en
    bolsas de plástico.

Vocabulario

Para empezar
Let's use our new words

Una panadería, México

7 De compras Contesten.

1. Alicia necesitaba pan. ¿Adónde fue ella?
2. Ella quería comprar un biftec. ¿Adónde fue?
3. Quería ostras frescas y un filete de pescado. ¿Adónde fue?
4. Necesitaba una docena de naranjas. ¿Adónde fue?
5. Quería comprar un pastel delicioso. ¿Adónde fue?

8 Historieta Al supermercado

Contesten.

1. ¿Fue al mercado o al supermercado la señora Galdós?
2. ¿Empujó un carrito por los pasillos?
3. ¿Fue de un departamento a otro?
4. ¿Qué compró en la carnicería?
5. ¿Qué compró en el departamento de productos congelados?
6. Quería hacer un bocadillo de jamón y queso. ¿Cuántas rebanadas de jamón compró?
7. ¿Compró un frasco de mayonesa?
8. ¿Dónde pagó?
9. ¿En qué puso la señora sus compras?

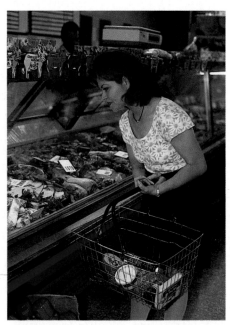

Un supermercado, San José, Costa Rica

SUPERMERCADOS
UNICASA
Somos parte de su Familia

9 Preguntas personales Contesten.

1. ¿Quién en tu familia compra la comida?
2. ¿Hace las compras en un mercado o en un supermercado?
3. ¿Qué productos congelados compra con frecuencia?
4. ¿Compra la carne en una carnicería o en el supermercado?
5. En el supermercado donde Uds. compran, ¿usan bolsas de plástico o de papel?

HIPERCOR

tomate frito ORLANDO · Lata de 410 g · **68**

Jamón serrano SAMANDY, por piezas, kg · **1.090**

Frasco de 650 g · **198**

Queso castellano, kg · **790**

Bolsa de 600 g · **89**

Patatas

---

10 **¿A cuánto está?** Contesten según el anuncio.

1. la bolsa de patatas fritas
2. la lata de tomate
3. el jamón serrano
4. la caja de queso castellano
5. el frasco de mermelada

11 **¿Cuánto?** Tú eres el/la dependiente(a) en el mercado. El/La cliente (tu compañero[a]) pide uno de los siguientes productos y tú le preguntas la cantidad que quiere, en kilos, latas, paquetes, bolsas, botellas, etc. Luego cambien de rol.

ternera

cola

zanahorias congeladas

atún

mayonesa

Plaza San Jacinto,
Ciudad de México

12 **Los favoritos** Prepara dos listas: una lista de los comestibles que te gustan y otra de los comestibles que no te gustan. Luego trabaja con un(a) compañero(a). Comparen sus listas y determinen los gustos que tienen en común.

13 **¡Qué invitación!** Estás viviendo con los Menéndez, una familia mexicana. ¡Qué coincidencia! Los «Dallas Cowboys» están en México y los señores Menéndez invitan a los «Cowboys» a cenar. Con el señor o la señora Menéndez (tu compañero[a]), planeen el menú para la comida que van a servir. Discutan las cantidades que van a necesitar. A propósito, *ton* en español es «una tonelada».

UN POCO MÁS

*For more practice using words from **Palabras 2**, do Activity 4 on page H5 at the end of this book.*

Estructura

Talking about past events
El pretérito y el imperfecto

1. The choice of whether to use the preterite or imperfect depends upon whether the speaker is describing an action completed in the past or a continuous, recurring action in the past.

2. You use the preterite to express actions or events that began and ended at a specific time in the past.

> **Anoche Carmen fue al supermercado.**
> **Compró una caja de detergente y unos productos congelados.**
> **El dependiente puso todo en una bolsa.**

3. You use the imperfect to talk about a continuous, habitual, or repeated action in the past. The moment when the action began or ended is unimportant.

> **Carmen iba al supermercado con frecuencia.**
> **Cada día compraba las cosas que necesitaba.**
> **Casi siempre pagaba con tarjeta de crédito.**

4. Compare the following sentences.

REPEATED, HABITUAL ACTION	COMPLETED ACTION
Ellos iban al cine todos los sábados.	**Ellos fueron al cine el sábado pasado.**
Siempre se sentaban en la primera fila.	**Ayer se sentaron en la última fila.**
Todas las noches se acostaban tarde.	**Anoche se acostaron temprano.**

Un supermercado, Estepona, España

Para continuar
Let's put our words together

14 **¿Una vez o frecuentemente?** Contesten.

1. ¿Fue la señora al mercado ayer por la mañana?
   ¿Cuándo fue la señora al mercado?
   ¿Iba la señora al mercado cada mañana?
   ¿Cuándo iba la señora al mercado?

2. ¿Jugaste al tenis ayer por la tarde?
   ¿Cuándo jugaste al tenis?
   ¿Jugabas al tenis cada tarde?
   ¿Cuándo jugabas al tenis?

3. Anoche, ¿se comunicaron por correo electrónico los amigos?
   ¿Cuándo se comunicaron por correo electrónico los amigos?
   ¿Se comunicaban por correo electrónico casi todas las noches?
   ¿Cuándo se comunicaban por correo electrónico los amigos?

15 **¿Cuándo?** Sigan el modelo.

todas las semanas / la semana pasada
Bárbara, ¿ibas al cine todas las semanas?
Bárbara, ¿fuiste al cine la semana pasada?

1. todas las noches / anoche
2. todos los días / ayer
3. todas las mañanas / esta mañana

4. todas las tardes / ayer por la tarde
5. todos los sábados / el sábado pasado

16 **Historieta** **Los sábados de Juan Antonio** Cambien **Todos los sábados** a **El sábado pasado.** Hagan los cambios necesarios.

Todos los sábados Juan Antonio se levantaba muy temprano. Bajaba a la cocina y él mismo preparaba el desayuno. Después de comer, subía a su cuarto y prendía su computadora. Cuando hacía la conexión entonces entraba la dirección de un buen amigo en España. En pocos minutos se comunicaba con su amigo. Los dos hablaban de muchas cosas durante horas.

17 **Entrevista** Vas a entrevistar *(interview)* a un(a) compañero(a). Pregúntale lo que le gustaba hacer cuando era joven y dos cosas que le impresionaron como niño(a). Luego cambien de rol.

18 **Tu amigo(a) chileno(a)** Estás hablando con un(a) amigo(a) (tu compañero[a]) que antes vivía en Chile. Él o ella te está describiendo «Paseo estación central», donde siempre iba de compras. Te está explicando por qué le gustaba ir de compras allí. Luego explícale donde tú prefieres hacer las compras.

SPANISH *Online*

For more information about Chile, go to the Glencoe Spanish Web site: spanish.glencoe.com

Narrating a sequence of events
Dos acciones en una oración

1. Often a sentence may have two or more verbs in the past. The verbs may be in the same tense or in different tenses. In the sentence below, both verbs are in the preterite. Both describe simple actions that began and ended at a specific time in the past.

> **Laura llegó ayer y Pepe la vio.**

2. In the sentence below, the two verbs are in the imperfect because they both describe habitual or continuous actions. The moment when the actions began or ended is unimportant.

> **Durante los inviernos, Adela iba a las montañas a esquiar, pero yo trabajaba.**

3. In the sentence below, the verb **estudiaba** is in the imperfect; it describes the background—what was going on. The verb in the preterite, **entró,** expresses the action or event that interrupted the ongoing action.

> **Yo estudiaba cuando Julia entró.**

Para continuar
Let's put our words together

19 Historieta ¿Qué hacías cuando… ?
Contesten.

1. ¿Estabas en casa cuando sonó el teléfono?
2. ¿Mirabas un video cuando sonó?
3. ¿Contestaste el teléfono cuando sonó?
4. ¿Hablabas por teléfono cuando tu padre volvió a casa?
5. ¿Preguntó tu padre con quién hablabas?
6. ¿Con quién hablabas cuando tu padre entró?

EL IPHONE permite navegar por Internet y usar correo electrónico. Tiene una pantalla sensible al tacto. Con monitor en blanco y negro cuesta 500 dólares en E.U.

Estructura

20 **Historieta** **En la tienda de ropa**
Contesten según los dibujos.

1. ¿Adónde fue Susana para hacer sus compras?
2. ¿Qué quería comprar?
3. ¿Qué tomó para subir al segundo piso?
4. Cuando ella llegó a la caja, ¿con quién hablaba la dependienta?
5. Cuando Susana pagaba, ¿quiénes la saludaron?

21 **Yo hacía esto cuando eso pasó.** Sigan el modelo.

Yo jugaba cuando sonó el teléfono.

jugar   correr   ver   mirar
leer   sonar   llamar
beber   hablar
bailar   comer   pagar
subir   servir   llover

22 **Lo que hacía cuando…** Habla con un(a) compañero(a). Dile algo que hacías ayer. Tu compañero(a) te va a decir algo que ocurrió e interrumpió lo que hacías. Luego en una sola oración, describe lo que hacías y lo que pasó (ocurrió). ¡Usen la imaginación!

23 **Juego** **Vicente el vago** Lazy Vicente needs excuses for not turning in his homework. Something always interferes with his studying, reading, writing, etc. Help him out. Give him half a dozen good excuses like: **¡Yo estudiaba cuando el Presidente me llamó!** You get the idea. See who can come up with the most original excuse in the class!

Expressing feelings in the past
Verbos como **querer** y **creer** en el pasado

Since most mental processes involve duration or continuance, verbs that deal with mental activities or conditions are most often expressed in the imperfect tense in the past. The most common of these verbs are:

creer   **pensar** *(to think)*
desear   **preferir**
querer   **poder**
tener ganas de *(to feel like)*   **saber**

haber
estar

Él sabía lo que preferíamos.
Yo tenía ganas de salir.
Él creía que yo estaba enfermo.

Para continuar
Let's put our words together

24 **Yo quería...** Preparen una lista de las cosas que querían hacer.

25 **Yo sabía...** Preparen una lista de las cosas que sabían hacer cuando eran niños(as).

26 **Y yo no podía...** Preparen una lista de las cosas que no podían hacer cuando eran niños(as).

27 **Sabía y podía...** Preparen una lista de las cosas que sabían hacer y que podían hacer.

Caracas, Venezuela

Talking in general terms
La voz pasiva con **se**

1. When we talk about something being done without saying who does it, we use the passive voice in English.

   Fish is sold at the fish market.

2. In Spanish, the pronoun **se** is used to express this idea.

   Se vende pescado en la pescadería.
   Se venden papas en la verdulería.

   The verb is singular or plural depending on the subject.

3. You will often see the **se** construction used to express ideas such as:

   They speak Spanish here.
   Spanish is spoken here.
   One speaks Spanish here.
   People speak Spanish here.
   } **Aquí se habla español.**

Una pescadería, Puerto Montt, Chile

La vendimia de Francisco de Goya

Para continuar
Let's put our words together

28 **¿Dónde se venden?** Contesten.

1. ¿Se vende pan en la panadería?
2. ¿Se venden suéteres en la tienda de ropa?
3. ¿Se vende carne en la carnicería?
4. ¿Se venden guisantes en la verdulería?
5. ¿Se vende fruta en la frutería?
6. ¿Se venden productos congelados en el supermercado?
7. ¿Se vende pescado en la pescadería?
8. ¿Se venden bolígrafos en la papelería?

29 **¿Qué idioma se habla dónde?** Escojan.

| francés | español | portugués |
| inglés | árabe | alemán |

1. ¿Qué idioma se habla en México?
2. ¿Qué idioma se habla en el Brasil?
3. ¿Qué idioma se habla en Egipto?
4. ¿Qué idioma se habla en Irlanda?
5. ¿Qué idioma se habla en Alemania?
6. ¿Qué idiomas se hablan en Quebec?

Taxco, México

La Ciudad de México

30 **El «Hipercor»** Tú estás en un hipermercado y no puedes encontrar las cosas que necesitas. Hablas con un(a) dependiente(a) (tu compañero[a]). Pídele a él o a ella los productos que necesitas. Tu compañero(a) te va a decir dónde se encuentran en la tienda. Luego cambien de rol.

—**Busco el atún.**
—**Ah, sí. El atún se encuentra en el pasillo dos.**

Andas bien. ¡Adelante!

Conversación

Naranjas para abuelita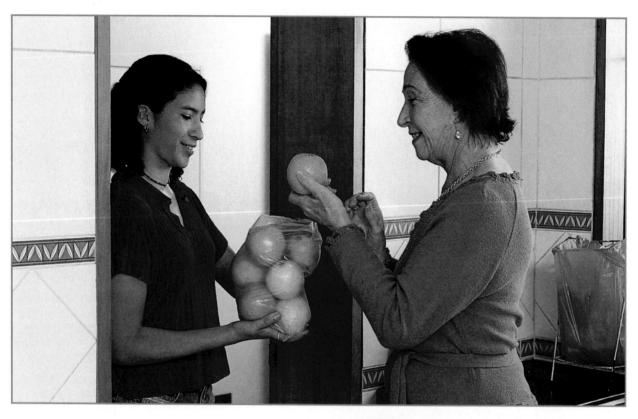

Leonor Abuelita, te compré unas naranjas preciosas en el supermercado.

Abuelita Ay, gracias, mi cielito. Pero, ¿por qué no fuiste a la frutería del mercado San Miguel? Es donde yo siempre iba.

Leonor Yo fui allí una vez y no me gustó. ¿Por qué tú siempre hacías tus compras allí, abuelita?

Abuelita Ay, niña. Allí todo el mundo me conocía. Y todo era tan fresco. Todo lo podías ver. No estaba en paquetes de plástico. A propósito, ¿a cuánto estaban las naranjas?

Leonor No sé, abuelita.

Abuelita Sí, sabes. Yo sé que son muy caras. Recuerdo cuando estaban a diez pesos la docena.

Después de conversar

Contesten.

1. ¿Dónde hizo sus compras Leonor?
2. ¿Para quién compró las naranjas?
3. ¿Adónde iba la abuelita para hacer sus compras?
4. ¿Fue Leonor alguna vez al mercado? ¿Le gustó?
5. ¿Por qué le gustaba a la abuela comprar en San Miguel?
6. ¿Cómo era todo allí?
7. ¿Sabe Leonor a cuánto estaban las naranjas?
8. ¿Qué recuerda la abuelita?

Vamos a hablar más
Let's talk some more

A **Ropa nueva para una fiesta** Hay una fiesta en casa de unos amigos el sábado. Habla con tu compañero(a). Decidan qué ropa van a llevar y, si necesitan algo nuevo, qué van a comprar y dónde.

B **De compras** Tú trabajas en una tienda de abarrotes. Un cliente (tu compañero[a]) les va a servir una comida a algunos invitados. No sabe qué servir y te pide recomendaciones. Pregúntale el número de personas que va a servir. Vas a ser muy cortés con el cliente y le vas a dar muchas recomendaciones o sugerencias. Le vas a sugerir lo que puede servir y las cantidades que va a necesitar.

C **Un recuerdo de la niñez** Piensa en unas cosas que te gustaba hacer de niño(a). Luego cuenta a tu compañero(a) de una ocasión en la que hiciste una de estas cosas. Luego tu compañero(a) te va a decir lo mismo.

Barcelona, España

Lecturas culturales

Reading Strategy

Skimming Skimming is the quickest way to find out what a reading selection is about. When you skim, look at the titles, subtitles, and any words in bold print. Also look at the photographs. All of these will indicate to you the topic of the reading and will help you understand it better.

De compras

Mercados

En los países hispanos la gente tradicionalmente compraba la comida en el mercado. Los mercados municipales tenían puestos para los diferentes productos. Había pescaderías, carnicerías, fruterías, verdulerías, etc. La señora hacía sus compras todos los días—generalmente temprano por la mañana. En el mercado iba de un puesto a otro. Conocía a todos los vendedores y conversaba (charlaba) con ellos. Llevaba una bolsa o un capacho[1] para sus compras. Los vendedores no las ponían en bolsas de plástico.

Sant Feliu de Guixols, España

Supermercados

En todas las ciudades hispanas hay supermercados también. Son modernos, limpios[2] y sobre todo convenientes. En el supermercado uno toma un carrito. Lo empuja por los pasillos y en un solo establecimiento puede comprar todo lo que necesita.

[1]capacho *a cloth shopping bag*
[2]limpios *clean*

Caracas, Venezuela

Hipermercados

Recientemente llegó otra posibilidad para hacer las compras—el hipermercado. El hipermercado es un enorme establecimiento comercial, normalmente en las afueras[3] de la ciudad. El hipermercado tiene lugar para miles de automóviles.

Estepona, España

En el hipermercado se puede comprar comida, obviamente. Pero también se puede comprar de todo: ropa, aparatos electrónicos, libros, casi cualquier[4] tipo de producto. El hipermercado tiene docenas de pasillos y cajas registradoras. Si uno quiere, puede pagar sus compras con tarjeta de crédito.

Hoy en día nadie tiene bastante tiempo. Todos estamos muy ocupados. El hipermercado ayuda a conservar tiempo. Podemos comprar todo lo que necesitamos sin tener que ir a más de una tienda.

Pero todavía hay muchos que prefieren el mercado donde todo es muy fresco y todo el mundo se conoce. Los mercados municipales todavía existen y muchas personas siguen haciendo sus compras allí.

[3]afueras *outskirts*   [4]cualquier *any*

Después de leer

A De compras Contesten.

1. ¿Dónde compraba la gente la comida?
2. ¿Cuáles son tres puestos que se encuentran en el mercado?
3. ¿Cuándo hacía sus compras la señora?
4. ¿Con quiénes conversaba en el mercado?
5. ¿Para qué llevaba ella un capacho?
6. ¿Dónde hay supermercados?
7. ¿Por qué prefieren algunas personas el supermercado?
8. ¿Qué es un hipermercado?
9. ¿Dónde están los hipermercados normalmente?
10. ¿Por qué prefieren algunas personas el hipermercado?

B El hipermercado y el mercado tradicional
Comparen el mercado tradicional y el hipermercado.

Lectura opcional

El mercado de Chichicastenango

El mercado

Los jueves y los domingos son días de mercado en la plaza del pequeño pueblo de Chichicastenango en Guatemala. Antes de levantarse el sol[1], individuos y grupos de indígenas llegan al pueblo. Muchos llevan en la cabeza o en los hombros[2] los productos que van a vender. Antes, la gente caminaba muchas horas por las montañas para llegar temprano al mercado. Todavía hay muchos que llegan a pie, pero hoy día hay muchos que toman el autobús para ir al mercado.

En el mercado hay puestos de verduras y carne. Además de comestibles también venden joyas, cajas decoradas y preciosas mantas[3] y huipiles. Los huipiles son las blusas que llevan las indígenas.

[1]levantarse el sol *the sun rises*
[2]hombros *shoulders*
[3]mantas *blankets*

Una señora de la aldea de Sololá, Guatemala

Iglesia de Santo Tomás, Chichicastenango

La ropa indígena

Las mujeres de cada grupo indígena llevan ropa que las identifica como miembros del grupo. Las mujeres de Chichicastenango llevan un huipil que tiene muchos diseños[4] geométricos y figuras de flores y plantas. Su falda tiene rayas azules. Hoy la mayoría de los hombres no llevan el traje tradicional. Antes llevaban un pantalón de lana negra, una faja roja y una chaqueta negra con diseños rojos. En la cabeza llevaban un «tzut», un tipo de bufanda roja.

[4]diseños *designs*

Después de leer

A La palabra, por favor. Completen.

1. Los dos días de mercado en Chichicastenango son ____ y ____.
2. El mercado está en la ____ del pueblo pequeño.
3. Los ____ llegan al pueblo muy temprano por la mañana.
4. Llevan en la cabeza o en los ____ los productos que van a vender.
5. Algunos llegan al mercado a pie pero hoy en día muchos toman el ____.
6. Además de comestibles, en el mercado venden ____.
7. Un huipil es una ____ que llevan las mujeres de Chichicastenango.
8. Las mujeres llevan ____ que las identifica como miembros del grupo.
9. En el pasado, los hombres de Chichicastenango llevaban un tipo de ____ roja en la cabeza.

B El mercado de Chichicastenango
Describan la foto del mercado de «Chichi».

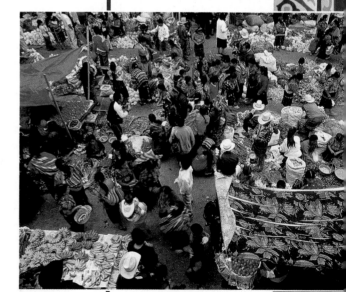

Chichicastenango

Conexiones

El comercio

El mercadeo

One of the most important subjects for business students is marketing. **Mercadeo** is the Spanish word for *marketing*, but the English word is more often used all over the Spanish-speaking world—**el marketing.** A major focus of marketing is the promotion and advertising of a product or service.

El mercado

Antes de definir el término «marketing», es necesario dar una definición de la palabra «mercado». El mercado es el conjunto de todos los posibles compradores (los consumidores) de un producto o de un servicio. Ejemplos de un producto son un coche o un pantalón. Ejemplos de un servicio son un banco o una agencia de viajes.

El marketing

En términos generales, el marketing es la creación de un mercado para un producto o servicio antes de comenzar a producir el producto o servicio. Es la responsabilidad del departamento de marketing de informar a los posibles compradores sobre la existencia del producto y las características del producto.

La promoción

Para informar al público de la existencia y de las características de un producto, un aspecto muy importante del marketing es la promoción. Y la propaganda[1] juega un rol primordial, muy importante, en la promoción. Para lanzar[2] un buen programa de promoción, el personal de marketing tiene que emplear muchos medios de comunicación como la radio, la televisión, los anuncios en los periódicos y en las revistas.

Carolina Herrera
Eau de parfum. Vaporisateur (50 ml.)
5.000 Ptas.

Diferentes productos y mercados

Hay algunos productos y servicios que la gente necesita. Hay otros que la gente no necesita pero que quiere. No es necesario convencer a la gente de comprar comida o gasolina. ¡Pero otra cosa es el perfume!

La industria de la ropa es un caso muy interesante. La gente necesita ropa porque todos tenemos que vestirnos. Pero hay también ropa que la gente no necesita pero que quiere. Uno puede comprar un pantalón que cuesta treinta dólares. O puede comprar un pantalón que cuesta trescientos dólares. Los dos satisfacen la necesidad de vestirse. Pero la persona que paga trescientos dólares no compra solamente algo que necesita—un artículo de ropa. Compra algo que quiere—prestigio. Y la propaganda tiene que convencer a los clientes que la belleza, la calidad y el prestigio valen el precio que les ponen.

[1]propaganda *advertising*   [2]lanzar *to launch*

HERMÈS. ALL FOR SILK.
HERMÈS
PARIS

NUEVO

Corbata de seda natural
12.000 Ptas.

* Pañuelo de seda natural
28.000 Ptas.

Después de leer

A El mercadeo

Digan que sí o que no.
1. El coche es un producto.
2. El banco es otro producto.
3. Los consumidores compran sólo productos que necesitan.
4. Los consumidores no tienen que conocer las características de un producto.
5. El perfume se considera una necesidad.
6. El prestigio es una necesidad.

B Definiciones Den una definición de las siguientes palabras.

1. el consumidor   3. el mercado   5. el servicio
2. el comprador   4. el producto   6. la necesidad

C Un anuncio Prepara un anuncio para un artículo de ropa.

¡Te toca a ti!

Use what you have learned

HABLAR

1 Una experiencia interesante

✔ *Talk about a market in a Spanish-speaking country*

Tú viajabas por un país hispanohablante y fuiste a un mercado interesante. Explícales a unos compañeros dónde estabas, con quién y cuándo. Diles todo lo que pasó en el mercado y descríbeles todo lo que viste allí.

HABLAR

2 En la tienda de ropa

✔ *Talk about a shopping excursion*

Ayer tú fuiste a una tienda de ropa para comprar un regalo para un(a) amigo(a) o pariente. Explícale a un(a) compañero(a) todo lo que pasó mientras estabas en la tienda. Luego cambien de rol.

HABLAR

3 Tantas interrupciones

✔ *Talk about two activities happening at once*

Trabaja con un(a) compañero(a) de clase. Ayer Uds. hacían muchas cosas. Pero siempre había interrupciones. Hablen de todo lo que hacían y todo lo que interrumpió lo que hacían.

4 Una gran apertura

✔ *Describe a supermarket*

Un supermercado americano quiere abrir sucursales *(branches)* en España. Prepara un anuncio para el nuevo supermercado. Incluye en el anuncio lo que se puede comprar, los precios, las ventas *(sales)* especiales, etc.

5 Un anuncio

✔ *Describe some articles of clothing*

Estás trabajando en el departamento de publicidad *(advertising)* de una gran revista. Tienes que escribir un anuncio sobre cada una de las prendas que ves aquí.

Writing Strategy

Writing with graphics

Sometimes words alone do not convey adequate information about a topic. Including maps, diagrams, tables, or graphs can help illustrate your expository writing. Pictures and text work well together. Often the graphic will show quickly what might take many paragraphs to describe. When using graphics, be sure to label clearly and accurately to help readers recognize and understand information.

6 Las compras en distintos países

You have read about shopping habits in Spanish-speaking countries. List the kinds of shops and the products people buy in each in one column. Now think about your family and the places where you do your shopping. List those stores and products in the second column.

In a Venn Diagram like this one, put those shopping practices that are exclusive to Spanish-speaking countries in the left, those of your family on the right, and those common to both in the middle, overlapping section of the diagram. Now write a paragraph, comparing your family's buying habits with those of families in Spanish-speaking countries.

Las tiendas y los productos

Los países hispanos

Mi familia

Vocabulario

1 Identifiquen.

To review **Palabras 1**, turn to pages 92-93.

1. 2. 3. 4. 5.

2 Completen.

—No, estos zapatos no me __6__ bien.

—No, ¿por qué?

—Son demasiado grandes, demasiado __7__.

3 ¿Sí o no?

To review **Palabras 2**, turn to pages 96-97.

8. Un hipermercado es aún más grande que un supermercado.
9. La tienda de abarrotes es una panadería.
10. Un mercado tiene muchos puestos diferentes.
11. La señora quería comprar seis tajadas de detergente.
12. Ella quiere comprar los tomates porque tienen muy mala pinta.

Estructura

4 **Completen en el pasado.**

13. Él ____ al cine casi todos los viernes. (ir)
14. Pero ayer (él) no ____. (ir)
15. Ellos ____ todas sus vacaciones en las montañas. (pasar)
16. Pero el verano pasado (ellos) ____ un viaje a México. (hacer)

To review the preterite and the imperfect, turn to page 100.

5 **Completen en el pasado.**

17–18. Nadie ____ en casa cuando ____ el teléfono. (estar, sonar)
19–20. Ellos ____ cuando yo ____. (trabajar, salir)

To review two actions in the same sentence, turn to page 103.

6 **Completen.**

21. ____ frutas y vegetales en una verdulería. (vender)
22. ____ español en muchos países. (hablar)

To review the passive voice with se, turn to page 106.

Cultura

7 **¿Sí or no?**

23. En los países hispanos la gente hace sus compras sólo una vez a la semana. Van al mercado los lunes.
24. En un supermercado se puede comprar casi todo lo que se necesita en una sola tienda.
25. Un hipermercado es un mercado antiguo con muchos puestos diferentes.

To review this cultural information, turn to pages 110-111.

Un mercado, Málaga, España

119

Vocabulario

Identifying more stores

la zapatería	la joyería

Shopping for clothes and jewelry

mirar en el escaparate
  (la vitrina)
probarse la ropa

¿En qué puedo
  servirle?
Quisiera…

No me (le) queda(n)
  bien.

Identifying more clothing

el bolsillo	el suéter	el pañuelo	las botas
el saco, la chaqueta	la camisa de mangas	la ropa interior	el tacón
el abrigo	cortas (largas)	la bufanda	
el impermeable, la	el vestido	los botones	
gabardina	el cinturón	las sandalias	

Identifying jewelry

las joyas	una cadena	un arete, un pendiente
una pulsera	un anillo	un reloj

Identifying more parts of the body

la muñeca	el dedo
el cuello	la oreja, el oído

Describing clothing and jewelry

mediano(a)	estrecho(a)
ancho(a)	de oro

> **How well do you know your vocabulary?**
> - Choose any type of store you like to shop in.
> - Tell what you like to buy there.

Identifying more food stores

el colmado, la tienda	el puesto	la panadería	la pastelería
de abarrotes, la	el supermercado	la carnicería	la verdulería
tienda de	el hipermercado	la pescadería	la frutería
ultramarinos			

Foods

el pan	el pescado	los pasteles
la carne	los mariscos	las legumbres,
		los vegetales

Shopping for food

hacer las compras, ir	tener buena pinta	la bolsa de plástico	un frasco
de compras	empujar el carrito	una tajada, una	una caja
¿A cuánto están… ?	fresco(a)	rebanada	una docena

TECNOTUR
¡Buen viaje!

De tiendas

In this video episode, Cristina, Luis, and Isabel run errands in Puerto Vallarta. During the course of the day, they explore the local shops, including an open-air market and a bookstore.

Cristina acaba de hacer un video sobre Puerto Vallarta. ▶

◀ Luis le da un regalo muy sentimental a Cristina.

Las artesanías mexicanas son muy populares entre los turistas, y sus precios son una verdadera ganga.

SPANISH Online

In the Chapter 4 Internet Activity, you will have a chance to learn more about some cyber-shopping of your own in the Spanish-speaking world. To begin your virtual adventure, go to the Glencoe Spanish Web site: spanish.glencoe.com

◀ Learn more online about special artifacts and handcrafts in the Spanish-speaking world.

Conversación

¿Cuándo volviste?

Tadeo ¿A qué hora llegaste?

Anita Pues, el tren llegó a tiempo, a las 18:10.

Tadeo ¿Viniste en tren?

Anita Sí, no quería tomar el avión. Tarda mucho tiempo el viaje del aeropuerto al centro.

Tadeo Con el tráfico, no hay duda. ¿Comiste en el tren?

Anita No. Fui a un restaurante cerca de la estación antes de salir. Pedí una tortilla y una ensalada. La tortilla estaba muy buena. Me gustó.

Tadeo ¿Qué hiciste desde que llegaste? Papá quería saber dónde estabas.

Anita ¿Te preguntó dónde estaba? Pues, fui a la Gran Vía. Le compré un regalo para su cumpleaños.

Tadeo Yo le compré un par de zapatos. Y tú, ¿qué le compraste?

Anita Una camisa blanca y azul. Tiene mangas cortas. Creo que le va a quedar muy bien y que le va a gustar.

La Gran Vía, Madrid

Después de conversar

Anita hizo mucho. Contesten.

1. ¿A qué hora llegó Anita a Madrid?
2. ¿Cómo vino?
3. ¿Por qué no quería tomar el avión?
4. ¿Dónde comió?
5. ¿Qué pidió?
6. ¿Qué tal le gustó?
7. ¿Adónde fue cuando llegó a Madrid?
8. ¿Qué compró?

Estructura

El pretérito

1. Review the following irregular verbs in the preterite.

ESTAR	estuve	PONER	puse	HACER	hice
TENER	tuve	PODER	pude	VENIR	vine
ANDAR	anduve	SABER	supe	QUERER	quise

2. The preceding irregular verbs all take the same endings in the preterite. Review the following.

TENER	tuve	tuviste	tuvo	tuvimos	*tuvisteis*	tuvieron
PONER	puse	pusiste	puso	pusimos	*pusisteis*	pusieron
VENIR	vine	viniste	vino	vinimos	*vinisteis*	vinieron

3. Note that verbs with a **j** in the preterite have the ending **-eron,** not **-ieron.**

dijeron   **trajeron**

4. Review the verbs with the stem change **e → i** and **o → u** in the preterite.

SERVIR	serví	serviste	sirvió	servimos	*servisteis*	sirvieron
DORMIR	dormí	dormiste	durmió	dormimos	*dormisteis*	durmieron

Other verbs conjugated like **servir** are **pedir, repetir, freír,** and **seguir.**
Morir is conjugated like **dormir.**

1 **Historieta** **Un viaje en tren** Contesten.

1. ¿Hiciste el viaje en tren?
2. ¿Viniste con tu hermano?
3. ¿Estuvieron Uds. mucho tiempo en la estación de ferrocarril?
4. ¿Tuvieron Uds. que hacer cola delante de la ventanilla para comprar sus billetes?
5. ¿Quién hizo las maletas? ¿Tú o tu hermano?
6. ¿Pudieron Uds. llevar las maletas o tuvieron que buscar ayuda?
7. ¿Le pidieron ayuda a un mozo?

El ferrocarril Pacífico, México

2 **Historieta** **En el restaurante**
Completen.

El viernes pasado yo __1__ (ir) a un restaurante
con mi amiga Julia. Ella __2__ (pedir) la
especialidad de la casa. Yo __3__ (pedir) un plato
con camarones y langosta. Nosotros dos __4__
(pedir) una ensalada de tomate y lechuga.

La comida estaba deliciosa. Julia __5__ (decir)
que le gustaba mucho. Yo le __6__ (repetir) al
mesero lo que ella __7__ (decir). El mesero nos __8__
(servir) muy bien.

Yo __9__ (pedir) la cuenta. El mesero la __10__ (traer) y nos
__11__ (invitar) a tomar un postre. Yo __12__ (pedir) un helado y
Julia __13__ (pedir) flan—un tipo de pudín español.

Sevilla, España

El imperfecto

1. Review the forms of the imperfect tense of regular verbs.

TOMAR	tomaba	tomabas	tomaba	tomábamos	*tomabais*	tomaban
COMER	comía	comías	comía	comíamos	*comíais*	comían
VIVIR	vivía	vivías	vivía	vivíamos	*vivíais*	vivían

2. Review the forms of the irregular verbs **ir** and **ser.**

IR	iba	ibas	iba	íbamos	*ibais*	iban
SER	era	eras	era	éramos	*erais*	eran

¿Te acuerdas?

Ver is also considered irregular.
ver: veía

3. The imperfect tense is used to express an action in the
past that is continuous or repeated. The time the action
began and ended is not important. The preterite tense is used to express an action
that began and ended at a definite time in the past. A sentence will often have both
types of past action. The action that was going on is expressed by the imperfect,
and the action that intervened or interrupted is expressed by the preterite.

Su hermano iba allí cada año pero Roberto fue solamente una vez.
Él miraba en el escaparate cuando vio a su amigo.

4. The imperfect is used for description in the past.

Él tenía ocho años y era muy inteligente.

3 **Cuando yo era niño(a)** Contesten personalmente.

1. Cuando tú eras niño(a), ¿dónde vivías?
2. ¿Cuántos cuartos tenía la casa donde vivía tu familia?
3. ¿A qué escuela ibas?
4. ¿A qué hora salías de casa para ir a la escuela?
5. ¿Quién hacía las compras en tu familia?
6. ¿Tenían Uds. una computadora?

4 **Historieta** **Un viaje estupendo** Completen.

1. El año pasado mis amigos y yo ____ (hacer) un viaje estupendo.
2. Nosotros ____ (ir) a Guatemala.
3. Yo ____ (tomar) un curso de español en Antigua.
4. Mis amigos ____ (estudiar) el español también.
5. Un día nosotros nos ____ (levantar) temprano y ____ (ir) a Chichicastenango.
6. Nosotros ____ (andar) por el mercado de Chichi.
7. Nosotros ____ (ver) a los indígenas.
8. Las mujeres de Chichicastenango ____ (llevar) una blusa y una falda de colores vivos.
9. En el mercado los indios ____ (vender) los productos que ____ (cultivar) o ____ (hacer) en casa.
10. Con el dinero que ____ (recibir) por las cosas que ____ (vender), ellos ____ (comprar) todas las provisiones que ____ (necesitar).

Antigua, Guatemala

5 **Cuando era niño(a)** Con un(a) compañero(a), discutan todo lo que hacían con frecuencia cuando eran niños(as) y asistían a la escuela primaria.

6 **Un regalo** Estás en una tienda de ropa. Tienes que comprar un regalo para un(a) pariente. Conversa con el/la dependiente(a) (tu compañero[a]). Cambien de rol.

7 **¿Usas mucho la computadora?** Con un(a) compañero(a), hablen de todo lo que Uds. hacen con la computadora. Luego decidan quién se sirve más de (usa más) la computadora.

Literary Companion

You may wish to read the adaptation of *Platero y yo* by Juan Ramón Jiménez. You will find this literary selection on pages 460–463.

1. Lago Pehoé, Parque Nacional Torres del Paine
2. Cerro Santa Lucía, Santiago
3. Embarcaciones de pesca cerca de la isla Chiloé
4. Vuelta a casa a caballo, Chiloé
5. Estatuas megalíticas, isla de Pascua
6. Monumento a José de San Martín, Santiago
7. Jóvenes con vestimenta tradicional, Punta Arenas

4

NATIONAL GEOGRAPHIC
VISTAS
DE CHILE

5

1. *Vista panorámica de Santiago*
2. *Turistas admiran un iceberg, sur de Chile*
3. *Deportes acuáticos en el lago Villarrica, Pucón*
4. *Observatorio del Cerro Tololo y remolino de estrellas, La Serena*
5. *Centro de Santiago*
6. *Bolsa de valores, Santiago*
7. *Viñedo, valle central*

3

2

6

7

4

NATIONAL GEOGRAPHIC

VISTAS
DE CHILE

5

Capítulo 5

Los pasatiempos

Objetivos

In this chapter you will learn to:

- ❖ talk about popular hobbies and games
- ❖ talk about activities in the park
- ❖ give details about location
- ❖ talk about what will happen in the future
- ❖ compare objects and people
- ❖ describe your favorite pastime
- ❖ talk about pastimes in Spanish-speaking countries

Vocabulario

Los pasatiempos y hobbys

el ajedrez

el tablero

el dominó

la ficha

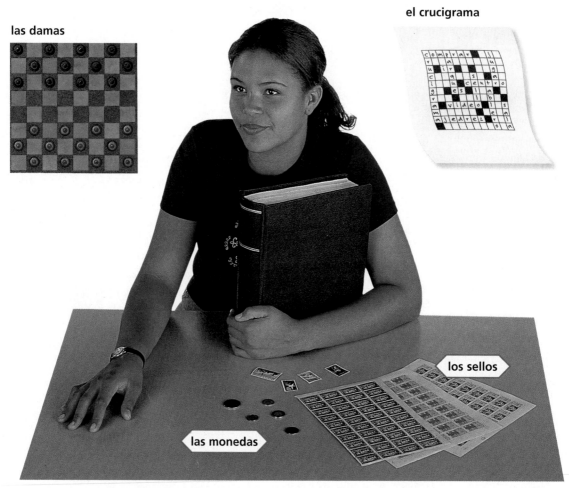

las damas

el crucigrama

los sellos

las monedas

Luisa es coleccionista.
Colecciona sellos y monedas.

Mañana irá al centro.
Comprará unas monedas antiguas.

¿Cómo pasarán el tiempo mañana?

Mañana Ramona jugará al ajedrez con un amigo.
Ella es más lista que su rival.
Ramona ganará. Será la campeona.

A Tomás le gustan los crucigramas.
Él llenará un crucigrama.

los juegos de video

el futbolín

la sala de juegos

Para empezar

Let's use our new words

1 **Los pasatiempos** Contesten según los dibujos.

1. ¿A qué juegan las muchachas?

2. ¿Qué hay en el periódico?

3. ¿A qué juegan los señores?

4. ¿A qué juegan los niños?

5. ¿Dónde están los muchachos?

2 **Historieta** **Un juego de ajedrez**
Contesten según se indica.

1. ¿Jugará Tomás a las damas o al ajedrez? (al ajedrez)
2. ¿Con quién jugará? (un amigo)
3. ¿Quién es el jugador más listo? (su amigo)
4. ¿Tomás ganará o perderá el juego? (perderá)
5. ¿Quién será el campeón? (su amigo)

Barcelona, España

3 **¿Qué será?** Adivinen.

1. Para completar uno de estos necesitas un lápiz o un bolígrafo.
2. Puedes participar en una carrera de automóviles, una aventura con monstruos, un viaje por las galaxias.
3. Hay juegos que duran horas. Los jugadores piensan mucho antes de mover una pieza.
4. Juegas con un tablero, como el ajedrez, y usas fichas, pero el juego es más fácil que el ajedrez.
5. Es un juego como el fútbol en miniatura. Puedes jugar con un amigo o con tres amigos más.

4 **Preguntas personales** Contesten.

1. ¿Te gustan los juegos de video? ¿Juegas en casa?
2. ¿Cuáles son los juegos más populares?
3. ¿Tú sabes jugar al ajedrez? ¿Es difícil?
4. ¿Quién es el/la mejor jugador(a) entre tus amigos?
5. ¿Alguien en tu familia llena los crucigramas?
6. ¿A ti te gustan los crucigramas o crees que son aburridos?
7. ¿Eres coleccionista?
8. ¿Qué coleccionas?

Una sala de juegos

5 **Juegos de video** Con un(a) compañero(a), preparen un cuestionario para determinar:

- cuántos alumnos en tu clase usan juegos de video
- cuántos juegan con los juegos de video en casa y cuántos en salas de juegos
- cuáles son los tres juegos de video más populares

Luego preparen un informe sobre los resultados de su encuesta *(survey)* para la clase.

6 **Los gemelos con gustos distintos**

Eugenio y Eugenia son gemelos *(twins)*. Ellos tienen la misma apariencia pero no los mismos gustos. Con un(a) compañero(a), hagan el papel de los gemelos. Digan lo que cada uno hace después de las clases y en los fines de semana con su tiempo libre. Usen la imaginación.

El parque

el bote

remar por el lago

el lago

el mono

la jaula

El Zoológico

el (parque) zoológico

el mimo

el payaso

la senda

Mucha gente da un paseo por el parque.
Ellos caminan por las sendas bonitas.

el globo

una piragua

un helado

García Y Molino

Los niños quieren una piragua.
Mamá les comprará una piragua.
Les comprará un globo también.

la montaña rusa

la noria

a la izquierda

a la derecha

la boletería

el caballito

el tiovivo

el parque de atracciones

Entrada →

Los jóvenes irán al parque de atracciones.
Están haciendo cola delante de la boletería.
En la cola (fila) Alberto está detrás de
    Alejandra.

Y Alejandra está delante de Alberto.
La entrada al parque está al lado de
    la boletería.

Para empezar
Let's use our new words

7 **Historieta** **Al parque**

Contesten.

1. ¿Irán los niños al parque mañana?
2. ¿Visitarán el zoológico?
3. ¿Verán los monos en el zoológico?
4. ¿Se divertirán los niños con los monos?
5. ¿Tomarán los niños una piragua?
6. ¿Les comprarán sus padres un globo?

8 **Historieta** **Un día en el parque**

Escojan la palabra apropiada.

El Retiro, Madrid

1. La gente da un paseo por ____ del parque.
   a. las avenidas   **b.** los lagos   **c.** las sendas
2. Algunos ____ por el lago en un bote.
   a. compran   **b.** hacen   **c.** reman
3. Hay muchos animales en el ____.
   a. lago   **b.** zoológico   **c.** parque de atracciones
4. La gente hace cola ____ la boletería.
   a. detrás de   **b.** a la derecha de   **c.** delante de
5. Hay muchas ____ en un parque zoológico.
   a. jaulas   **b.** atracciones   **c.** norias
6. El ____ hace muchos gestos cómicos y extravagantes.
   a. tiovivo   **b.** payaso   **c.** caballito
7. A los niños les gusta tomar ____.
   a. lagos   **b.** atracciones   **c.** piraguas

Parque de atracciones, Madrid

9 **¿Dónde está?** Contesten según el plano.

1. ¿Qué hay en el centro del parque?
2. ¿Dónde está la boletería? ¿Delante del lago o al lado del lago?
3. ¿Dónde está la entrada al parque?
4. Y el parque zoológico, ¿dónde está?
5. Estás delante de la boletería. El parque de atracciones, ¿está a tu derecha o a tu izquierda?

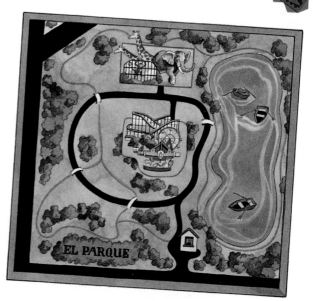

EL PARQUE

10 **En el parque** Con un(a) compañero(a), miren el dibujo. Describan todo lo que ven en el dibujo. Tu compañero(a) te va a hacer preguntas. Contesta a sus preguntas. Entonces tú le puedes hacer preguntas y él o ella contestará.

11 **Haciendo planes** Habla con un(a) compañero(a). Uds. van a hacer algo el domingo. Tengan una conversación y decidan si van a ir al zoológico, al parque de atracciones o simplemente a un parque cerca de donde Uds. viven. Expliquen por qué prefieren ir adonde van.

 UN POCO MÁS

*For more practice using words from **Palabras 2**, do Activity 5 on page H6 at the end of this book.*

Estructura

Talking about future events
Futuro de los verbos regulares

1. The future tense is used to tell what will take place in the future. To form the future tense of regular verbs, you add the future endings to the infinitive. Study the following forms.

INFINITIVE	estudiar	leer	escribir	ENDINGS
STEM	estudiar-	leer-	escribir-	
yo	estudiaré	leeré	escribiré	-é
tú	estudiarás	leerás	escribirás	-ás
él, ella, Ud.	estudiará	leerá	escribirá	-á
nosotros(as)	estudiaremos	leeremos	escribiremos	-emos
vosotros(as)	estudiaréis	leeréis	escribiréis	-éis
ellos, ellas, Uds.	estudiarán	leerán	escribirán	-án

Mañana jugaré al ajedrez.
Tú me verás jugar, ¿no?
Yo seré el campeón.

2. You have already learned the construction **ir a** + *infinitive* to express events that will take place in the near future. In everyday conversation, this construction is actually used more frequently than the future tense.

El año que viene voy a estudiar en Puerto Rico.
Me vas a escribir, ¿no?
Y yo voy a leer todas tus cartas.

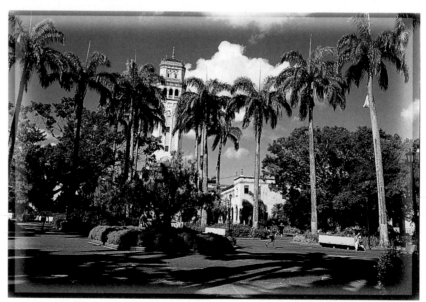

Universidad de Puerto Rico

Para continuar
Let's put our words together

12 **Historieta** **Daniel viajará a España.**
Contesten.

1. ¿Adónde irá Daniel el año que viene?
2. ¿Estudiará en Alcalá de Henares?
3. ¿Asistirá a clases en la universidad?
4. ¿Leerá muchos libros?
5. ¿Su amiga le escribirá con frecuencia?
6. ¿Recibirá las cartas en algunos días?
7. ¿Responderá a las cartas de su amiga?

Universidad de Alcalá, España

13 **¡A divertirse esta noche!**
Formen oraciones según el modelo.

los muchachos
Los muchachos verán la
televisión.

1. Raúl

2. El señor Fornos

3. Los niños

4. Nosotros

5. Leonor

6. Los monos

7. Tú

8. Yo

14 Historieta El coleccionista

Sigan el modelo.

> **Mañana voy a ir al centro.**
> **Mañana iré al centro.**

1. Mañana Carlos va a ir al centro.
2. Yo voy a ir con él.
3. Vamos a visitar los puestos de los coleccionistas.
4. Sé que Carlos va a comprar monedas.
5. Él cree que va a encontrar unas monedas raras.
6. Y yo voy a buscar sellos.
7. Yo sé quien me va a vender los sellos.
8. Y no voy a pagar mucho.

Una casa de campo, Mucuchíes, Venezuela

15 Historieta El sábado que viene

Completen con el futuro.

El sábado que viene yo __1__ (viajar) al campo. Allí __2__ (visitar) a mis abuelos. Ellos __3__ (estar) muy contentos. Ellos me __4__ (esperar) en la estación. Entonces me __5__ (llevar) a su casa. Mi tía María Luisa __6__ (preparar) una comida deliciosa. Después de comer todos nosotros __7__ (jugar) al dominó. Abuelita __8__ (ganar) como siempre. Yo __9__ (pasar) dos o tres días con ellos. Yo __10__ (volver) a casa un poco triste. Me gusta mucho visitar a los abuelos.

16 Ayer no, pero mañana, sí Contesten según el modelo.

¿Fuiste a la sala de juegos ayer?

No, pero iré mañana.

1. ¿Fuiste al parque ayer?
2. ¿Viste al payaso ayer?
3. ¿Visitaste el zoológico?
4. ¿Caminaste por las sendas del parque?
5. ¿Te divertiste?

17 **Tengo mucho que hacer.** Prepara una lista de todo lo que piensas hacer mañana. Por ejemplo, **Mañana escribiré una composición para la clase de español.** Puedes escoger algunas palabras de la lista. Entonces compara tu lista con la lista de un(a) compañero(a). ¿Cuáles son las actividades que Uds. dos van a hacer mañana?

estudiar   preparar   comprar   buscar

jugar   trabajar   comer   leer   hablar

volver   escribir   asistir   ir   ver

18 **Mi rutina** Prepara tu rutina para mañana. Luego prepara un informe para la clase. Incluye las siguientes actividades en tu informe: **despertarse, levantarse, prepararse para la escuela, lavarse, vestirse, divertirse, acostarse, dormirse.**

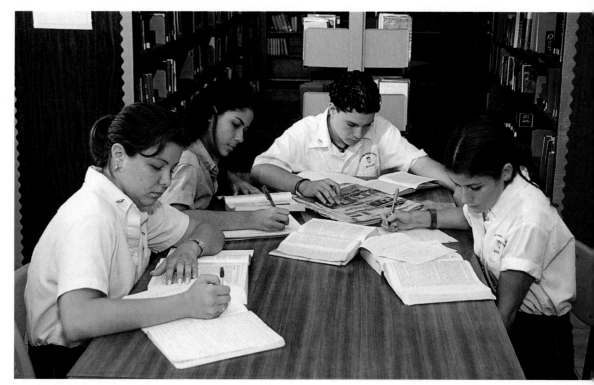

Colegio Santa Teresita, Santurce, Puerto Rico

Estructura

Comparing people and things
Comparativo y superlativo

1. To compare people or things in English, you add *-er* to short adjectives and you use *more* before long adjectives. The word *than* follows.

> *She is taller than her brother.*
> *She is also more intelligent than her brother.*

This construction is called the comparative.

2. To form the comparative in Spanish, you put **más** before the adjective or adverb and **que** after it.

> **Ella es más alta que su hermano.**
> **Y también es más inteligente que su hermano.**

3. The superlative is used to describe "the most." To form the superlative in English, you add *-est* to short adjectives and place *most* before long adjectives.

> *She is the nicest person of all.*
> *She is the most intelligent person in the world.*

4. In Spanish, the superlative is formed by using the appropriate definite article **(el, la, los, las)** plus **más** with the adjective. The preposition **de** follows the superlative.

> **Ella es la persona más simpática de todas.**
> **Ella es la persona más inteligente del mundo.**

5. The adjectives **bueno** and **malo** have irregular comparative and superlative forms.

bueno(a)	mejor	el/la mejor
malo(a)	peor	el/la peor

6. The adjectives **mayor** and **menor** most often refer to age.

> **Yo soy mayor que mi hermana.**
> **Mi hermana es la menor de la familia.**

Para continuar

Let's put our words together

19 Compararemos. Sigan el modelo.

Luis / Pablo / Andrés
Luis es alto.
Pablo es más alto que Luis.
Andrés es el más alto de todos.

1. graciosa

Susana / Lola / Anita

2. ricos

los Gómez / los García / los Ramos

3. cómicos

los mimos / los monos / los payasos

4. popular

el ajedrez / el futbolín / los juegos de video

20 ¿Cuál es más... ? Sigan el modelo.

grande   la Ciudad de México / Nueva York
**La Ciudad de México es más grande que
  Nueva York.**

1. caro   el avión / el tren
2. rápido   el tren / el bus
3. difícil   el ajedrez / las damas
4. largo   un kilómetro / un metro
5. pequeña   una habichuela / una papa

21 ¿Y tú? Contesten.

1. ¿Quién es tu mejor amigo(a)?
2. ¿En qué clase recibes las mejores notas?
3. ¿Quién es el (la) mayor de tu familia?
4. ¿Y el (la) menor? ¿Quién es?
5. ¿Eres mayor o menor que tu padre?

Ciudad de México

Andas bien. ¡Adelante!

Conversación

Una diferencia de opinión

Clarita ¿Qué vamos a hacer mañana?

Eugenio No sé. Quizás iremos a casa de Felipe.

Clarita ¿A casa de Felipe? ¿Para qué?

Eugenio Jugaremos ajedrez.

Clarita ¿Jugar ajedrez? Estás loco. A mí no me gusta nada. Es el juego más aburrido…

Eugenio ¡Vale! ¡Vale! Pero te sentarás enfrente de una pantalla de video durante horas.

Clarita Tengo una idea. No jugaremos ajedrez y no miraremos videos. Iremos al cine.

Después de conversar

Contesten.

1. ¿Adónde quiere ir mañana Eugenio?
2. Según Eugenio, ¿qué jugarán?
3. ¿Quiere ir Clarita?
4. ¿Le gusta a Clarita jugar ajedrez?
5. ¿Qué dice Clarita del ajedrez?
6. ¿Qué prefiere hacer Clarita?
7. Según Clarita, ¿adónde irán?

Vamos a hablar más
Let's talk some more

A **Los pasatiempos favoritos** Un(a) estudiante de Colombia (tu compañero[a]) quiere saber cuál es tu pasatiempo favorito. Contéstale y explícale por qué te gusta tanto. Luego cambien de rol.

B **Al parque con tu hermanito(a)** Estás en el parque con tu hermanito(a) de cinco años (un[a] compañero[a]). Él o ella quiere hacer muchas cosas. Tú le dices lo que sí puede hacer y lo que no puede hacer y por qué. Después cambien de rol.

C **¡Qué exagerado!** Vas a crear una persona ficticia. Tu persona ficticia es la más ____ de todos; tiene más ____ que nadie. Al hablar de la persona, exagera todo lo posible. Luego trabaja con unos compañeros. Presenten sus descripciones y decidan quién ha creado la persona más increíble.

Cartagena, Colombia

D **No, de ninguna manera** Con un(a) compañero(a), miren esta foto. Los dos amigos están hablando de unos planes. Parece que a uno de ellos no le interesa nada el proyecto. Entablen la conversación entre los dos.

SPANISH Online

For more information about parks and other attractions in Spanish-speaking countries, go to the Glencoe Spanish Web site: spanish.glencoe.com

Lecturas culturales

El domingo en el parque 🔄

Casi todas las ciudades hispanas tienen uno o más parques bonitos. Los parques son un centro de recreo[1] para jóvenes y viejos, especialmente los domingos.

Si vas a un parque como el Retiro en Madrid o Chapultepec en México, verás a los viejos jugando al dominó hora tras hora. Y los niños estarán en fila delante del vendedor de helados o piraguas.

En algunos parques, como Palermo en Buenos Aires, hay un zoológico. El domingo que viene los Rodríguez llevarán a los niños al zoológico. Se divertirán mucho mirando a los cómicos monos. Pero se asustarán[2] un poco al ver los leones y tigres en sus jaulas grandes.

A veces hay también un parque de atracciones. A los niños les gusta subir al tiovivo. Los caballitos suben y bajan al acompañamiento del organillo.

El parque no es sólo para viejos y niños. En el parque verás a muchos jóvenes. Los jóvenes se encuentran y dan un paseo por el parque. Charlan (Hablan) con otros jóvenes que conocen en el parque y hacen nuevos amigos. A veces alquilan (rentan) un bote y reman por el lago del parque.

También veremos en el parque a las personas que demostrarán su arte: caricaturistas que te dibujarán[3] en un momento; fotógrafos que te tomarán una foto; mimos y payasos que te van a hacer reír[4] y vendedores ambulantes vendiendo de todo: globos, dulces, refrescos, camisetas.

[1]recreo *recreation*
[2]se asustarán *they will be frightened*
[3]dibujarán *will draw*
[4]reír *laugh*

Parque de Chapultepec, Ciudad de México

Palermo, Buenos Aires, Argentina

Después de leer

A En el parque Contesten.

1. ¿Quiénes van a los parques en las ciudades hispanas?
2. ¿Cuándo van?
3. ¿Qué juegan los viejos?
4. ¿Qué compran los niños?
5. ¿Qué hay en el zoológico?
6. ¿Qué hay en el parque de atracciones?
7. ¿Qué hacen los jóvenes en el parque?
8. ¿Qué venden los vendedores ambulantes?

B Personajes interesantes Contesten.

1. ¿Qué hacen los caricaturistas?
2. ¿Qué hacen los mimos y los payasos?
3. ¿Qué hacen los fotógrafos?

C ¿Qué es? Adivinen.

1. un tipo de helado que es en realidad hielo con sirope
2. cualquier lugar adonde va la gente a divertirse
3. un animal bastante gracioso o cómico
4. personas que andan por las calles o parques vendiendo cosas
5. lugar donde exhiben muchos animales
6. dos animales salvajes de la misma familia que el gato

Buenos Aires, Argentina

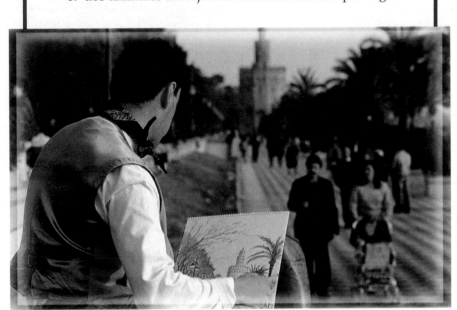

Sevilla, España

Lectura opcional 1

Las salas de juegos

Las salas de juegos son muy populares en muchos países hispanos. No son nuevas. Hace muchos años que los jóvenes van a las salas de juegos para jugar al tenis de mesa y al futbolín.

Hoy las salas tienen los más modernos juegos de video. Los jóvenes meten una moneda en la ranura. Pulsan un botón y salen en la pantalla monstruos, guerras intergalácticas y carreras de automóviles. Color, sonido, moción. Para los juegos de video se necesita buena coordinación de ojo y mano y excelentes reflejos[1].

Pero de todos los juegos antiguos y modernos, el juego que les gusta mucho a los jóvenes hispanos es el futbolín. Pueden jugar dos o cuatro y hasta seis muchachos a la vez. El juego es sencillo (fácil). Hay que meter el baloncito en la portería opuesta[2]. Los jugadores humanos mueven los jugadores de madera[3] o plástico para lanzar o bloquear el balón. Un partido entre buenos jugadores puede durar mucho tiempo.

[1]reflejos *reflexes* [2]opuesta *opposite* [3]madera *wood*

El futbolín

Después de leer

A **¿Qué es?** Describan.
1. el juego de video
2. el tenis de mesa
3. el futbolín

Una sala de juegos, Caracas, Venezuela

B **Las salas de juegos** Contesten.
1. ¿Dónde son populares las salas de juegos?
2. ¿A qué jugaban los jóvenes en las salas en el pasado?
3. ¿Qué juegos hay en las salas modernas que no había en las salas antiguas?
4. ¿Dónde salen los monstruos y las guerras intergalácticas?
5. ¿Qué tienes que tener para ser buen jugador de juegos de video?
6. ¿Cuáles son algunas características de los juegos de video?

C **El futbolín** Explica el objetivo del futbolín y cómo se juega.

Lectura opcional 2

El dominó

Estepona, España

El juego es antiguo. Jugaban al dominó en Venecia en el siglo XVIII. Las reglas[1] del juego son las mismas del siglo XVIII. Pero las veintiocho fichas modernas serán de plástico. Las antiguas eran de madera[2], o las más elegantes de marfil[3].

En las plazas de pueblos y ciudades en todo el mundo hispánico podemos oír el «cli, cli» de las fichas que los jugadores golpean contra la mesa. Grupos de jugadores pasan horas jugando partida tras partida de dominó. Alrededor de la mesa siempre hay un grupo de «mirones».

Pero, ¿quiénes son los jugadores? Generalmente son señores mayores. Todos los días van a las mismas mesas, a la misma hora, con los mismos compañeros. Los señores son muy serios. Y juegan casi siempre sin expresión en la cara. Para ellos, el dominó es más que un pasatiempo, es un rito[4].

[1]reglas *rules* [3]marfil *ivory*
[2]madera *wood* [4]rito *ritual*

Después de leer

A El dominó Completen.

1. El dominó es un juego muy ____.
2. En Venecia jugaban al dominó en el siglo ____.
3. Las ____ para jugar al dominó son las mismas del siglo XVIII.
4. Hay ____ fichas en el dominó.
5. Las fichas más elegantes eran de ____.
6. Las fichas modernas generalmente son de ____.
7. Los jugadores ____ las fichas contra la mesa.
8. Los jugadores se sientan a la mesa y los ____ están de pie alrededor de la mesa.
9. Los jugadores generalmente son señores ____.
10. Ellos son muy ____; no tienen ____ en la cara.

B Los mirones La lectura habla de «los mirones». ¿Sabes quiénes son?

Conexiones
Las bellas artes

La literatura

The literary genres that we learn about in our English classes are the same ones that students in Spain and Latin America study: the novel, the short story, and poetry. People everywhere enjoy reading for pleasure. It is a very worthwhile pastime during one's leisure hours.

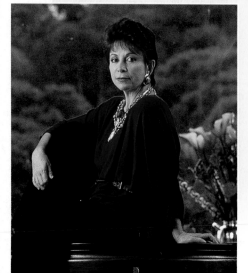

Casa de García Lorca, Granada, España

Los géneros literarios

La literatura les interesa a los jóvenes y a los viejos. Hay personas que pasan horas leyendo novelas, cuentos y poesía.

La novela

La novela es una obra[1] literaria en prosa bastante larga que narra eventos ficticios. La primera novela importante en español es *El Quijote* (1605), obra de Miguel de Cervantes. Hay diferentes tipos de novela. Hay novelas de amor y novelas de aventura. Hoy las novelas policíacas y las novelas de ciencia-ficción son especialmente populares.

El cuento

El cuento, como la novela, es una narración de eventos ficticios. Pero el cuento es mucho más corto que la novela. El cuento, igual que la novela, tiene uno o más protagonistas. El protagonista es el personaje más importante de la obra. El argumento es una narración de lo que pasa o lo que sucede en la novela o en el cuento.

[1]obra *work*

Isabel Allende, novelista chilena

La poesía

El cuento y la novela son obras en prosa. La prosa es el tipo de lenguaje que la gente usa en su habla diaria. La poesía, los poemas, son obras en verso, no en prosa. El poeta usa imágenes, métrica, ritmo y sonidos[2] para crear una reacción emocional en la persona que lee el poema.

A la gente de habla española le gusta mucho la poesía. Muchas veces, en una fiesta familiar, alguien se levanta y recita un poema. Y no es raro encontrar a un dentista o a una profesora que es también poeta.

[2]sonidos *sounds*

Después de leer

A La literatura Contesten.
1. ¿Cuáles son tres géneros literarios?
2. ¿Qué escribió Miguel de Cervantes?
3. ¿Cuáles son cuatro tipos de novela?
4. ¿Cuál es la mayor diferencia entre una novela y un cuento?
5. ¿Qué recitan algunas personas en fiestas familiares?

B ¿Verso o prosa? Digan si es verso o prosa.
1. una poesía
2. un poema lírico
3. una novela de ciencia-ficción
4. un cuento corto
5. un poema épico
6. un artículo de periódico

C Un cuento Vas a escribir un cuento. Para escribir el cuento, haz lo siguiente.
- **Protagonista** El o la protagonista es el personaje más importante del cuento. Le vas a dar un nombre y explicar quién es. Tienes que describir a tu protagonista. Explica cómo es físicamente y da algunos detalles sobre su personalidad.
- **Lugar o ambiente** Tienes que indicar de dónde es el o la protagonista. Indica también dónde tiene lugar la acción de tu cuento. Es necesario dar una descripción del lugar. Puedes describir la casa del protagonista, su pueblo o su ciudad. Incluye todo lo necesario o importante para el desarrollo (*development*) de la acción de tu cuento.
- **Argumento** Di lo que hace el o la protagonista. Escribe todo lo que sucede. Explica a los lectores (a los que leen tu cuento) cómo es la actuación del (de la) protagonista.
- **Desenlace** Explica lo que pasa al final y cómo termina la acción.

¡Te toca a ti!

Use what you have learned

1 El parque de atracciones
✔ *Describe an amusement park*

Con un(a) compañero(a), miren este anuncio para un parque de atracciones. Discutan sus planes para visitar el parque. Decidan cuándo irán, cómo llegarán y lo que verán.

Buenos Aires, Argentina

2 A un restaurante
✔ *Talk about a forthcoming visit to a restaurant*

Vas a estar libre el viernes por la noche. Quieres ir a un restaurante. Llama a un(a) amigo(a) por teléfono para ver si él o ella quiere ir también. Dile a tu amigo(a) a qué restaurante irás, lo que pedirás, si tomarás postre, cuánto costará, etc. Explica a tu amigo(a) como es que conoces el restaurante y por qué te gusta tanto que volverás a comer allí.

3 Mis pasatiempos favoritos
✔ *Talk about your favorite pastimes*

Trabaja con un(a) compañero(a) de clase. Discutan sus pasatiempos favoritos. Decidan si tienen muchos intereses en común.

4 El programa de actividades escolares

✔ *Describe extra curricular school activities*

Tú y dos compañeros de la clase de español son miembros de un comité que hace los planes para todas las actividades de su escuela. Escriban una lista de todos los eventos que están planeando para el próximo año escolar.

5 Los pasatiempos de tu comunidad

✔ *Describe recreational activities in your community*

Prepara un e-mail para una alumna española que viene a tu escuela el semestre que viene. Pregúntale cuáles son los pasatiempos que le interesan; dile también lo que hay en tu comunidad para pasar el tiempo libre.

Writing Strategy

Writing about dreams and wishes—the future To imagine the future, it is helpful to look at yourself as you are now. One way to do that is to use clusters to record your likes, interests, feelings, and reactions and how they relate to one another. These connections may help you learn more about yourself and help you see yourself years from now as you begin to think about the future. You can also use clusters to evaluate things as they are now and how you think they will be in the future. Evaluating these changes may help you understand how changes in the world may affect the way your own personal dreams are fulfilled.

6 Algunas predicciones para el futuro

You're going to write a composition called **Algunas predicciones para el futuro.** First choose some topics to include in your predictions, such as transportation, family, hobbies and leisure-time activities, communication, education, medicine and hygiene, home, and vacation. If you want you can even predict your own future. Then prepare two lists: one titled **El presente** and the other titled **El futuro.** For each topic describe what it is like now and what you think it will be like in the future. When you finish the two lists, write your composition using the information from the lists.

Vocabulario

1 Identifiquen.

1.

2.

To review **Palabras 1**, turn to pages 132-133.

3.

4.

2 Completen.

5. Los jóvenes ____ el bote por el lago.
6. Hay muchos animales en un ____.
7. Los monos y los tigres están en ____.
8. El ____ es muy cómico.
9. La gente camina por las sendas del parque. Ellos dan un ____.

To review **Palabras 2**, turn to pages 136-137.

3 Identifiquen.

10.   11.

12.

Estructura

4 **Escriban en el futuro.**

13. Ellos estudian para sus exámenes.
14–15. Él lee la novela. No la escribe.
16. Yo contesto la carta.
17. ¿Ves la emisión deportiva en la televisión?
18. Hablamos con él.

To review the future tense, turn to page 140.

5 **Completen.**

19. Elena es muy simpática. Yo creo que ella es ____ simpática ____ todas mis amigas.
20. Él no es muy alto. Pero es ____ alto ____ su hermano. La verdad es que su hermano es muy bajo.
21. Él es un alumno bastante bueno pero no es ____ de la clase.
22. Mi hermana tiene quince años y yo tengo diecisiete. Yo soy ____ mi hermana.

To review the comparative and the superlative, turn to page 144.

Cultura

6 **Contesten.**

23. ¿Qué tienen casi todas las ciudades hispanas?
24. ¿Qué hacen los jóvenes en el parque?
25. ¿Qué venden los vendedores ambulantes?

To review this cultural information, turn to page 148.

Vocabulario

Talking about pastimes and hobbies

el pasatiempo
el hobby
el ajedrez
el tablero
las damas
el dominó
la ficha
el/la coleccionista

el campeón
la campeona
la sala de juegos
el juego de video
el futbolín
pasar el tiempo
coleccionar sellos (monedas)
llenar un crucigrama

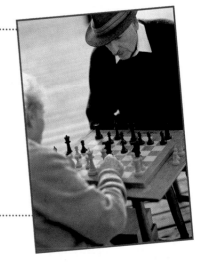

Talking about activities in the park

el parque
el bote
el (parque) zoológico
el mono
la jaula
la boletería
el parque de atracciones
el tiovivo

el caballito
la montaña rusa
la noria
el mimo
el payaso
el globo
el helado
la piragua

Discussing what one does in the park

dar un paseo
caminar por la senda
remar por el lago
hacer cola

How well do you know your vocabulary?

• Choose words to describe a visit to a park.
• Write a brief description of a recent visit to a local park.

Giving location

delante de
detrás de
al lado de
a la derecha
a la izquierda

Other useful expressions

listo(a)
la fila
la entrada

TECNOTUR
¡Buen viaje!

VIDEO • Episodio 5

Los pasatiempos

In this video episode, Cristina and Luis discuss what they like to do in their free time.

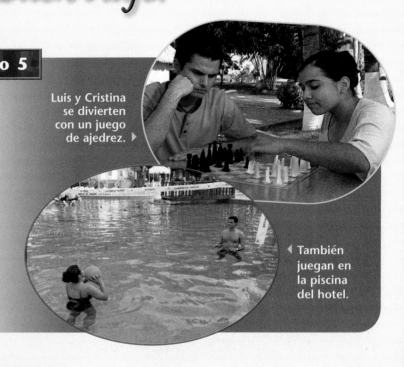

Luis y Cristina se divierten con un juego de ajedrez. ▶

◀ También juegan en la piscina del hotel.

El Zoológico de Madrid tiene muchas atracciones para todos.

SPANISH
Online

In the Chapter 5 Internet Activity, you will have a chance to learn more about how to plan a trip to a park in Spain. To begin your virtual adventure, go to the Glencoe Spanish Web site: spanish.glencoe.com

◀ Learn more online about parks in Madrid, Spain and in other Spanish-speaking countries.

Capítulo 6

En el hotel

Objetivos

In this chapter you will learn to:

❖ check into and out of a hotel

❖ ask for things you may need while at a hotel

❖ talk about future events

❖ refer to previously mentioned people or things

❖ talk about lodging in the Hispanic world

La llegada al hotel

el recepcionista

la recepcionista

el cliente,
el huésped

RECEPCION

la recepción

el cuarto, la habitación

Diego ya reservó un cuarto.
Reservó un cuarto sencillo, no un cuarto doble.

la llave

Diego llena la ficha.

la ficha,
la tarjeta

No. de Registro	PiNOS
Fecha / /	

Cuarto Sencillo Doble	Fecha
Nombre	
Dirección	
Ciudad	Estado Código
Cuarto	
	( ) Empleo ( ) Extra
	( ) Casa
Referencias	
No. de Licencia / /	Edad No. Personas
Su firma	

El mozo le abrirá la puerta al cliente.
Él le pondrá el equipaje en el cuarto.

La salida del hotel

Diego saldrá del hotel hoy.
Tendrá que abandonar el cuarto antes
    del mediodía.

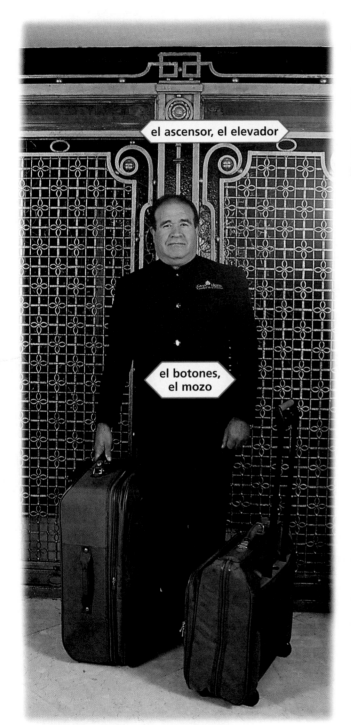

el ascensor, el elevador

el botones,
el mozo

El mozo le subirá el equipaje.
Subirá el equipaje en el ascensor.

Él pedirá la cuenta y la pagará en la caja.
Pagará su factura con una tarjeta de crédito.

Vocabulario

Para empezar

Let's use our new words

1 ¿Qué o quién será? Identifiquen.

1. ¿Es una llave o una tarjeta de crédito?

2. ¿Es el mozo o el recepcionista?

3. ¿Es la caja o la recepción?

4. ¿Es la ficha o el equipaje?

5. ¿Es el equipaje o la cuenta?

2 Historieta **Una visita al hotel**

Contesten.

1. ¿Reservó un cuarto el señor?
2. ¿Tiene él una reservación?
3. ¿Quién lo saludó en la recepción?
4. ¿Qué tendrá que llenar el señor?
5. ¿Quién le subirá el equipaje?
6. ¿Quién le abrirá la puerta?
7. ¿Cuándo tendrá que abandonar el cuarto el señor?
8. ¿Qué pedirá y dónde la pagará?
9. ¿Cómo pagará su cuenta el señor?

Fiesta Inn, Aguascalientes, México

3 ¿Cómo se llama... ? Identifiquen.

1. la persona que saluda a los clientes y busca la reservación
2. la persona que sube y baja las maletas
3. lo que se usa para abrir la puerta
4. un cuarto para una persona
5. un cuarto para dos personas
6. lo que se puede usar para pagar la cuenta
7. donde uno paga su cuenta

4 **Historieta** **Al hotel**

Contesten.

1. Cuando el cliente llega al hotel, ¿va primero a la caja?
2. ¿Lleva el mozo el equipaje al cuarto?
3. ¿Hay que llenar una ficha o tarjeta al llegar al hotel?
4. Un cuarto sencillo, ¿es para dos personas?
5. ¿Abandona el cuarto el cliente cuando llega al hotel?
6. Cuando uno paga la cuenta, ¿le da el dinero al botones?

Villa Real, Madrid, España

5 **Una reservación** Tu clase de español está pensando en hacer un viaje a España. Todos están muy entusiasmados y todos tienen una tarea para ayudar a planear el viaje. Tú y un(a) compañero(a) tienen la responsabilidad de reservar las habitaciones (los cuartos). Van a llamar al Hotel Regente. Uno(a) de Uds. será el/la alumno(a) y el/la otro(a) será el/la empleado(a) del Hotel Regente. Discutan las fechas, el número de alumnos, el número de habitaciones, las comidas, los precios.

6 **El huésped abandona su cuarto.**

Eres el/la cajero(a) en el Hotel Regente. Un(a) compañero(a) es un(a) huésped. Está abandonando su cuarto. Preséntale al huésped su factura y explícale los cargos *(charges).* Tu compañero(a) te hará algunas preguntas sobre los cargos. Después tú le preguntarás cómo quiere pagar la cuenta. Él o ella te dirá.

En el cuarto

la percha, el colgador

el armario

el aire acondicionado

el sofá

la almohada

el televisor

la sábana

la cama

la manta, la frazada

el sillón

En el baño

la ducha

el jabón

el inodoro, el váter

la toalla

el lavabo

la bañera

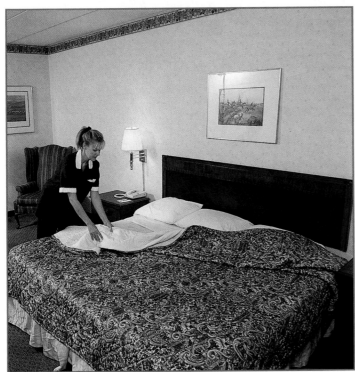

La camarera limpiará el cuarto.
Ella hará la cama.

Y cambiará las toallas.

Vocabulario

Para empezar
Let's use our new words

7 **¿Qué hará nuestra camarera?**
Expliquen las cosas que hará la camarera según los dibujos.

1.

2.

3.

4.

8 **¿En el baño, en el armario o en el cuarto?**
Digan si las cosas se encuentran en el baño, el armario o el cuarto.

1. la ducha
2. el jabón
3. las sábanas
4. la percha
5. el lavabo
6. las toallas
7. la cama
8. el inodoro
9. el aire acondicionado
10. la manta

¿Lo sabes?

The word **el gancho** means *hook,* but in many areas of the Spanish-speaking world it can also mean *hanger.*

9 **¿Qué necesitarás?** Pareen.

a.

b.

c.

d.

e.

f.

g.

1. Tienes que lavarte las manos.
2. Después de lavarte las manos, tienes que secarlas.
3. Hace mucho frío esta noche.
4. Quieres ver tu programa favorito.
5. Hace calor en el cuarto.
6. Tienes que poner tu chaqueta en el armario.
7. Estás cansado(a) y quieres sentarte.

10 **Un hotel bueno** Con un(a) compañero(a), discutan lo que les importa cuando se quedan en un hotel. Usen las siguientes expresiones en su discusión.

- clase de hotel
- tipo de habitación
- servicio
- cama
- precio
- baño
- aire acondicionado
- restaurante
- cerca del centro
- piscina
- gimnasio
- desayuno

Hotel El Olivar de San Isidro, Lima, Perú

11 **Un desastre de hotel** Pasaste unas vacaciones en San Juan de Puerto Rico. Lo pasaste muy bien y te gustó todo menos el hotel. ¡Qué horror! Fue un desastre total. Un(a) compañero(a) quiere saber todo lo que pasó. Dile. Usa tu imaginación y exagera todo lo posible. Luego cambien de rol y decidan quién tuvo la experiencia más desastrosa.

*For more practice using words from **Palabras 1** and **2**, do Activity 6 on page H7 at the end of this book.*

Estructura

Expressing more future actions
Futuro de los verbos irregulares

¿Te acuerdas?

Regular verbs in the future use the infinitive as the stem.
hablaré, comeré, escribiré

1. Study the following forms of verbs that have an irregular stem in the future tense. Note that the endings for all irregular verbs are the same as those for the regular verbs.

INFINITIVE	tener	salir	venir	ENDINGS
STEM	tendr-	saldr-	vendr-	
yo	tendré	saldré	vendré	-é
tú	tendrás	saldrás	vendrás	-ás
él, ella, Ud.	tendrá	saldrá	vendrá	-á
nosotros(as)	tendremos	saldremos	vendremos	-emos
vosotros(as)	tendréis	saldréis	vendréis	-éis
ellos, ellas, Uds.	tendrán	saldrán	vendrán	-án

2. Other verbs that follow the same pattern are **poner, saber,** and **poder.**

   poner → pondré   **saber → sabré**   **poder → podré**

3. The verbs **decir, hacer,** and **querer** also have an irregular future stem.

INFINITIVE	decir	hacer	querer	ENDINGS
STEM	dir-	har-	querr-	
yo	diré	haré	querré	-é
tú	dirás	harás	querrás	-ás
él, ella, Ud.	dirá	hará	querrá	-á
nosotros(as)	diremos	haremos	querremos	-emos
vosotros(as)	diréis	haréis	querréis	-éis
ellos, ellas, Uds.	dirán	harán	querrán	-án

SPANISH Online

For more information about popular vacation spots in the Spanish-speaking world, go to the Glencoe Spanish Web site: spanish.glencoe.com

Para continuar
Let's put our words together

12 **Historieta** **La huésped llegará mañana.**
Contesten según se indica.

1. ¿Cuándo vendrá la huésped? (mañana)
2. ¿Quién sabrá si tiene una reservación? (el recepcionista)
3. ¿Qué tendrá que llenar la huésped? (una ficha)
4. ¿Quién podrá abrirle la puerta? (el mozo)
5. ¿Dónde le pondrá su equipaje? (en el cuarto)
6. ¿Cuándo saldrá la huésped? (en dos días)

13 **Y mañana, ¿qué?** Contesten según el modelo.

> Teresa no vino hoy.

> No, pero vendrá mañana.

1. Ella no salió de casa a tiempo.
2. Yo no sabía la hora de su llegada.
3. Ella no nos puso un fax.
4. Nosotros no pudimos ir a buscarla.

14 **Historieta** **Las vacaciones de Ricardo**
Completen.

El invierno que viene Ricardo Valbuena
__1__ (tener) dos semanas de vacaciones. Él y
su familia __2__ (hacer) un viaje a México. Allí
ellos __3__ (poder) pasar unos días con sus
parientes. El padre de Ricardo __4__ (llamar) a
México y les __5__ (decir) a sus parientes la
hora de su llegada. Todos los parientes de
Ricardo __6__ (querer) ir al aeropuerto a
recibirlos. Ricardo y sus padres __7__ (salir) en
el vuelo de las once. El vuelo __8__ (hacer)
escala en Dallas antes de llegar a México.

Acapulco, México

15 Historieta Una reservación

Completen la conversación con el futuro.

CLIENTE Buenos días. Soy Elena Sánchez. ¿Quién __1__ (poder) confirmar mi reservación?

RECEPCIONISTA Pues, yo, señorita. ¿Cuándo __2__ (venir) Ud. al hotel?

CLIENTE El jueves. Yo __3__ (saber) la hora exacta más tarde.

RECEPCIONISTA Un momentito y le __4__ (decir) si tiene reservación. Sí, sí, aquí está. Ud. __5__ (venir) el jueves y __6__ (salir) el domingo, ¿verdad?

CLIENTE Así es. Yo __7__ (tener) que salir a primera hora el domingo. Yo __8__ (querer) transporte al aeropuerto.

RECEPCIONISTA No hay problema. El conserje le __9__ (hacer) una reservación en la limusina.

CLIENTE Muchas gracias.

16 El pronóstico del tiempo para mañana Completen.

1. Hoy hace calor pero mañana ____ frío.
2. Hoy no tienen que llevar abrigo, pero mañana sí que ____ que llevar abrigo.
3. Hoy no pueden esquiar, pero mañana ____ esquiar.
4. Hoy yo no quiero ir a clase, pero mañana ____ ir.
5. Hoy no me pongo el suéter, pero mañana me lo ____.
6. Hoy todo el mundo sale a la calle, pero mañana nadie ____ a la calle.

17 **Un trabajo para el verano** Este verano trabajarás en un hotel o motel cerca de donde tú vives. El hotel tiene muchos clientes de Latinoamérica. Por eso, el director del hotel (un[a] compañero[a]) te da una entrevista (una interviú) en español. Pregúntale al director todo lo que tendrás que hacer. El modelo les servirá de guía.

¿Tendré que venir al hotel temprano?

Sí, vendrás al hotel temprano.

18 **El fin de semana que viene** No sabes por qué pero no hay duda que siempre tienes mucho que hacer. Con un(a) compañero(a), hagan planes para el próximo fin de semana. Discutan todo lo que harán. Dividan sus actividades en las siguientes categorías.

trabajo pasatiempos obligaciones estudios

Talking about things already stated
Me lo, te lo, nos lo

1. Many sentences have both a direct and an indirect object pronoun. In these sentences the indirect object pronoun always precedes the direct object pronoun in Spanish. Both pronouns precede the conjugated form of the verb.

Ella **nos** sirvió **el helado.**	Ella **nos lo** sirvió.
El mozo **me** dio **la llave.**	El mozo **me la** dio.
Él **me** vendió **los libros.**	Él **me los** vendió.
Papá **te** hizo **las reservaciones.**	Papá **te las** hizo.

2. Note that the indirect object **me, te,** or **nos** comes before the direct object **lo, la, los, las.**

Para continuar
Let's put our words together

19 **El generoso tío Lucas** Contesten según el modelo.

¿Quién te regaló las entradas?

Mi tío Lucas me las regaló.

N⁰ 036636

VISITA AL ALCÁZAR
Itinerario al dorso

CAJA MADRID

SON 200 Pesetas

SIGA LA DIRECCION DE LA FLECHA Y LE CONDUCIRÁ A:

PATIO PRINCIPAL:
(izquierda)
Sala del Arma Blanca, Sala del Arma de Fuego, Sala de Maquetas y Planos, Sala de Romero Ortiz. Despacho Coronel Moscardó.

SÓTANOS:
Aljibes, Horno del pan, Sala del Asedio, Refugios de mujeres y niños, Enfermería, Maternidad, Puerta de carros y Cripta.

GALERÍA PLANTA 1ª.:
Sala de las Batallas, miniaturas y África S. XIX.

PATIO PRINCIPAL:
(derecha)
Sala de África, Sala de Uniformes, Sala de Órdenes Militares, Sala Documental, SALIDA.

1. ¿Quién te regaló la computadora?
2. ¿Quién te regaló los videos?
3. ¿Quién te regaló el balón?
4. ¿Quién te regaló las damas?
5. ¿Quién te regaló los esquís?
6. ¿Quién te regaló el televisor?
7. ¿Quién te regaló las botas?

20 **El mozo del hotel** Contesten con pronombres.

1. ¿Te subió las maletas?
2. ¿Te abrió la puerta?
3. ¿Te dio la llave el mozo?
4. ¿Te prendió el aire acondicionado?

21 **¿Quién te compró todo eso?**
Formen preguntas según el modelo.

Es mi video nuevo.

Quién te lo compró?

1. Son mis zapatos nuevos.
2. Es mi equipaje nuevo.
3. Es mi computadora nueva.
4. Son mis revistas nuevas.
5. Es mi bufanda nueva.

22 Doña Flor, la profesora

Contesten con pronombres según el modelo.

—**Doña Flor nos explicó el sistema.**
—**Doña Flor nos lo explicó.**

1. Doña Flor nos enseñó los poemas.
2. Doña Flor nos explicó la teoría.
3. Doña Flor nos enseñó el vocabulario.
4. Doña Flor nos dio la interpretación.
5. Doña Flor nos explicó las diferencias.

23 No oigo bien. Usen dos pronombres en cada oración.

1. —Carlos me hizo la reservación
   —Perdón, ¿quién ____?
2. —Carlos. Y él me confirmó la
   reservación ayer.
   —Perdón. ¿cuándo ____?
3. —Ayer. Y también me dio las direcciones.
   —Perdón, ¿Carlos ____?
4. —Sí, Carlos. Y me envió las direcciones
   por fax.
   —Perdón, ¿cómo ____?

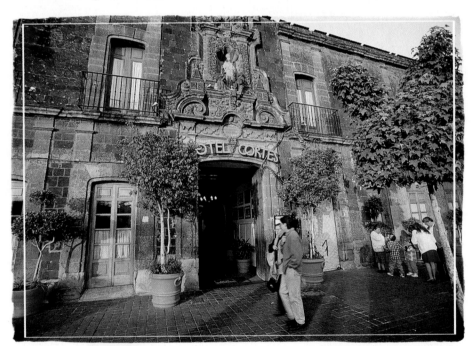

Hotel Cortés, Ciudad de México

Andas bien. ¡Adelante!

Conversación

La llegada al hotel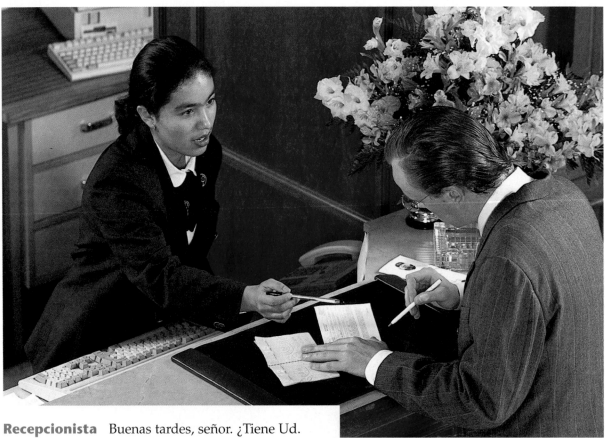

Recepcionista Buenas tardes, señor. ¿Tiene Ud. una reservación?

Cliente Sí, a nombre de Sorolla, Ramón Sorolla. Un cuarto sencillo para tres noches.

Recepcionista Aquí está. Ud. saldrá el jueves, día doce. Querrá un baño privado, ¿no?

Cliente Sí, claro.

Recepcionista Le daré el tres cero dos. Es un cuarto muy bonito. Da al patio. Tendrá que llenar la ficha. ¿Y su pasaporte, por favor?

Cliente ¿A qué hora tendré que abandonar el cuarto el día doce?

Recepcionista Al mediodía.

Cliente De acuerdo.

Recepcionista Aquí tiene Ud. la llave. Samuel le subirá el equipaje. ¡Samuel!

Después de conversar

Contesten.

1. ¿Cómo se llama el cliente?
2. ¿Cuántos días estará en el hotel?
3. ¿Qué día saldrá del hotel?
4. ¿Qué tipo de cuarto reservó?
5. ¿Qué tendrá que llenar el cliente y qué le dará a la recepcionista?
6. ¿A qué hora tendrá que abandonar el cuarto?
7. ¿Quién es Samuel y qué hará él?

Vamos a hablar más
Let's talk some more

A **Un hotel en Madrid** Tú y tu familia estarán en Madrid este verano. Aquí hay folletos de dos hoteles madrileños que ofrecen muchos servicios a sus clientes. Dile a un(a) compañero(a) en cuál de los dos hoteles quieres quedarte. Explica por qué. Luego tu compañero(a) te dirá su preferencia y te dirá por qué. Discutan por qué se quedarán o no se quedarán en el mismo hotel.

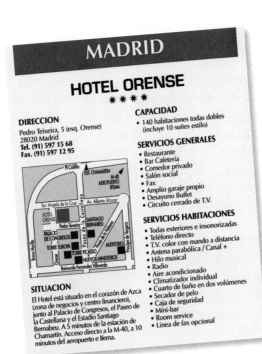

MADRID
HOTEL ORENSE
★★★★

DIRECCION
Pedro Teixeira, 5 (esq. Orense)
28020 Madrid
Tel. (91) 597 15 68
Fax. (91) 597 12 95

CAPACIDAD
• 140 habitaciones todas dobles (incluye 10 suites estilo)

SERVICIOS GENERALES
• Restaurante
• Bar Cafetería
• Comedor privado
• Salón social
• Fax
• Amplio garaje propio
• Desayuno Buffet
• Circuito cerrado de T.V.

SERVICIOS HABITACIONES
• Todas exteriores e insonorizadas
• Teléfono directo
• T.V. color con mando a distancia
• Antena parabólica / Canal +
• Hilo musical
• Radio
• Aire acondicionado
• Climatizador individual
• Cuarto de baño en dos volúmenes
• Secador de pelo
• Caja de seguridad
• Mini-bar
• Room service
• Línea de fax opcional

SITUACION
El Hotel está situado en el corazón de Azca (zona de negocios y centro financiero), junto al Palacio de Congresos, el Paseo de la Castellana y el Estadio Santiago Bernabeu. A 5 minutos de la estación de Chamartín. Acceso directo a la M-40, a 10 minutos del aeropuerto e Ifema.

MADRID
GRAN HOTEL COLON
★★★★

DIRECCION
Pez Volador, 11 (semiesquina con Dr.Ezquerdo)
28007 Madrid
Tel. (91) 573 59 00 / 573 86 00
Fax. (91) 573 08 09
Telex 22984 COLON E

CAPACIDAD
• 380 habitaciones (incluidas suites)

SERVICIOS GENERALES
Restaurante, Bar, Cafetería / Hall, Terraza con jardín, Sauna / Masajes, Peluquería, Rayos uva, Gimnasio panorámico (próxima apertura), Solarium, Agencia de viajes, Alquiler de coches, Garaje privado.

SERVICIOS HABITACIONES
Todas exteriores, Habitaciones con Terraza, Teléfono directo, T.V. color con mando a distancia, Antena parabólica, Radio / Hilo musical, Mini-bar, Caja de seguridad, Aire acondicionado, Servicio de habitaciones.

INSTALACIONES PARA CONFERENCIAS Y REUNIONES
El hotel permite la posibilidad de múltiples transformaciones, debido a que dispone de grandes espacios dedicados a salones. Todo ello contando con retroproyectores de transparencias, traducción simultánea, pantallas, videos, T.V., Megafonía y azafatas.

SITUACION
Ubicado en una zona céntrica y residencial, junto al Parque del Retiro. A 5 minutos de la estación de Atocha, del Centro Comercial de Goya y, del Triángulo del Arte. Acceso directo a la M-30 y M-40, (por la nueva prolongación O'Donnell) a 10 minutos del aeropuerto y del Parque Ferial Juan Carlos I.

B **¿Cómo podré hacerlo todo?**
Vas a preparar un *skit* muy cómico y divertido con un(a) compañero(a). Uno de Uds. será el ama de llaves (*head housekeeper*) de un hotel y el otro será una camarera nueva. Dentro de poco estarán llegando unos clientes. La pobre camarera no sabe qué hacer. Te hará muchas preguntas. Contesta a sus preguntas. Explícale todo lo que tendrá que hacer y cómo.

EN EL HOTEL

Lecturas culturales

Reading Strategy

Using background knowledge to predict
Before reading a selection, think about what you already know about the topic before you read in depth. Try to guess what new things it will tell you. You can base your guesses on background knowledge and intuition. Making predictions will help prepare you for the reading.

Los paradores de España 🔄

El verano que viene Sandra, Roberto y sus padres harán un viaje a España. Saldrán el 28 de junio. Al llegar a España alquilarán un coche. Viajarán por todas partes del país. Pasarán una semana en el norte y otra en Madrid y sus alrededores. Pasarán la última semana en el sur, en Andalucía.

La señora White, la madre de Sandra y Roberto, está planeando el viaje. Dice que podrán pasar varias noches en algunos paradores.

Hay unos setenta paradores en España. Algunos son muy pequeños como el Parador de Villalba en Lugo, Galicia. Tiene sólo seis habitaciones. Otros son bastante grandes. El Parador de Cádiz tiene 147 habitaciones. Pero lo importante no es el tamaño. Lo más atractivo de los paradores es que son únicos. No son todos iguales. Cada uno tiene su carácter propio.

Algunos paradores son antiguos castillos[1] o monasterios. La madre de Sandra y Roberto dice que hará una reservación en el Parador San Francisco en Granada. Antes era un convento fundado por los Reyes Católicos, Fernando e Isabel. El parador está dentro de las murallas[2] y los jardines de la famosa Alhambra. Pero el Parador San Francisco es tan popular que los White tendrán que reservar una habitación con unos seis meses de anticipación.

[1]castillos *castles*
[2]murallas *walls*

Parador de Cádiz

Parador San Francisco, Granada

Los paradores nacionales son del gobierno[3] español. Los restaurantes de muchos paradores son muy buenos. Sirven platos típicos de las regiones donde se encuentran. Muchos turistas dicen que pasar una noche en un parador es como pasar una noche en un museo—pero un museo con todas las comodidades de un hotel de cuatro estrellas[4]. A ver lo que dirán Sandra, Roberto y sus padres al volver de su viaje a España.

[3]gobierno *government*
[4]estrellas *stars*

Parador de Cardona, España

Después de leer

A Un viaje a España Contesten.
1. ¿Quiénes harán un viaje a España?
2. ¿Qué día saldrán?
3. ¿Qué alquilarán?
4. ¿Cuánto tiempo pasarán en Madrid y sus alrededores?
5. ¿Quién está planeando el viaje?
6. ¿Dónde podrán pasar algunas noches?
7. ¿Cómo son los paradores?
8. ¿De quién son los paradores?
9. ¿Qué sirven en los restaurantes de los paradores?

B ¿Cómo es? Describan.
1. Describe el Parador de Villalba en Lugo, Galicia.
2. Describe el Parador San Francisco en Granada, Andalucía.

C Lo magnífico de los paradores Expliquen.
1. Lo más atractivo de los paradores es que son únicos.
2. Pasar una noche en un parador es como pasar una noche en un museo—pero un museo con todas las comodidades de un hotel de cuatro estrellas.

Parador San Francisco, Granada

Lectura opcional 1

Los albergues

En España y en algunos países de Latinoamérica hay albergues juveniles. Los albergues ofrecen cuartos limpios y económicos para jóvenes. La mayoría de los jóvenes que se hospedan (pasan la noche) en un albergue son estudiantes. Les gustan mucho los albergues porque no cuestan mucho y allí pueden conocer a otros estudiantes de todas partes del mundo. En los albergues hay casi siempre un salón central donde todos se reúnen para charlar y hacer amigos nuevos.

Cuartos en albergues juveniles, España

LOPE DE VEGA
V
HOSTAL R.
GRAN VIA, 59
28013 MADRID
☎ 247 70 00

Después de leer

A **Los albergues juveniles** Digan que sí o que no.
1. Todos los países latinoamericanos tienen albergues juveniles.
2. Un albergue juvenil es para viejos o ancianos.
3. Los albergues son bastante caros.
4. La mayoría de los jóvenes que se hospedan en un albergue juvenil son estudiantes.

B **Para pensar** Contesten.
¿Por qué a los estudiantes les gustan mucho los albergues juveniles?

Lectura opcional ②

HOTEL DE LA RECONQUISTA

El Hotel de la Reconquista, construido sobre la traza de un singular edificio del Siglo XVIII, antiguo Hospicio y Hospital del Principado de Asturias, Monumento Nacional, está situado en la zona más céntrica, residencial y comercial de la ciudad de Oviedo.

El Hotel dispone de un total de 142 habitaciones, incluyendo Junior suites y suites, algunas de ellas con preciosas vistas sobre el Patio de la Reina. Todas las habitaciones están perfectamente equipadas con hilo musical y TV vía satélite.

El Hotel le ofrece la oportunidad de disfrutar de la mejor cocina en su Restaurante.

El Hotel ofrece una amplia gama de instalaciones para Reuniones, congresos y Banquetes. Cuenta con una sala de proyecciones, con servicio de traducción simultánea disponible, ocho espléndidas salas de reuniones de 25 a 550 m² y encantadores patios para la celebración de todo tipo de conferencias y acontecimientos sociales como congresos, certámenes, exposiciones, banquetes y comidas de empresa con capacidad para albergar hasta 800 personas.

Después de leer

¿Dónde nos dice...?

Busquen la información en el folleto.

1. el nombre del hotel
2. de qué siglo data el edificio
3. dónde está ubicado (situado)
4. el número de habitaciones
5. algunos servicios que ofrece el hotel

Conexiones

La educación física

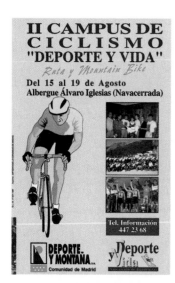

El ejercicio

Physical fitness is a concern for everyone. Our health depends upon our fitness. Maintaining muscle tone and cardiovascular health and avoiding weight gain are important to our well-being and to our enjoyment of life. Sometimes it's difficult to stay in shape when traveling. For this reason, many hotels in major cities in Spain and Latin America provide exercise rooms or temporary membership in healthclubs for their guests.

El ejercicio

Los hombres y las mujeres que viajan mucho quieren mantenerse en forma. Por eso, muchos hoteles tienen un gimnasio para el uso de sus clientes donde pueden hacer ejercicio. Hay dos tipos de ejercicio, el ejercicio aeróbico o cardiovascular y el ejercicio de fortaleza muscular.

Ejercicios aeróbicos

Los ejercicios aeróbicos como el jogging, el caminar, la natación y los «steps» lineal y coreográfico aumentan temporalmente la respiración. Aumentan también el ritmo del corazón. Hacen más fuertes el corazón y todo el sistema cardiovascular. Algunos ejercicios aeróbicos son muy entretenidos[1] como, por ejemplo, el patinaje lineal[2] y el ciclismo.

[1]entretenidos *entertaining*
[2]patinaje lineal *roller blading*

Ejercicios de fortaleza muscular

Los ejercicios de fortaleza muscular aumentan el tamaño y la fuerza de los músculos como los bíceps y tríceps y los músculos pectorales. Para hacer ejercicios de fortaleza muscular usamos una serie de aparatos—pesas y barras, tubos, ligas, bandas elásticas y bolsas.

Un buen programa de ejercicios alterna el ejercicio aeróbico con el ejercicio de fortaleza muscular. Es decir, se practica un día aeróbicos y otro día fortaleza. Lo más importante es hacer ejercicio todos los días, aunque por sólo unos veinte minutos. También es importante no hacer demasiado ejercicio. Demasiado ejercicio te puede hacer daño. Tu cuerpo te dice cuando debes descansar[3]. Todo en moderación es siempre una buena idea.

[3]descansar *rest*

los bíceps

los tríceps

los pectorales

Después de leer

A Para mantenerse en forma Completen.

1. Muchas personas que viajan quieren mantenerse en ____.
2. Los hoteles tienen un gimnasio donde los huéspedes pueden hacer ____.
3. Otro nombre para el «ejercicio aeróbico» es «ejercicio ____».
4. El tipo de ejercicio que no es aeróbico es el ejercicio de ____.
5. El ejercicio aeróbico aumenta el ritmo del ____.
6. El ejercicio de fortaleza muscular aumenta el tamaño de los ____.
7. Un programa que ____ el ejercicio aeróbico y el ejercicio de fortaleza muscular es recomendable.
8. Es importante hacer ejercicio ____ pero también es importante ____.
9. Si haces demasiado ejercicio, puedes hacer ____ a tu cuerpo.

B ¿Aeróbico o fortaleza muscular?

Identifiquen el tipo de ejercicio.

1. pesas y barras
2. patinaje lineal
3. «steps» coreográfico
4. bandas elásticas
5. jogging
6. ligas y bolas

¡Te toca a ti!

Use what you have learned

1 Una habitación, por favor.

✔ *Reserve a hotel room*

Tú has llegado a Burgos. Necesitas una habitación en un hotel. Llama al Hotel Mesón del Cid. Habla con el/la recepcionista (un[a] compañero[a]). Quieres saber si tienen una habitación disponible *(available)*. Necesitas saber el precio. Como no conoces a Burgos, no sabes dónde está el hotel. El/La recepcionista te ayudará y contestará cortésmente a todas tus preguntas.

Vista tomada desde la fachada principal de la Catedral

Plaza Santa María, 8
Frente Fachada Principal Catedral
Tels. (947) 20 59 71 - 20 87 15
09003 BURGOS

2 La cuenta, por favor.

✔ *Check out of a hotel*

Estás saliendo del Hotel Alfonso VIII. El cajero (un[a] compañero[a]) te presenta esta factura. Pero hay un error. Tú no has tenido carro durante tu visita aquí. Tengan una conversación para resolver el problema.

3 La buenaventura

✔ *Tell what will happen in the future*

Trabaja con un(a) compañero(a). Él o ella te hará muchas preguntas porque quiere saber todo lo que le pasará. Tendrás que usar tu imaginación. Después de terminar con las preguntas de tu compañero(a), cambien de rol y tú harás preguntas sobre tu futuro.

ESCRIBIR
4 Un fax para el hotel Excelsior
✔ *Obtain information about a hotel*

Los padres de uno de tus amigos van a México. Quieren quedarse (hospedarse, alojarse) en el Hotel Excelsior. Saben que tú estás estudiando el español y te piden ayuda. Tú les vas a preparar un fax para el Hotel Excelsior. Para preparar el fax, escribe una lista de toda la infomación que necesitan los padres de tu amigo. Luego prepara todas las preguntas que tienes que incluir en el fax. Al terminar tus dos listas, prepara la copia final para el fax que vas a enviar.

ESCRIBIR
5 Un anuncio

A hotel in your community wants to encourage Spanish-speaking guests to stay there. They have asked you to prepare an advertisement describing the hotel and listing its best features. Use the advertisement for the Parador Reyes Católicos in Santiago de Compostela, Galicia, as a guide, but be as original as you can. Be sure your ad reflects services offered by the hotel as well as activities and events in your community.

Writing Strategy

Creating an advertisement
The purpose of an advertisement is to persuade people to buy a product or service. An effective ad will attract attention, arouse interest, and create desire. You can use a striking design to draw readers in. You can use facts and opinions to explain the product's features and to show why readers should be interested in your product—why it is better than the competition. And you can appeal to your readers' reason and emotion to make them want your product.

Vocabulario

1 **Completen.**

1. Diego está viajando sólo. No lo acompaña nadie. Así reservó un cuarto _____.
2. Es necesario tener una _____ para abrir la puerta del cuarto.
3. El _____ subirá el equipaje al cuarto.
4. Diego sale hoy. Tiene que _____ el cuarto antes del mediodía.
5. Diego pedirá la _____ y pagará con su tarjeta de crédito.

To review **Palabras 1**, turn to pages 162–163.

2 **Identifiquen.**

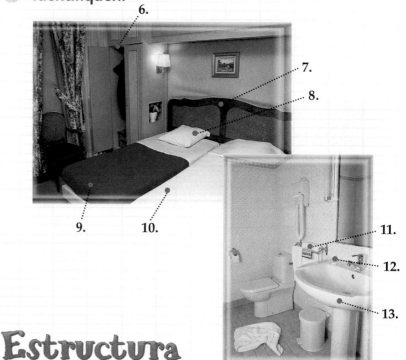

6.
7.
8.
9.
10.
11.
12.
13.

To review **Palabras 2**, turn to pages 166–167.

Estructura

3 **Completen con el futuro.**

14. Él _____ que reservar un cuarto. (tener)
15–16. Ellos _____ saber qué día (tú) _____. (querer, salir)
17. Nosotros _____ el viaje en avión. (hacer)
18. Yo _____ ir también. (poder)
19. ¿Tú le _____ cuánto va a costar el hotel? (decir)

To review the future of irregular verbs, turn to page 170.

4 **Contesten con un pronombre.**

20. ¿El mozo te abrió la puerta?
21. ¿Abuelita me envió los regalos?
22. ¿Mamá te dio las entradas al zoológico?

To review direct and indirect object pronouns, turn to page 173.

Cultura

5 **Completen.**

23. Lo más atractivo de los paradores españoles es que ____.
24. Antes, el Parador San Francisco en Granada era ____.
25. Los restaurantes de muchos paradores sirven ____.

To review this cultural information, turn to pages 178–179.

Parador San Francisco, Granada

Vocabulario

Making a hotel reservation

reservar
la reservación
el cuarto, la habitación

un cuarto sencillo
un cuarto doble

Checking into a hotel

el hotel
la recepción
el/la recepcionista
el/la cliente, el/la huésped
la ficha, la tarjeta

la llave
la puerta
el botones, el mozo
el equipaje
el ascensor, el elevador

Checking out of a hotel

abandonar el cuarto
bajar las maletas
pedir la cuenta
pagar la factura

Talking about a hotel room

la puerta
la cama
la sábana
la almohada
la manta, la frazada
el televisor

el aire acondicionado
el armario
la percha, el colgador
el sillón
el sofá

Talking about a bathroom

la bañera
la ducha
el inodoro, el váter

el lavabo
el jabón
la toalla

Talking about cleaning a hotel room

la camarera
limpiar el cuarto

hacer la cama
cambiar las toallas

TECNOTUR

¡Buen viaje!

En el hotel

In this video episode, Cristina and the de la Rosa family are checking out of their hotel after their vacation in Puerto Vallarta.

Cristina e Isabel hacen sus maletas porque las vacaciones ya se acaban y tienen que abandonar el hotel. ▶

◀ La única queja del señor de la Rosa es que ya se acabaron las vacaciones.

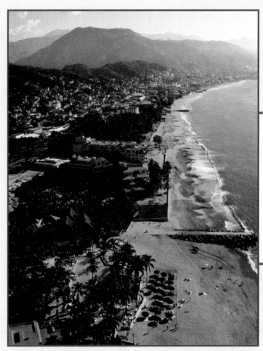

Puerto Vallarta, México

SPANISH Online

In the Chapter 6 Internet Activity, you will have a chance to learn more about the perfect hotel for your family vacation in a Spanish-speaking country. To begin your virtual adventure, go to the Glencoe Spanish Web site: spanish.glencoe.com

◀ Learn more online about hotels and resorts in Spanish-speaking countries.

Capítulo 7

El vuelo

Objetivos

In this chapter you will learn to:

- ❖ talk about air travel
- ❖ discuss the influence of geography on travel in Latin America
- ❖ talk about things that would happen under certain conditions
- ❖ talk about air travel in Hispanic countries

Vocabulario

En el avión

la tripulación

el comandante, el piloto

el co-piloto

la cabina de mando, la cabina de vuelo

los asistentes de vuelo

La cabina

el compartimiento sobre la cabeza, el compartimiento superior

la salida de emergencia

la señal de no fumar

el lavabo, el aseo

Ocupado

la ventanilla

los audífonos, los auriculares

Salida de Emergencia

el chaleco salvavidas

la mesita

el respaldo del asiento

la máscara de oxígeno

el asiento

abrocharse el cinturón de seguridad

el pasillo

La señora iría al lavabo, pero no puede.
Está ocupado.

El asistente de vuelo hizo algunos anuncios.
Dijo que los asistentes de vuelo:

pasarían por la cabina con
    los audífonos;
distribuirían los audífonos;
se los distribuirían a los pasajeros;

servirían bebidas y una
    comida durante el vuelo;

y que en el caso de una emergencia
    las máscaras de oxígeno caerían
    automáticamente.

También dijo que el equipaje
    de mano tendría que caber
    debajo del asiento o en el
    compartimiento superior.

la bandeja

el carrito

Durante el vuelo los asistentes de vuelo
    sirvieron una comida a los pasajeros.

Se la sirvieron de un carrito.
Se la sirvieron en una bandeja.

Para empezar
Let's use our new words

1 ¿Qué es o quién es? Identifiquen.

1. ¿Es el lavabo o la cabina de mando?

2. ¿Es la máscara de oxígeno o la señal de no fumar?

3. ¿Es el asistente de vuelo o el comandante?

4. ¿Es el chaleco salvavidas o el cinturón de seguridad?

5. ¿Es el pasillo o el compartimiento superior?

6. ¿Es el asiento o la mesita?

2 Historieta **La tripulación** Contesten según se indica.

1. ¿Dónde en el avión está el piloto? (en la cabina de vuelo o en la cabina de mando)
2. ¿Quiénes componen la tripulación? (el piloto o el comandante, el co-piloto y los asistentes de vuelo)
3. ¿Quiénes sirven a los pasajeros durante el vuelo? (los asistentes de vuelo)
4. ¿De qué se responsabilizan los asistentes de vuelo? (de la seguridad de los pasajeros)
5. En el caso de una emergencia, ¿por dónde salen los pasajeros? (por las salidas de emergencia)

3 A bordo del avión Pareen.

1. donde uno va para lavarse las manos en el avión
2. donde se pone el equipaje de mano
3. lo que se usa para oír música o ver una película
4. la persona que sirve a los pasajeros en el avión
5. lo que usa el asistente de vuelo para servir la comida
6. donde pone el asistente de vuelo la comida que le sirve al pasajero

    a. el lavabo
    b. la bandeja
    c. el asistente de vuelo
    d. la mesita
    e. el compartimiento superior
    f. los audífonos

4 **Algunas reglas a bordo del avión** Contesten.

1. ¿Qué abrocharías durante el despegue y el aterrizaje?
   a. el cinturón de seguridad
   b. el respaldo del asiento
   c. la máscara de oxígeno

2. Durante el despegue y el aterrizaje, ¿dónde pondrías tu equipaje de mano?
   a. debajo del asiento
   b. en el pasillo
   c. en el lavabo

3. En caso de un cambio en la presión del aire en el avión, ¿qué usarías?
   a. el cinturón de seguridad
   b. los audífonos
   c. la máscara de oxígeno

4. ¿Cómo pondrías el respaldo de tu asiento durante el despegue y el aterrizaje?
   a. en posición vertical
   b. debajo del asiento
   c. en el compartimiento sobre la cabeza

5. En caso de un aterrizaje de emergencia en el mar, ¿qué te pondrías?
   a. el lavabo
   b. la señal de no fumar
   c. el chaleco salvavidas

La aerolínea Avensa

5 **Antes del despegue** Tú eres un(a) asistente de vuelo. Un(a) pasajero(a) (tu compañero[a]) está haciendo su primer viaje en avión. No tiene idea de lo que tiene que hacer. Explícale todo lo que tiene que hacer antes del despegue.

6 **A bordo del avión** Con un(a) compañero(a), mira el dibujo. Juntos describan todo lo que ven en el dibujo. Luego decidan si quieren hacer un viaje en avión. Expliquen por qué.

Vocabulario

En el aeropuerto

el helicóptero

la avioneta

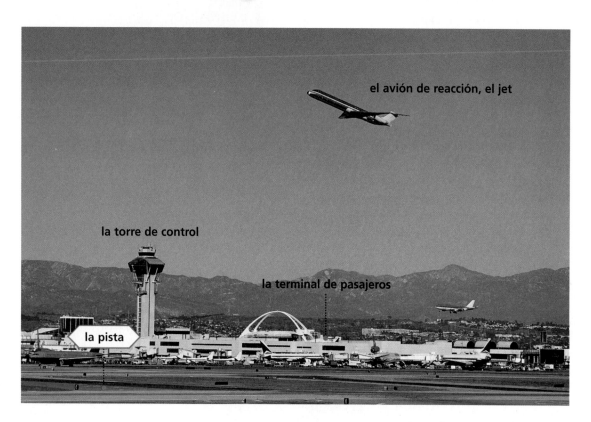

el avión de reacción, el jet

la torre de control

la terminal de pasajeros

la pista

el despegue

el aterrizaje

> ¿Dijo el piloto a qué hora llegaríamos?

> No, sólo dijo que saldríamos a tiempo.

El comandante les habló a los pasajeros.
Les anunció que:
    despegarían a tiempo.
    el avión volaría a una altura de 10.000 metros.
    sería un vuelo directo; no harían escala.
    sobrevolarían los Andes.
    habría muy poca turbulencia durante el vuelo.

Un poco de geografía

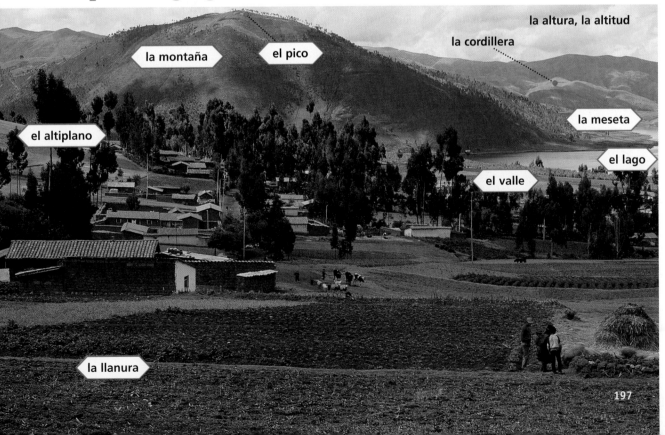

la altura, la altitud

la cordillera

la montaña

el pico

el altiplano

la meseta

el lago

el valle

la llanura

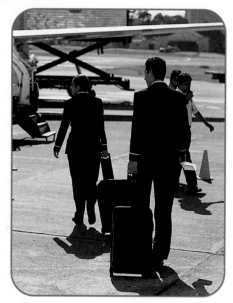

Caracas, Venezuela

Para empezar
Let's use our new words

7 **Historieta** **A bordo del avión**
Contesten según se indica.

1. ¿De dónde hizo el comandante algunos anuncios? (de la cabina de vuelo)
2. ¿Dijo que despegarían con una demora? (no, a tiempo)
3. ¿Dijo que habría mucha turbulencia durante el vuelo? (no, poca)
4. ¿Dijo que el tiempo de vuelo sería de tres horas? (no, de tres horas y treinta minutos)
5. ¿Dijo que sobrevolarían los Andes? (sí)
6. ¿Qué dijo que podrían ver los pasajeros? (los picos de las montañas)

8 **En el aeropuerto** Escojan.

1. El avión va a llegar en pocos momentos. Esperamos ____.
   a. el despegue   **b.** el aterrizaje   **c.** la salida
2. Los controladores le dan instrucciones al piloto. Se las dan desde la ____.
   a. cabina de mando   **b.** terminal   **c.** torre de control
3. Los amigos y parientes de los pasajeros los esperan en la ____.
   a. terminal   **b.** torre de control   **c.** pista
4. Otro avión ya va a salir. En pocos minutos veremos ____.
   a. la llegada   **b.** el despegue   **c.** el aterrizaje
5. ____ despega y aterriza verticalmente.
   a. La avioneta   **b.** El avión de reacción   **c.** El helicóptero

Granada, España

9 **Definiciones** Pareen.

1. parte superior de una montaña
2. extensión de tierra que no tiene altos ni bajos
3. espacio de tierra entre montañas
4. agua que comienza en la tierra y va al mar
5. serie de montañas, una tras otra
6. elevación de tierra que termina en un pico

a. río
b. cordillera
c. pico
d. llanura
e. valle
f. montaña

Los Andes

10 **¿Qué son... ?** Contesten.

1. los Andes, los Apalaches, las Rocosas
2. el Amazonas, el Misisipí, el Nilo
3. Aconcagua, Everest, McKinley
4. Huron, Ontario, Michigan, Erie, Superior

11 **Soy el/la comandante.** Trabaja con un(a) compañero(a). Uno(a) de Uds. es el/la comandante a bordo de un avión de una compañía americana. El vuelo que estás haciendo es el vuelo entre Miami y Guayaquil, Ecuador. Como hay muchos pasajeros a bordo que hablan español, tú vas a hacer algunos anuncios en español. Tu compañero(a) escuchará tus anuncios. Luego cambien de rol y tu compañero(a) será el/la comandante y tú escucharás.

12 **Donde vivimos** Trabaja con un(a) compañero(a). Den una descripción de la geografía de la región donde viven. Pueden usar las siguientes palabras.

el tiempo

la montaña   el río   el valle

el pico   el mar   el nivel

la altura

el lago

 UN POCO MÁS

*For more practice using words from **Palabras 1** and **2**, do Activity 7 on page H8 at the end of this book.*

Estructura

Expressing conditions
Modo potencial o condicional de verbos regulares

¿Te acuerdas?

Remember that the stem for the future tense of regular verbs is the infinitive.
volaré   comeré   serviré

1. As with the future, the infinitive is used as the stem for the conditional of regular verbs. Study the following forms.

INFINITIVE	llegar	ver	servir	ENDINGS
STEM	llegar-	ver-	servir-	
yo	llegaría	vería	serviría	-ía
tú	llegarías	verías	servirías	-ías
él, ella, Ud.	llegaría	vería	serviría	-ía
nosotros(as)	llegaríamos	veríamos	serviríamos	-íamos
vosotros(as)	llegaríais	veríais	serviríais	-íais
ellos, ellas, Uds.	llegarían	verían	servirían	-ían

Note that the endings for the conditional are the same as those for the imperfect of **-er** and **-ir** verbs.

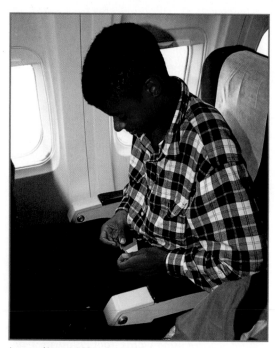

La aerolínea LACSA, Costa Rica

2. You use the conditional, as you do in English, to tell what would take place under certain circumstances.

> **El avión despegaría ahora pero no puede porque hace mal tiempo.**
> **Nosotros viajaríamos a Europa pero no tenemos suficiente dinero.**

3. The conditional is also used to soften requests.

> **¿Me pasaría Ud. los audífonos, por favor?**
> **¿Se abrocharía el cinturón de seguridad, por favor, señor?**

Para continuar
Let's put our words together

13 **Historieta** **Imaginándome millonario(a)**
Contesten.

1. ¿Vivirías en la ciudad o en el campo?
2. ¿Viajarías mucho?
3. ¿Adónde irías?
4. ¿Cómo irías?
5. ¿Con quién irías?
6. ¿Comprarías una casa grande?
7. ¿Cómo sería la casa?
8. ¿Trabajarías?

14 **Historieta** **Las vacaciones del muchacho**
Contesten.

1. ¿Adónde iría el muchacho para las vacaciones?
2. ¿Cómo viajaría?
3. ¿Cuánto pagaría?
4. ¿Dónde nadaría él?
5. ¿A qué jugaría?
6. ¿Qué subiría él?
7. ¿Qué comería?
8. ¿Dónde dormiría?

En una agencia de viajes, España

Lima, Perú

15 **No, no.** Contesten según el modelo.

> Ellos piensan ir. ¿Y tú?

> No, yo no iría.

1. Ellos piensan llamar. ¿Y tú?
2. Yo pienso escribir. ¿Y Uds.?
3. Carolina piensa visitar a sus primos. ¿Y su hermano?
4. Nosotros pensamos ir. ¿Y Uds.?
5. Ellos piensan viajar por avión. ¿Y Uds.?
6. Teresa piensa manejar. ¿Y tú?

MEXICANA

16 **Historieta** **Un viaje con unos amigos**

Contesten según se indica.

1. ¿Irían tus amigos a la playa o a las montañas? (a las montañas)
2. ¿Los acompañarías? (sí)
3. ¿Cómo irían Uds., en tren o en carro? (en carro)
4. ¿Quién manejaría? (Teresa)
5. ¿Cuánto tiempo pasarían Uds. en las montañas? (unos cinco días)
6. ¿Dónde se quedarían Uds.? (en un hotel económico)

San Carlos de Bariloche, Argentina

SPANISH Online

For more information about Argentina and its different geographical regions, go to the Glencoe Spanish Web site: spanish.glencoe.com

Expressing more conditions
Modo potencial de verbos irregulares

The same verbs that are irregular in the future tense are irregular in the conditional. Study the following.

INFINITIVE	FUTURE	CONDITIONAL
TENER	tendré	tendría
PONER	pondré	pondría
SALIR	saldré	saldría
VENIR	vendré	vendría
PODER	podré	podría
SABER	sabré	sabría
HACER	haré	haría
DECIR	diré	diría
QUERER	querré	querría

Para continuar
Let's put our words together

17 **Historieta** **¿Vendrá tu hermana o no?**

Contesten según el modelo.

¿Estará tu hermana?

Dijo que estaría.

1. ¿Vendrá tu hermana?
2. ¿Hará el viaje?
3. ¿Podrá pagar el viaje?
4. ¿Saldrá el viernes?
5. ¿Tendrá bastante tiempo?

mientras
más
quieres
más
tienes

CROWN PACIFIC HUATULCO

SUPER Ve/e de Pinta SIN LIMITE
* Transportación aérea
* Dos noches de alojamiento
* Restaurante de especialidades
* Todas las comidas estilo Buffet
* Snack de medio día, tea time, snack nocturno
* Bebidas nacionales e importadas sin límite
* Propinas *Mini Club para niños
* Deportes acuáticos (no motorizados)
* Shows nocturnos y fiestas (tema diariamente)
* juegos de mesa
* Traslado aeropuerto-hotel-aeropuerto
* 2 menores comen, beben y duermen
gratis de 0 a 7 años. Sólo pagan
porción aérea

DESDE
1,977
2 NOCHES
DE HOSPEDAJE

Noche adicional $ 438

Vigencia del 1? de Octubre
al 18 de Diciembre

Ventas y Reservaciones Mexicana
4 4 8 8 8 7 1
o consulta a tu Agente de Viajes

VTP

CROWN PACIFIC
HUATULCO

MEXICANA

* Precio por persona en habitación doble, más IVA, más TUA. Saliendo de
la Ciudad de México

18 **Uno sí y el otro no** Completen con el condicional.

1. Él sabría la dirección pero su hermano no la ____.
2. Yo te lo diría pero ellos nunca te lo ____.
3. Nosotros lo haríamos pero ellos no lo ____ nunca.
4. Yo podría ir pero mis amigos no ____.
5. Uds. lo pondrían en orden pero él no lo ____.
6. Yo tendría que volver pero tú no ____.

19 **Ahora lo hará pero antes no lo haría.**
Completen con el condicional.

1. Carlos podrá pero antes no ____.
2. Los muchachos vendrán pero antes no ____.
3. Tú lo harás pero antes no lo ____.
4. Uds. saldrán pero antes no ____.
5. Ud. me lo dirá pero antes no me lo ____.

20 **Historieta** **A bordo del avión**
Contesten con **sí.**

1. ¿Dijo el comandante que el avión podría despegar a tiempo?
2. ¿Dijo que saldrían dentro de cinco minutos?
3. ¿Dijo el asistente de vuelo que los pasajeros tendrían que poner su equipaje de mano en el compartimiento superior?
4. ¿Dijo que no podríamos fumar cigarrillos durante el vuelo?
5. ¿Dijo que yo podría usar mi computadora durante el vuelo?
6. ¿Dijo el comandante que nos diría la hora exacta de nuestra llegada?
7. ¿Dijo que haríamos escala en Bogotá?

PLAN DE VUELOS Y HORARIOS		
DE LUNES A VIERNES	SALIDA	LLEGADA
Santiago - Bilbao	07:45	09:05
Bilbao - Santiago	09:35	10:55
Santiago - Bilbao	17:15	18:35
Bilbao - Santiago	19:05	20:25
Santiago - Asturias	11:25	12:10
Asturias - Santiago	12:40	13:25
Santiago - Asturias	20:55	21:40
Asturias - Santiago	22:10	22:55
Santiago - Santander	13:55	15:05
Santander - Santiago	15:35	16:45

primair

LA LINEA AEREA QUE PRIMA

21 **Una encuesta** Trabaja con un(a) compañero(a). Van a hacer una encuesta *(survey)*. Ésta es la situación. Hay un billete de cien dólares en la calle. Cada uno(a) de Uds. preguntará a cinco compañeros qué harían al encontrar los cien dólares. Luego organicen las respuestas para informar a la clase sobre los resultados.

22 **Lo que haría pero no puedo** ¿No es verdad que hay muchas cosas que te gustaría hacer pero que no puedes porque tienes otras obligaciones? Ten una conversación con un(a) compañero(a). Discutan todo lo que les gustaría hacer pero que no pueden. Expliquen por qué no pueden.

Para volar a Australia y Nueva Zelanda desde Sudamérica, sólo hay que dar media vuelta. No veinte mil.

Sydney · Auckland · Buenos Aires

Ahora, 3 veces por semana con nuestro exclusivo vuelo Transpolar.
Con Aerolíneas Argentinas, usted podrá aprovechar el tiempo para pasear por las calles de Auckland o Sidney, y no por los aeropuertos de todo el mundo. Además, sumará puntos para el Programa de Viajeros Frecuentes Aerolíneas Plus y arribará en los horarios ideales para realizar todas las conexiones. Consulte a su Agente de Viajes o llámenos al 340-7777.

AEROLINEAS ARGENTINAS

Club GOLD

Talking about things stated before
Dos complementos con **se**

1. The indirect object pronouns **le** and **les** change to **se** when used in the same sentence with either **lo, la, los,** or **las.**

> El asistente de vuelo **les** sirvió la comida a los pasajeros.
> El asistente de vuelo **se la** sirvió.
> El joven **le** dio los audífonos a su mamá.
> El joven **se los** dio.

2. Because the pronoun **se** can refer to many different people, it is often clarified with a prepositional phrase.

> El asistente **se la** pasó **a él** (a ella, a Ud., a ellos, a ellas, a Uds.).

> **¿Te acuerdas?**
>
> When there are two object pronouns in the same sentence, the indirect object always precedes the direct object.
>
> Él me lo dio.
> Yo te lo explicaría.

Para continuar
Let's put our words together

23 **Historieta** **Durante el vuelo**
Contesten según el modelo.

> **¿Quién le dio la revista al pasajero?**
> **El asistente se la dio.**

1. ¿Quién le dio la manta a la señora?
2. ¿Quién le pasó la bandeja a la señorita?
3. ¿Quién le ofreció los audífonos al pasajero?
4. ¿Quién les explicó las reglas de seguridad a los pasajeros?
5. ¿Quién les sirvió la comida a los pasajeros?
6. ¿Quién les anunció la hora de llegada a los viajeros?

Una aerolínea mexicana

24 **Su abuelita se lo compró.** Contesten según el modelo.

> —¿Quién le compró el regalito?
> —Su abuelita se lo compró.

1. ¿Quién le compró la bicicleta?
2. ¿Quién le compró el billete?
3. ¿Quién le compró las entradas?
4. ¿Quién le compró los periódicos?

Viña del Mar, Chile

25 **A mí, no. A Carlos.** Sigan el modelo.

¿Ramona te daría el regalo?

A mí, no. Se lo daría a Carlos.

1. ¿Tu papá te regalaría las entradas?
2. ¿Te darían la computadora?
3. ¿Tus abuelos te enviarían el dinero?
4. ¿Los muchachos te darían los esquís?
5. ¿Maribel te compraría los periódicos?

26 **Historieta Tomás se los llevó.**
Sigan el modelo.

> **Tomás le llevó los vegetales a su mamá.**
> **Tomás se los llevó a ella.**

1. Tomás le llevó los vegetales a su mamá.
2. Tomás le pidió dinero a su mamá.
3. Su madre le dio el dinero a Tomás.
4. Tomás le dio las legumbres congeladas a su mamá.
5. Tomás le devolvió el cambio a su mamá.

El Corte Inglés, Sevilla

27 **Yo no se lo daría.** Trabaja con un(a) compañero(a). Él o ella te menciona algo que le daría a alguien. Tú le contestas que no se lo darías nunca. Usen el modelo como guía.

> —Yo le daría este disco a Elena.
> —Yo nunca se lo daría a ella.

Andas bien. ¡Adelante!

Conversación

En el avión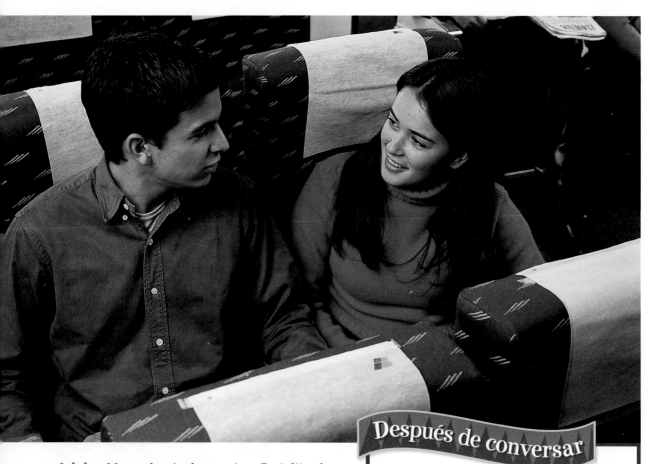

Adela No pude oír el anuncio. ¿Qué dijo el asistente de vuelo?

Víctor Que el vuelo sería de tres horas y que llegaríamos a La Paz a tiempo.

Adela ¡Qué bien! La comida es bastante buena, ¿no?

Víctor Sí. No sabía que nos servirían una comida. Es un vuelo bastante corto.

Adela ¿Qué piensas? ¿Habrá una película?

Víctor No. Me dijeron que no podrían presentar una película porque no habría tiempo.

Después de conversar

Contesten.

1. ¿Dónde están Adela y Víctor?
2. ¿Adónde van ellos?
3. ¿Qué dijo el asistente de vuelo?
4. ¿Cuánto tiempo dura el vuelo?
5. Según Adela, ¿cómo es la comida?
6. ¿Qué no sabía Víctor?
7. ¿Habrá una película?
8. ¿Por qué le dijeron a Víctor que no podrían presentar una película?

Vamos a hablar más
Let's talk some more

A ¿Te interesaría el trabajo o no? Trabaja con un(a) compañero(a). Describan el trabajo de los asistentes de vuelo. Después de describir el trabajo, den sus opiniones. ¿Les gustaría ser asistentes de vuelo o no? ¿Les interesaría el trabajo o no? ¿Por qué?

B ¡Qué problema! Estás en el aeropuerto de Jorge Chávez en Lima, Perú. Perdiste tu boleto para el vuelo de regreso a los Estados Unidos. Explica tu problema al (a la) agente (tu compañero[a]). Traten de resolver el problema.

Lima, Perú

C ¡Por favor! Trabaja con un(a) compañero(a). Uno(a) de Uds. será pasajero(a) y el/la otro(a) será asistente de vuelo. Preparen una conversación basada en lo que ven en cada dibujo.

Lecturas culturales

El aeropuerto que se llama «El Alto»

El aeropuerto El Alto en La Paz, Bolivia, está en una llanura del altiplano andino. Es el aeropuerto comercial más alto del mundo. Está a 13.450 pies o 4.100 metros sobre el nivel del mar[1]. A estas alturas del altiplano hay menos oxígeno en el aire que al nivel del mar. Por esta razón cuando un viajero baja del avión en El Alto, puede tener dificultad en respirar[2]. En el aeropuerto hay botellas de oxígeno para los pasajeros que lo necesitan.

¿Te gustaría hacer un viaje a La Paz algún día? Te aseguro[3] que sería una experiencia maravillosa. Al aterrizar tendrías una vista magnífica de la ciudad de La Paz. La Paz, la capital del país, está a una altura 1.000 pies más abajo del aeropuerto. La ciudad parece estar en un cráter. Y encima de la ciudad el cielo es claro, limpio y muy azul—sobre todo en el invierno.

[1]nivel del mar *sea level*
[2]respirar *breathing*
[3]Te aseguro *I assure you*

Reading Strategy

Distinguishing between fact and opinion When writing, an author will sometimes include his or her opinions among facts. It is important to distinguish between facts and the author's opinions. You must watch for expressions that indicate when an author is expressing an opinion rather than a fact. Some of these expressions in Spanish are: **creo que, prefiero, pienso, en mi opinión.**

Aeropuerto El Alto

El altiplano, Bolivia

Al terminar tu viaje y salir de La Paz, el avión despegará de una de las pistas más largas del mundo. A esta altura el aire tiene muy poca densidad y no puede sostener el peso[4] del avión. Por consiguiente el avión tiene que alcanzar una gran velocidad antes de poder despegar. Y para poder alcanzar esta velocidad la pista tiene que ser muy larga.

[4]sostener el peso *support the weight*

La Paz, Bolivia

A Un aeropuerto interesante Contesten.

1. ¿Cómo se llama el aeropuerto que sirve a La Paz, Bolivia?
2. ¿Por qué puede tener un pasajero dificultad en respirar al bajar de un avión en La Paz?
3. ¿Qué tienen en el aeropuerto para su uso?
4. Al aterrizar en El Alto, ¿qué tendrías?
5. ¿Cómo es la pista del aeropuerto El Alto?
6. ¿Por qué es tan larga?

B ¿Sí o no? Digan que sí o que no.

1. El aeropuerto El Alto está en la Sierra Nevada.
2. El aeropuerto de La Paz es el aeropuerto comercial más alto del mundo.
3. A esta altura el aire contiene más oxígeno que al nivel del mar.
4. La ciudad de La Paz está a una altura aún más alta que el aeropuerto.
5. En el verano el cielo sobre La Paz es claro, limpio y muy azul.
6. A esta altura el aire no puede sostener el peso del avión si no alcanza una gran velocidad antes de despegar.

Lectura opcional ①

Indios quechua

India aymara

Los alrededores de La Paz

Antiguamente la ciudad de La Paz estaba situada donde hoy está el aeropuerto. En este lugar siempre había mucho viento. A los conquistadores españoles no les gustaba el viento fuerte y decidieron trasladar la ciudad a un valle más abajo donde haría menos viento. Es por esta razón que el aeropuerto está a una altura más elevada que la ciudad. Para ir del aeropuerto a la ciudad el viajero tiene que bajar unos 1.000 pies.

En la carretera que enlaza la ciudad con el aeropuerto se ven muchos anuncios para aerodeslizadores. Estos aerodeslizadores o hidrofoils cruzan el lago Titicaca. El lago Titicaca está entre Bolivia y el Perú. Igual que el aeropuerto El Alto es el aeropuerto comercial más alto del mundo, el lago Titicaca es el lago navegable más alto del mundo. Cruzar el lago Titicaca es una experiencia extraordinaria. Al cruzar el lago verías los pueblos de los indios aymara y quechua. Verías también muchas alpacas, llamas, vicuñas y chinchillas. ¿Te interesan los animales y la naturaleza? ¿Sí? Pues, te encantaría un viaje por esta región interesante de la cordillera andina.

El lago Titicaca

Cuzco, Perú

Después de leer

A **Los alrededores de La Paz** Contesten.
1. ¿Qué se ve en la carretera que enlaza la ciudad de La Paz con el aeropuerto?
2. ¿Por qué hay muchos aerodeslizadores?
3. ¿Dónde está el lago Titicaca?
4. ¿Cuál es una característica interesante del lago Titicaca?
5. ¿Quiénes viven a orillas del lago?
6. ¿Cuáles son algunos animales de esta región andina?

B **Análisis** Expliquen.
Expliquen cómo y por qué el aeropuerto está a una altura más elevada que la ciudad de La Paz.

Lectura opcional ②

Emilio Carranza enfrente de su avión Excelsior

Un héroe de la aviación latinoamericana

En 1928 Charles Lindbergh, «El Águila[1] Solitaria», voló de Wáshington a México D.F. en el mismo avión con el que cruzó el Atlántico. Los mexicanos querían responder a tan fino gesto. El 11 de junio de 1928 Emilio Carranza, de 22 años de edad, capitán de las Fuerzas Aéreas Mexicanas y sobrino del ex-presidente Venustiano Carranza, salió de México en su avión Excelsior. Llegó a Wáshington como héroe.

El joven piloto pasó un mes en los Estados Unidos. A las 7:05 de la noche del 12 de julio de 1928 despegó del aeropuerto Roosevelt de Nueva York para volver a México. Nunca llegó a México. Cerca de Chatsworth, Nueva Jersey, encontraron los restos del Excelsior y el cuerpo del valiente capitán.

Diez mil soldados y marinos norteamericanos marcharon con el cuerpo del héroe mexicano a la Pennsylvania Station donde un tren lo llevaría a México.

En las escuelas de México hicieron una colecta para levantar un monumento en el lugar de la tragedia. Allí está todavía. Y cada año, en el aniversario de su muerte, militares y representantes de las dos repúblicas dejan flores en honor de Emilio Carranza.

[1]Águila *Eagle*

Venustiano Carranza (a la izquierda)

Después de leer

Dos aviadores Completen.
1. A Charles Lindbergh se le llamaba ____.
2. En 1928 Lindbergh voló de ____ a la Ciudad de México.
3. Emilio Carranza era ____ en las Fuerzas Aéreas Mexicanas.
4. Su tío fue ____.
5. Carranza voló en su avión de ____ a Wáshington.
6. El avión cayó del cielo cerca de ____ en el estado de Nueva Jersey.
7. Los soldados y marinos americanos llevaron su cuerpo a la ____.
8. Los alumnos mexicanos hicieron una colecta para levantar un ____ en Nueva Jersey.
9. Todos los años representantes norteamericanos y mexicanos ponen ____ en el monumento.

Conexiones

Las ciencias naturales

La geografía

Geography, the science, deals with the description, distribution, and interaction of the various physical, biological, and cultural features of the Earth's surface. However, for most people, geography is simply "physical geography" that studies the world's surface, the distribution and description of its land and water areas. The climate and the physical features of a country or region obviously have a great influence on the economy and even on the culture of a people.

La península ibérica

The geography of Spain has affected its people enormously. The Pyrenees, separating Spain from the rest of Europe—the French have said that "Africa begins at the Pyrenees"—have often insulated Spain from European influence. Spain was a maritime nation in part because of its unique situation as a peninsula with coasts on the Atlantic and the Mediterranean. As you read, you will find out some things you probably did not know about Spain's geography.

La geografía de España

España, con Portugal, forman la península ibérica. La meseta central cubre más de la mitad del país con una altura media de 600 a 800 metros. Una serie de sierras cruza el país de este a oeste. En el extremo norte están los Pirineos, en el centro, no lejos de Madrid, la Sierra de Guadarrama, y continuando hacia el sur, la Sierra Morena y la Sierra Nevada.

Andalucía, España

De todos los países de Europa, sólo Suiza es más montañosa que España. Aunque mucha gente no lo cree, hay importantes estaciones de esquí en la Sierra Nevada y la Sierra de Guadarrama.

La península ibérica se divide en dos, la Iberia seca[1] y la Iberia húmeda. La Iberia húmeda es la región de los Pirineos, el noroeste de España y casi todo Portugal. La mayor parte de España está en la Iberia seca. Por eso, en el verano, si vuelas sobre España, verás un paisaje mayormente árido y pardo[2]. Los ríos, en el verano, llevan poca agua. Los ríos importantes que desembocan[3] en el Atlántico son el Duero, el Tajo, el Guadiana y el Guadalquivir. El río más importante que desemboca en el Mediterráneo es el Ebro. El agua tiene una importancia enorme. Sin agua, no se podría cultivar nada. Y España, hasta años recientes, era un país agrícola, y la agricultura sigue siendo un importante factor económico.

Sierra Nevada, España

[1]seca *dry*
[2]pardo *brown*
[3]desembocan *empty into*

Toledo, España

Después de leer

A Un poco de geografía Completen según la lectura.
1. Los países que constituyen la península ibérica son ____ y ____.
2. Las montañas que están entre Francia y España son los ____.
3. Las sierras importantes van de este a ____.
4. La sierra más cerca de Madrid es la ____.
5. Portugal está en la Iberia húmeda, y la mayor parte de España está en la Iberia ____.
6. Muchos ríos en España desembocan en el ____.
7. Pero el Ebro desemboca en el ____.

B ¿Lo saben? Contesten.
1. Nombra tres ríos importantes de España.
2. Nombra dos sierras donde hay estaciones de esquí.
3. Di lo que uno vería desde un avión volando sobre la meseta central en verano.

¡Te toca a ti!

Use what you have learned

Yo conozco la América Latina.
✔ *Describe a Latin American country you would like to visit*

Tú y tu compañero(a) ya saben mucho sobre varios países hispanos. Cada uno(a) de Uds. va a seleccionar el país que te gustaría visitar. Dile a tu compañero(a) por qué te gustaría viajar a ese país. Dile también todo lo que harías allí. Luego cambien de rol.

Patagonia, Argentina

Un viaje estupendo
✔ *Talk about air travel*

Habla con algunos compañeros sobre un viaje que hiciste en avión. Diles adonde ibas y descríbales todo lo que pasó en el aeropuerto de salida, en el aeropuerto de llegada y a bordo del avión.

¡Un millón de dólares! ¡Increíble!
✔ *Tell what you would do with a million dollars*

Tú y tu compañero(a) acaban de recibir un millón de dólares. Cada uno(a) de Uds. va a hacer una lista de las cosas que harían con el dinero. Comparen sus listas. Luego decidan quién haría las cosas más interesantes.

Un vuelo excelente o terrible

✔ *Write about an airline trip*

Tú acabas de volver de un viaje a Costa Rica. Tu vuelo de regreso fue tan excelente (o terrible) que decides escribir una carta a la línea aérea. Describe el vuelo y diles lo que piensas de la tripulación y los servicios que ofrecen. Da ejemplos de lo que pasó (ocurrió) durante el vuelo.

● Visite San José con conexiones a Guatemala.
Salidas los jueves y lunes 8:20 a.m.
Tels. 724-3330/3444. Consulte a su agente de viajes
Desde $289.00 a San José y $299.00 a Panamá*
*ciertas restricciones aplican
Infórmese sobre nuestro exclusivo servicio de carga a través del
Tel. 723-3160

Con el estilo de... **Lacsa**

Lineas Aereas de Costa Rica/The Airline of Costa Rica
¡NOS ENCANTA LA GENTE!

Writing Strategy

Identifying sources for a research paper To write a research paper, you must plan, set goals, and gather information. When you find a source, skim it to see whether it has any useful information. If it does, record the publication information on an index card so you can find the source easily when you begin your research. Be sure to use all resources available to you—both print and nonprint. Your school library will be an excellent place to begin looking for sources for your research paper.

Agua Azul, México

La geografía del estado de...

You have been asked to write a brief description of the geography of your state for a Spanish-speaking audience. Your school librarian will help you select the most appropriate print resources—encyclopedias, almanacs, and, of course, geography books. The Internet will be an excellent nonprint resource. Log in and go to your state's Web sites. Once you have assembled your resources, scan them for the essential information you will need. Jot down the information you will need for your report. Remember to include references. Prepare a draft of your report in Spanish and ask your Spanish teacher to review it for you. After you have seen your teacher's recommendations, prepare your final version.

Vocabulario

1 Identifiquen.

To review **Palabras 1**, turn to pages 192–193.

2 Identifiquen.

To review **Palabras 2**, turn to pages 196–197.

Estructura

3 **Escriban en el condicional.**

11. Ellos llegan a tiempo.
12. Yo sirvo la comida.
13. Vemos una película.
14. Tú no lo sabes.
15. ¿Lo pone (él) debajo de su asiento?

To review the conditional, turn to pages 200 and 203.

4 **Contesten con pronombres.**

16. ¿Quién les serviría la comida a los pasajeros? (los asistentes de vuelo)
17. ¿Quién le daría el dinero al niño? (su padre)
18. ¿Quién le compró los boletos? (yo)

To review the use of two object pronouns, turn to page 205.

Cultura

5 **Escriban dos frases sobre el aeropuerto en La Paz, Bolivia.**

19–20. El aeropuerto en La Paz, Bolivia . . .

To review this cultural information, turn to page 210.

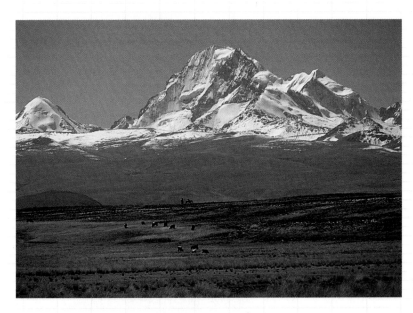

El altiplano, Bolivia

Vocabulario

Describing an airplane

el avión de reacción, el jet
la avioneta
el helicóptero
la cabina de mando,
   la cabina de vuelo
la ventanilla
el compartimiento sobre la cabeza,
   el compartimiento superior
la señal de no fumar
la salida de emergencia
el pasillo

el asiento
el respaldo del asiento
el cinturón de seguridad
el chaleco salvavidas
la máscara de oxígeno
el carrito
la mesita
la bandeja
el equipaje de mano
el lavabo, el aseo

Identifying some crew members

la tripulación
el/la comandante, el/la piloto

el/la co-piloto
el/la asistente de vuelo

Describing a flight and on-board services

el vuelo
el anuncio
el/la pasajero(a)
el aterrizaje
el despegue
la escala
la altura
la turbulencia
volar
sobrevolar
despegar

aterrizar
anunciar
pasar por la cabina
distribuir audífonos (auriculares)
servir bebidas
servir una comida
abrochar
caber
a tiempo
con una demora

How well do you know your vocabulary?

- Choose your words to describe a trip by plane.
- Write a brief description of a trip by plane for someone who is traveling for the first time.

Describing some things at an airport

la pista
la terminal de pasajeros

la torre de control

Talking about geography

la geografía
la altura, la altitud
el pico
la montaña
la cordillera
el altiplano

la meseta
la llanura
el valle
el río
el lago

TECNOTUR

¡Buen viaje!

El vuelo

In this video episode, Cristina, Isabel, and Luis are at the Puerto Vallarta airport waiting to board their flight to Mexico City.

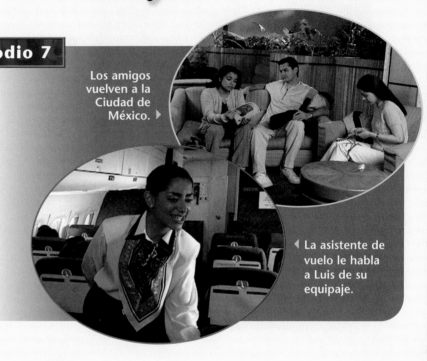

Los amigos vuelven a la Ciudad de México. ▶

◀ La asistente de vuelo le habla a Luis de su equipaje.

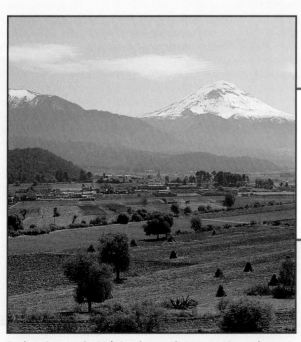

En las sierras de México hay volcanes y picos altos.

SPANISH Online

In the Chapter 7 Internet Activity, you will have a chance to learn more about a flight on a Latin American or Spanish airline. To begin your virtual adventure, go to the Glencoe Spanish Web site:
spanish.glencoe.com

◀ Learn more online about travel by plane within Mexico.

Conversación

En el aeropuerto

Diego ¿De cuántas horas será el vuelo?

Susana Llegaremos a Caracas a las diez. Es un vuelo de cuatro horas.

Diego No sé lo que está pasando. Me parece que no saldremos a tiempo.

Susana Entonces podré hacer un crucigrama más.

Diego A ti te gusta mucho pasar el tiempo llenando tus crucigramas.

Susana ¿Me darías mi maletín?

Diego Te lo doy con mucho placer. ¿Qué quieres? ¿Tus crucigramas?

Susana No. Quiero ver si la confirmación para el hotel está en el maletín.

Diego Yo la tenía pero te la di en el taxi.

Susana Sí, sí. La tengo. Aquí está.

Diego A propósito, ¿cuántas noches vamos a estar en el Hotel Tamanaco?

Susana Cuatro. Es bastante caro el cuarto, ¿sabes?

Después de conversar

Antes del vuelo Contesten.

1. ¿Dónde están Diego y Susana?
2. ¿A qué hora llegarán a Caracas?
3. ¿De cuántas horas será el vuelo?
4. ¿Parece que saldrá a tiempo?
5. Si tiene más tiempo, ¿qué podrá hacer Susana?
6. ¿Por qué quería Susana su maletín?
7. ¿Dónde le dio la confirmación Diego?
8. ¿Cuántas noches estarán en el Hotel Tamanaco?

Caracas, Venezuela

Estructura

El futuro y el condicional

1. Review the following forms of the future and conditional of regular verbs.

FUTURE

MIRAR	miraré	mirarás	mirará	miraremos	*mirareis*	mirarán
COMER	comeré	comerás	comerá	comeremos	*comereis*	comerán
VIVIR	viviré	vivirás	vivirá	viviremos	*vivireis*	vivirán

CONDITIONAL

MIRAR	miraría	mirarías	miraría	miraríamos	*miraríais*	mirarían
COMER	comería	comerías	comería	comeríamos	*comeríais*	comerían
VIVIR	viviría	vivirías	viviría	viviríamos	*viviríais*	vivirían

2. Review the stems for irregular verbs in the future and conditional. The endings for irregular verbs are the same as those for the regular verbs.

INFINITIVE	STEM	FUTURE	CONDITIONAL
TENER	tendr-	tendré	tendría
SALIR	saldr-	saldré	saldría
VENIR	vendr-	vendré	vendría
PONER	pondr-	pondré	pondría
SABER	sabr-	sabré	sabría
PODER	podr-	podré	podría
DECIR	dir-	diré	diría
HACER	har-	haré	haría
QUERER	querr-	querré	querría

Ciudad de México

1 Historieta A México Contesten.

1. ¿Irá Catalina a México?
2. ¿La acompañarás?
3. ¿Tomarán Uds. el avión?
4. ¿Leerás durante el vuelo o llenarás un crucigrama?
5. ¿Buscarán Uds. un taxi para ir al hotel?

Repaso

2 **Pasatiempos** Sigan el modelo.

> **leer una novela o una revista**
> **Nosotros leeríamos una novela**
> **pero él leería una revista.**

1. jugar ajedrez o dominó
2. ir al zoológico o al parque de atracciones
3. comer en casa o en un restaurante
4. coleccionar sellos o monedas antiguas
5. mirar al mimo o al payaso

Miraflores, Perú

3 **Unas vacaciones** Completen con el futuro.

PEPE   Sandra, ¿por qué no me dices tú lo que
        __1__ (hacer) durante tus vacaciones?

SANDRA   No te __2__ (poder) decir nada hasta la semana que viene.

PEPE   ¿No __3__ (saber) hasta entonces?

SANDRA   No, porque yo __4__ (tener) que hablar con Maripaz. Yo sé que
        ella __5__ (querer) hacer algo y yo lo __6__ (hacer) con ella.

PEPE   ¿__7__ (Hacer) Uds. un viaje?

4 **Uno sí y el otro no** Completen con el condicional.

1. Él sabría el número del vuelo pero su hermano no lo ____.
2. Yo te lo diría pero ellos nunca te lo ____.
3. Nosotros lo haríamos pero ellos no lo ____.
4. Yo podría ir pero tú no ____.
5. Uds. lo pondrían en orden pero él no lo ____.
6. Yo tendría que volver pero tú no ____.

Los complementos

1. When both a direct and an indirect object pronoun are used in the same sentence, the indirect object pronoun always precedes the direct object pronoun.

> **El agente me devolvió el billete.**
> **El agente me lo devolvió.**

2. The indirect object pronouns **le** and **les** change to **se** when used with the direct object pronouns **lo, la, los,** or **las.** Because **se** can mean **a él, a ella, a Ud., a ellos, a ellas,** or **a Uds.,** the prepositional phrase is often added for clarity.

> **¿A quién le diste las llaves del cuarto?**
> **Se las di a Teresa.**

5 **A bordo del avión** Contesten según el modelo.

> **¿Quién te sirvió la comida?**
> **El asistente de vuelo me la sirvió.**

1. ¿Quién te sirvió los refrescos?
2. ¿Quién te dio los audífonos?
3. ¿Quién te buscó la manta?
4. ¿Quién te explicó las reglas de seguridad?
5. ¿Quién te mostró el chaleco salvavidas?

6 **En el hotel** Contesten según el modelo.

> **¿Quién le dio la tarjeta al cliente? (la recepcionista)**
> **La recepcionista se la dio.**

1. ¿Quién le dio la llave al cliente? (el recepcionista)
2. ¿Quién le abrió la puerta? (el mozo)
3. ¿Quién le subió las maletas? (el mozo)
4. ¿Quién le limpió el cuarto? (la camarera)
5. ¿Quién le cambió las toallas? (la camarera)

Hotel Monasterio,
Cuzco, Perú

7 **En el hotel** Trabaja con un(a) compañero(a). Están en la recepción de un hotel. Uno(a) de Uds. será el/la recepcionista y el/la otro(a) será el/la cliente. Discutan el precio, el número de noches, el cuarto, etc.

8 **Un vuelo** Trabaja con un(a) compañero(a) de clase. Dentro de poco Uds. van a hacer un viaje juntos. Van a ir en avión. Discutan todo lo que tienen que hacer y todo lo que pasará o sucederá en el aeropuerto y durante el vuelo.

Literary Companion

You may wish to read the adaptation of *La muralla* by Nicolás Guillén. This literary selection is found on pages 464-467.

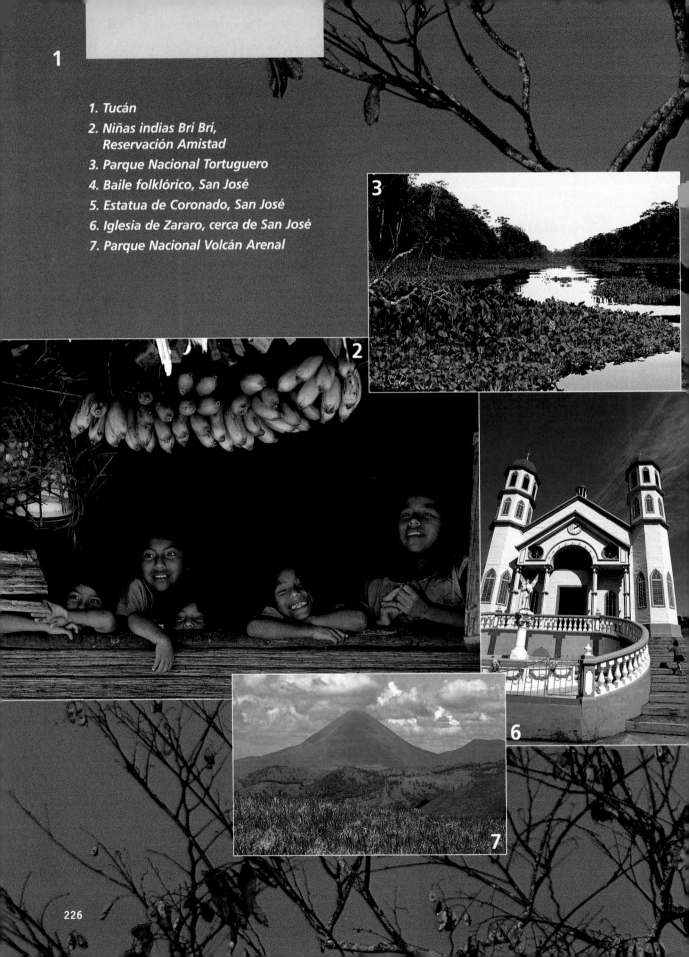

1. *Tucán*
2. *Niñas indias Bri Bri, Reservación Amistad*
3. *Parque Nacional Tortuguero*
4. *Baile folklórico, San José*
5. *Estatua de Coronado, San José*
6. *Iglesia de Zararo, cerca de San José*
7. *Parque Nacional Volcán Arenal*

4

NATIONAL GEOGRAPHIC

VISTAS
DE COSTA RICA

5

1

1. Cabalgata por la playa, Tamarindo
2. Vista panorámica, San José
3. Rana con ojos en forma de rubí sobre planta haleconia, Parque Nacional Cahuita
4. Puesto de frutas, San José
5. Estudiantes en descanso, San José
6. Balneario, San José
7. Niñas compartiendo una bicicleta, Tamarindo

2

3

6

7

4

5

Capítulo
8

Emergencias médicas

Objetivos

In this chapter you will learn to:

❖ talk about accidents and medical problems

❖ talk about hospital stays

❖ discuss things that you and others have done recently

❖ compare things with like characteristics

❖ talk about health care in various areas of the Spanish-speaking world

Vocabulario

PALABRAS 1

Más partes del cuerpo

el cuello

el hombro

el pecho

el codo

la muñeca

el brazo

el dedo

la rodilla

la pierna

el tobillo

el pie

Un accidente

hacerse daño, lastimarse

Antonio ha tenido un accidente.
Se cayó de su bicicleta y se hizo daño (se lastimó).
Se rompió el dedo.
Parece que no se ha roto la pierna.

Anita se ha torcido el tobillo.
Tiene el tobillo muy hinchado.
Pero no tiene fractura.

Tomás tiene una herida.
Se ha cortado el dedo.

Una picadura

Una abeja le ha picado a Tere.
Le ha picado en el hombro.
Ella no se siente bien. Le duele mucho.

La cara

la frente

el ojo

la mejilla

el oído

la nariz

la oreja

el labio

¡A la sala de emergencia!

la ambulancia

el socorrista

la camilla

el servicio de primeros auxilios

Ha habido un accidente.
El accidente acaba de tener lugar.
Ha llegado el servicio de primeros auxilios.
Los socorristas han ayudado a la víctima.
La van a llevar al hospital en una ambulancia.

Vocabulario

Para empezar
Let's use our new words

 1 **Unas heridas** Contesten según los dibujos.

2. ¿Qué se ha torcido Pablo?

4. ¿Qué se ha cortado Diana?

1. ¿Qué se ha roto Carlos?

3. ¿Qué se ha cortado Elena?

2 **Historieta** **Un accidente**
Contesten con **sí.**

1. ¿Ha habido un accidente?
2. ¿Acaba de tener lugar el accidente?
3. ¿Se ha caído de su bicicleta un niño?
4. ¿Se ha lastimado?
5. ¿Parece que se ha roto la pierna?
6. ¿Ha llegado el servicio de primeros auxilios?
7. ¿Han ayudado los socorristas al niño?
8. ¿Lo van a llevar al hospital en la ambulancia?
9. ¿Lo ponen en una camilla?

Cali, Colombia

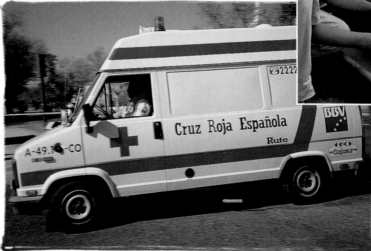

Sevilla, España

3 **Historieta** **Una picadura** Contesten.

1. ¿Tiene Anita una picadura?
2. ¿Qué le ha picado?
3. ¿Dónde le ha picado?
4. ¿Le duele mucho la picadura?
5. ¿Tiene Anita alergia a las picaduras?

Granada, España

4 **Partes del cuerpo** Completen.

1. La niña se ha torcido el ____; así no puede andar bien.
2. ____, ____ y ____ son partes del brazo.
3. ____, ____ y ____ son partes de la pierna.
4. Tenemos cinco ____ en cada mano.
5. Vemos con los ____.
6. Y oímos con los ____.

Asturias, España

5 **Un accidente en el extranjero**

Tú y un(a) amigo(a) están viajando por España. Van en bicicleta. Tu amigo se ha caído de la bicicleta y tú crees que se ha roto el brazo. Llega un(a) socorrista (un compañero[a]). Explícale lo que ha pasado y contesta a todas sus preguntas.

6 Trabaja con un(a) compañero(a) de clase. Dibujen un monstruo. Luego describan su monstruo a otros miembros de la clase.

En el hospital

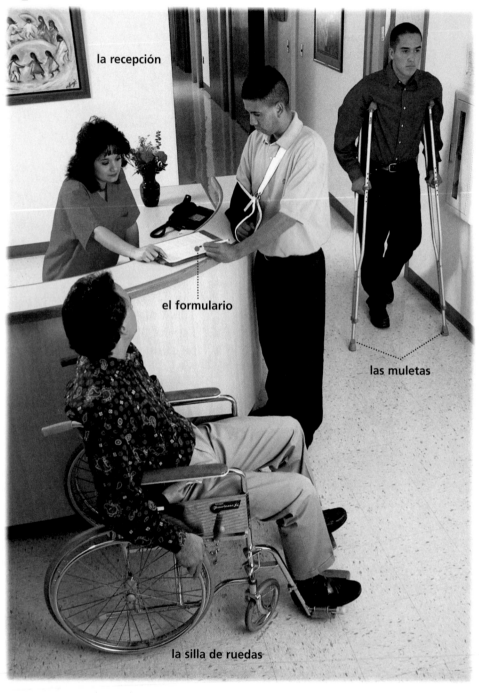

la recepción

el formulario

las muletas

la silla de ruedas

José ha llenado un formulario.
Lo ha llenado en la recepción.

la enfermera

La enfermera le ha tomado
la tensión (presión) arterial.

Le ha tomado el pulso también.

los rayos equis

El técnico le ha tomado una
radiografía.
El joven tiene una fractura.

El cirujano ortopédico le ha
reducido el hueso.
Ha puesto el brazo en un yeso.

un vendaje

Paco tiene una herida.
La médica le ha cerrado la herida.
La ha cerrado con unos puntos.
Y le ha puesto un vendaje.

Los dos jóvenes están enfermos.
El uno está tan enfermo como
   el otro.
José tiene tantos dolores como Paco.

Vocabulario

Para empezar
Let's use our new words

7 **Historieta** **El pobre Joselito**

Contesten con **sí.**

1. ¿Acaba de tener un accidente Joselito?
2. ¿Le duele mucho la pierna?
3. ¿Lo han puesto en una camilla los socorristas?
4. ¿Lo han llevado a la sala de emergencia del hospital municipal?
5. ¿Le ha tomado una radiografía un técnico?
6. ¿Se ha roto la pierna Joselito?
7. ¿Le ha reducido la fractura el cirujano ortopédico?
8. ¿Tendrá que andar con muletas Joselito?

8 **Historieta** **Andrea va al hospital.**

Contesten según se indica.

1. ¿Qué tiene que llenar Andrea cuando llega al hospital? (un formulario)
2. ¿Dónde lo llena? (en la recepción)
3. ¿Qué le toma un enfermero? (la tensión arterial y el pulso)
4. ¿Ha tenido Andrea un accidente? (no)
5. ¿Qué le duele mucho a Andrea? (el estómago)
6. ¿Qué le ha tomado un técnico? (una radiografía)
7. ¿De qué sufre Andrea? (un ataque de apendicitis)

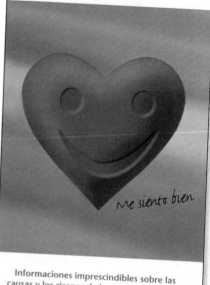

OMRON

Por qué razón debería Ud. controlar su tensión arterial

Me siento bien

Informaciones imprescindibles sobre las causas y los riesgos de las enfermedades de la tensión arterial.
Incluye consejos para tomarse la tensión uno mismo.

Hospital Santrix, Caracas

UN POCO MÁS

*For more practice using words from **Palabras 1** and **2**, do Activity 8 on page H9 at the end of this book.*

9 **El hospital** Digan que sí o que no.

1. Al llegar al hospital, el enfermo o paciente tiene que llenar o completar un formulario.
2. La enfermera le ha tomado la tensión arterial al paciente en la cara.
3. La enfermera le ha tomado el pulso en la muñeca.
4. Los rayos equis son fotografías.
5. El joven ha tenido que andar con muletas porque se ha cortado el dedo.
6. El médico le ha puesto unos puntos porque se cortó la mejilla.
7. Han puesto al herido en una camilla porque lo tienen que llevar al hospital en la ambulancia.
8. Lo han puesto en una silla de ruedas porque no puede caminar.

10 **Sinónimos** Pareen.

For more information about Ponce and other cities in Puerto Rico, go to the Glencoe Spanish Web site: spanish.glencoe.com

1. la sala de emergencia   a. la presión arterial
2. los rayos equis   b. la sala de urgencias
3. la tensión arterial   c. las suturas
4. los puntos   d. se hizo daño
5. se lastimó   e. la radiografía

11 **¡Socorro!** Tú estás en la Calle Sol en Ponce, Puerto Rico. Acaba de ocurrir un accidente de tráfico. No es muy grave, pero las víctimas necesitan ayuda. Desde un teléfono público, llama al 911. Explícale al/a la operador(a) (tu compañero[a]) lo que pasó y contesta a cualquier pregunta.

12 **En el hospital** Tú eres el/la recepcionista del hospital. Tu compañero(a) es el/la paciente. Tienes que hacerle una serie de preguntas, por ejemplo, su nombre y dirección, el problema médico que tiene, etc. Después cambien de rol.

Ponce, Puerto Rico

Estructura

Talking about recent events
El presente perfecto

1. The present perfect tense in Spanish is formed by using the present tense of the verb **haber** and the past participle. The past participle of regular verbs is formed by adding **-ado** to the infinitive stem of **-ar** verbs and **-ido** to the infinitive stem of **-er** and **-ir** verbs.

LLAMAR	llamado	COMER	comido	SUFRIR	sufrido
CORTAR	cortado	TENER	tenido	SUBIR	subido

2. The present perfect is called a compound tense because it is made up of two verb forms. They are the present tense of the verb **haber** and the past participle.

INFINITIVE	llegar	comer	salir
yo	he llegado	he comido	he salido
tú	has llegado	has comido	has salido
él, ella, Ud.	ha llegado	ha comido	ha salido
nosotros(as)	hemos llegado	hemos comido	hemos salido
vosotros(as)	*habéis llegado*	*habéis comido*	*habéis salido*
ellos, ellas, Uds.	han llegado	han comido	han salido

3. The present perfect tense is used to describe an action completed very recently in the past. Some time expressions frequently used with the present perfect are:

ya	*already, yet*	**jamás**	*ever, never*
todavía no	*not yet*	**nunca**	*never*

En tu vida, ¿has tenido un accidente?
No, nunca he tenido un accidente.
Todavía no has tenido un accidente. ¡Qué suerte!
Y yo ya he tenido tres.

¿Lo sabes?

The verb **haber** is never separated from the past participle.
Me he lastimado pero no **he ido** al hospital.

Para continuar
Let's put our words together

13 **Historieta** **El accidente**
Contesten.

1. ¿Ha tenido un accidente Diego?
2. ¿Se ha caído de la bicicleta?
3. ¿Se ha lastimado?

4. ¿Ha llegado la ambulancia?
5. ¿Lo han atendido los socorristas?
6. ¿Adónde lo han llevado?

14 **Sí, ya la he llamado.** Contesten según el modelo.

¿Has llamado a Rita?

Sí, ya la he llamado.

1. ¿Has hablado con ella?
2. ¿Le has preguntado qué le pasó?
3. ¿Le has mandado unas flores?
4. ¿Has buscado sus libros?
5. ¿Los has llevado a su casa?

15 **Historieta** **En el hospital**
Completen con el presente perfecto.

Adela __1__ (llegar) al hospital. Ella
__2__ (presentarse) en la recepción y
__3__ (llenar) unos formularios. Una
abeja le __4__ (picar) en el brazo. Los
socorristas la __5__ (llevar) al hospital
porque ella __6__ (tener) una reacción
a la picadura. La médica la __7__
(examinar) y le __8__ (permitir) volver
a casa.

Alergias

La alergia respiratora se produce cuando una persona reacciona al contacto con determinadas sustancias (alergenos), como el polvo, polen, alimentos, algunos medicamentos o la pelusa de animales. Estas reacciones pueden variar, pues es posible que afecten órganos importantes como ojos, nariz, pulmones y piel.

16 **Preguntas personales** Contesten.

1. ¿Has tenido un accidente alguna vez?
2. ¿Te han examinado los socorristas?
3. ¿Te han metido en una ambulancia?
4. ¿Te han llevado al hospital?
5. ¿Has tenido que pasar unos días en el hospital?

17 **Un accidente** Un amigo se ha lastimado y lo han llevado al hospital. Tú llamas por teléfono y hablas con el/la enfermero(a) (tu compañero[a]). Quieres saber lo que le ha pasado a tu amigo, si lo han examinado, etc. Después cambien de rol.

Hospital Costa del Sol, Marbella, España

Talking about recent events
Los participios irregulares

The following verbs have irregular past participles.

DECIR	**dicho**	VOLVER	**vuelto**
HACER	**hecho**	DEVOLVER	**devuelto**
VER	**visto**	MORIR	**muerto**
ESCRIBIR	**escrito**	ABRIR	**abierto**
PONER	**puesto**	CUBRIR	**cubierto**
ROMPER	**roto**		

Para continuar
Let's put our words together

18 **Ya lo han hecho.**
Contesten según el modelo.

    ¿Verlo?
    Pero ya lo han visto.

1. ¿Abrirlo?
2. ¿Ponerlo?
3. ¿Devolverlo?
4. ¿Escribirlo?
5. ¿Decirlo?
6. ¿Hacerlo?

19 Historieta Pobre Antonio

Contesten.

1. ¿Antonio se ha hecho daño?
2. ¿Se ha roto el brazo?
3. ¿Ha ido Antonio a la sala de emergencia?
4. ¿Lo ha visto un médico?
5. ¿Le han puesto un vendaje en el hospital?
6. ¿Ha dicho algo Antonio?
7. ¿Ha vuelto a casa Antonio?

20 He estado muy ocupado(a).

Siempre estás muy ocupado(a). Siempre tienes algo que hacer. Trabaja con un(a) compañero(a). Cada uno(a) de Uds. va a preparar una lista de las cosas que ya han hecho hoy. Luego comparen sus listas. Determinen cuáles son las actividades que Uds. dos han hecho. Y decidan quién en realidad ha estado más ocupado(a).

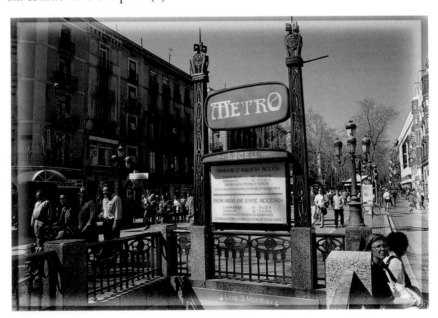

Barcelona, España

21 Algún día

Hay tantas cosas que nos gustaría hacer algún día que hasta ahora no hemos hecho. Trabaja con un(a) compañero(a). Hablen de las cosas que quieren hacer algún día pero que hasta ahora no han hecho nunca. Si es posible, expliquen por qué no las han hecho.

Comparing people and things
Comparación de igualdad

1. To compare equal quantities in English you use *as much . . . as* or *as many . . . as.*

> *He has as much money as I.*
> *He has as many problems as I.*

In Spanish you use **tanto… como.** Because **tanto** is an adjective it has to agree with the noun it modifies.

> **Elena tiene tanta energía como yo.**
> **Pero ella no tiene tantos accidentes como yo.**

2. To compare equal qualities in English you use *as . . . as.*

> *I am as smart as he is.*

In Spanish you use **tan… como** with either the adjective or adverb.

> **Él está tan enfermo como su amigo.**
> **Él se va a curar tan rápido como ella.**

Para continuar
Let's put our words together

22 **Dos hospitales** Contesten.

1. ¿Tiene el hospital en la ciudad tantas camas como el hospital en las afueras?
2. ¿Tiene el doctor López tanta experiencia como el doctor Salas?
3. ¿Tienen tantos pacientes aquí como en el hospital nuevo?
4. ¿Tiene el hospital nuevo tantas enfermeras como el otro?
5. ¿Tienen tantos técnicos aquí como en el otro?
6. ¿Pagan tanto dinero aquí como en el otro hospital?

DIAGNOSTICO INTEGRAL

HOSPITAL DE MEXICO

- Laboratorios
  - Clínicos
  - Radiodiagnóstico e Imagenología
- Electrocardiograma, en reposo y con esfuerzo
- Espirometría
- Diagnóstico odontológico
- Diagnóstico oftalmológico
- Detección oportuna de cáncer

- Directo: 273 • 2521
- Conmutador: 516• 9900 Ext. 1411

HOSPITAL DE MEXICO

EXPERIENCIA
Que da vida 25

23 **Historieta** **Los dos son buenos.**

Completen con **tanto… como** o **tan… como.**

1. El Hospital San José es ____ bueno ____ el Hospital Municipal.
2. Pero el Hospital San José no es ____ grande ____ el Hospital Municipal.
3. Y el Hospital Municipal no tiene ____ enfermeros ____ el Hospital San José.
4. Pero el Hospital San José tiene ____ pacientes ____ el Municipal.
5. La sala de emergencia del San José es ____ moderna ____ la sala de emergencia del Municipal.
6. El Hospital San José está ____ cerca de nuestra casa ____ el Hospital Municipal.

URGENCIAS	→
ALMACENES	→
↑	CONSULTAS EXTERNAS
↑	ENTRADA PRINCIPAL

Hospital Costa del Sol, Marbella, España

24 **Son muy parecidas.** Trabaja con un(a) compañero(a). Piensen en algunas personas que Uds. conocen que, en su opinión, tienen mucho en común o que tienen las mismas características físicas. Comparen a estas personas.

LAS GEMELAS

Andas bien. ¡Adelante!

Conversación

Una fractura

Mónica Pablo, ¿cómo te sientes? ¿Qué te ha pasado?

Pablo Pues, no sé. Me han tomado una radiografía. Pero todavía no me han dado los resultados.

Mónica Aquí viene la médica ahora.

Médica Pablo, tengo la radiografía. Indica que te has roto el tobillo.

Pablo ¿Me he roto el tobillo?

Médica Sí, pero no es una fractura grave. Te voy a poner el tobillo en un yeso y podrás salir del hospital. Voy a volver enseguida y reduciré el hueso.

Pablo ¿Dónde? ¿Aquí? ¿Ahora? Me va a doler mucho, ¿no?

Médica Pablo, no debes estar tan nervioso. ¿La enfermera te ha tomado la tensión arterial?

Pablo Mónica, ¿te quedarás conmigo?

Después de conversar

Contesten.

1. ¿Quién ha venido a visitar a Pablo?
2. ¿Qué le ha pasado a Pablo?
3. ¿Le han tomado una radiografía?
4. ¿Sabe Pablo los resultados?
5. ¿Qué le dice la médica a Pablo?
6. ¿Qué va a hacer la médica?
7. ¿Tiene que quedarse en el hospital Pablo?
8. ¿Está nervioso Pablo? ¿Por qué o por qué no?

Vamos a hablar más
Let's talk some more

A **Estoy nervioso(a).** Tu amigo(a) ha tenido un pequeño accidente. Tú estabas con él/ella cuando ocurrió. Han tenido que llevar a tu amigo(a) al hospital. Y tú tienes que llamar a sus padres para decirles lo que ha pasado. Sabes que los padres tendrán muchas preguntas. Llama a sus padres. Un(a) compañero(a) será el padre o la madre de tu amigo(a).

B **Un examen médico** Tú has recibido una beca *(scholarship)* para estudiar en Madrid. Antes de entrar en la universidad tienes que presentarte para un examen médico. Tu compañero(a) es el/la recepcionista y te va a hacer una serie de preguntas sobre tu salud. Después cambien de rol.

Universidad de Madrid

C **¿Qué te ha pasado?** Tú vas a ser el/la médico(a). Un(a) compañero(a) es el/la paciente. Él/Ella ha tenido un accidente. Hazle preguntas sobre su accidente: dónde, cuándo, cómo ha ocurrido. Pregúntale dónde le duele. Luego dale una diagnosis y explícale el tratamiento—es decir, lo que vas a hacer.

Lecturas culturales

Practicantes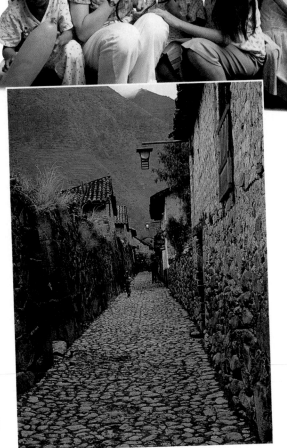

Estefanía Reyes es practicante. Ella vive en un pueblo pequeño cerca de Puno en los Andes del Perú. Vamos a ver lo que ha hecho Estefanía esta mañana. Ha estado muy ocupada. Son las once de la mañana y ya ha visto a muchos pacientes.

Le ha tomado la tensión arterial a un señor mayor. Tiene la tensión bastante elevada y Estefanía le ha recomendado una dieta.

Una niña de tres años se ha cortado el pie. Su mamá estaba muy nerviosa. Pero Estefanía le ha puesto cinco puntos para cerrar la herida. Y le ha puesto una inyección contra el tétano.

Ha visto a un señor que tiene dolores abdominales muy fuertes. Le duele tanto el estómago que Estefanía cree que está sufriendo de un ataque de apendicitis. Puede ser algo muy serio. Estefanía lo ha mandado al hospital para ver a un médico.

Pero, ¿qué es Estefanía? Es una practicante. En los países hispanos siempre ha habido practicantes. Son profesionales en el campo de la medicina. El o la practicante es un(a) diplomado(a) en enfermería. Puede poner inyecciones y practicar curas médicas simples y rutinarias. En caso de heridas o enfermedades serias, el practicante manda al paciente a un médico.

En muchos pueblos pequeños de áreas remotas, el practicante es muy importante. A veces es el único profesional médico que tienen los habitantes.

Reading Strategy

Using context to determine meanings of words Sometimes when reading you will come across words that you do not know. In this situation it is best to attempt to guess the most general meaning of the word or its category. To do this, it is helpful to rely on the words and sentences around the word. By doing this, you will probably be able to accurately guess those words you do not know.

Un pueblo andino del Perú

Después de leer

A Un trabajo interesante Contesten.

1. ¿Qué es Estefanía Reyes?
2. ¿De dónde es?
3. ¿Qué es un(a) practicante?
4. ¿En qué es diplomado(a)?
5. ¿Cuándo manda al paciente a ver al médico el practicante?
6. ¿Por qué es muy importante el practicante en muchas áreas?

B Pacientes Expliquen.

Son las once de la mañana y Estefanía ya ha visto a muchos pacientes. Identifiquen a todos los pacientes que ella ha examinado y describan lo que ha hecho a cada uno.

C Palabras

Empleen las siguientes palabras en una oración.
1. el practicante
2. la tensión arterial
3. le ha puesto puntos
4. el tétano
5. un ataque de apendicitis

**SERVICIO DE
A.T.S. / PRACTICANTE
A DOMICILIO
"TODO MADRID"**

INYECCIONES
SONDAS
SUEROS
PRESIÓN ARTERIAL
CURAS QUIRÚRGICAS
(ÚLCERAS, HERIDAS, QUEMADURAS...)
SUTURAS
ETC.

Para comunicar su aviso llame al teléfono:
☎ **908 – 72 88 83**

(Este teléfono móvil sustituye al anterior servicio de "busca"
450 28 12, abonado nº 3516)

Una zona rural en Bolivia

 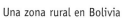

Lectura opcional 1

EL HOSPITAL BUENA VISTA

La mañana del jueves de esta semana se han abierto por primera vez las puertas del nuevo Hospital Buena Vista. La alcaldesa de la ciudad, doña Emilia Porras Narváez, ha cortado la cinta ceremonial en frente de la entrada principal.

Este modernísimo hospital cuenta con doscientas camas, un quirófano[1] con un equipo técnico muy avanzado, salas de recuperación, una unidad de cuidado intensivo, y departamentos especializados, entre ellos los de cardiología, ginecología, ortopedia, y pediatría. El director del hospital, el doctor Elías Maldonado, ha dicho que la primera responsabilidad del hospital es la salud de la comunidad. Después de la ceremonia de apertura, los invitados fueron a la cafetería del hospital para una recepción.

[1]quirófano *operating room*

Después de leer

A **¿Cómo se dice en inglés... ?** Pareen.
1. la alcaldesa
2. la cinta
3. avanzado
4. cuidado intensivo
5. salas de recuperación

   a. ribbon
   b. advanced
   c. intensive care
   d. recovery rooms
   e. the mayor (female)

B **Especialidades médicas** Contesten.
1. ¿Cuáles son cuatro especialidades médicas que mencionan en el artículo?
2. ¿Cómo se llaman esas cuatro especialidades en inglés?

C **El hospital nuevo** Contesten según el artículo.
1. ¿Cuándo inauguraron el nuevo hospital?
2. ¿Cuántos pacientes pueden dormir en el hospital?
3. ¿Qué hay en el quirófano?
4. ¿Qué ha dicho el doctor Maldonado?
5. ¿Por qué fueron los invitados a la cafetería?

Lectura opcional ②

Problemas médicos de hoy

Al hablar de la salud y la medicina hay tres problemas graves que todos tenemos que confrontar. Son la adicción a las drogas, el abuso del alcohol y el SIDA.

En todos los países hispanos, igual que en los Estados Unidos, verás anuncios que dicen «No a las drogas».

En España y en otros países hispanos hay campañas de castigos[1] rigurosos contra los conductores de automóviles que manejan (conducen) bajo la influencia del alcohol. El número de muertes[2] causadas por accidentes vehiculares excede la tasa[3] de mortalidad de muchas enfermedades.

Se considera el SIDA la plaga de nuestro siglo. Esta enfermedad contagiosa está matando[4] a miles de personas cada día en todos los continentes del mundo. En todas partes hay programas y campañas para educar a la gente sobre los peligros[5] del uso de las drogas y la promiscuidad sexual, las dos causas principales del SIDA.

La drogadicción, el alcoholismo y el SIDA son problemas que todos tenemos que confrontar, resolver y vencer.

[1]castigos *punishments*
[2]muertes *deaths*
[3]tasa *rate*
[4]matando *killing*
[5]peligros *dangers*

Después de leer

Problemas de hoy
Digan que sí o que no.
1. Actualmente hay tres problemas médicos que son muy graves.
2. El SIDA es una enfermedad venérea contagiosa.
3. El número de muertes causadas por conductores de automóviles bajo la influencia del alcohol es muy bajo.
4. El SIDA no existe en muchas partes del mundo.

Conexiones
Las ciencias

La medicina

As you know, many English and Spanish words are cognates. They are similar in form and mean the same thing because both have the same source, usually Latin. Much medical terminology comes directly from Latin. Therefore the number of English/Spanish cognates is particularly great in this field. You will also note a pattern in the endings. The **ía** ending in Spanish is usually *y* in English. The **ólogo(a)** ending is usually *ologist* in English. Let's go over a few of these cognates.

ESPECIALIDADES MÉDICAS	MÉDICOS ESPECIALISTAS
la cardiología	el/la cardiólogo(a)
la ginecología	el/la ginecólogo(a)
la psiquiatría	el/la psiquiatra
la pediatría	el/la pediatra
la oncología	el/la oncólogo(a)
la oftalmología	el/la oftalmólogo(a)
la urología	el/la urólogo(a)
la dermatología	el/la dermatólogo(a)

It shouldn't be too hard to figure out what the names of these specialties and specialists are in English. If you don't know what they are in English, check with your science teacher or the school nurse. Here are a few hints.

la cardiología	*cardiology*
el cardiólogo	*the cardiologist*

Una pediatra, Estepona, España

Now see whether you can guess the meaning of these diseases or illnesses:

LAS ENFERMEDADES

la tuberculosis	la artritis
el cáncer	la meningitis
la apendicitis	la esquizofrenia
la hepatitis	las úlceras

See whether you can answer these questions.

1. ¿Cómo se llama el especialista que trata las enfermedades de los niños?
2. ¿Quién es el especialista que trata las enfermedades mentales?
3. ¿A qué médico deben ir las personas que sufren de cáncer?
4. Si tienes un problema con los ojos, ¿a qué especialista debes consultar?

Now let's see how much you can understand about certain diseases.

1. La esquizofrenia es una enfermedad ____.
   a. de los ojos   **b.** mental   **c.** de niños
2. Los médicos les ponen a dieta a las víctimas de ____.
   a. úlceras   **b.** artritis   **c.** esquizofrenia
3. Esta enfermedad afecta más a las personas viejas. Se les hace difícil usar las manos. La enfermedad es ____.
   a. la artritis   **b.** la tuberculosis   **c.** la hepatitis
4. Si una persona come mariscos contaminados puede sufrir de ____.
   a. apendicitis   **b.** tuberculosis   **c.** hepatitis

Al dejar de fumar su respiración se hace más fácil porque los pulmones están libres de humo y nicotina y los riesgos de desarrollar enfermedades relacionadas con el cigarro disminuyen. Unas de estas enfermedades son cáncer del **pulmón, enfisema, ataque cardíaco** y **embolio cerebral**.

Un cuerpo sano es uno de los beneficios que se gana al dejar de fumar. Se sentirá mejor física y mentalmente, dándole más energía para sí mismo, la familia y amigos.

¡Te toca a ti!

Use what you have learned

1 Servicios médicos de tu comunidad

✔ *Describe medical services*

Hay un(a) estudiante de intercambio en tu escuela (tu compañero[a]). Es de Panamá. Tiene algunas preguntas sobre los servicios médicos que ofrece tu comunidad. Descríbele el hospital local. Si no sabes nada del hospital que sirve a tu comunidad, ve a buscar un folleto sobre el hospital para poder contestar a las preguntas del/de la estudiante de intercambio.

Canal de Panamá

2 Voy a ser intérprete.

✔ *Ask questions about medical problems*

El hospital local tiene un problema. Su intérprete de español ha estado enfermo. Tú vas a ayudar. Vas a trabajar a tiempo parcial en el hospital. Vas a ayudar a los pacientes hispanohablantes. Tu compañero(a) va a ser tu primer(a) paciente. Ayúdale a llenar el formulario en la recepción.

3 Una comedia

✔ *Talk about emergency room procedures and accidents*

Van a divertirse. Trabajando en grupos de cuatro o cinco personas, preparen un «skit». Su «skit» se llama «Un día en la sala de emergencia». No va a ser muy serio. Va a ser muy cómico. Presenten su comedia a la clase.

ESCRIBIR

4 Un formulario

✔ *Fill out a medical form*

Escribe, en una hoja de papel por separado, la información que te pide el formulario.

HOSPITAL ABC

Apellidos _____ Nombre _____

Dirección _____ Edad _____

Problema médico que tiene _____

_____

_____

Nombres y dirección de padres
u otros parientes _____

Nombre de la compañía
de seguros _____

Writing Strategy

Writing a feature article
When writing a feature article, writers have two challenges: first, they must identify current topics that will be of interest; they must gather the information that will bring the topic to life and give readers the background they need. An important aspect of feature writing is the use of an effective "lead" to describe the opening of the story. This will catch the readers' attention and draw them in.

ESCRIBIR

5 Las noticias

Your local Spanish language newspaper has asked you to write a feature story on a person or place in your community. Your parents recently had an accident and had to go to the emergency room. They were transported there by the First Aid Squad in your community. You were extremely pleased with the quality of service, beginning with the paramedics who arrived promptly and administered treatment at the scene. The care your parents received in the emergency room from the staff was equally as good. Write an article about this experience to share with the Spanish-speaking members of your community and to perhaps offer a refreshing perspective to an otherwise unpleasant event.

Vocabulario

1 Identifiquen.

1. ....
2. ....
3. ....
4. ....
5. ....

To review **Palabras 1,** turn to pages *232–233.*

2 ¿Sí o no?

6. Cuando alguien se ha torcido el tobillo, tiene una fractura.

7. El servicio de primeros auxilios llega en una camilla al escenario de un accidente.

3 Emparejen.

a.

b.

c.

To review **Palabras 2,** turn to pages *236–237.*

d.

e.

8. ____ Le toma una radiografía.
9. ____ Le toma el pulso.
10. ____ Le pone el brazo en un yeso.
11. ____ Le toma la tensión arterial.
12. ____ Le pone un vendaje.

Estructura

4 **Completen con el presente perfecto.**

13. Ellos ____. (salir)

14–15. Yo no ____ porque no ____ apetito. (comer, tener)

16. Nosotros ya ____ en Puerto Rico. (estar)

17. ¿Tú ____ a tu prima? (llamar)

To review the present perfect, turn to page 240.

5 **Den el participio pasado.**

18. decir

19. ver

20. volver

21. abrir

To review irregular participles, turn to page 242.

6 **Completen.**

22–23. Él es ____ simpático ____ yo pero no tiene ____ paciencia ____ yo.

24. Ella tiene ____ trabajo ____ tú.

To review comparison of equality, turn to page 244.

Cultura

7 **¿Sí o no?**

25. Un(a) practicante es un(a) profesional en el campo de la medicina que hace mucho trabajo que hace el/la médico(a); sobre todo en las áreas rurales donde no hay muchos médicos.

26. Si un(a) paciente está muy enfermo(a), el/la practicante le puede operar.

To review this cultural information, turn to page 248.

Vocabulario

Talking about an accident

tener un accidente	cortarse
hacerse daño, lastimarse	picar
caerse	ocurrir
romperse	tener lugar
torcerse	acabar de

Talking about medical emergencies and a hospital

el servicio de primeros auxilios	la recepción
la ambulancia	la silla de ruedas
la camilla	las muletas
el hospital	la víctima
la sala de emergencia, la sala de urgencias	llenar el formulario

Talking about medical professionals

el/la médico(a)	el/la técnico(a)
el/la cirujano(a) ortopédico(a)	el/la socorrista
el/la enfermero(a)	

> ### How well do you know your vocabulary?
> - Identify words that describe emergency room procedures.
> - Write a few sentences about the steps a doctor takes to treat a medical emergency of your choice.

Talking about medical problems

una fractura	el dolor
una herida	hinchado(a)
una picadura	

Talking about medical care

ayudar	tomar el pulso	poner un vendaje
doler	tomar una radiografía	cerrar la herida
sentirse	tomar unos rayos equis	poner puntos (suturas)
tomar la tensión (presión) arterial	reducir el hueso	parecer
	poner en un yeso	

Identifying parts of the body

el cuerpo	el cuello	la muñeca	la rodilla
el hombro	el pecho	el dedo	el tobillo
el brazo	el codo	la pierna	el pie

Identifying parts of the face

la cara	la mejilla	el labio	el ojo
la frente	la nariz	el oído, la oreja	

TECNOTUR

¡Buen viaje!

VIDEO • Episodio 8

Emergencias médicas

In this video episode, Pilar has a bicycle accident and is taken to the emergency room.

Pilar tuvo un accidente. ▶

◀ Su madre llegó inmediatamente a la sala de emergencia.

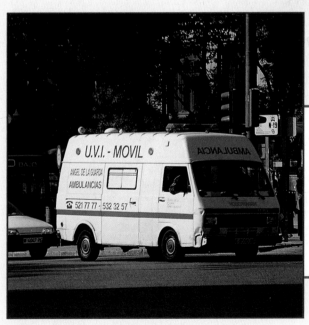

En Madrid, como en todos los centros urbanos, la ambulancia provee un servicio esencial.

SPANISH Online

In the Chapter 8 Internet Activity, you will have a chance to learn more about what you need to know in case you have a medical emergency in a Spanish-speaking country. To begin your virtual adventure, go to the Glencoe Spanish Web site: **spanish.glencoe.com**

◀ Learn more online about emergency and medical services in different parts of the Spanish-speaking world.

Capítulo

9

Ciudad y campo

Objetivos

In this chapter you will learn to:

* talk about life in the city
* talk about life in the country
* describe things that were happening
* refer to things already mentioned
* indicate where things are located
* talk about some cities in the Spanish-speaking world

En la ciudad

el rascacielos

la oficina

la fábrica

el edificio alto

En la zona comercial hay muchas oficinas y tiendas.
Eran las siete y media de la tarde y mucha gente estaba saliendo de sus oficinas.

La zona industrial está en las afueras de la ciudad.
Los obreros estaban trabajando todo el día en la fábrica.

En la zona residencial hay muchos apartamentos (departamentos) y condominios.
Hay pocas casas privadas.

un plano de la ciudad

la plaza

la calle   **la avenida, el bulevar**

Muchas calles y avenidas desembocan en la plaza.
Las avenidas son anchas.

Esta calle o callecita angosta es muy pintoresca.
Está en el barrio viejo de la ciudad.

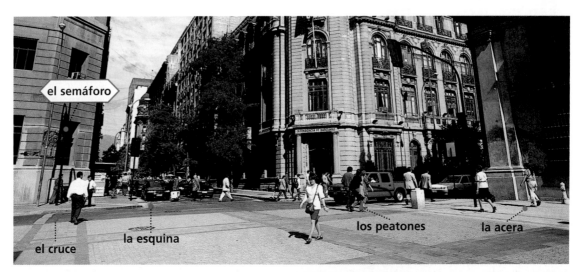

el semáforo

el cruce

la esquina

los peatones

la acera

Hay un semáforo en la esquina
Los peatones caminan en la acera.
Cruzan la calle en el cruce de peatones.

La gente estaba esperando en
la parada del bus.

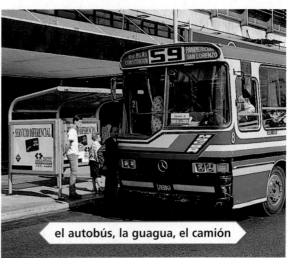

el autobús, la guagua, el camión

La estación del metro

la boca del metro

el tique

la escalera
mecánica

el torniquete

La señorita estaba subiendo
la escalera mecánica.
El señor estaba metiendo el tique
en la ranura del torniquete.

Vocabulario

Para empezar
Let's use our new words

1 Historieta El señor Salas de Caracas

Contesten.

1. ¿Estaba viviendo el señor Salas en Caracas?
2. ¿Tenía un apartamento en una zona residencial de la ciudad?
3. ¿Estaba su apartamento en un edificio alto?
4. ¿Trabajaba él en una oficina cerca de la Plaza Simón Bolívar?
5. ¿Estaba su oficina en un rascacielos?
6. ¿Tomaba el señor Salas el metro a su trabajo?
7. ¿Había una boca de metro cerca de su apartamento?
8. ¿Compraba el señor Salas tiques para el metro?

Caracas, Venezuela

2 El plano de la ciudad

Contesten según el dibujo.

1. ¿Desembocan muchas calles en la Plaza San Martín?
2. ¿Es ancha o angosta la calle Ayacucho?
3. ¿Hay un semáforo en la esquina de Ayacucho y Cuzco?
4. ¿Hay una parada de bus en la plaza?
5. ¿Hay muchos coches en la plaza?
6. ¿Hay peatones en la acera?

3 **En la ciudad** Digan que sí o que no.

1. Frecuentemente el barrio viejo de una ciudad es también una zona histórica.
2. Una zona comercial de una ciudad tiene muchas fábricas.
3. La zona industrial siempre se encuentra en el centro mismo de la ciudad.
4. Un obrero trabaja en una oficina.
5. Hay muchas oficinas en la zona comercial de la ciudad.
6. Un rascacielos es un edificio muy alto que tiene muchos apartamentos u oficinas.
7. Los semáforos se encuentran por lo general en una esquina y ayudan a controlar el tráfico.
8. La gente espera el bus en la boca del metro.
9. Los peatones caminan en la calle.
10. Los peatones pueden cruzar la calle en el cruce de peatones.

La Habana, Cuba

4 **El transporte en la ciudad** Contesten.

1. ¿Qué toman los pasajeros para bajar y subir de una estación de metro?
2. ¿Dónde meten los pasajeros el tique antes de abordar el metro?
3. ¿Dónde esperan los pasajeros el bus?
4. ¿Dónde caminan los peatones?
5. ¿Dónde pueden cruzar la calle los peatones?

Santiago, Chile

5 **Una ciudad cercana** Trabaja con un(a) compañero(a). Si Uds. viven en una ciudad, conversen juntos y describan su ciudad. Si no viven en una ciudad, hablen de una ciudad que han visitado cerca de donde viven.

6 **Opiniones** Trabaja con un(a) compañero(a). Discutan lo que Uds. consideran las ventajas y las desventajas de la vida en una ciudad. ¿Están Uds. de acuerdo o no? ¿Quién preferiría vivir en la ciudad?

En el campo

el campesino

una casa de campo

un pueblo pequeño

el campo

una finca

Los campesinos viven en el campo.
Ellos tienen una finca.
Ellos cultivan los campos.

El cultivo de los cereales
es muy importante.

sembrar

la siembra

El campesino va a sembrar cereales.
No está sembrándolos ahora.
Va a sembrarlos en la primavera.

el trigo

el maíz

la cosecha

cosechar

Y va a cosecharlos en el otoño.

el ganado

las vacas

los cerdos

las gallinas

Los agricultores crían animales domésticos.

la pera

el peral

la manzana

el huerto,
la huerta

el manzano

los vegetales

Vocabulario

Para empezar
Let's use our new words

7 **Historieta** **Los Ayala**
Contesten según se indica.

1. ¿Dónde viven los Ayala?
   (en un pueblo pequeño en el campo)
2. ¿Qué tienen ellos? (una finca)
3. ¿Qué hay en la finca? (campos de cereales)
4. ¿Qué siembran los Ayala? (trigo y maíz)
5. ¿Cuándo siembran? (en la primavera)
6. ¿Cuándo es la cosecha? (en el otoño)
7. ¿Qué crían los Ayala en su finca?
   (animales domésticos)
8. ¿Qué animales tienen? (vacas y cerdos)

Echalar, España

8 **Ya sabemos mucho.** Contesten.

1. ¿Cuáles son todos los vegetales o todas las legumbres
   que ya conoces en español?
2. ¿Cuáles son las frutas que ya conoces en español?
3. ¿Cuáles son los animales que ya conoces en español?
4. ¿Cuáles son las cuatro estaciones del año?

Andalucía, España

9 **Cosas del campo** Digan que sí o que no.

1. Las vacas nos dan leche.
2. Las gallinas ponen huevos.
3. El tomate es un vegetal.
4. Hay muchas fincas en la ciudad.
5. Los obreros son campesinos.
6. Los campesinos cultivan los campos en una fábrica.
7. El manzano es un árbol y la manzana es la fruta que da el árbol.
8. Una carne que nos da el cerdo es el jamón.
9. Los campesinos viven en una casa de campo.
10. Una huerta produce muchos vegetales.

10 **En el campo** No importa si vives en el campo o no. A casi todos nosotros nos gusta de vez en cuando pasar un día tranquilo en el campo. Trabaja con un(a) compañero(a). Describan un día fabuloso en el campo. Hablen de lo que ven y lo que hacen.

SPANISH Online

For more information about the countryside of Mexico and other countries in the Spanish-speaking world, go to the Glencoe Spanish Web site: spanish.glencoe.com

11 **Opiniones** Trabaja con un(a) compañero(a). Discutan lo que Uds. consideran las ventajas y las desventajas de la vida en el campo. ¿Están Uds. de acuerdo o no? ¿Quién preferiría vivir en el campo?

Sinaloa, México

Oaxaca, México

UN POCO MÁS

*For more practice using words from **Palabras 1** and **2**, do Activity 9 on page H10 at the end of this book.*

Estructura

Describing what was going on
El imperfecto progresivo

1. The imperfect progressive is used to describe an action as it was taking place. It is formed by using the imperfect tense of **estar** and the present participle.

> **El obrero estaba trabajando en la fábrica.**
> **Los muchachos estaban comiendo las frutas del huerto.**

2. Most verbs that have a stem change in the preterite have the same stem change in the present participle.

E → I		O → U	
pedir	pidiendo	dormir	durmiendo
servir	sirviendo	morir	muriendo
repetir	repitiendo		
decir	diciendo		

¿Te acuerdas?

The present progressive is used to describe events actually taking place.

El obrero está saliendo de la fábrica.

El campesino está cultivando los campos.

3. The following verbs have a **y** in the present participle.

caer	cayendo	distribuir	distribuyendo
leer	leyendo	construir	construyendo
traer	trayendo	contribuir	contribuyendo
oír	oyendo		

Para continuar
Let's put our words together

12 **Historieta** Un día típico en la ciudad

Contesten con **sí.**

1. ¿Estaba circulando mucho tráfico por la ciudad?
2. ¿Estaba dirigiendo el tráfico un policía?
3. ¿Estaban caminando por las aceras muchos peatones?
4. ¿Estaban cruzando las calles?
5. ¿Estaban cruzando las calles en el cruce de peatones?
6. ¿Estaba haciendo cola mucha gente en la parada del bus?
7. ¿Estaba saliendo mucha gente de la boca del metro?
8. ¿Estaba subiendo mucha gente en la escalera mecánica?

Madrid, España

13 Historieta Durante el vuelo

Contesten según el modelo.

¿Trabajaban durante el vuelo los asistentes de vuelo?

Sí, estaban trabajando durante el vuelo.

1. ¿Servían refrescos los asistentes de vuelo?
2. ¿Servían una comida?
3. ¿Daban anuncios?
4. ¿Leían las reglas de seguridad?
5. ¿Oían música estereofónica los pasajeros?
6. ¿Leían revistas algunos pasajeros?
7. ¿Dormían otros?

14 Historieta El túnel nuevo Completen con el imperfecto progresivo.

Los ingenieros __1__ (construir) el túnel nuevo. El público
__2__ (esperar) la apertura del túnel. Muchos hombres y mujeres
__3__ (trabajar) en su construcción. Este proyecto les __4__ (pagar)
un buen salario. Pero algunas personas __5__ (decir) que no era buena
idea. Ellos __6__ (pensar) en el impacto ecológico del túnel. Pero nadie
__7__ (escuchar) a los ecologistas. El público __8__ (ver) que con el túnel
los viajes al centro serían más cortos.

15 Ayer a las… Pregúntale a tu compañero(a) lo que estaba haciendo ayer a la hora indicada. Él o ella te contestará. Luego cambien de rol.

8:00 a.m.   5:00 a.m.   6:30 a.m.   6:30 p.m.   10:30 a.m.

3:00 p.m.   8:00 p.m.   12:00 p.m.   11:00 p.m.   4:00 p.m.

16 Tienes un problema. Un(a) compañero(a) va a ser tu padre o tu madre. Está muy enfadado(a) *(angry)* porque tú volviste a casa muy tarde anoche. Él o ella tiene muchas preguntas para ti. Tienes que decirle todo lo que estabas haciendo para explicar por qué no podías volver a casa más temprano. Luego cambien de rol.

Estructura

▲ Referring to things already mentioned
Colocación de los pronombres de complemento

1. When the object pronouns are used with the present participle, they may precede the helping verb or they may be attached to the participle.

Estaban comiendo **el maíz.**	**Me** estaba mostrando **la finca.**
Lo estaban comiendo.	**Me la** estaba mostrando.
Estaban comiéndo**lo.**	Estaba mostrándo**mela.**

2. When the object pronouns are used with the infinitive, they may precede the helping verb that accompanies the infinitive or they may be attached to the infinitive.

Voy a cruzar **la calle.**	Voy a dar **el plano** a José.
La voy a cruzar.	**Se lo** voy a dar.
Voy a cruzar**la.**	Voy a dár**selo.**

Para continuar
Let's put our words together

17 **Historieta** **En la finca**

Contesten según el modelo.

> ¿Estaba mostrándote la finca el señor?
> Sí, estaba mostrándomela.
> Sí, me la estaba mostrando.

1. ¿Estaba mostrándote la casa de campo el señor?
2. ¿Te estaba describiendo la casa?
3. ¿Estabas admirando la casa?
4. ¿Estabas mirando a los campesinos en la finca?
5. ¿Estaban ellos sembrando los campos?
6. ¿Estaban criando los animales también?

18 **Buena higiene** Sigan el modelo.

> Me voy a lavar *el pelo.*
> Voy a lavármelo.

1. Me voy a lavar *el pelo.*
2. Quiero comprarme *el nuevo champú* en la farmacia.
3. No puedo recordar *el nombre del champú.*
4. El farmacéutico podrá darme *el nombre.*
5. Tengo que lavarme *el pelo* esta noche.

19 **Historieta** **En el cine** Contesten con pronombres.

1. ¿Quiere ver la película Marisol?
2. ¿Va a ver la película?
3. ¿Está comprando las entradas ahora?
4. ¿Está comprando las entradas en la taquilla del cine?
5. ¿Quiere Marisol ver la película desde la primera fila?
6. Desde la primera fila, ¿puede ver la película bien?

20 **¿Acabas de hacerlo?** Contesten según el modelo.

¿Acabas de hacer el crucigrama o vas a hacer el crucigrama?

Acabo de hacerlo.

¿Te acuerdas?

Acabar de means *to have just.*
Acabo de llegar.
I have just arrived.

1. ¿Acabas de leer el periódico o vas a leer el periódico?
2. ¿Acabas de escribir la carta o vas a escribir la carta?
3. ¿Acabas de tomar el examen o vas a tomar el examen?
4. ¿Acabas de hacer tus tareas o vas a hacer tus tareas?
5. ¿Acabas de llamar a tu amigo o vas a llamar a tu amigo?

21 **Historieta** **Una carta**
Contesten según se indica.

1. ¿Está escribiendo la carta Elena? (no)
2. ¿Cuándo va a escribírtela? (mañana)
3. ¿Está comprando los sellos ahora? (no)
4. ¿Ya los ha comprado? (sí)
5. ¿Cuándo va a enviarte la carta? (mañana)
6. ¿La vas a abrir enseguida? (sí)
7. ¿Cómo vas a leerla? (con mucho interés)
8. ¿La vas a contestar enseguida? (sí)
9. ¿Vas a enviarle la carta enseguida? (sí)

Pointing out people or things
Adjetivos y pronombres demostrativos

1. You use the demonstrative adjectives *this, that, these,* and *those* to point out people or things. In Spanish, the demonstrative adjective, like all adjectives, agrees with the noun it modifies.

2. All forms of **este** indicate someone or something close to the speaker. They mean *this* or *these* in English.

> **Este boleto que tengo aquí es para el metro.**

All forms of **ese** indicate someone or something close to the person being spoken to.

> **Ese boleto que tú tienes allí es para el bus.**

All forms of **aquel** indicate someone or something away from both the speaker and the listener. The forms of both **ese** and **aquel** mean *that* or *those* in English.

> **Aquellos boletos en aquella mesa allá no son usados.**

Note that the adverbs **aquí, allí,** and **allá** indicate relative position—*here, there, over there.*

3. The forms used for the demonstrative pronouns—*this one, that one, these, those*—are the same as those used for demonstrative adjectives.

> **No me gusta este (aquí).**
> **Pero aquellos (allá), sí, me gustan.**

¿Lo sabes?
Until recently, the demonstrative pronouns had a written accent mark. This is no longer necessary.
éste y aquél *or*
este y aquel

Para continuar
Let's put our words together

22 **¿Qué precio tienen?** Sigan el modelo.

> **el abrigo**
> **¿Qué precio tiene el abrigo?**
> **¿Cuál? ¿Este abrigo aquí?**
> **No, aquel abrigo en el escaparate.**

1. los guantes
2. la falda
3. el suéter
4. las corbatas
5. el cinturón
6. los pantalones
7. la blusa
8. los calcetines

Buenos Aires, Argentina

23 **El plano que tú tienes** Completen con **este, ese** o **aquel.**

1. ____ plano de la ciudad que tú estás mirando es bueno pero ____ que tiene Felipe es malo. No sirve para nada.
2. ____ calle aquí es una calle peatonal pero ____ allá no es sólo para peatones. Y tiene mucho tráfico.
3. ____ estación de metro aquí en el centro de la ciudad es mucho más grande que ____ estación en las afueras.
4. ____ edificios aquí en el centro mismo de la ciudad son muy altos. ____ que están más lejos en las afueras no son tan altos.
5. ____ novela que yo estoy leyendo tiene lugar aquí en ____ ciudad. Pero ____ novela que tiene Pedro, no la conozco. No sé dónde tiene lugar.

24 **Preferencias** Trabaja con un(a) compañero(a). Miren esta foto de un escaparate de una tienda de ropa en Caracas. Discutan lo que a cada uno(a) de Uds. le gusta y no le gusta. Luego comparen sus preferencias.

25 **Juego** **¿Cuál?** Trabaja con un(a) compañero(a). Haz una frase usando **este, ese** o **aquel.** Tu compañero(a) te dirá si hablas de algo **aquí, allí** o **allá.** Luego cambien de rol.

Caracas, Venezuela

Andas bien. ¡Adelante!

El campo y la ciudad

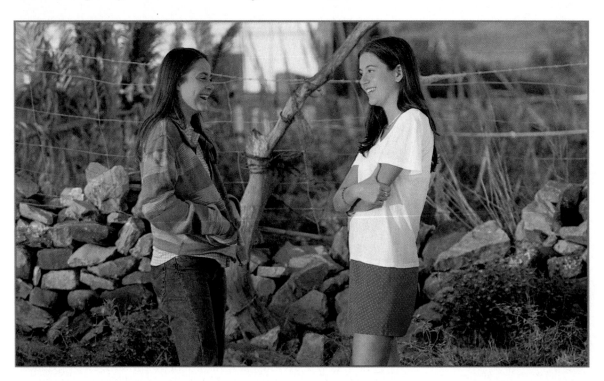

Lupe ¿Te gusta vivir en el campo? ¿Qué haces? ¿No es aburrido?

Mónica De ninguna manera. El otro día estaba hablando con mi amigo Miguel. Estaba diciéndole todo lo que podemos hacer aquí en este pueblo.

Lupe Pero en la ciudad tenemos cines, museos. Tenemos de todo. Y puedes tomar el bus o el metro para ir de un lugar a otro. Todo es tan conveniente.

Mónica Sí, pero aquí no tienes que esperar el semáforo para cruzar la calle. ¿Y sabes lo que es el automóvil? Tenemos uno y podemos usarlo sin pasar horas en el tráfico.

Lupe Sí, lo sé. Pero yo nunca viviría en el campo.

Mónica Y yo nunca viviría en la ciudad. No me gustaría vivir sin aire puro y mucho espacio. Voy a pasear a caballo. ¿Quieres acompañarme?

Lupe ¿A caballo?

Después de conversar

Contesten.

1. ¿Qué le pregunta Lupe a Mónica?
2. ¿Con quién estaba hablando Mónica el otro día?
3. ¿Cree Mónica que el campo es aburrido?
4. ¿Por qué prefiere Lupe la ciudad?
5. ¿Por qué dice ella que todo es tan conveniente?
6. Según Mónica, ¿hay mucho tráfico en el campo?
7. ¿Quién no viviría nunca en el campo? ¿Por qué no?
8. ¿Qué va a hacer Mónica?
9. ¿Qué crees? ¿La va a acompañar Lupe?

Vamos a hablar más
Let's talk some more

A **Donde quiere vivir** Trabaja con un(a) compañero(a). Discutan si preferirían vivir en la ciudad o en el campo. Den sus razones.

El Alcázar, Segovia, España

Palacio de Bellas Artes, Ciudad de México

B **Explica por qué.** Trabaja con un(a) compañero(a). Él o ella te preguntará por qué no hiciste algo ayer. Explica que no lo hiciste ayer porque estabas haciendo otra cosa. Dile lo que estabas haciendo. Luego cambien de rol. Pueden usar el modelo como guía.

> **¿Por qué no me llamaste ayer?**
> **No te llamé porque estaba leyendo un libro interesante.**

Lecturas culturales

Buenos Aires, Argentina

Buenos Aires, la capital de la Argentina, es una ciudad muy bonita. Se dice que esta ciudad es la más europea de todas las ciudades de Latinoamérica.

Recientemente Sandra Connors, una americana, estaba visitando a Buenos Aires. Un día, mientras estaba caminando por el centro de la ciudad, les dijo a algunos conocidos porteños[1] que no sabía si estaba en Buenos Aires, Londres o Madrid.

La calle Florida es una calle peatonal en la zona comercial de la ciudad. En esta calle no permiten carros. Si te gusta ir de compras tienes que caminar por esta calle con sus cientos de tiendas.

La avenida más ancha del mundo es la Avenida 9 de Julio. Aquí puedes sentarte en una confitería[2] y mirar a la gente que pasa. Si tienes hambre, puedes ir a uno de los carritos de la Costanera norte. Los verdaderos carritos del pasado se han transformado en una fila de restaurantes al borde del río de la Plata. Aquí sirven el delicioso bife argentino.

[1]porteños *inhabitants of Buenos Aires*
[2]confitería *café, tea room*

Reading Strategy

Taking notes to remember what has been read If you are reading material that you do not know much about, it is often a good idea to take notes to help you remember and organize what you read. One way to take notes is to summarize the content of a selection. Another way is to jot down key words and ideas about the topic. These notes will come in handy later when you need to study for a test.

Calle Florida y Avenida Córdoba

Avenida 9 de Julio, Buenos Aires

El bife argentino viene del ganado que cuidan los gauchos en las pampas argentinas. Muchos porteños ricos tienen estancias en las pampas. Una estancia es una finca grande donde crían ganado. Los ricos van a su estancia para divertirse en sus lujosas[3] casas de campo.

Es imposible hablar de las ciudades de Latinoamérica sin mencionar el problema de los pobres que vienen a las ciudades desde el campo en busca de trabajo. Estos pobres viven en chabolas que se encuentran principalmente en las afueras. En Buenos Aires se llaman «villas miseria».

[3]lujosas *luxurious*

Un gaucho en las pampas argentinas

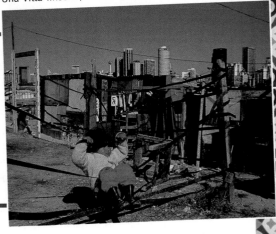
Una estancia, Argentina

Una villa miseria, Buenos Aires

Después de leer

Buenos Aires Identifiquen y describan.
1. la calle Florida
2. la Avenida 9 de Julio
3. los carritos de la Costanera norte
4. las pampas
5. una estancia
6. una «villa miseria»

Lectura opcional 1

Plaza de Armas, Lima

Lima, Perú

Lima, la capital del Perú, es una ciudad muy hermosa. En el centro mismo de la ciudad hay un gran barrio histórico. Muchos de los edificios de este barrio datan de la época colonial.

Hay dos plazas importantes en el centro de Lima— la Plaza de Armas y la Plaza San Martín. El famoso Jirón de la Unión enlaza[1] estas dos plazas. El Jirón de la Unión es una calle peatonal con muchas tiendas y centros o galerías comerciales. Hoy día hay también muchos vendedores ambulantes. Estos vendedores ambulantes han venido a la capital de los pueblos pequeños del altiplano.

En los alrededores de Lima cerca de las playas del Pacífico hay muchas zonas residenciales muy bonitas. En las calles bordeadas de palmas hay edificios altos con apartamentos y condominios. Hay también casas lujosas[2].

Una vez más, es imposible hablar de las ciudades de Latinoamérica sin mencionar el problema de los pobres que vienen a las ciudades desde el campo en busca de trabajo. Como hemos aprendido, los barrios pobres donde viven se llaman «villas miseria» en Buenos Aires. En el Perú se llaman «pueblos jóvenes».

[1]enlaza *joins*   [2]lujosas *luxurious*

Después de leer

Lima Contesten.
1. ¿Cuál es la capital del Perú?
2. ¿Cómo es el centro de Lima?
3. ¿De qué época datan muchos de los edificios?
4. ¿Cuáles son dos plazas importantes en el centro de Lima?
5. ¿Qué calle enlaza estas dos plazas?
6. ¿Qué es el Jirón de la Unión?
7. ¿Quiénes son los vendedores ambulantes?
8. ¿Qué hay en los alrededores de Lima?
9. ¿Por qué van los campesinos a la ciudad?
10. ¿Qué es un «pueblo joven»?

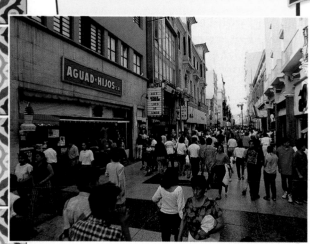

Jirón de la Unión, Lima

Lectura opcional ②

Plaza Central, Santa Fe

Una ciudad norteamericana con profundas raíces hispanas

Santa Fe, la capital de Nuevo México, está al pie de las montañas Sangre de Cristo. Esta ciudad fue fundada[1] por los españoles en 1609 sobre unas ruinas indígenas prehistóricas. Durante doscientos años Santa Fe fue un centro para el comercio entre los españoles y varios grupos indígenas. En 1680 los indios pueblo se levantaron contra los españoles. Querían echarlos[2] de Santa Fe y así hicieron. Pero doce años después, los españoles, bajo Diego de Vargas, volvieron a Santa Fe y restablecieron su dominio.

Si abres la guía telefónica o simplemente miras los nombres en las casas, verás que la influencia hispana todavía vive en Santa Fe. Sigue existiendo no solamente en los museos sino en carne y hueso. Las familias hispanas predominan en esta ciudad que es la capital más antigua de los Estados Unidos.

[1]fundada *founded*
[2]echarlos *throw them out*

Calle comercial, Santa Fe

Después de leer

A La geografía Busquen en un mapa dónde está la ciudad de Santa Fe y dónde están las montañas Sangre de Cristo.

B Santa Fe Contesten.
1. ¿Qué edad tiene Santa Fe?
2. Antes de la fundación de Santa Fe, ¿qué había en el mismo sitio?
3. ¿Para qué servía la ciudad durante dos siglos?
4. ¿Qué hicieron los indios pueblo en 1680?
5. ¿Qué hicieron los españoles en 1692?

C El significado En tus propias palabras, explica lo que dice el último párrafo de la lectura.

Conexiones

Las ciencias sociales

La demografía

Demography is the study of human populations, of their distribution, density, and vital statistics. Demographics explain where people choose to live and why. They also explain population shifts—why people move around.

The demography of Latin America is particularly interesting. You will see some marked contrasts between the demographics of the two Americas.

Bogotá, Colombia

La demografía de Latinoamérica

La demografía es el estudio de las poblaciones humanas. El demógrafo nos explica dónde decide vivir la gente y por qué decide vivir allí. Nos explica también cuándo y por qué la gente decide mudarse para establecerse en otro lugar. Es decir que el demógrafo explica las razones por la migración.

Lima, Perú

Algunas estadísticas

Si contrastamos las poblaciones de Latinoamérica y los Estados Unidos, lo primero que notamos es que Latinoamérica tiene una población mucho más numerosa. Durante muchos años Nueva York y Los Ángeles fueron las dos ciudades más grandes de las Américas. Ya no.

Nueva York	7.500.000	**México D.F.**	8.500.000
Los Ángeles	3.500.000	**São Paulo, Brasil**	10.000.000

Patrones migratorios

En las últimas décadas los centros urbanos de Latinoamérica han crecido dramáticamente. Los campesinos se han ido del campo a la ciudad en busca de trabajo y mejores condiciones de vida. En muchos casos ellos no han encontrado mejor vida, sino miseria. Las ciudades no pueden acomodar a todos los que allí buscan mejor vida. No hay bastante trabajo. Y no hay viviendas adecuadas. Los pobres tienen que vivir en barrios sin agua corriente ni electricidad.

La edad

Otra estadística significativa es la de la edad de las poblaciones de las Américas. Latinoamérica es una región de jóvenes, mientras que los Estados Unidos es un país de envejecientes. Como ejemplo, vamos a comparar a México con los Estados Unidos.

	% menos de 5 años	% 5 a 14 años	% más de 65 años
EE.UU.	7.5	14.1	12.4
México	13.8	25.1	4.1

Después de leer

A ¿Cuál es la palabra? Busquen la palabra cuya definición sigue.

1. el acto de trasladarse para establecerse en otro lugar
2. personas que se están poniendo viejos
3. el estudio de las poblaciones humanas
4. casas, residencias donde la gente vive
5. una zona o parte de una ciudad

B La demografía Digan que sí o que no.

1. El demógrafo nos enseña dónde vive la gente y por qué decide vivir allí.
2. Las ciudades de los Estados Unidos son más grandes que las ciudades de Latinoamérica.
3. Las ciudades latinoamericanas siempre han sido más grandes que las ciudades de los Estados Unidos.
4. Los campesinos que se establecen en las ciudades de Latinoamérica siempre encuentran mejor vida.
5. No hay bastante trabajo para todos en el campo y no hay bastante trabajo en las ciudades.
6. Hay más viejos o ancianos en Latinoamérica que en los Estados Unidos.
7. La población latinoamericana es más vieja (mayor) que la población estadounidense.

¡Te toca a ti!

Use what you have learned

1 La ciudad

✔ *Talk about life in the city*

Con un(a) compañero(a), miren esta foto de la ciudad de Barcelona. Hablen juntos y describan todo lo que ven en la foto. Luego decidan si es una ciudad que les gustaría visitar.

Barcelona, España

2 Transporte público

✔ *Talk about public transportation*

Tu compañero(a) es un(a) joven ecuatoriano(a) que está visitando tu pueblo o ciudad. Quiere saber algo sobre los medios de transporte público. Si no hay transporte público donde vives, describe los medios de transporte en una ciudad cercana.

3 Una ciudad hispana

✔ *Talk about life in an interesting Spanish-speaking city*

Tú ya conoces muchas ciudades hispanas. Selecciona una que a ti te gusta y descríbela a un(a) compañero(a). Luego tu compañero(a) describirá una ciudad que a él o a ella le gusta.

4 ¿Hablas de la ciudad o del campo?

✔ *Talk about city or country life*

Trabaja con un(a) compañero(a). Haz una frase que describe algún aspecto de la ciudad o del campo. Tu compañero(a) te dirá de qué hablas—la ciudad o el campo. Luego cambien de rol.

Yo nunca viviría en...

✔ *Give your opinion about city life versus country life*

Vas a escribir una composición titulada «Yo nunca viviría en... ». Tienes que completar el título con **la ciudad** o **el campo.**

Writing Strategy

Comparing and contrasting
Comparing and contrasting involves writing about similarities and differences between two or more related things. A Venn diagram will help you do this. First draw two intersecting circles; title the circles with the subject to be compared. List unique features of each subject. Then list the similarities of the two subjects in the area where the circles intersect. This tool, or any other similar one you can think of, will help you organize your thoughts so you can clearly and effectively write your comparison.

Dos ciudades

Think of two cities you have visited. Write a paper, comparing the two places. If you are not familiar with two different cities, compare the town where you live with a nearby city or other town. Be sure to organize your thoughts with a list or a graphic, showing the similarities and differences.

Viña del Mar, Chile

Santiago, Chile

Assessment

Vocabulario

1 **Contesten.**

1. ¿Qué hay en una zona comercial de una ciudad?
2. ¿Qué hay en las esquinas de muchas ciudades que ayudan a controlar el tráfico?

To review **Palabras 1**, turn to pages 262–263.

2 **Completen.**

3. Los obreros trabajan en una ____ en una zona industrial en las afueras de la ciudad.
4. Muchas calles y avenidas ____ en la plaza.
5. Los ____ andan (a pie) por la acera.
6. La gente espera el bus en la ____.

3 **Identifiquen.**

7.

8.

To review **Palabras 2**, turn to pages 266–267.

9.

10.

4 **Completen.**

11. El ____ es el árbol que da manzanas.
12. Los agricultores ____ animales domésticos.
13. Los campesinos ____ los campos.

Estructura

5 **Escriban según el modelo.**

> **Ellos cosechan el arroz.**
> **Estaban cosechando el arroz.**

14. Ellos construyen una fábrica.
15. Yo repito las direcciones.
16. La gallina duerme.
17. Yo no leo nada.
18. ¿Quién lo dice?

To review the imperfect progressive, turn to page 270.

6 **Escriban de otra manera.**

19. ¿El plano de la ciudad? Yo quería dárselo.
20. ¿Los campos? Estaban cultivándolos.
21. ¿El tique? Él estaba metiéndolo en la ranura del torniquete.

To review the placement of object pronouns, turn to page 272.

7 **Contesten con adjetivos o pronombres demostrativos.**

22. ¿Qué casa prefieres? (la casa que veo allá lejos)
23. ¿Qué periódicos te interesan más? (los periódicos que tengo aquí)

To review demonstrative adjectives and pronouns, turn to page 274.

Cultura

8 **Identifiquen.**

24. la capital de la Argentina
25. la avenida que tiene fama de ser la más ancha del mundo.

To review this cultural information, turn to pages 278–279.

Vocabulario

Talking about the city

la ciudad	la zona industrial	el apartamento
la zona comercial	las afueras	(departamento)
el rascacielos	la fábrica	el condominio
el edificio	el/la obrero(a)	la casa privada
la oficina	la zona residencial	

Talking about the layout of a city

el plano	el semáforo
la plaza	el cruce de peatones
la avenida, el bulevar	caminar
la calle	cruzar
el barrio viejo	desembocar
la esquina	pintoresco(a)
la acera	ancho(a)
los peatones	angosto(a)

Talking about public transportation

la estación del metro	el torniquete
la boca del metro	la ranura
la escalera mecánica	la parada del bus
el tique	el autobús, la guagua, el camión

Talking about the country

el campo	la casa de campo
el pueblo	el campesino
la finca	

How well do you know your vocabulary?

- Choose a word from the list.
- Have a classmate tell whether it relates more to the city, the country, or both.
- Take turns.

Talking about farming

la siembra	el huerto
la cosecha	el manzano
el maíz	el peral
el trigo	cultivar
los cereales	sembrar
la huerta	cosechar
los vegetales	criar los animales

Identifying some farm animals

el ganado	el cerdo
la vaca	la gallina

TECNOTUR

¡Buen viaje!

VIDEO • Episodio 9

Ciudad y campo

In this video episode, Cristina and Luis spend the day exploring Mexico City.

◀ Luis y Cristina visitan el centro histórico de la Ciudad de México. ▶

◀ También van al Palacio de Bellas Artes para ver una función del Ballet Folklórico, pero...

La Ciudad de México fue construida sobre las ruinas de Tenochtitlán.

SPANISH Online

In the Chapter 9 Internet Activity, you will have a chance to learn more about other cities in the Spanish-speaking world. To begin your virtual adventure, go to the Glencoe Spanish Web site: spanish.glencoe.com

◀ Learn more online about Mexico and some of its wonders.

Capítulo 10

La cocina hispana

Objetivos

In this chapter you will learn to:

❖ talk about foods and food preparation
❖ give commands
❖ refer to people and things previously mentioned
❖ prepare some regional specialties
❖ talk about the origin of several foods

La cocina

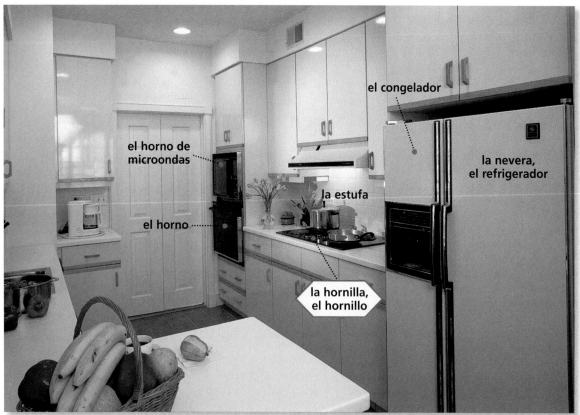

el congelador

el horno de microondas

la nevera, el refrigerador

la estufa

el horno

la hornilla, el hornillo

¡A cocinar!

freír

hervir

el/la sartén

la olla

la cazuela

revolver

la parrilla   asar

Algunos comestibles

la coliflor

la lechuga

la lima

la toronja

el limón

las uvas

las zanahorias

las cebollas

el pepino

las papas, las patatas

la pimienta

la sal

el azúcar

la carne de res

el pollo

la costilla

la salchicha, el chorizo

el cordero

la ternera

la chuleta de cerdo

Señorita, coma Ud. más.

Señor, ase Ud. el pollo en el horno.

Señora, fría Ud. las patatas.

Vocabulario

Para empezar
Let's use our new words

1 Historieta En la cocina Contesten.

1. ¿Está la señora en la cocina?
2. ¿Es una cocina moderna o anticuada?
3. ¿Cuántas hornillas tiene la estufa?
4. ¿Es una estufa eléctrica o de gas?
5. ¿Hay un refrigerador moderno en la cocina?
6. ¿Cuántas puertas tiene el refrigerador?
7. ¿Tiene congelador un refrigerador moderno?
8. ¿Qué haces tú en la cocina?

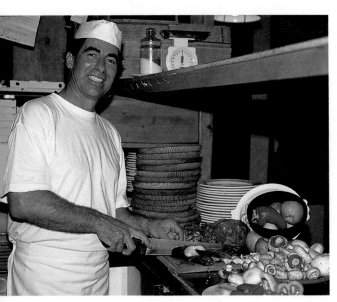

Restaurante El Sur, Estepona, España

2 ¿Qué necesita el cocinero? Completen.

1. El cocinero necesita una ____ porque va a freír algo.
2. El cocinero necesita una parrilla porque va a ____ algo.
3. El cocinero necesita una ____ porque va a hervir algo.
4. El cocinero va a ____ el agua.
5. El cocinero va a ____ las chuletas de cerdo.
6. El cocinero va a ____ los huevos.

3 Lo que me gusta y lo que no me gusta
Contesten.

1. ¿Te gustan las uvas?
2. ¿Te gusta la ensalada de lechuga y tomates?
3. ¿Te gustan las papas asadas?
4. ¿Te gustan más las toronjas o las naranjas?
5. ¿Te gustan más las legumbres o las frutas?
6. ¿Te gusta el limón?
7. ¿Te gusta más el pollo frito o el pollo asado?
8. ¿Te gusta más la carne o el pescado?

4 **¿A qué grupo pertenece?**
Digan la categoría a la cual pertenece cada comestible.

 legumbre   fruta   carne   especia

1. la cebolla
2. la toronja
3. la zanahoria

4. el cerdo
5. la papa
6. el cordero

7. el limón
8. las uvas
9. la pimienta

Mercado de San Miguel, Madrid, España

 5 **Nuestras comidas favoritas**
 Con un(a) compañero(a) hagan una lista de sus comidas favoritas. Luego decidan a cuál de los dos le gustan más las comidas que son buenas para la salud.

 6 **Una cocina** Trabaja con un(a) compañero(a). Miren esta foto de una cocina. Juntos describan la cocina. Indiquen si es una cocina moderna o anticuada.

¡A preparar la comida!

limpiar

pelar

rallar

las rebanadas

rebanar

cortar

agregar, añadir

picar

los pedacitos, los trocitos

tapar

Anita pone la cacerola al fuego.

Anita quita (retira) la cacerola del fuego.
Apaga el fuego.

Más comestibles

los pimientos

el aguacate

el ajo

el plátano,
la banana

la papaya

el coco

la sandía

los mariscos

los mejillones

las ostras

las almejas

los calamares

la langosta

los camarones,
las gambas

el pescado

las habichuelas negras,
los frijoles negros

los frijoles

el arroz

el aceite

la mantequilla

Lea Ud. la receta.

Limpie Ud. bien
las papas.

Pele las papas.

Ahora córtelas
en rebanadas.

Métalas en la olla.
Agregue sal y agua.

Tape la olla. Hierva las papas
por unos diez minutos.

Vocabulario

Para empezar
Let's use our new words

7 **Una receta buena o mala**

 ¿Es algo que se hace o no?

1. Corte el pan en rebanadas para tostarlo.
2. Hierva el agua para preparar el té.
3. Fría bien la sandía.
4. Limpie la lechuga antes de comerla.
5. Pele las cebollas antes de comerlas.
6. Apague el fuego antes de empezar a cocinar.
7. Fría las papas en aceite.
8. Ponga la sartén al fuego para hervir el agua.

Lima, Perú

8 **Preparando la comida**

Contesten según las fotos.

1. ¿Qué está picando la señora?

3. ¿Qué está cortando la señorita?

2. ¿Qué está rebanando el señor?

4. ¿Qué está pelando el joven?   5. ¿Qué está limpiando la muchacha?

9 **¿Qué opinas?** Digan si se puede o no.

1. ¿Se puede hervir o freír el arroz?
2. ¿Se puede rallar la lechuga?
3. ¿Se puede rallar el queso o el coco?
4. ¿Se puede rebanar la sandía?
5. ¿Se puede picar la carne de res?
6. ¿Se puede freír la chuleta?
7. ¿Se puede asar el arroz?
8. ¿Se puede tapar la olla?

10 **Historieta** **Cocinando algo**
Contesten según se indica.

1. ¿Qué estás preparando? (un pollo)
2. ¿Lo vas a asar o freír? (asar)
3. ¿Qué tienes que hacer con el pollo antes de asarlo? (lavarlo)
4. ¿Lo vas a asar entero? (no)
5. ¿Qué vas a hacer? (cortarlo en pedazos)
6. ¿Vas a sazonar el pollo? (sí, con ajo, sal y pimienta)
7. ¿Dónde lo vas a asar? (en el horno)
8. ¿Lo vas a asar a fuego lento? (sí)
9. ¿Qué vas a servir con el pollo? (una ensalada)
10. Y de postre, ¿qué hay? (frutas)

Le invitamos a conocer el mundo del arroz

11 **Una comida norteamericana** Estás en Lima, Perú, con la familia Sandoval. Ellos quieren comer una comida típica norteamericana. La señora Sandoval (tu compañero[a]) te pide describir una comida típica norteamericana. Describe la comida y dile a la señora cómo prepararla. Después cambien de rol.

12 **Juego** **¿Qué categoría es?** Trabaja con un(a) compañero(a). Miren las siguientes categorías. Tienen tres minutos. Trabajando independientemente, completen cada lista en español, dando los nombres de los comestibles que conocen que pertenecen a cada grupo. La persona que ha escrito el mayor número de comestibles en cada categoría gana.

marisco   fruta   pescado   vegetal   carne

 *For more practice using words from **Palabras 1** and **2**, do Activity 10 on page H11 at the end of this book.*

Estructura

Telling people what to do
Imperativo formal: formas regulares

1. You use the command form of the verb—the imperative—to tell someone what to do. To form the **Ud.** and **Uds.** commands, you drop the **o** from the present tense **yo** form and add the following endings.

INFINITIVE	YO—PRESENT	UD. COMMAND	UDS. COMMAND
preparar	preparø	prepare Ud.	preparen Uds.
leer	leø	lea Ud.	lean Uds.
abrir	abrø	abra Ud.	abran Uds.

You form the imperative of stem-changing verbs in the same way. The **yo** form of the present tense serves as the stem.

pensar	piensø	piense Ud.	piensen Uds.
volver	vuelvø	vuelva Ud.	vuelvan Uds.
hervir	hiervø	hierva Ud.	hiervan Uds.
pedir	pidø	pida Ud.	pidan Uds.

¿Te acuerdas?

Remember the following spelling patterns.
busca	busque
agrega	agregue
empieza	empiece

Note that the endings used for the formal commands have the vowel opposite to the vowel usually associated with the conjugation. The **-ar** verbs have **e** and the **-er** and **-ir** verbs have **a**.

2. To make these commands negative, simply place **no** before the verb.

prepare Ud.	no prepare Ud.	preparen Uds.	no preparen Uds.
pida Ud.	no pida Ud.	pidan Uds.	no pidan Uds.
abra Ud.	no abra Ud.	abran Uds.	no abran Uds.

ENCHILADAS DE CHILE ANCHO

(6 porciones)

2	cucharadas de aceite	1	cubo de Maggi Pollo
1	diente de ajo	1	lata de **Media Crema**
¼	de cebolla	12	tortillas pasadas por aceite caliente
3	pimientas grandes	1	pechuga de pollo cocida y deshebrada
1	rajita de canela	¼	de cebolla picada
5	chiles anchos lavados y sin semillas	50	g de queso blanco rallado
3	tazas de agua		

Calienta el aceite y sofríe el ajo y la cebolla, agrega las pimientas, la canela, los chiles y el agua, sazona con el Maggi Pollo y cocina durante 5 minutos, deja enfriar y licua lo anterior con la Media Crema.　　　　Regrésala al fuego para que se caliente. Rellena las tortillas con el pollo, dóblalas y sirve bañando con la salsa anterior. Espolvorea la cebolla y el queso. Sirve caliente.

TIP

Puedes asar los chiles en lugar de freírlos.

Para continuar
Let's put our words together

13 La ensalada Contesten según el modelo.

¿Preparo la comida?

Sí, prepare Ud. la comida.

Gazpacho

1. ¿Preparo la comida?
2. ¿Limpio la lechuga?
3. ¿Pelo los tomates?
4. ¿Pico el ajo?
5. ¿Hiervo el agua?
6. ¿Frío el pollo?
7. ¿Tapo la sartén?
8. ¿Retiro la sartén del fuego?

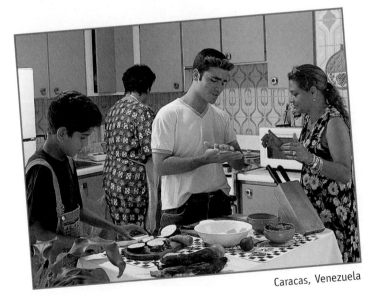

Caracas, Venezuela

14 ¿Preparamos la comida?
Contesten según el modelo.

> ¿Preparamos la comida?
> No, no preparen Uds. la comida.
> Yo la voy a preparar.

1. ¿Preparamos la comida?
2. ¿Limpiamos la lechuga?
3. ¿Pelamos los tomates?
4. ¿Picamos el ajo?
5. ¿Hervimos el agua?
6. ¿Freímos el pollo?
7. ¿Tapamos la sartén?
8. ¿Retiramos la sartén del fuego?

15 **¿Qué debo hacer con la carta?** Contesten con el imperativo.

1. ¿Debo aceptar la carta?
2. ¿Debo abrir la carta?
3. ¿Debo leer la carta?
4. ¿Debo contestar la carta?
5. ¿Debo escribir la carta en inglés?

16 **Debe hacer lo que quiere hacer.** Sigan el modelo.

> Quiero viajar a España.

> Entonces, ¡viaje Ud. a España!

1. Quiero viajar a España.
2. Quiero pasar un mes en Madrid.
3. Quiero tomar el tren a Toledo.
4. Quiero visitar la capital.
5. Quiero ver los cuadros de El Greco.
6. Quiero aprender el español.
7. Quiero comer una paella.
8. Quiero beber horchata.
9. Quiero vivir con una familia española.

San Martín y el pordiosero de El Greco

17 **Soy yo el/la profesor(a).** Trabajen en grupos de tres. Uno(a) de Uds. va a ser el/la profesor(a). Los otros serán los alumnos. El/La profesor(a) les va a dar una orden. Los alumnos van a decir si quieren hacerlo o no. El/La profesor(a) puede usar las siguientes palabras.

hablar   escribir   abrir   cerrar

estudiar   leer

volver   trabajar   escuchar   jugar

Estructura

Telling people what to do
Imperativo formal: formas irregulares

1. A verb that has an irregularity in the **yo** form of the present tense will keep the same irregularity in the command form, since the **yo** form of the present tense serves as the root for the command. Study the following.

INFINITIVE	YO—PRESENT	UD. COMMAND	UDS. COMMAND
hacer	hagø	haga Ud.	hagan Uds.
poner	pongø	ponga Ud.	pongan Uds.
salir	salgø	salga Ud.	salgan Uds.
venir	vengø	venga Ud.	vengan Uds.
decir	digø	diga Ud.	digan Uds.
introducir	introduzcø	introduzca Ud.	introduzcan Uds.

2. The following verbs are the only ones in Spanish that have irregular command forms.

INFINITIVE	UD. COMMAND	UDS. COMMAND
ir	vaya Ud.	vayan Uds.
ser	sea Ud.	sean Uds.
saber	sepa Ud.	sepan Uds.
estar	esté Ud.	estén Uds.
dar	dé Ud.	den Uds.

Málaga, España

Para continuar
Let's put our words together

18 **Voy de compras.** Sigan el modelo.

> Quiero hacer las compras.

> Pues, haga Ud. las compras.

1. Quiero hacer las compras.
2. Quiero salir ahora.
3. Quiero ir al mercado de Santa Tecla.
4. Quiero poner mis compras en esta bolsa.
5. Quiero ir a pie.

Estructura

19 **¿Podemos salir?** Sigan el modelo.

¿Podemos salir ahora?

¡Cómo no! ¡Salgan Uds. ahora!

1. ¿Podemos salir mañana?
2. ¿Podemos usar el carro?
3. ¿Podemos llevar a Anita?
4. ¿Podemos volver?
5. ¿Podemos poner las maletas en la maletera?

20 **Una llamada telefónica**
Completen con el imperativo.

1. _____ (llamar) Ud. por teléfono.
2. _____ (hacer) Ud. la llamada esta noche.
3. _____ (ir) Ud. a una cabina telefónica.
4. _____ (descolgar) Ud. el auricular.
5. _____ (introducir) Ud. la tarjeta telefónica en la ranura.
6. _____ (esperar) Ud. el tono.
7. _____ (marcar) Ud. el número.
8. _____ (esperar) Ud. la contestación.
9. _____ (decir) Ud. quien es.
10. _____ (preguntar) Ud. por Antonio.
11. _____ (hablar) Ud. con él.

Estepona, España

21 **Dos recetas** Trabaja con un(a) compañero(a). Selecciona (Escoge) uno de tus platos favoritos—un plato no muy complicado. Luego dile a tu compañero(a) cómo se prepara el plato—es decir, le vas a dar la receta. Luego tu compañero(a) te dará la receta para su plato favorito.

22 **Juego** **¡Hágalo!** Have some fun. Get together in small groups and make up commands telling your teacher what to do. Now it's your turn because a teacher always tells you what to do. **¿Verdad?**

SPANISH Online

For more information about typical dishes and recipes from the Spanish-speaking world, go to the Glencoe Spanish Web site: spanish.glencoe.com

Referring to things already stated
Colocación de los pronombres de complemento

The object pronouns are attached to the affirmative command. They come before, or precede, the negative command.

Lave los platos.	Lávelos.	No los lave Ud.
Coma la ensalada.	Cómala.	No la coma Ud.
Sirva el postre.	Sírvalo.	No lo sirva Ud.
Déme la receta.	Démela.	No me la dé Ud.

¿Lo sabes?

To maintain the same stress, use a written accent with either one or two pronouns.

Diga.   Dígame.   Dígamelo.

Para continuar
Let's put our words together

23 **¿Qué debo hacer?** Contesten según el modelo.

> **¿Debo limpiar la lechuga?**
> **Sí, límpiela.**
> **No, no la limpie Ud.**

1. ¿Debo lavar los cuchillos?
2. ¿Debo pelar las naranjas?
3. ¿Debo abrir la lata?
4. ¿Debo leer la receta?

5. ¿Debo picar el ajo?
6. ¿Debo rallar el queso?
7. ¿Debo revolver los huevos?
8. ¿Debo poner el pollo en la nevera?

24 **Ellos no lo hicieron.**
Sigan el modelo.

> **Ellos no cortaron la carne.**
> **Pues, córtenla Uds.**

1. Ellos no rebanaron el pan.
2. Ellos no hirvieron la sopa.
3. Ellos no frieron los huevos.
4. Ellos no taparon las ollas.
5. Ellos no añadieron azúcar.
6. Ellos no pusieron el pollo en el horno.

Una merienda, España

Andas bien. ¡Adelante!

Conversación

¿Yo? ¿En la cocina?

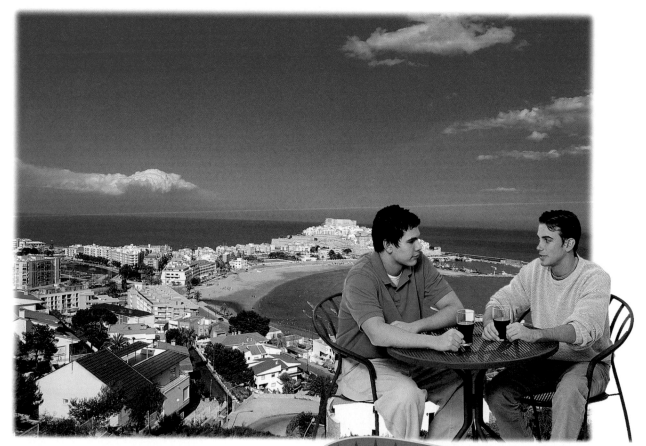

Jaime David, ¿te gusta cocinar?

David A mí, ¿cocinar? ¿Hablas en serio? En la cocina soy un desastre. ¿A ti te gusta cocinar?

Jaime Sí, bastante.

David ¿Qué sabes preparar?

Jaime Muchas cosas, pero mi plato favorito es la paella.

David La paella, dices. ¿Qué es?

Jaime Pues, es una especialidad española, de Valencia. Lleva muchos ingredientes— mariscos, arroz.

David Se comen muchos mariscos en España, ¿no?

Jaime Sí, hombre. Y algún día te voy a preparar una buena paella.

Después de conversar

Contesten.

1. ¿A quién le gusta cocinar?
2. ¿Quién es un desastre en la cocina?
3. ¿Cuál es el plato que a Jaime le gusta mucho preparar?
4. ¿Dónde se come la paella?
5. ¿De qué región de España es la paella una especialidad?
6. ¿Qué opinas? ¿Te gustaría la paella o no?

Vamos a hablar más
Let's talk some more

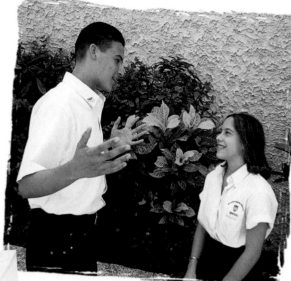

Colegio Santa Teresita, Santurce, Puerto Rico

A **La cafetería de la escuela**

Tu compañero(a) es la persona responsable de la cafetería de tu escuela. Dile cuáles son los platos que sirven en la cafetería que te gustan y cuáles son los platos que no te gustan. Dale algunas sugerencias *(suggestions)*. Dile lo que debe preparar y servir en la cafetería. Luego cambien de rol.

Un restaurante, Ronda, España

B **En un restaurante** Trabaja con un(a) compañero(a). Miren la foto de unas personas que están comiendo en un restaurante. Trabajando juntos, describan todo lo que ven en el restaurante. Decidan si a Uds. les gustaría comer en este restaurante.

C **Una comida española** Aquí ves una foto de un plato típico español. Trabaja con un(a) compañero(a). Identifiquen todos los ingredientes que ven. Luego expliquen cómo creen que se prepara este plato.

Lecturas culturales

Una receta española ♻

Como le dijo Jaime a David, la paella es un plato delicioso que es una especialidad de la cocina española. Quien no ha comido una paella no sabe lo que se ha perdido. La paella valenciana lleva muchos ingredientes. Aquí tiene Ud. una receta bastante sencilla para preparar una paella. Decida si a Ud. le gustaría comer este plato delicioso.

Reading Strategy

Reading for detailed information Some readings require a reader to focus in on details. When you need to do so, you will need to read a selection more than once and pay close attention. Sometimes when you need to be aware of details, it is helpful to take notes on what you read or make a list of the important details. Reading for detail is especially necessary with recipes. You must understand each step and follow the procedure carefully to ensure that the final product is as good as it can be.

LA PAELLA

INGREDIENTES

3 tomates
2 cebollas grandes
2 pimientos (uno verde y uno rojo)
4 dientes[1] de ajo
1/2 kilo de camarones

4 calamares
12 almejas
12 mejillones
langosta (opcional)
1 pollo en partes
3 chorizos

1 paquete de guisantes congelados
1 bote de pimientos morrones
1 1/2 tazas de arroz
3 tazas de consomé de pollo
4 pizcas[2] de azafrán[3]
1/4 taza de aceite de oliva

PREPARACIÓN

1. Pique los tomates, los pimientos, las cebollas y el ajo.
2. Lave las almejas y los mejillones en agua fría.
3. Limpie y pele los camarones.
4. Limpie y corte en rebanadas los calamares.
5. Corte en rebanadas los chorizos.
6. Fría o ase el pollo aparte.

COCCIÓN

Se usa una paellera o una olla.
1. Fría ligeramente[4] en el aceite los pimientos y las cebollas picadas.
2. Agregue el ajo y los tomates y fría ligeramente a fuego lento unos dos o tres minutos.
3. Agregue el arroz.
4. Revuelva el arroz con los tomates, las cebollas, los pimientos y el ajo.
5. Agregue el consomé de pollo y llévelo a la ebullición[5].
6. Baje el fuego y agregue los camarones, los calamares, el chorizo, el pollo, las almejas y los mejillones.
7. Agregue el azafrán.
8. Ponga sal y pimienta a su gusto.
   Si se prepara la paella en una olla, tape la olla y cocine a fuego lento encima de la estufa unos 40 minutos. En una paellera, ase la paella en el horno sin tapa o cocine a fuego lento encima de la estufa. Al final agregue los guisantes y los pimientos y sirva. Ud. notará que el arroz tiene un bonito color amarillo. Es del azafrán.

[1]dientes *cloves*
[2]pizcas *pinches*
[3]azafrán *saffron*
[4]ligeramente *lightly*
[5]a la ebullición *to a boil*

Después de leer

A **¿Cuál es la palabra?** Completen según la receta.
1. una _____ para hacer la paella
2. medio _____ de camarones
3. un _____ de guisantes congelados
4. tres _____ de ajo
5. una _____ de sal
6. una _____ de consomé de pollo

B **La paella** Preparen una lista de los ingredientes que lleva una paella.

C **La cocción** Digan que sí o que no.
1. Se puede asar la paella en el horno.
2. La paella lleva muchas papas.
3. Hay muchas especias en una paella.
4. El arroz de una paella se pone amarillo.
5. El chorizo es un tipo de salchicha española.

D **Para pensar** Miren el mapa de España en la página xxx y expliquen por qué se comen muchos mariscos en España.

Valencia, España

Lectura opcional 1

El tomate, ¿comida o veneno?

¿Sabías que durante muchos años los ingleses y los norteamericanos no comían el tomate? Ellos creían que el tomate era venenoso[1]. Creían que al comer un tomate, uno se moriría[2]. Comer un tomate era fatal.

Ica, Perú

Cuando los españoles llevaron los primeros tomates de América a Europa, los usaban solamente como adorno, y no como comida. Pero en poco tiempo los españoles y los italianos descubrieron que el tomate era delicioso y no venenoso. Pero los ingleses, no. Hasta el siglo XIX, los ingleses y los norteamericanos seguían creyendo que el tomate era veneno.

[1]venenoso *poisonous*   [2]se moriría *would die*

Después de leer

A El tomate Contesten según la lectura.
1. El tomate, ¿es de origen europeo o americano?
2. ¿Qué creían los ingleses que pasaría a la persona al comer un tomate?
3. ¿Para qué se usaban los tomates en Europa originalmente?
4. ¿Quiénes, en Europa, fueron los primeros en comer el tomate?
5. ¿Hasta cuándo creían los norteamericanos que el tomate era venenoso?

B La superstición ¿Conoces tú alguna superstición acerca de alguna comida? ¿Cuál es? ¿Podrías decirnos?

Lectura opcional ②

El maíz y la papa, regalos de las Américas

Los españoles llegaron a las Américas en el siglo XV. En Europa no había maíz ni papas. Los europeos no cultivaban estos vegetales. Los europeos no los conocían. La papa y el maíz tienen su origen en las Américas.

Los indios cultivaban el maíz en toda la América. El maíz era la base de la dieta de muchos indios. La tortilla de maíz sigue siendo muy importante en la cocina mexicana y centroamericana.

La papa tiene su origen en el altiplano sudamericano. Los incas cultivaban la papa en la región que hoy es el Perú y Bolivia. Los españoles llevaron la papa a Europa donde, en poco tiempo, llegó a ser la base de la dieta de varios países, como Irlanda y Polonia.

Santiago Atitlán, Guatemala

Después de leer

A **¿Sí o no?** Contesten.
1. En el siglo XVIII los primeros españoles llegaron a las Américas.
2. Los europeos cultivaban la papa y el maíz antes del siglo XV.
3. La tortilla se hace de papa.
4. Los incas cultivaban la papa en el altiplano.
5. La tortilla es muy importante en la dieta del Perú y Bolivia.
6. La tortilla de maíz se come mucho en México.
7. La papa era muy importante en Irlanda y Polonia.

B **¿Qué país es?** Identifiquen.
1. Irlanda está en Europa. Está cerca de Inglaterra. Su capital es Dublín. ¿Cómo se llama Irlanda en inglés?
2. Polonia está en el noreste de Europa. Está cerca de Rusia. Su capital es Varsovia. Los polacos son de Polonia. ¿Cómo se llama Polonia en inglés?

Urubamba, Perú

Conexiones
Las ciencias

La nutrición

Everyone is aware of the importance of a healthy diet. What constitutes a healthy diet? What effect does diet have on our lives? How does the diet of Hispanic countries differ from ours?

Madrid, España

La dieta

Vamos a comparar la dieta típica de un español y un norteamericano.

Carnes y legumbres: El norteamericano come bastante carne, especialmente carne roja, como el biftec. También consume legumbres como los guisantes, las zanahorias y las papas, pero casi siempre en pequeñas cantidades con la carne. El español come poca carne, y muy poca carne roja. Las carnes que consume, en pequeñas cantidades, son el pollo, la ternera y el cordero. Las legumbres que come son, muchas veces, el plato principal, basado en frijoles, garbanzos[1], lentejas[2], y similares. Una de las mayores diferencias es en el consumo de pescado y mariscos. El español come pescado y mariscos tres o cuatro veces a la semana. Muchos españoles consumen más pescado que carne. El norteamericano come poco pescado.

Frutas y verduras: El norteamericano come frutas con el cereal por la mañana y cuando tiene hambre entre comidas. Para el español las frutas son postre, y las come todos los días. Los norteamericanos y los españoles comen mucha ensalada. La ensalada de lechuga y tomate es tradicional en España. En Latinoamérica se añade el aguacate o la palta a la ensalada. Muchos platos de los países sudamericanos llevan vegetales, tales como las papas y el maíz.

[1]garbanzos *chick peas*   [2]lentejas *lentils*

Otavalo, Ecuador

Productos lácteos (de la leche):
El norteamericano consume mucha mantequilla. El español come poquísima mantequilla y nunca cocina con mantequilla. El español consume menos mantequilla que cualquier otro europeo. El norteamericano toma leche. En España y en Latinoamérica solamente los bebés y los niños pequeños toman leche. Pero el español consume bastante queso. El queso con frutas es un postre popular. Los españoles también toman yogur como postre. Al norteamericano le gusta mucho el helado. También les gusta a los españoles, pero ellos consumen mucho menos.

Pan y cereales: Los norteamericanos y los españoles comen mucho pan, pero el español casi nunca come pan con mantequilla. El norteamericano come cereales para el desayuno. El español come pan con su café con leche. Los espaguetis y otras pastas son más y más populares en los EE.UU. Pero el norteamericano, a diferencia del español, come poco arroz. El español consume grandes cantidades de arroz.

Es importante notar que muchos jóvenes, españoles y norteamericanos, tienen una dieta muy diferente a la dieta de la gente mayor. Muchos jóvenes son vegetarianos. Consumen poca grasa y muchas verduras, cereales y legumbres.

Después de leer

A ¿Es español o norteamericano?
Escojan.
1. Pide un plato de garbanzos.
2. Está comiendo un biftec grande.
3. No quiere mantequilla con su pan.
4. Come pescado tres veces a la semana.
5. Pide un vaso de leche.
6. Quiere camarones con arroz.
7. Para el desayuno toma cereal con fruta, pan con mantequilla y un vaso de leche.
8. Para el postre pide queso y fruta.
9. Usa aceite de oliva para freír, no mantequilla.

B ¿Qué opinas? Contesten.
1. Para ti, ¿en qué consiste una dieta buena?
2. ¿Qué opinas? ¿Tienen los norteamericanos una dieta buena? ¿Por qué o por qué no?

¡Te toca a ti!

Use what you have learned

1 En el mercado

✔ *Talk about foods and food preparation*

Tú estás en un mercado en México. Quieres comprar los ingredientes que necesitas para un plato favorito. Tu compañero(a) es el/la empleado(a) en el mercado. Dile todo lo que quieres y en qué cantidades. Dile también lo que vas a preparar.

Guanajuato, México

2 Comidas étnicas

✔ *Describe an ethnic dish that you like*

¿Hay restaurantes étnicos, restaurantes que sirven comida de otras partes del mundo, en tu comunidad? Si los hay, con un(a) compañero(a) preparen una lista de estos restaurantes y el tipo de comida que sirven. Luego describan un plato típico de uno de los restaurantes.

3 Simón dice...

✔ *Use commands*

Trabajen en grupos de cinco. Van a jugar **Simón dice.** Cada líder dará cinco órdenes y luego escogerán a otro líder.

¡Qué comida más deliciosa!

✔ *Describe a dish you really liked*

Estás viajando por México. Anoche fuiste a cenar en un restaurante y pediste algo que salió delicioso, muy rico. Te gustó mucho. Escribe una tarjeta postal a tus padres. Descríbeles el restaurante y el plato que te gustó tanto. Si puedes, explícales cómo crees que el cocinero preparó el plato.

San Miguel de Allende, México

Writing Strategy

Writing about a process

When you write about a process or how to do something, you must remember to tell all the little details involved. Describe the process accurately and thoroughly. In this type of expository writing, be sure to define any terms you think your readers will not be familiar with and also to put the various steps of the process in logical order.

Un(a) americano(a) en Aranjuez

You are living with a Spanish family in Aranjuez, near Madrid. One day last week you prepared your favorite American dish for them. They loved it! They want you to write out the recipe for them before you leave to return to the United States. Since they don't speak much English, you will have to write the recipe in Spanish. Be sure to explain all the steps as clearly as possible so that they prepare something delicious rather than a disaster!

Vocabulario

1 **Identifiquen.**

1.

2.

3.

4.

To review **Palabras 1**, turn to pages 292–293.

2 **Pareen.**

5. freír   **a.** la parrilla
6. hervir   **b.** la olla
7. asar   **c.** el/la sartén

3 **Identifiquen.**

8.

9.

To review **Palabras 2**, turn to pages 296–297.

10.

11.

12.

13.

14.

Estructura

4 **Completen con el imperativo.**

15. ____ Ud. la comida. (preparar)
16. ____ Ud. la receta. (leer)
17. ____ Ud. otra vez. (volver)
18. ____ Uds. el menú. (pedir)
19. ____ Ud. el aceite en la sartén. (poner)
20. ____ Uds. con nosotros. (salir)

To review the imperatives, turn to pages 300 and 303.

5 **Escriban con el pronombre.**

21. Sirva Ud. el postre.
22. No sirva Ud. las papas.
23. Déme la receta.

To review object pronouns with commands, turn to page 305.

Cultura

6 **Contesten.** *(Answer.)*

24–25. ¿Cuáles son algunos ingredientes que lleva una paella?

To review this cultural information, turn to page 308.

LA COCINA HISPANA

Vocabulario

Talking about some kitchen appliances and utensils

la cocina
el congelador
la nevera, el refrigerador
la estufa
el horno
el horno de microondas

la hornilla, el hornillo
la cazuela, la cacerola
el/la sartén
la parrilla
la olla

Talking about food preparation

limpiar
pelar
rallar
picar
cortar

rebanar
agregar, añadir
tapar
los pedacitos, los trocitos
las rebanadas

Talking about some cooking procedures

cocinar
revolver
freír
asar

hervir
poner al fuego
quitar del fuego
apagar el fuego

> ### How well do you know your vocabulary?
> - Choose words from the list and describe a meal you would like to serve.
> - Describe as many steps as you can in the preparation of the meal.

Identifying more foods

la coliflor
las cebollas
el pepino
las zanahorias
la lechuga
las papas
los pimientos
el aguacate
el ajo
el arroz
las habichuelas negras,
   los frijoles negros
la lima
el limón

la toronja
las uvas
la papaya
el coco
la sandía
el plátano, la banana
la carne de res
el cerdo
el cordero
la salchicha, el chorizo
la ternera
el pollo
la costilla
la chuleta

el pescado
los mariscos
la langosta
los camarones, las gambas
las almejas
los calamares
los mejillones
las ostras
la sal
la pimienta
el azúcar
el aceite
la mantequilla

TECNOTUR

¡Buen viaje!

VIDEO • Episodio 10

La cocina hispana

In this video episode, Teresa's mother, Señora de Hugo, shows Juan Ramón how to make a paella, as Teresa videotapes the "cooking class."

Juan Ramón aprende a cocinar una paella. ▶

◀ La paella es un plato que se come mucho en España, sobre todo en Valencia.

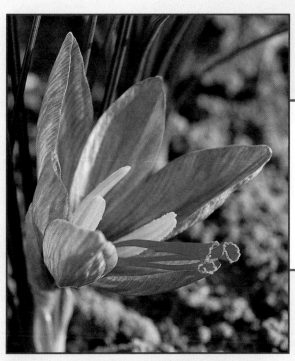

El azafrán se cultiva en la región de La Mancha.

SPANISH Online

In the Chapter 10 Internet Activity, you will have a chance to learn more about creating your own menu for a three-course meal from a Spanish-speaking country. To begin your virtual adventure, go to the Glencoe Spanish Web site: spanish.glencoe.com

◀ Learn more online about the details and variety of cuisine in the Spanish-speaking world.

Capítulo

11

El coche y la carretera

Objetivos

In this chapter you will learn to:

❖ talk about cars and driving
❖ give directions on the road
❖ tell family and friends what to do and what not to do
❖ talk about highways in the Hispanic world

El coche

el conductor

El conductor maneja
(conduce) con cuidado.

el descapotable, el convertible

el cupé

el sedán

el coche (carro) deportivo

el permiso de conducir,
la licencia

el cinturón de seguridad

la maletera,
el baúl

el parabrisas

el capó

las luces

la puerta

las direccionales

la goma, la llanta,
el neumático

los frenos

la bocina,
el claxon

la llanta de repuesto
(de recambio)

La estación de servicio, La gasolinera

poner agua
en el radiador

verificar la presión
de las llantas

revisar el aceite

el aceite

llenar el tanque
de gasolina

El empleado llenó el tanque de gasolina.
La empleada limpió el parabrisas.
El otro empleado puso aire en las llantas.

Sí, señor…

¿Súper o normal?
¿Con plomo o sin plomo?

Favor de llenar el tanque.

EL COCHE Y LA CARRETERA

Vocabulario

Para empezar
Let's use our new words

1 **Historieta** **Mi coche** Contesten.

1. ¿Tienes un coche o quieres tener un coche algún día?
2. En el estado donde vives, ¿cuántos años tienes que cumplir para tener el permiso de conducir?
3. ¿Qué tipo de coche quieres?
4. ¿Tienes un modelo favorito? ¿Cuál es?
5. ¿Vas a manejar con cuidado?
6. ¿Vas a llevar tu coche a la estación de servicio con frecuencia?

Un coche clásico, La Habana, Cuba

2 **Coches** Digan que sí o que no.

1. El motor de un coche está en la maletera.
2. El motor del coche está debajo del capó.
3. Es una buena idea tener una llanta de repuesto en la maletera del carro.
4. Es necesario tocar la bocina cada vez que pasas por un hospital.
5. Es necesario tener el cinturón abrochado cuando estás en un asiento delantero del carro.
6. Es necesario poner los frenos para parar el coche.
7. Los automóviles tienen tres neumáticos.
8. Se limpia el parabrisas con gasolina.

3 **Historieta** **En la gasolinera**
Describan cada dibujo.

1.

2.

3.

4 En la gasolinera Escojan.

1. En la gasolinera el empleado llena el tanque de ____.
   a. agua **b.** aceite **c.** gasolina
2. El empleado revisa ____.
   a. el agua en los neumáticos **b.** el tanque **c.** el nivel del aceite
3. El empleado nunca pondría agua en ____.
   a. la batería **b.** el radiador **c.** el tanque
4. El empleado podría verificar ____.
   a. la presión de los neumáticos **b.** el aire del radiador
   c. el parabrisas
5. El parabrisas está muy sucio. No puedo ver nada. ¿Me lo ____ Ud., por favor?
   a. llenaría **b.** revisaría **c.** limpiaría

5 Mi carro ¿Tienes un carro (coche) o no? Si no tienes carro, ¿te comprarás uno algún día? Trabaja con un(a) compañero(a). Cada uno de Uds. describirá el carro de sus sueños.

6 Un carro nuevo Estás pasando un año estudiando en Puerto Rico. Decides comprarte un carro. Como tienes muy poco dinero, tienes que comprar un carro usado (de ocasión). Visitas una agencia. Estás hablando con el/la vendedor(a) (tu compañero[a]). Él o ella te quiere vender un carro—cualquier carro, no importa la calidad ni la condición. Discutan juntos.

7 Trabajo a tiempo parcial Imagínate que trabajas en una gasolinera. Tu compañero(a) cree que a él o a ella le gustaría trabajar a tiempo parcial en una gasolinera para ganar unos dólares extra. Te va a hacer preguntas sobre el trabajo que haces. Contesta a sus preguntas.

Estepona, España

Vocabulario

PALABRAS 2

En la carretera

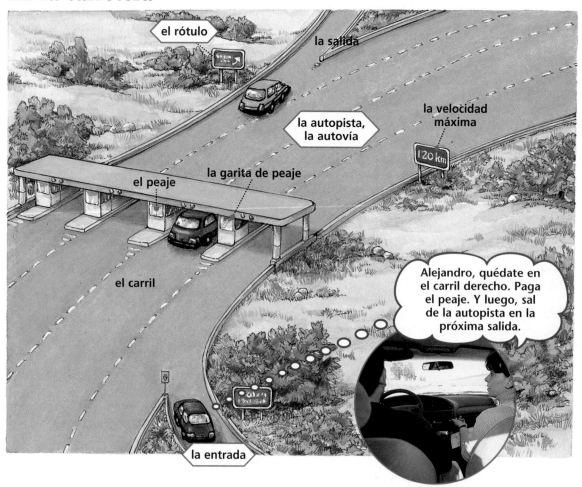

el rótulo

la salida

la autopista, la autovía

la velocidad máxima

120 km

la garita de peaje

el peaje

el carril

la entrada

Alejandro, quédate en el carril derecho. Paga el peaje. Y luego, sal de la autopista en la próxima salida.

Donde está el rótulo, dobla a la derecha. Y luego sigue derecho.

¡Cuidado! Está prohibido adelantar. Hay solamente un carril en cada sentido.

En la ciudad

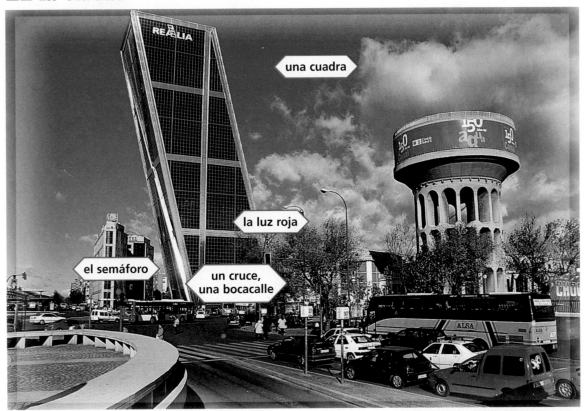

una cuadra

la luz roja

el semáforo

un cruce, una bocacalle

Es necesario parar cuando hay una luz roja.

No podemos entrar. Es una calle de sentido único. Tenemos que ir en el sentido contrario.

de sentido único

el parquímetro

estacionar el coche, aparcar

Para empezar
Let's use our new words

8 **Historieta** **En la carretera**
Contesten según se indica.

1. ¿Qué vamos a tomar? (la autopista)
2. ¿Qué tendremos que pagar? (el peaje)
3. ¿Dónde lo tenemos que pagar? (en la garita)
4. ¿Cuántos carriles tiene la autopista en cada sentido? (tres)
5. ¿Cuál es la velocidad máxima? (ciento veinte kilómetros por hora)
6. ¿Está prohibido adelantar? (no)
7. ¿Está prohibido exceder la velocidad máxima? (sí)

9 **Buenos o malos consejos** Digan que sí o que no.

1. Maneja con cuidado.
2. Estaciona el coche donde está prohibido el estacionamiento.
3. Excede la velocidad indicada en el rótulo.
4. Quédate en el carril derecho para adelantar un carro.
5. Mete una moneda en la ranura del parquímetro.
6. Paga el peaje en la garita.
7. Al llegar a un cruce, para y mira a la derecha y a la izquierda antes de seguir.
8. Cuando vas a parar, pon las direccionales.
9. Pon las direccionales porque vas a doblar a la izquierda.

Motril, España

10 Historieta Donde vivo yo Contesten.

1. ¿Cuál es una autopista cerca de donde tú vives?
2. ¿Es una autopista de peaje?
3. ¿Cuánto es el peaje?
4. ¿Dónde tienes que pagar el peaje? ¿En la salida de la autopista? Si no, ¿a cada cuántos kilómetros hay garitas de peaje?
5. ¿Cuál es el número de la salida más cerca de tu casa?
6. ¿Cuál es la velocidad máxima en la autopista?
7. ¿Cuántos carriles tiene?
8. A la salida, ¿hay un rótulo que indica los pueblos cercanos?

 11 Las autopistas Estás viajando por el Ecuador. Un(a) amigo(a) ecuatoriano(a) (tu compañero[a]) te hace preguntas sobre las autopistas donde tú vives. Contesta a todas sus preguntas y descríbele las autopistas de tu estado.

For more information about Ecuador, go to the Glencoe Spanish Web site: spanish.glencoe.com

 12 Ventajas En las autopistas es casi siempre necesario pagar peaje. En las carreteras secundarias no hay peaje. Con un(a) compañero(a), discutan por qué es mejor tomar la autopista y pagar el peaje. ¿Cuáles son las ventajas (advantages)?

Lima, Perú

En el sur de España

 *For more practice using words from **Palabras 1** and **2**, do Activity 11 on page H12 at the end of this book.*

Estructura

Telling friends what to do
Imperativo familiar: formas regulares

You use the **tú** command when speaking with friends, family, people you know well, and children. The regular **tú** form of the command is the same form as the **usted** form in the present tense.

PRESENT (UD.)	IMPERATIVE (TÚ)
Ud. maneja.	¡Maneja!
Ud. aprende.	¡Aprende!
Ud. escribe.	¡Escribe!
Ud. comienza.	¡Comienza!
Ud. vuelve.	¡Vuelve!
Ud. sigue.	¡Sigue!

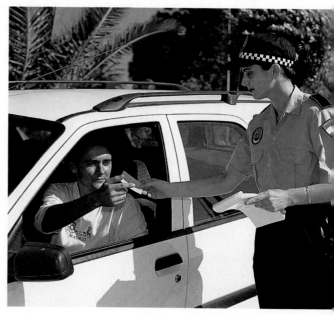

Estepona, España

Para continuar
Let's put our words together

13 **¿Qué debo hacer?**
Sigan el modelo.

¿Debo hablar?

Sí, Pepe, habla.

1. ¿Debo parar?
2. ¿Debo doblar?
3. ¿Debo dar la vuelta?
4. ¿Debo doblar a la derecha?

5. ¿Debo leer el rótulo?
6. ¿Debo seguir derecho?
7. ¿Debo volver?
8. ¿Debo pedir direcciones?

14 **Historieta** **El instructor** Completen con el imperativo.

Estepona, España

Luis, primero __1__ (prender) el motor. __2__ (Prestar) atención a la carretera. Ahora __3__ (entrar) en la carretera. Bien. __4__ (Adelantar) en el carril izquierdo. Ahora __5__ (volver) al carril derecho. __6__ (Seguir) derecho hasta la salida. __7__ (Manejar) siempre con calma. __8__ (Parar) aquí. __9__ (Apagar) el motor. __10__ (Tomar) este manual y __11__ (leer). Es todo para hoy.

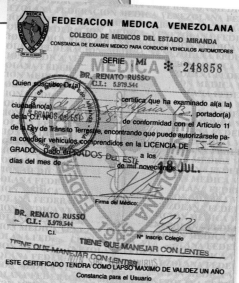

15 **Una visita a la Argentina** Sigan el modelo.

Quiero visitar a la Argentina.

Pues, visita a la Argentina.

1. Quiero viajar a la Argentina.
2. Quiero tomar un avión.
3. Quiero pasar un mes allí.
4. Quiero visitar a Buenos Aires.
5. Quiero subir a la cordillera.
6. Quiero esquiar en Bariloche.
7. Quiero comer un biftec allí.
8. Quiero nadar en los lagos.

Estructura

 Telling friends what to do

Imperativo familiar: formas irregulares

The following verbs have irregular forms for the **tú** commands.

INFINITIVE	IMPERATIVE (TÚ)
decir	di
ir	ve
ser	sé
salir	sal
hacer	haz
tener	ten
venir	ven
poner	pon

Para continuar
Let's put our words together

16 **A casa del abuelo**

Contesten con **sí** y el imperativo.

1. ¿Debo venir mañana?
2. ¿Debo salir temprano?
3. ¿Debo hacer el viaje en carro?
4. ¿Debo poner aire en las llantas?
5. ¿Debo decir adiós a mi hermano?
6. ¿Debo ir por la carretera vieja?
7. ¿Debo tener cuidado?

La carretera panamericana, cerca de Riobamba, Ecuador

17 **Historieta El mecánico experto y el mecánico nuevo**

Completen con el imperativo.

___1___ (Oír), Paco. ___2___ (Venir) aquí. Hay aceite en el piso, así es

que ___3___ (tener) cuidado. Bien, ___4___ (mirar) lo que yo hago, y tú,

___5___ (hacer) lo mismo. ___6___ (Poner) la luz aquí y ___7___ (ser) atento.

Ahora, ___8___ (decir) todo lo que aprendiste hoy.

18 Historieta Tito el tímido
Sigan el modelo.

> **No sé si debo manejar.**
> **¡Maneja, hombre!**

1. No sé si debo hacer el viaje.
2. No sé si debo salir de la ciudad.
3. No sé si debo manejar.
4. No sé si debo ir por la autopista.
5. No sé si debo pedir un día de vacación.
6. No sé si debo volver tarde.

19 Las direcciones Habla con un(a) compañero(a). Dale direcciones para ir de la escuela a tu casa. Luego tu compañero(a) te dirá cómo ir a su casa.

20 Una llamada telefónica Estás hablando con un(a) estudiante de intercambio de Buenos Aires, Argentina. Él o ella quiere hacer una llamada desde un teléfono público. Dile lo que tiene que hacer.

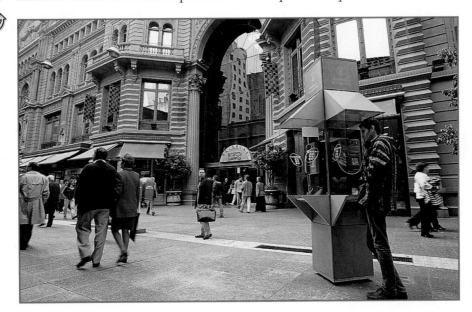

Calle Florida,
Buenos Aires

21 A la capital Alicia acaba de recibir su permiso de conducir. Mañana sus padres le van a permitir usar el carro. Alicia tiene que ir a la capital y no conoce la ruta. Explícale cómo puede ir de tu pueblo a la capital de tu estado. Contesta a todas sus preguntas.

Estructura

Telling friends what not to do
Imperativo negativo

1. The negative **tú** commands are formed the same way as the formal **(Ud., Uds.)** commands. You drop the **o** of the **yo** form of the present tense and add **es** to **-ar** verbs and **as** to **-er** and **-ir** verbs.

INFINITIVE	PRESENT (YO)	NEGATIVE COMMAND (TÚ)
hablar	hablø	no hables
comer	comø	no comas
abrir	abrø	no abras
volver	vuelvø	no vuelvas
pedir	pidø	no pidas
hacer	hagø	no hagas
salir	salgø	no salgas

2. The same verbs that are irregular in the formal command are irregular in the negative **tú** command.

ir	no vayas
ser	no seas
saber	no sepas
estar	no estés
dar	no dés

Para continuar
Let's put our words together

22 **Historieta** **¿Hago el viaje o no?** Contesten según el modelo.

¿Voy temprano o no? — No, no vayas temprano.

1. ¿Voy temprano o no?
2. ¿Salgo a las nueve o no?
3. ¿Tomo la carretera vieja o no?
4. ¿Manejo el convertible o no?
5. ¿Excedo la velocidad máxima o no?
6. ¿Le digo la verdad a Pepe o no?
7. ¿Vuelvo tarde o no?
8. ¿Hago el viaje o no?

23 **En la gasolinera** Contesten con **no** y el imperativo.

1. ¿Lleno el tanque?
2. ¿Abro el capó?
3. ¿Reviso el aceite?
4. ¿Pongo agua en el radiador?
5. ¿Limpio el parabrisas?
6. ¿Pongo aire en las llantas?

24 **¡Qué dormilona es Marisa!**
Practiquen la conversación.

MAMÁ   Marisa, levántate. Ya es hora.

MARISA   ¡Ay, mamá! Que no. ¡Déjame,
por favor!

MAMÁ   Bien. No te levantes. Y no te
laves ni te vistas. Quédate en cama.

MARISA   Perdóname, mami, pero estoy muy cansada.

Ciudad de México

Un coche eléctrico, Puerto Banús, España

25 **¿Lo compro o no?** Sigan el modelo.

—¿**Compro el carro o no?**
—**Sí, cómpralo./**
     No, no lo compres.

1. ¿Compro las baterías o no?
2. ¿Compro el aceite o no?
3. ¿Compro la gasolina o no?
4. ¿Compro el convertible o no?
5. ¿Compro los neumáticos o no?

26 **Sí, dámelas.** Contesten según el modelo.

—¿**Te doy las direcciones?**
—**Sí, dámelas.**

1. ¿Te doy el mapa?
2. ¿Te doy las instrucciones?
3. ¿Te doy el dinero para el parquímetro?
4. ¿Te doy los tiques?
5. ¿Te doy la licencia?

Andas bien. ¡Adelante!

Conversación

Un sitio para estacionar

María   Anita, ¿puedo estacionar aquí?

Anita   Aquí, no. ¿No ves que es un cruce de peatones? Hay un estacionamiento municipal en la plaza.

María   ¿Cómo voy a la plaza?

Anita   Toma la avenida Cisneros. Quédate en el carril derecho porque a dos cuadras de aquí vas a doblar a la derecha.

María   ¿En la esquina donde está la estación de servicio?

Anita   Precisamente. Repito—dobla a la derecha y sigue derecho hasta el primer semáforo. Al primer semáforo, dobla a la izquierda y verás la plaza.

María   ¿Y puedo estacionar en la plaza?

Anita   En la plaza misma, no. Pero hay un estacionamiento subterráneo. Hay un rótulo para indicar la entrada.

Después de conversar

Contesten.

1. ¿Qué quiere saber María?
2. Según Anita, ¿por qué no se puede estacionar allí?
3. ¿Dónde se puede estacionar?
4. ¿Sabe María ir allí?
5. ¿Por qué debe María quedarse en el carril derecho?
6. ¿Qué hay en la esquina donde debe doblar?
7. Después de doblar a la derecha, ¿qué debe hacer María?
8. ¿Cuándo debe doblar a la izquierda?
9. ¿Dónde se encuentra el estacionamiento?
10. ¿Qué hay para indicar la entrada?

Vamos a hablar más
Let's talk some more

A **Las señales de tránsito** Trabaja con un(a) compañero(a). Tú escogerás una señal y explicarás a tu compañero(a) lo que significa. Tu compañero(a) tiene que adivinar cuál de las señales estás describiendo. Luego cambien de rol.

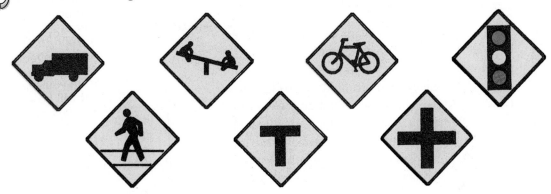

B **Juego** **¿No lo hago?** Have some fun. Your parents and teachers are always telling you what not to do. Get together in small groups and in a nice way imitate your parents and teachers. State all those things they do indeed tell each of you not to do.

Santo Domingo, República Dominicana

Lecturas culturales

La carretera panamericana ↻

La carretera panamericana es la carretera más larga del mundo—47.516 kilómetros. La panamericana es un sistema de carreteras y caminos que se extiende desde la frontera de los Estados Unidos y México hasta la ciudad de Puerto Montt en Chile. Además de extenderse del norte al sur de los continentes americanos, la carretera enlaza[1] la costa oriental con la costa occidental de la América del Sur. Enlaza también las capitales de diecisiete países latinoamericanos. Esta carretera es una ruta importante para el transporte de materias primas y productos agrícolas.

En algunas partes la carretera panamericana es una carretera moderna con dos o más carriles en cada sentido. En su mayor parte la carretera está pavimentada—en algunos casos en buenas condiciones y en otros casos en malas condiciones. En muchos trayectos de la carretera la tierra es muy inhóspita. Se puede decir que la carretera también es inhóspita. Hay que manejar con mucho cuidado porque nunca sabes cuándo encontrarás un bache[2] muy profundo. A veces el pavimento desaparece repentinamente y te encuentras en un camino de rocas, piedras y lodo[3].

[1]enlaza *connects*
[2]bache *pothole*
[3]lodo *mud*

La carretera panamericana, México

La carretera panamericana, Ecuador

¡Ten cuidado! Hay otro peligro. La mayor parte de la carretera no tiene borde. Por consiguiente cuando un carro o un camión tiene una avería[4], el conductor pone unas ramas[5] de árboles o plantas a unos metros detrás del carro. Estas ramas advierten[6] a los conductores que se están acercando que hay un carro averiado. Pero al reparar el carro o cambiar la llanta pinchada[7], el conductor sale y allí se quedan las ramas. Y de noche es difícil verlas.

Como ya hemos dicho, en muchas áreas la carretera panamericana es una carretera moderna y conveniente. Pero en las zonas remotas que recorre, tomar la panamericana es una verdadera aventura.

[4]avería *breakdown*   [6]advierten *warn*
[5]ramas *branches*   [7]pinchada *flat*

La carretera panamericana, Guatemala

Después de leer

A La panamericana Contesten.

1. ¿Cuál es la carretera más larga del mundo?
2. ¿Qué es la panamericana?
3. ¿Dónde empieza la panamericana y dónde termina?
4. ¿Enlaza a cuántas capitales?
5. ¿Cómo es la carretera en algunas partes?
6. ¿Cómo es en otras partes?

B Palabras Empleen las siguientes palabras en una oración.

1. carril
2. enlaza (hace enlace con)
3. bache
4. avería
5. llanta pinchada

Lectura opcional 1

El estacionamiento

En todas las grandes ciudades de España y Latinoamérica es difícil estacionar. En algunas calles donde no está prohibido el estacionamiento hay parquímetros donde uno puede meter una moneda. Entonces el parquímetro indicará el tiempo que puedes estacionar.

Guanajuato, México

Hay también aparcamientos públicos y garajes privados donde es necesario pagar. En muchas ciudades hay aparcamientos municipales donde no hay parquímetros pero tienes que pagar.

—Dime lo que tengo que hacer si voy a uno de estos estacionamientos.

—Busca la (máquina) distribuidora de tiques.

Introduce una o varias monedas en la distribuidora.

Pon suficiente dinero para el tiempo deseado.

Oprime el botón y saldrá un papelito o tique. Indicará el tiempo que puedes estacionar.

Pon el papelito o el tique en el interior del parabrisas del coche donde lo pueden ver los guardias o policías. Si no lo ven, te darán una multa[1].

[1]multa *fine*

Después de leer

A ¿Qué es? Identifiquen.

1.

2.

3.

4.

B ¿Qué hago para estacionar? Explica a un(a) amigo(a) todo lo que tiene que hacer para estacionar el coche (aparcar el carro) en un aparcamiento público con una distribuidora de tiques.

Lectura opcional ②

Las señales de tránsito

Desde hace muchos años, en España, Latinoamérica y en otras partes del mundo, se han usado las señales de tránsito internacionales. En los Estados Unidos la introducción de estas señales fue más reciente, pero ahora se ven en todas partes. Lo bueno de las señales internacionales es que no es necesario saber el idioma del país, porque muchas de las señales no usan palabras.

Estas son las señales más comunes.

Después de leer

¿Qué quiere decir... ?
Identifiquen las señales de tránsito.

Conexiones

Las ciencias

Ciudad de México

La ecología

Ecology is a subject of great interest to people around the world. People are becoming more aware of the damage being done to our environment. Many of the ecological problems that exist in one area of the world are common in many other areas. People in Mexico City are as concerned about their polluted air as are the residents of Los Angeles.

Quito, Ecuador

La ecología

El problema de la contaminación del medio ambiente[1] ha dado lugar al movimiento ecologista. El término «ecología» significa el equilibrio entre los seres vivientes y la naturaleza.

La contaminación del aire

La contaminación del aire es un problema serio en muchas partes del mundo. España y Latinoamérica no son ninguna excepción. El aire de muchas ciudades de España y Latinoamérica está contaminado. Los gases que salen de los tubos de escape de los automóviles, camiones y buses son una causa principal de la contaminación.

[1]medio ambiente *environment*

Campañas ecológicas

Muchas ciudades están experimentando con programas para controlar o eliminar la contaminación. La Ciudad de México, que tiene uno de los problemas más serios en cuanto a la contaminación del aire, no permite a los autobuses de largo recorrido entrar en el centro de la ciudad.

En algunas ciudades los carros con placa de número par[2] circulan un día y los carros con placa de número impar circulan el otro. Es una manera de tratar de eliminar el número de vehículos y así reducir la emisión de gases que contaminan el aire.

Ciudad de México

[2]placa de número par *license plate with an even number*

Después de leer

A ¿Cuál es la palabra?

Busquen la palabra equivalente en la lectura.
1. pollution
2. environment
3. human beings
4. campaign

Sea buen ciudadano: recicle las latas de aluminio.

Autoridad de Desperdicios Sólidos
Reciclando hoy para un mejor mañana
Tel. (809) 765-7575/1-800-981-RECI

B Donde vivimos Contesten.

1. ¿Está muy contaminado el aire donde Uds. viven?
2. ¿Hay otros tipos de contaminación?
3. ¿Hay mucho o poco tráfico donde Uds. viven?
4. ¿Tiene su pueblo o ciudad un programa para controlar la contaminación?
5. En su ciudad o pueblo, ¿pueden circular todos los vehículos el mismo día?
6. ¿Sabes el número de la placa del carro de tu familia?
7. ¿Tiene un número par o impar?

Use what you have learned

1 En la gasolinera

✔ *Speak with a gas station attendant*

Has alquilado un coche. En este momento estás en una gasolinera. Dile al/a la empleado(a) (tu compañero[a]) lo que necesitas. Y pregúntale cómo llegar a tu próximo destino.

2 Cerca de donde vives

✔ *Talk about cars and driving*

Con un(a) compañero(a) de clase, selecciona (escoge) una ciudad que está cerca de donde Uds. viven. Indiquen las carreteras que pueden tomar para ir a esa ciudad.

3 Leyendo el mapa

✔ *Give directions*

Con un(a) compañero(a), miren el mapa de España. Han alquilado un coche y quieren ir de Madrid a otra ciudad que los dos escogen. Discutan cómo van a ir y las carreteras que van a tomar. ¡A ver si pueden adivinar cuánto tiempo durará *(will take)* el viaje!

4 Del aeropuerto a nuestra casa

✔ *Write directions*

Tú tienes un buen amigo que vive en Venezuela. Te va a visitar dentro de poco. Viene con su familia y al llegar al aeropuerto van a alquilar un carro. Escríbele a tu amigo(a) dándole direcciones para ir del aeropuerto a tu casa.

5 Instrucciones

✔ *Write orders or commands*

Tus padres van a salir este fin de semana. Ellos te han escrito una lista de cosas que debes hacer y otra lista de cosas que no debes hacer. Escribe lo que dice la lista. Luego compara tu lista con la de un(a) compañero(a).

Writing Strategy

Developing a fictional narrative Like any other narrative, a fictional narrative tells a story. A short story is one kind of fictional narrative, created in the writer's imagination. It tells about a made-up event built up around a complication. It has a plot, characters, and a setting, all of which are related from a certain point of view. For some writers, the hardest part is coming up with the idea, but once they do, they must be sure that their stories contain all these elements.

6 Tú y Antonio llegaron muy tarde

You were driving to school with Antonio, the high school exchange student living with you. You missed your first period class, which happens to be your driver education class. And to make matters worse, you had a test that day. You tried to explain to your teacher what happened but he asked you to write it down for him because it seemed so complicated. Write an imaginative story to tell why you and Antonio were late. It might be fun to use the road signs below to help you make up excuses.

Be as humorous and creative as you can. Remember, you have to be convincing enough so your teacher will let you make up the exam rather than take a zero.

Vocabulario

1 Identifiquen.

1.

2.

3.

4.

To review **Palabras 1**, turn to pages 322–323.

2 Completen.

5. El ____ tiene sólo dos puertas. Un sedán tiene cuatro.
6. El buen conductor ____ con cuidado.
7. El señor va a la gasolinera para ____ el tanque.

3 Completen.

To review **Palabras 2**, turn to pages 326–327.

8. Un ____ o una bocacalle es donde se encuentran dos calles.
9. En muchas autopistas, es necesario pagar el ____.
10. Una autopista tiene varios ____ en cada sentido.
11. Hay un ____ que indica la salida de la autopista.

Estructura

4 **Completen con el imperativo (tú).**

12. Francisco, ¡____ con cuidado! (manejar)
13. ____ la autopista. (tomar)
14. ____ derecho. (seguir)
15. ____ cuidado. (tener)
16. ____ de la autopista en la salida. (salir)

To review the familiar imperative, turn to pages 330 and 332.

5 **Escriban en la forma negativa.**

17. Entra en la carretera.
18. Escribe las direcciones.
19. Toma la carretera.
20. Vuelve por la misma carretera.
21–22. Sal de la carretera y toma las calles locales.

To review negative imperatives, turn to page 334.

Cultura

6 **Completen.**

23. La ____ es la carretera más larga del mundo.
24. Esta carretera empieza en ____ y termina en ____.
25. Esta carretera enlaza ____.

To review this cultural information, turn to pages 338-339.

La carretera panamericana, Guatemala

Vocabulario

Talking about cars

el descapotable, el convertible   el sedán
el coche (carro) deportivo   el cupé
el permiso de conducir,   el conductor
   la licencia

Identifying parts of a car

el cinturón de seguridad	las luces	la goma, la llanta,
el capó	los frenos	el neumático
la puerta	las direccionales	la llanta de repuesto
la maletera, el baúl	la bocina, el claxon	(de recambio)
		el parabrisas

Talking about services at a gas station

la estación de servicio,   limpiar el parabrisas
  la gasolinera   llenar el tanque
el aceite   poner agua en el radiador
la gasolina   revisar el aceite
  súper   verificar la presión
  normal
  con plomo
  sin plomo

> ### How well do you know your vocabulary?
> - Choose words to describe getting around a city by car.
> - Write three or four sentences about what a good driver should and should not do.

Talking about driving on the highway

la carretera   la entrada
la autopista, la autovía   la salida
el carril   el rótulo
el peaje   la velocidad máxima
la garita de peaje

Giving directions

seguir derecho	doblar	adelantar
quedarse en el carril	estar prohibido	entrar

Talking about the city

la cuadra   estacionar el coche, aparcar
el cruce, la bocacalle   el parquímetro
el semáforo, la luz roja   una calle de sentido único

Other useful expressions

favor de

¡Buen viaje!

El coche y la carretera

In this video episode, Isabel, Luis, and Cristina take a day trip by car.

Cristina, Isabel y Luis van a visitar las ruinas de Tlatelolco. ▶

◀ Pero antes de salir, tienen que reparar su coche.

El Tajín es uno de los sitios arqueológicos más interesantes de México.

SPANISH Online

In the Chapter 11 Internet Activity, you will have a chance to learn more about what to do in case you have a car accident in a Spanish-speaking country. To begin your virtual adventure, go to the Glencoe Spanish Web site: spanish.glencoe.com

◀ Learn more online about trips you can take by car while visiting Mexico.

Lectura

Accidente entre un camión y un coche

Ha habido un accidente entre un camión y un coche privado en el pueblo de Mirasierra en el kilómetro 55 de la carretera nacional 3A. La policía local ha cerrado dos carriles de la carretera en dirección norte. Los socorristas han llegado al escenario y en este momento están administrando los primeros auxilios a los lesionados (heridos). Parece que la conductora del coche ha sufrido heridas más graves. Ha sido transportado en ambulancia al Hospital del Sagrado Corazón en la ciudad de San Cristóbal.

Después de leer

En la carretera Contesten.

1. ¿Dónde ha habido un accidente?
2. ¿Qué ha cerrado la policía?
3. ¿Quiénes han llegado al escenario?
4. ¿Qué están haciendo los socorristas?
5. ¿Quién ha sufrido lesiones o heridas más graves?
6. ¿Adónde la han transportado?
7. ¿Cómo la han transportado?

Bogotá, Colombia

Estructura

El presente perfecto

1. The present perfect is used to express an action completed recently. The present perfect is formed by using the present tense of the verb **haber** and the past participle. Review the forms of regular verbs.

HABLAR	COMER	VIVIR
he hablado	he comido	he vivido
has hablado	has comido	has vivido
ha hablado	ha comido	ha vivido
hemos hablado	hemos comido	hemos vivido
habéis hablado	*habéis comido*	*habéis vivido*
han hablado	han comido	han vivido

2. The following verbs have irregular past participles.

DECIR	**dicho**	VOLVER	**vuelto**
HACER	**hecho**	MORIR	**muerto**
VER	**visto**	CUBRIR	**cubierto**
ESCRIBIR	**escrito**	ABRIR	**abierto**
PONER	**puesto**		

1 **Historieta** **Una comida deliciosa**

Contesten.

1. ¿Ha preparado una comida buena Lucinda?
2. ¿La has ayudado?
3. ¿Han hecho Uds. una paella?
4. ¿La han cocinado en el horno?
5. ¿Han llegado los invitados?
6. ¿Ya han comido?

Un restaurante,
Ronda, España

Pronombres con el participio y el infinitivo

When a sentence has an infinitive **(hablar)** or a present participle **(hablando),** the object pronouns can either be added to the infinitive or participle or they can precede the helping verb.

> **El médico quiere examinarlo.**
> **El médico lo quiere examinar.**
>
> **El técnico está tomándole los rayos equis.**
> **Está tomándoselos en el hospital.**
> **Él se los está tomando.**

San Juan, Puerto Rico

2 En la sala de emergencia

Sigan el modelo.

> **¿Quiere el médico examinarle la garganta?**
> **Sí, se la quiere examinar.**
> **Sí, quiere examinársela.**

1. ¿Quiere el médico tomarle una radiografía?
2. ¿Está dándole una inyección contra el tétano la enfermera?
3. ¿Están ayudando al paciente los socorristas?
4. ¿Quiere el cirujano reducirle la fractura?
5. ¿Le está poniendo el vendaje el enfermero?
6. ¿Tiene que ponerle puntos el médico?

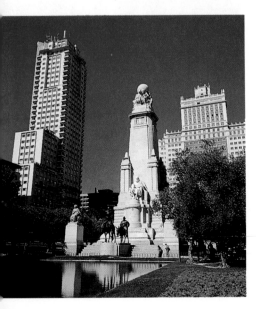

3 Historieta Una visita a la ciudad

Sigan el modelo.

> **Él quiere ver el plano de la ciudad.**
> **Él lo quiere ver.**
> **Él quiere verlo.**

1. Él está mirando el plano de la ciudad.
2. Quiere visitar la ciudad.
3. Tiene que cruzar la calle en el cruce para peatones.
4. Va a tomar el metro.
5. Está esperando el metro en la estación Plaza de España.
6. Muchos pasajeros están bajando la escalera mecánica.

Plaza de España, Madrid, España

Comparación de igualdad

The comparative of equality means that two items being compared have equal characteristics. Remember that **tan… como** is used with adjectives and adverbs and **tanto… como** is used with nouns. **Tanto** must agree with the noun it modifies.

Él es tan rico como su hermano.

Él tiene tanto dinero y tanta fortuna como su hermano.

 4 **Comparaciones** Contesten según el modelo.

> **¿Hay más tráfico en Lima que en Caracas?**
> **No, hay tanto tráfico en Lima como en Caracas.**

1. ¿Es más alto el edificio Latar que el edificio Lamar?
2. ¿Tiene el edificio Latar más pisos que el edificio Lamar?
3. ¿Es la Plaza Simón Bolívar más bonita que la Plaza San Martín?
4. ¿Tiene la Plaza Simón Bolívar más estatuas que la Plaza San Martín?
5. ¿Es más larga la calle Luna que la calle Londres?
6. ¿Hay más tiendas en la calle Luna que en la calle Londres?
7. ¿Hay más gente en la boca del metro que en la parada del autobús?

Caracas, Venezuela

5 **La ciudad o el campo** Trabaja con un(a) compañero(a). Van a hacer un viaje juntos. Discutan si prefieren ir a un lugar en el campo o a una ciudad. Den sus preferencias y expliquen por qué.

6 **De aquí a mi casa** Habla con un(a) compañero(a). Dale direcciones para ir de la escuela a tu casa. Entonces tu compañero(a) te dirá cómo ir a su casa.

7 **Un accidente** Has visto un accidente. Un(a) compañero(a) te va a hacer preguntas sobre el accidente. Contesta sus preguntas. Recuerda que es un accidente ficticio.

 Literary Companion

You may wish to read the adaptation of ***El cohítre: Una leyenda puertorriqueña*** by Ester M. Feliciano Mendoza. This literary selection is found on pages 468-471.

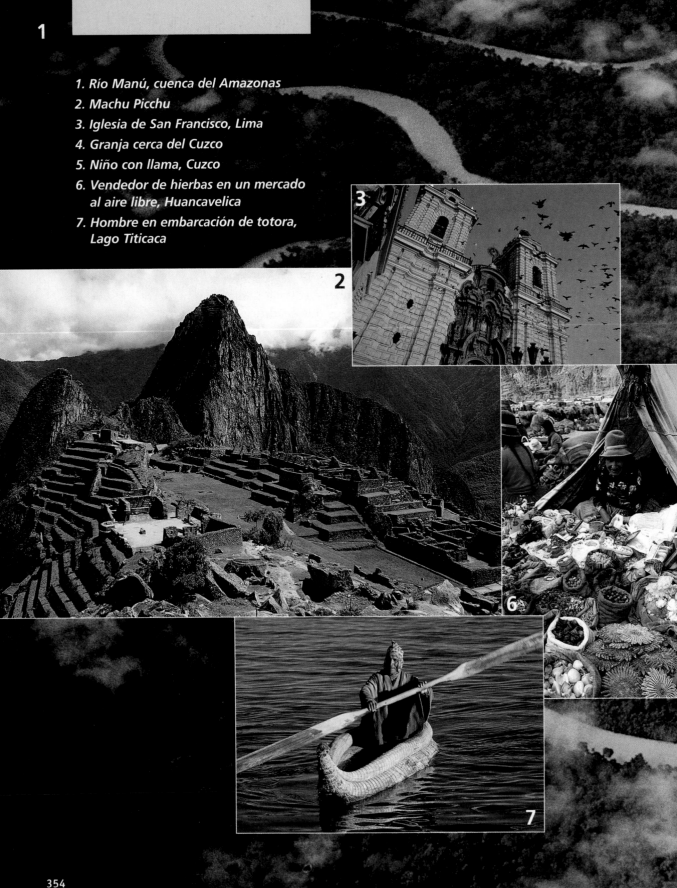

1

1. Río Manú, cuenca del Amazonas
2. Machu Picchu
3. Iglesia de San Francisco, Lima
4. Granja cerca del Cuzco
5. Niño con llama, Cuzco
6. Vendedor de hierbas en un mercado al aire libre, Huancavelica
7. Hombre en embarcación de totora, Lago Titicaca

2

3

6

7

NATIONAL GEOGRAPHIC

VISTAS
DEL PERÚ

5

1

2

3

6

7

VISTAS
DEL PERÚ

4

5

Capítulo 12

Los servicios al público

Objetivos

In this chapter you will learn to:

- ❖ talk about going to the hairdresser/barbershop
- ❖ talk about having your clothes cleaned
- ❖ talk about using the services of the post office and bank
- ❖ talk about things that may or may not happen
- ❖ express what you would like, wish, or hope others would do

En la peluquería

Más corto por los lados, por favor.

el peluquero, el barbero

el peine
la raya

el pelo, el cabello

una navaja

Paco quiere un corte de pelo.

Quiere que el barbero le corte el pelo con navaja.

el champú

la peluquera

Teresa quiere que la peluquera le lave el pelo.
Quiere un champú.

las tijeras

Quiere que le corte el pelo con tijeras.

el secador

Quiere que le seque el pelo con el secador.

En la tintorería

la limpieza en seco

el tintorero

el lavado

la ropa sucia

planchar

la lana

la máquina de lavar

el algodón

José tiene mucha ropa sucia.
Quiere que le laven las camisas.
Quiere que le planchen el pantalón.
El tintorero puede lavar las camisas.
Las puede lavar porque son de algodón.
Pero no puede lavar el suéter.
El suéter es de lana.
Es necesario que el tintorero limpie en seco el suéter.

Vocabulario

Para empezar
Let's use our new words

1 **¿Qué prefieren los clientes?** Pareen.

a.

b.

c.

d.

1. La señora quiere que le corten el pelo con tijeras.
2. Ella quiere que le laven el pelo.
3. Y después quiere que lo sequen.
4. El señor quiere que el barbero use la navaja.

2 **Historieta** **A la peluquería**

Contesten personalmente.

1. ¿Prefieres llevar el pelo largo o corto?
2. ¿A qué peluquería vas?
3. ¿Con qué frecuencia te cortas el pelo?
4. ¿Prefieres lavarte el pelo o que te lo laven en la peluquería?
5. ¿Prefieres que te corten el pelo con tijeras o con navaja?
6. Cuando te lavas el pelo, ¿prefieres secarlo con una toalla o con un secador?
7. ¿Cuántas veces al día te peinas?

San Miguel de Allende, México

Ciudad de México

3 **Historieta** **En la tintorería** Contesten.

1. ¿Tiene el joven mucha ropa sucia?
2. ¿La lleva a la tintorería?
3. ¿Quiere que la tintorera le lave las camisas?
4. ¿De qué material son las camisas?
5. ¿Puede lavarlas la tintorera?
6. ¿De qué material es el saco?
7. ¿Puede lavar el saco la tintorera?
8. ¿Es necesario que lo limpie en seco?
9. ¿Quiere el joven que la tintorera le planche el pantalón?
10. ¿Quiere que le planche las camisas también?

Lima, Perú

4 **Preguntas personales** Contesten.

1. ¿Qué ropa llevas a la tintorería?
2. ¿Qué ropa lavas en casa?
3. ¿Prefieres que te planchen o que no te planchen las camisas?
4. ¿Planchas los blue jeans o no?
5. ¿Tienes mucho lavado cada semana?

5 **La peluquería** Trabaja con un(a) compañero(a). Dile con qué frecuencia vas a la peluquería. Descríbele todo lo que hace el/la peluquero(a). Luego cambien de rol.

6 **En la tintorería** Estás en la tintorería. Tienes mucha ropa sucia. Ten una conversación con el/la tintorero(a) (tu compañero[a]). Dile todo lo que necesitas. Luego cambien de rol.

7 **En una lavandería** Estás trabajando a tiempo parcial *(part time)* en una lavandería *(laundromat)* en tu comunidad donde hay muchos clientes hispanohablantes. Explícale a un(a) cliente (tu compañero[a]) cómo usar la máquina de lavar. Puedes usar las siguientes expresiones.

Lima, Perú

prender la máquina

escoger la temperatura

sacar el lavado

poner blanqueador

esperar media hora

introducir monedas

añadir detergente

poner la ropa sucia

El correo

la carta

el sobre

el sello,
la estampilla

la tarjeta postal,
la postal

El correo aéreo cuesta más que el correo ordinario.

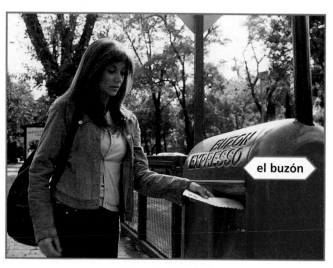

el buzón

La señora echa la carta en el buzón.

la ventanilla

La empleada pesa el paquete.

El banco

la cuenta corriente

las monedas

los billetes

el dinero en efectivo

el cajero

la cajera

endosar

el cheque de viajero

La señorita quiere cobrar un cheque de viajero.
Ella endosa el cheque.
Ella firma el cheque.

La casa de cambio

¿Cuál es el tipo de cambio?

El cambio está a 130 pesos el dólar.

el cambista

El joven quiere que le cambien dólares en pesos.

el tipo de cambio, la tasa de cambio

el suelto

El cajero le da muchos billetes grandes.
El joven quiere cambio de un billete de cinco mil. Quiere suelto también.

Para empezar
Let's use our new words

8 Tu experiencia personal Contesten.

1. ¿Tú escribes muchas cartas o prefieres hablar por teléfono?
2. Cuando viajas, ¿mandas tarjetas postales? ¿A quién?
3. ¿Quién te escribe a ti con frecuencia?
4. ¿Dónde está el buzón más cerca de tu casa?
5. ¿Cuánto cuesta un sello para una carta por correo ordinario?
6. ¿Cuándo fue la última vez que recibiste un paquete por correo?
7. ¿Qué había en el paquete?

Ciudad de México

9 La correspondencia Escojan.

1. Acabo de escribir esta carta, pero no tengo un _____ en que meterla.
   a. sello   **b.** sobre   **c.** buzón
2. Y ahora tengo que ponerle un _____ para correo aéreo.
   a. sello   **b.** sobre   **c.** buzón
3. Quiero echar la carta al correo. ¿Hay un _____ en esta calle?
   a. sello   **b.** sobre   **c.** buzón
4. El correo aéreo es caro. Es posible que sea mejor que yo la mande por correo _____.
   a. postal   **b.** ordinario   **c.** pesado

10 Historieta Cosas bancarias Contesten.

1. ¿Tiene tu familia una cuenta en el banco?
2. ¿Quién en tu familia escribe cheques?
3. ¿Tú has recibido un cheque alguna vez?
4. ¿De quién o para qué?
5. ¿Dónde cobraste el cheque?
6. ¿Tuviste que endosar el cheque?
7. ¿Te dio billetes grandes el cajero?
8. ¿Le pediste cambio?

11 **La palabra, por favor.** Identifiquen.

1. Es necesario ponerlo en un sobre antes de enviar una carta.
2. Debes saberlo antes de cambiar una moneda por otra.
3. Lo necesitas cuando tienes solamente billetes grandes.
4. Lo necesitas cuando tienes solamente billetes.
5. Tienes que tener uno para escribir cheques.

12 **En el correo** Estás en el correo en Chosica, no muy lejos de Lima. Tienes unas tarjetas postales que quieres mandar a casa. No sabes cuántos sellos necesitas ni cuánto te costará mandarlas. Y quieres tener una idea de cuándo van a llegar tus tarjetas. Ten una conversación con el/la empleado(a) en el correo (tu compañero[a]). Luego cambien de rol.

13 **Cambio** Estás viajando por Guatemala y te quedan muy pocos quetzales. Ve al banco para cambiar dinero. Tu compañero(a) será el/la cajero(a) en el banco.

Una lavandería pública, Antigua, Guatemala

*For more practice using words from **Palabras 1** and **2**, do Activity 12 on page H13 at the end of this book.*

Estructura

Telling what may or may not happen
El subjuntivo

1. All verb forms you have learned so far are in the indicative. All tenses of the indicative mood are used to express actions that actually do, did, or will take place. They are used to express real events.

> **José tiene el pelo muy largo.**
> **No fue a la peluquería ayer.**
> **Irá mañana.**

All these statements express factual, real information.

> *José has long hair. He didn't go to the barber's yesterday,*
>   *but he will go tomorrow.*

2. Now you will learn the subjunctive mood. The subjunctive is used to express that which is not necessarily true or real. It expresses things that might happen, that you hope or want to happen. Let's compare the following two sentences.

> **José tiene el pelo muy largo y va a la peluquería.**
> **Los padres de José no quieren que él tenga**
>   **el pelo tan largo y esperan que él vaya a**
>   **la peluquería.**

The first sentence tells you that José has long hair and that he goes to the barber's. The information is factual. For this reason you use the indicative. The second sentence tells you that José's parents don't want him to have long hair, but that doesn't mean that his hair will necessarily be short. The sentence also tells us that they hope he goes to the barber, but this doesn't mean that he will. The second sentence tells you things that may happen. It does not present facts and, for this reason, you use the subjunctive.

SPANISH Online

For more information about paintings and art museums in the Spanish-speaking world, go to the Glencoe Spanish Web site: spanish.glencoe.com

El peinado de Pablo Picasso

3. To form the present tense of the subjunctive of regular verbs, you drop the **o** of the **yo** form of the present indicative. This is true of verbs that also have an irregular form in the present tense of the indicative. Add **e** endings to all **-ar** verbs and **a** endings to all **-er** and **-ir** verbs.

INFINITIVE	PRESENT (YO)	STEM	PRESENT SUBJUNCTIVE (YO)
mirar	mirø	mir-	mire
comer	comø	com-	coma
vivir	vivø	viv-	viva
salir	salgø	salg-	salga
hacer	hagø	hag-	haga
decir	digø	dig-	diga
conducir	conduzcø	conduzc-	conduzca

4. Study the forms for the present tense of the subjunctive.

MIRAR	COMER	VIVIR	SALIR
mire	coma	viva	salga
mires	comas	vivas	salgas
mire	coma	viva	salga
miremos	comamos	vivamos	salgamos
miréis	comáis	viváis	salgáis
miren	coman	vivan	salgan

¿Te acuerdas?

You are already familiar with these forms from your study of the commands.

hable Ud., hablen Uds., no hables,
venga Ud., vengan Uds., no vengas

5. The following are the only verbs that do not follow the normal pattern for the formation of the present subjunctive.

DAR	ESTAR	IR	SABER	SER
dé	esté	vaya	sepa	sea
des	estés	vayas	sepas	seas
dé	esté	vaya	sepa	sea
demos	estemos	vayamos	sepamos	seamos
deis	estéis	vayáis	sepáis	seáis
den	estén	vayan	sepan	sean

Para continuar
Let's put our words together

14 **¿Qué quieren los padres de Adela?**
Quieren que ella haga muchas cosas.
Sigan el modelo.

> estudiar
> **Los padres de Adela quieren que ella estudie.**

1. estudiar mucho
2. trabajar duro
3. tomar cursos avanzados
4. leer mucho
5. comer bien
6. escribir a sus abuelos
7. recibir buenas notas
8. asistir a la universidad
9. salir bien en sus exámenes
10. decir la verdad
11. ser generosa
12. ir a una universidad buena
13. conducir con cuidado

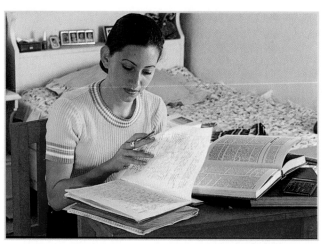

Ciudad de Guatemala

15 **Los profesores insisten.**
Sigan el modelo.

> estudiar
> **Los profesores insisten en que estudiemos.**

1. trabajar
2. prestar atención
3. tomar apuntes
4. aprender
5. recibir buenas notas
6. hacer nuestras tareas
7. estar presentes
8. ser puntuales

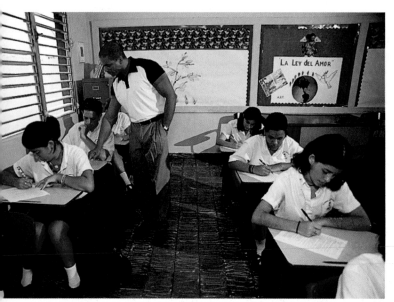

Colegio Santa Teresita,
Santurce, Puerto Rico

Expressing wishes and orders
El subjuntivo en cláusulas nominales

As you have seen, the subjunctive is used with the verbs **querer** and **insistir**. Even though someone wants or insists that something be done, it will not necessarily happen. The information in the clause introduced by either **querer** or **insistir** is not factual. It may or may not happen. Other verbs like **querer** and **insistir** that take the subjunctive are:

desear *to wish*   **mandar** *to order*
esperar *to hope*   **temer** *to fear*
preferir *to prefer*   **tener miedo de** *to be afraid*

Quiero que mis amigos vayan a la fiesta.
Y espero que no lleguen tarde.
Tengo miedo de que no sepan las direcciones.

Para continuar
Let's put our words together

16 **Historieta** **En la peluquería** Contesten.

1. ¿Quiere Antonio que el peluquero le corte el pelo?
2. ¿Quiere que le dé un champú?
3. ¿Quiere que use las tijeras?
4. ¿Quiere que le ponga la raya a la derecha o a la izquierda?
5. ¿Quiere que le seque el pelo con el secador?

17 **Historieta** **Una carta** Sigan el modelo.

Tú le escribes.
Yo prefiero que tú le escribas.

1. Le escribes en español.
2. Le mandas una tarjeta.
3. Pones un sello para correo aéreo.
4. Vas al correo.
5. Pones la tarjeta en el buzón delante del correo.

Estructura

18 Historieta ¿Qué temen ellos?

Sigan el modelo.

Yo no tengo bastante dinero.
Temen que yo no tenga bastante dinero.

1. Yo no voy al banco.
2. Yo no tengo bastante dinero en efectivo.
3. No compro cheques de viajero.
4. Cambio demasiados dólares en pesos.
5. No sé dónde firmar el cheque.

Valladolid, España

19 Historieta ¡Vamos todos! Contesten.

1. ¿Quieres que vayamos a Sevilla?
2. ¿Prefieres que yo conduzca?
3. ¿Insistes en que yo no exceda el límite de velocidad?
4. ¿Prefieres que yo tome la autopista?
5. ¿Temes que yo no pague el peaje?
6. ¿Esperas que lleguemos a Sevilla antes de la hora de cenar?

20 Historieta Cada uno quiere otra cosa.

Completen.

Yo no sé lo que vamos a hacer esta noche. Pablo quiere que nosotros __1__ (ir) al cine. Él insiste en que nosotros __2__ (ver) la película en el cine Apolo. Carlota teme que mañana __3__ (ser) el último día. Tiene miedo de que ellos __4__ (cambiar) las películas los sábados. Y tú, ¿quieres que nosotros __5__ (ir) al cine o que __6__ (hacer) otra cosa? ¿Qué me dices? Que Felipe quiere que Uds. __7__ (quedarse) en casa. ¿Por qué? Ah, él quiere que todo el grupo __8__ (ir) a su casa. Él prefiere que nosotros __9__ (escuchar) música y que __10__ (bailar). ¡Buena idea!

21 Lo que quieren mis padres Dile a un(a) compañero(a) de clase lo que tus padres siempre quieren que hagas. Tu compañero(a) te dirá lo que sus padres quieren que él o ella haga. Luego pongan sus dos listas juntas y decidan cuáles son los mismos consejos (*advice*) que Uds. reciben de sus padres. ¿Están Uds. de acuerdo con los deseos de sus padres? Den sus opiniones sobre sus consejos o deseos.

22 Mi mejor amigo(a) Trabaja con un(a) compañero(a). Cada uno(a) de Uds. va a preparar una lista de características que Uds. quieren que tenga su mejor amigo(a). Luego comparen sus listas y determinen las características que Uds. dos buscan en su mejor amigo(a).

Expressing opinions
El subjuntivo con expresiones impersonales

1. The subjunctive is also used after the following impersonal expressions.

es imposible	**es probable**
es posible	**es necesario**
es bueno	**es fácil**
es mejor	**es difícil**
es importante	

2. These expressions are followed by the subjunctive because it is uncertain whether the action of the verb will take place or not.

Es necesario que cambiemos el dinero mañana.
Es importante que sepas el tipo de cambio.
Es posible que el banco esté cerrado.

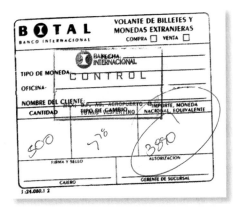

Estructura

Para continuar
Let's put our words together

23 **¿Sí o no? ¿Cuál es tu opinión?** Contesten.

1. ¿Es importante que los jóvenes estudien lenguas?
2. ¿Es fácil que reciban buenas notas?
3. ¿Es bueno que hablen mucho?
4. ¿Es posible que visiten otros países?
5. ¿Es mejor que aprendan el español?

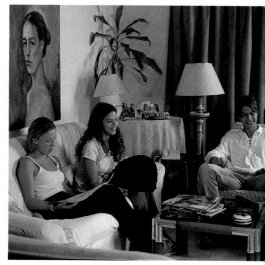

Benidorm, España

24 **Voy a la ciudad. Pues, es importante que…**
Sigan el modelo.

> **tener cuidado**
> **Pues, es importante que tengas cuidado.**

1. desayunar antes
2. tener cuidado
3. tomar el tren
4. llevar bastante dinero
5. llamar a los abuelos

25 **Historieta** **Finanzas** Contesten.

1. ¿Es importante que tú tengas dinero en el banco?
2. ¿Es posible que tengas una cuenta corriente?
3. ¿Es importante que todos pongamos dinero en el banco?
4. ¿Es necesario que endosemos un cheque antes de cobrarlo?
5. ¿Es mejor que paguemos con una tarjeta de crédito?

26 Historieta ¿Dónde están los nietos? Completen.

Abuelito está un poco nervioso. Es posible que sus nietos __1__ (llegar) mañana por la mañana. Es importante que abuelito __2__ (saber) cuándo van a llegar. Pero es difícil que abuelita le __3__ (decir) la hora precisa de la llegada de los nietos. Es posible que mañana __4__ (hacer) mal tiempo. Como los nietos vienen en carro será necesario que __5__ (manejar) despacio y con mucho cuidado si hay mucha nieve. Es mejor que ellos __6__ (llegar) un poco tarde. Abuelito no quiere que ellos __7__ (tener) un accidente. Es mejor que __8__ (llegar) tarde pero sanos y salvos.

Tolima, Colombia

27 Cosas fáciles y difíciles Prepara una lista de cosas que es probable que tú hagas con frecuencia porque es fácil hacerlas. Prepara otra lista que indica lo que es difícil que tú hagas. Luego compara tus listas con las listas que ha preparado tu compañero(a).

28 Juego No, no. Es imposible. Work in a small group. Talk together and tell one another what you think is important, necessary, or a good idea that some other member of the group do. Whoever is told to do it will answer with a good excuse as to why it's impossible.

Andas bien. ¡Adelante!

En la casa de cambio

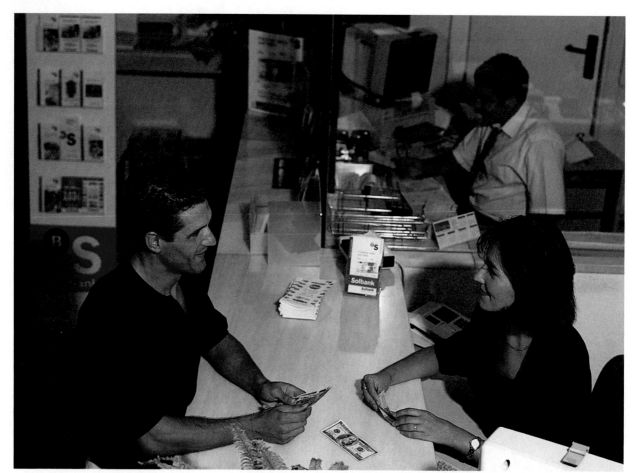

Empleada Sí, señor. ¿En qué puedo servirle?

Felipe Quiero cambiar dólares en pesos.

Empleada ¿Tiene Ud. dólares en efectivo o en cheque de viajero?

Felipe Cheque de viajero. ¿Cuál es el tipo de cambio hoy, por favor?

Empleada Para cheques de viajero 223 pesos por dólar. ¿Para cuánto es el cheque?

Felipe Cien dólares. ¿Quiere Ud. que yo lo endose?

Empleada Sí, claro. Y necesito su pasaporte también.

Felipe Aquí lo tiene.

Empleada Gracias.

Después de conversar

Contesten.

1. ¿Qué va a hacer Felipe?
2. ¿Quiere cambiar dinero en efectivo o un cheque de viajero?
3. ¿Cuántos pesos recibirá Felipe por un dólar?
4. ¿Cuántos dólares quiere cambiar?
5. ¿Qué tiene que hacer Felipe con el cheque?
6. ¿Qué más tiene que darle a la empleada?

Vamos a hablar más
Let's talk some more

A **En la peluquería** Estás en una peluquería en un país hispano. Habla con el/la peluquero(a) (tu compañero[a]). Dile cómo quieres el pelo. Dile todo lo que quieres que él o ella haga. Luego cambien de rol.

B **Sí, sí, pero…** Habla con un(a) compañero(a). Dile algunas cosas que quieres que él o ella haga. Tu compañero(a) te contestará que sabe que es bueno que él o ella haga lo que quieres pero en este momento es imposible que lo haga porque es importante que haga otra cosa. Luego cambien de rol.

Sevilla, España

Baños, Ecuador

Ávila, España

Lecturas culturales

Muchos quehaceres 🔄

José Luis y un grupo de amigos de su colegio en Madrid han decidido que van a hacer una gira por el sur de España—por Andalucía. Van a ir a Córdoba, Granada y Sevilla donde quieren visitar los famosos monumentos de los árabes. Los árabes o los moros estuvieron en España por casi ocho siglos—desde 711 hasta 1492.

En Córdoba van a visitar la Mezquita.

En Granada, la Alhambra.

Y en Sevilla, el Alcázar.

Saben que en agosto va a hacer mucho calor en estas ciudades. Por consiguiente van a pasar unos días en una playa de la Costa del Sol antes de volver a casa.

Reading Strategy

Recognizing text organization Before you begin to read a passage, take a look at it quickly to figure out how it is organized. Doing so will help you guess the meanings of words you do not know, because it will help you figure out the overall meaning of the material. In addition, knowing how a selection is organized will help you identify where in the reading you can find a certain piece of information.

La Mezquita, Córdoba

La Alhambra, Granada

El Alcázar, Sevilla

Como les quedan sólo dos días antes de salir para Andalucía, todos tienen muchos quehaceres[1]. José Luis tiene que ir a la peluquería. Quiere que el peluquero le corte el pelo. Tiene el pelo bastante largo y es mejor que tenga el pelo corto para la playa. Piensa nadar mucho en el Mediterráneo.

Teresa tiene mucho lavado. Tiene que llevar su ropa sucia a la lavandería. No es necesario que ella vaya a la tintorería. No es necesario limpiar en seco la ropa que va a llevar durante el viaje. Sólo tiene algunas camisetas, blusas y pantalones. Y Teresa no va a planchar la ropa tampoco[2]. Va a poner todo en su mochila y sabe que se va a arrugar[3].

Elena quiere ir al correo para comprar sellos. Querrá enviar unas postales a sus amigos y parientes y no quiere perder tiempo haciendo cola en el correo de Córdoba o Sevilla.

Y, ¿adónde tienen que ir todos? ¡Al banco! Sí, todos tienen que ir al banco porque necesitan dinero. En el banco no tienen que cambiar dinero porque estarán viajando dentro de España. Pero tienen que cobrar un cheque porque es necesario que tengan algún dinero en efectivo. Es probable que no compren cheques de viajero porque si no pagan sus cuentas en efectivo, pueden usar una tarjeta de crédito.

Pues, ¡buen viaje a todos! Y esperamos que lo pasen bien en Andalucía—¡que se diviertan!

[1]quehaceres *chores*   [2]tampoco *either*   [3]arrugar *to wrinkle*

Después de leer

A Preparativos para un viaje Contesten.

1. ¿Quiénes han decidido hacer una gira por el sur de España?
2. ¿Por qué van a pasar unos días en la Costa del Sol?
3. ¿Qué tienen que hacer todos?
4. ¿Adónde tiene que ir José Luis?
5. ¿Qué quiere él?
6. ¿Cómo quiere el pelo para la playa?
7. ¿Adónde tiene que ir Teresa?
8. ¿Por qué no es necesario que ella vaya a la tintorería?
9. ¿Qué quiere hacer Elena en el correo?
10. ¿Qué van a hacer todos en el banco?

B Una gira Identifiquen.

1. una región del sur de España
2. tres ciudades de esta región
3. un monumento de Córdoba
4. un monumento de Granada
5. un monumento de Sevilla
6. el año 711

Lectura opcional 1

La Moneda: un edificio con mucha historia

Palacio de la Moneda, Santiago de Chile

En pleno centro de Santiago, la capital de Chile, está el edificio de la Moneda. El edificio se construyó entre 1788 y 1805. Es un bello ejemplo de arquitectura colonial.

Desde 1846 hasta 1958 la Moneda sirvió de residencia a los presidentes de la República de Chile. Pero el edificio no se construyó para residencia presidencial. Era donde se acuñaba[1] la moneda en tiempos coloniales. Hasta 1929, los presidentes vivían en el edificio mientras se continuaba acuñando las monedas allí.

En 1973 el edificio de la Moneda apareció en los periódicos de todo el mundo. El 11 de septiembre durante un golpe[2] militar, unos aviones atacaron la Moneda y en las ruinas murió el presidente Salvador Allende.

La Moneda fue restaurada y hoy sirve de sede[3] al gobierno chileno.

[1]se acuñaba *they minted*
[2]golpe *a coup (the overthrow of a government)*
[3]sede *seat (of government)*

Después de leer

A **La Moneda** Completen según la lectura.
1. La Moneda es un ____.
2. Está en el ____ de la ciudad.
3. Los presidentes del país vivían en el edificio desde ____ hasta ____.
4. El año 1929 fue el último año en que ____ dinero en el edificio.
5. La construcción del edificio tomó ____ años.

B **Las noticias de 1973** Expliquen.
Expliquen lo que ocurrió de importancia en 1973.

Lectura opcional ②

Guatemala

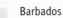

El pelo y el peinado

En muchas culturas del mundo el pelo y el peinado siempre han tenido un gran significado. Aún hoy los jueces[1] en Gran Bretaña siguen llevando peluca[2] en la corte.

En las Américas, entre los indígenas, el peinado, igual que el vestido, frecuentemente identifica al grupo o a la tribu. Y el pelo largo no tiene nada que ver con el sexo de la persona. En algunos grupos las mujeres tienen el pelo largo y llevan trenzas[3] que adornan con cintas[4] de colores vivos. En otros grupos, como los indios otavaleños del Ecuador, son los hombres quienes llevan trenzas.

Y, ¿quién se encarga[5] del cuidado del pelo y de la barba[6]? Los barberos o peluqueros, por supuesto. En la literatura hispana, el barbero es un personaje especial. Ha tenido fama de ser muy independiente—casi anarquista. Trabaja por sí mismo. No tiene jefe y conoce todos los secretos del pueblo. Y el hombre que pone el cuello bajo la navaja del barbero pone allí su vida. Este ha sido el tema o argumento de varios cuentos españoles y latinoamericanos.

Ecuador

[1]jueces *judges* [3]trenzas *braids* [5]se encarga *takes charge*
[2]peluca *wig* [4]cintas *ribbons* [6]barba *beard*

Barbados

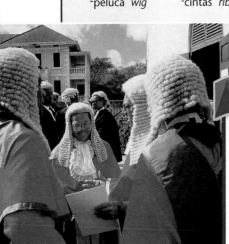

Después de leer

Costumbres interesantes Digan que sí o que no.

1. Los jueces en Gran Bretaña no tienen pelo.
2. Entre los indígenas de las Américas, el peinado identifica el grupo al que pertenecen.
3. Sólo las mujeres llevan el pelo largo.
4. En algunos grupos indígenas los señores llevan trenzas.
5. El barbero es un personaje especial en la literatura hispana.

Conexiones
Las finanzas

La banca

At one time or another we must all get involved in matters of money and finances. A bank is a good provider of financial services. We may want to pay some bills by check or put some money aside and open a savings account. These are two of the many services offered by a bank. Today many of our banking needs can be taken care of without even entering the bank. We can do our transactions at the ATM, or Automated Teller Machine.

Let's learn a few very commonly used banking terms in Spanish.

la cuenta corriente

la cuenta de ahorros

el saldo

el cajero automático

el estado de cuenta

la chequera, el talonario

El banco

Una cuenta corriente

El servicio que te da el banco es muy importante. Es muy conveniente pagar tus facturas de gas, electricidad, etc., con un cheque. Para escribir cheques es necesario tener una cuenta corriente en el banco. Pero hay que tener mucho cuidado. Es necesario que tengas suficientes fondos o dinero en tu cuenta para cubrir los cheques.

Cada mes el banco te envía un estado de cuenta. Es necesario conciliar el saldo—es decir, verificar que el saldo que tiene el banco es el mismo saldo que tú tienes.

Guanajuato, México

Una cuenta de ahorros

¿Te gusta ahorrar[1] dinero? Entonces puedes abrir una cuenta de ahorros. Ingresas dinero (haces un depósito) en la cuenta de ahorros y el banco te paga interés. Así va subiendo el saldo de tu cuenta y vas haciéndote más rico.

Préstamos

A veces es necesario pedir prestado[2] dinero. Es posible que quieras comprar un carro o una casa. Es posible que no tengas bastante dinero. El banco te hará un préstamo[3].

Una hipoteca es un préstamo para comprar una casa. Es un ejemplo de un préstamo a largo plazo[4]. Durante unos veinte o veinticinco años tendrás que hacer pagos. Cada pago incluye el interés que el banco te cobra[5]. La tasa de interés varía. Por ejemplo, la tasa de interés para un préstamo a corto plazo es generalmente más alta que la tasa de interés para un préstamo a largo plazo.

Hoy día puedes efectuar casi todas las funciones bancarias sin entrar en el banco. El banco te dará una tarjeta para el cajero automático. Introduces la tarjeta en el cajero automático y aparecen en la pantalla las instrucciones para cualquier función bancaria.

[1]ahorrar *to save*
[2]pedir prestado *to borrow*
[3]préstamo *loan*
[4]a largo plazo *long-term*
[5]cobra *charges*

San Juan,
Puerto Rico

Después de leer

Ahorros para el futuro Escojan.

1. Roberto quiere tener dinero para el futuro. Debe abrir ____.
   a. una cuenta corriente **b.** una cuenta de ahorros **c.** un banco
2. Si Roberto quiere ahorrar mucho dinero, tendrá que ____.
   a. retirar mucho dinero **b.** ingresar muchos fondos
   c. cobrar muchos cheques
3. Roberto no paga siempre con dinero en efectivo o con tarjeta de crédito. Él paga con ____.
   a. billetes **b.** libretas **c.** cheques
4. Roberto no tiene más cheques. Necesita ____.
   a. otra cuenta **b.** otro talonario **c.** otro estado
5. No se puede escribir otro cheque si no hay ____ en la cuenta corriente.
   a. fondos **b.** cheques **c.** depósitos
6. Una hipoteca es un préstamo ____.
   a. para un carro **b.** a largo plazo **c.** a corto plazo

¡Te toca a ti!

Use what you have learned

1 Planes para un viaje

✔ *Talk about all you have to do to get ready for a trip*

Trabaja con un(a) compañero(a). Dentro de poco los dos van a hacer un viaje. Hablen de todo lo que tienen que hacer antes de salir para el viaje.

2 Quehaceres

✔ *Discuss those chores you like or don't like to do*

Habla con un(a) compañero(a). Describan todos los quehaceres que son parte de su rutina. Expliquen algunos que les gusta hacer y otros que no les gusta hacer. Digan los que hacen durante la semana y los que hacen durante los fines de semana.

3 En la peluquería

✔ *Go to the hairdresser in a Spanish-speaking country*

Estás en una peluquería en México. Habla con el/la peluquero(a). Dile lo que necesitas y lo que quieres que él o ella haga.

Málaga, España

4 En la casa de correos

✔ *Use words and expressions related to postal services*

Estás viajando por España y quieres enviar unas tarjetas postales a tus amigos y parientes. Vas a la casa de correos donde hablas con el/la empleado(a) en la ventanilla (tu compañero[a]).

5 Todo es fabuloso

✔ *Write to a friend telling what country you would like him or her to visit*

Estás viajando por un país hispano. Te encanta. Te gusta mucho. Quieres que un(a) amigo(a) venga a visitar el mismo país. Escríbele una carta diciéndole por qué te gusta tanto y por qué quieres que él o ella lo visite también. Luego dile todas las cosas que es posible o importante que él o ella haga durante su estadía *(stay)* en el país.

Writing Strategy

Writing dialogue Dialogue is the conversational element of a story—the written composition representing two or more people talking. Dialogue within a story can help bring characters and events to life. Good dialogue within a story can do several things. It can reveal things about characters, create a sense of time and place, and move the plot along. You can use dialogue for these purposes and for many more.

6 Un viaje con un(a) amigo(a)

You and a friend are going to Chile for a semester to study. Part of your credit for this coursework is writing about your entire trip, from beginning to end. This includes, of course, the planning stage as well. You are going to leave soon and your Spanish teacher would like you to submit a story about what it was like to prepare for this exciting upcoming adventure. Write about the meeting you and your friend had when you discussed everything you had to do to get ready. Use dialogue in your story to make it more lively. Be imaginative and creative.

Universidad de Chile

Vocabulario

To review **Palabras 1**, turn to pages 360–361.

1 Completen.

1. Cuando Juan necesita un corte de pelo, va a la ____.
2. El barbero le corta el pelo con una navaja o con ____.
3. Teresa quiere que la peluquera le lave el pelo. Quiere un ____.
4. Paco lava su ____ en la máquina de lavar.
5. Es necesario ____ el suéter porque es de lana.

2 Identifiquen.

6.

7.

To review **Palabras 2**, turn to pages 364–365.

8.

9.

3 ¿Sí o no?

10. El dinero en efectivo es un cheque de viajero.
11. Es necesario tener una cuenta corriente en el banco para poder escribir un cheque.
12. El joven quiere cambio porque el cajero le da muchos billetes pequeños.

Estructura

4 **Completen.**

13–14. Los padres de Lucio quieren que él ____ mucho y que ____ mucha suerte. (escribir, tener)

15–16. El profesor insiste en que sus alumnos ____ puntuales y que ____ todas sus tareas. (ser, hacer)

17. Quiero que tú me lo ____. (decir)

18. Él prefiere que nosotros lo ____. (escribir)

19. Él tiene miedo de que yo no le ____. (hablar)

To review the subjunctive, turn to pages 368–369 and 371.

5 **Completen.**

20. Uds. van. Es bueno que ____.

21. Cambiamos dinero. Es necesario que ____.

22. No tienes bastante dinero. Es posible que ____.

To review the subjunctive with impersonal expressions, turn to page 373.

Cultura

6 **Identifiquen.**

23. dos ciudades famosas de Andalucía

24. un monumento famoso de los moros

25. las fechas de la ocupación mora en España

To review this cultural information, turn to pages 378–379.

Granada

Vocabulario

Talking about the hairdresser

la peluquería	la navaja
el/la peluquero(a),	las tijeras
el barbero	el secador
el pelo, el cabello	el champú
un corte de pelo	cortar
el lado	lavar
la raya	secar

Talking about the dry cleaners

la tintorería	de algodón
el/la tintorero(a)	de lana
la ropa sucia	planchar
el lavado	limpiar en seco
la máquina de lavar	

How well do you know your vocabulary?

- Pick words from the list that relate to a chore you need to do.
- Write several sentences describing what chore you did.

Talking about the post office

el correo	la tarjeta postal,
el buzón	la postal
la ventanilla	el correo aéreo
la carta	el correo ordinario
el sobre	pesar el paquete
el sello, la estampilla	echar la carta

Talking about the bank

el/la cajero(a)	el cheque de viajero
el dinero en efectivo	el suelto
las monedas	endosar
los billetes	firmar
la cuenta corriente	cobrar

Talking about changing currency

la casa de cambio
el/la cambista
el tipo (la tasa) de cambio
cambiar
estar a

TECNOTUR

¡Buen viaje!

Los servicios al público

In this video episode, Juan Ramón does some last-minute errands in Madrid as he gets ready to return to Los Angeles.

Teresa sugiere un nuevo estilo de corte para Juan Ramón. ▶

◀ Juan Ramón comienza a prepararse para su regreso a los Estados Unidos.

Granada, España

SPANISH Online

In the Chapter 12 Internet Activity, you will have a chance to learn more about the public-service industry in the Spanish-speaking world. To begin your virtual adventure, go to the Glencoe Spanish Web site: spanish.glencoe.com

◀ Learn more online about postal services in the Spanish-speaking world.

Capítulo

13

¡Fiestas!

Objetivos

In this chapter you will learn to:

- describe and talk about parties and weddings
- talk about some holidays
- give advice and make recommendations
- express doubt, uncertainty, or disbelief
- express emotional reactions to what others do
- talk about New Year's Eve in the Hispanic world

El cumpleaños

abril

L M M J V S D
1 2 3 4 5
6 7 8 9 10 11 12
13 14 15 16 17 18 19
20 21 22 23 24 25 26
27 28 29 30

¡Feliz cumpleaños!

las velas

el pastel, la torta, el bizcocho

Anita nació el ocho de abril.
Su familia y sus amigos celebran su cumpleaños con una fiesta.
No hay duda que todos se divierten.
Anita se alegra de que todos sus parientes vengan a la fiesta.

La boda

Los novios acaban de casarse.
La recepción es en un salón elegante.
Los novios reciben muchos regalos.

Vocabulario

Para empezar
Let's use our new words

1 **Historieta** **Una fiesta**
Contesten personalmente.

1. ¿Cuándo es tu cumpleaños?
2. ¿Cuándo naciste?
3. ¿Te preparan una torta para tu cumpleaños?
4. ¿Qué clase de torta te gusta?
5. ¿Cuántas velas tendrás en tu próxima torta?
6. ¿Te dan una fiesta para tu cumpleaños?
7. ¿Quiénes asisten a la fiesta?
8. ¿Recibes muchos regalos?
9. ¿Qué hacen Uds. en la fiesta?
10. ¿Qué regalo te gustaría recibir para tu próximo cumpleaños?

En Tu Cumpleaños, Querida Hija

Que el día de tu cumpleaños
Celebres con alegría
Y que tu vida esté siempre
Llena de dicha, Hija mía.

Que Seas Muy
Feliz Siempre

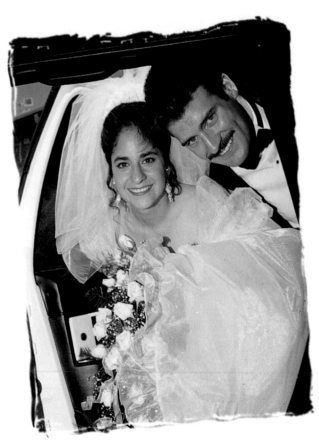

2 **Historieta** **La boda**
Contesten. Inventen una historia.

1. ¿Acaba de casarse la pareja?
2. ¿La mujer vestida de blanco es la dama de honor o la novia?
3. ¿Los novios dan o reciben regalos?
4. ¿Van a dar una recepción?
5. ¿La música será de discos o de una orquesta?
6. ¿Dónde van a pasar los novios su luna de miel?

3 **Preguntas personales** Contesten.

1. ¿Has asistido a una boda alguna vez? ¿Quiénes se casaron?
2. ¿Cómo era la ropa de la novia?
3. ¿La ceremonia fue religiosa o civil?
4. ¿Quiénes fueron el padrino y la dama de honor?
5. ¿Fuiste a la recepción?
6. ¿Dónde tuvieron la recepción?
7. ¿Qué hiciste en la recepción?

Una boda, España

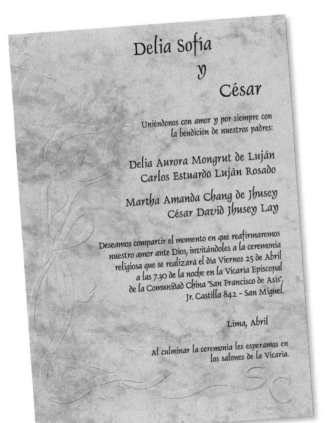

Delia Sofía
y
César

Uniéndonos con amor y por siempre con
la bendición de nuestros padres:

Delia Aurora Mongrut de Luján
Carlos Estuardo Luján Rosado

Martha Amanda Chang de Jhusey
César David Jhusey Lay

Deseamos compartir el momento en que reafirmaremos
nuestro amor ante Dios, invitándoles a la ceremonia
religiosa que se realizará el día Viernes 25 de Abril
a las 7.30 de la noche en la Vicaría Episcopal
de la Comunidad China "San Francisco de Asís",
Jr. Castilla 842 – San Miguel.

Lima, Abril

Al culminar la ceremonia les esperamos en
los salones de la Vicaría.

4 **Una boda** Trabaja con un(a) compañero(a). Cada uno(a) de Uds. va a describir una boda a la que ha asistido. Luego comparen las dos bodas. ¿Había algunas diferencias entre las dos? ¿Cuáles eran las diferencias?

5 **Fiestas de cumpleaños** A muchas personas les gusta mucho tener fiestas en su honor. A otras no les gusta. Trabaja con un(a) compañero(a). Dile si a ti te gustan las fiestas en tu honor o no. Explica por qué. Luego tu compañero(a) te dará sus opiniones. ¿Están de acuerdo o no?

Navidad

el árbol de Navidad

¡Feliz Navidad!

Diciembre

L	M	M	J	V	S	D
		1	2	3	4	5	6
7	8	9	10	11	12	13
14	15	16	17	18	19	20
21	22	23	24	㉕	26	27
28	29	30	31			

La Navidad es el veinticinco de diciembre.

Año Nuevo

¡Próspero Año Nuevo!

La víspera de Año Nuevo (Nochevieja)
es el treinta y uno de diciembre.
La gente celebra cuando el reloj da las doce.

Nochebuena es el veinticuatro
de diciembre.

Diciembre

L	M	M	J	V	S	D
		1	2	3	4	5	6
7	8	9	10	11	12	13
14	15	16	17	18	19	20
21	22	23	24	25	26	27
28	29	30	㉛			

Enero

L	M	M	J	V	S	D
				①	2	3
4	5	6	7	8	9	10
11	12	13	14	15	16	17
18	19	20	21	22	23	24
25	26	27	28	29	30	31

Año Nuevo es el primero de enero, el primer
día del año.

Los Reyes Magos

el camello

los Reyes Magos

la paja

El seis de enero es el Día de los Reyes.
Los padres les dicen a los niños que pongan paja
  para los camellos en sus zapatos.
Los niños esperan que los Reyes les traigan regalos.

Hanuka

¡Feliz Hanuka!

la menora

Hanuka es la fiesta de las luces.
Es una fiesta hebrea. La fiesta dura ocho días.
Durante la fiesta le piden al hijo mayor que encienda las velas de la menora.
La menora tiene nueve brazos.

Vocabulario

Para empezar
Let's use our new words

 6 **¿Qué celebran?** Identifiquen según se indica.

1.

2.

3.

4.

5.

7 **Historieta** **Los regalos** Contesten.

1. En los Estados Unidos, ¿quién les trae regalos a los niños, San Nicolás o los Reyes?
2. ¿Quiénes traen regalos a los niños hispanos?
3. ¿Qué decoran para Navidad las familias norteamericanas?
4. ¿Cuándo reciben sus regalos los niños norteamericanos?
5. ¿Cuándo reciben sus regalos los niños hispanos?
6. ¿Para quiénes es la paja en los zapatos?
7. ¿Quiénes les dicen a los niños que pongan la paja en sus zapatos?
8. ¿Están contentos los niños que los Reyes les traigan regalos?

Paja para los camellos

 UN POCO MÁS

*For more practice using words from **Palabras 1** and **2**, do Activity 13 on page H14 at the end of this book.*

8 **Algunas tradiciones** Completen.

1. La «fiesta de las luces» se llama ____.
2. La menora lleva ____ brazos.
3. En cada brazo hay una ____.
4. La persona que enciende las velas es el ____.
5. Esta fiesta dura ____ días.

Girona, España

9 **Una fiesta de invierno** El/La alumno(a) de intercambio (tu compañero[a]) quiere saber qué fiesta celebra tu familia en el invierno y cómo la celebran. Descríbele las costumbres y tradiciones de tu familia para Navidad, Hanuka, Kwanza o cualquier otra fiesta de invierno. Después cambien de rol.

10 **Entrevista** Si es posible, busca en tu comunidad a una persona mayor hispana. Prepara una entrevista con esta persona sobre las costumbres de Navidad o Reyes en su país. Luego prepara un reportaje y preséntalo a la clase.

SPANISH *Online*

For more information about winter holidays celebrated throughout the Spanish-speaking world, go to the Glencoe Spanish Web site: spanish.glencoe.com

Estructura

Telling what may or may not take place
El subjuntivo de los verbos de cambio radical

1. Verbs that have a stem change in the present indicative also have a stem change in the present subjunctive.

	E → IE		O → UE	
INFINITIVE	cerrar	perder	encontrar	poder
yo	cierre	pierda	encuentre	pueda
tú	cierres	pierdas	encuentres	puedas
él, ella, Ud.	cierre	pierda	encuentre	pueda
nosotros(as)	cerremos	perdamos	encontremos	podamos
vosotros(as)	*cerréis*	*perdáis*	*encontréis*	*podáis*
ellos, ellas, Uds.	cierren	pierdan	encuentren	puedan

Other verbs with the **e → ie** stem change like **cerrar** are:

sentarse, comenzar, empezar, pensar

Other **o → ue** verbs like **encontrar** are:

acostarse, recordar, volver

2. The verbs **sentir (e → ie)**, **dormir (o → ue)**, and **pedir (e → i)** have a stem change in every person of the present subjunctive.

	E → IE	O → UE	E → I
INFINITIVE	sentir	dormir	pedir
yo	sienta	duerma	pida
tú	sientas	duermas	pidas
él, ella, Ud.	sienta	duerma	pida
nosotros(as)	sintamos	durmamos	pidamos
vosotros(as)	*sintáis*	*durmáis*	*pidáis*
ellos, ellas, Uds.	sientan	duerman	pidan

Other verbs with the **e → i** stem change like **pedir** are:

repetir, freír, seguir, servir

Para continuar
Let's put our words together

11 Historieta Yo quiero. Sigan el modelo.

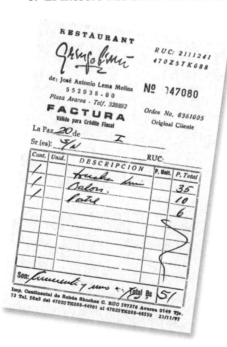

> **Él vuelve pronto.**
> **Yo quiero que él vuelva pronto.**

1. Él vuelve mañana.
2. Él nos encuentra en el restaurante.
3. Él se sienta a nuestra mesa.
4. Él pide algo bueno.
5. Él me recomienda un plato.
6. El mesero nos sirve atentamente.

Ronda, España

12 Historieta Necesitamos a Luis. Completen.

Espero que Luis __1__ (volver) mañana. Quiero que él __2__ (encontrar) un vuelo temprano. Esperamos que él __3__ (poder) llegar por la mañana. Es posible que el partido __4__ (comenzar) a las dos de la tarde. Para nosotros, es mejor que el partido __5__ (empezar) más tarde. Temo que Luis no __6__ (poder) jugar si llega tarde. Y sin Luis, es probable que nosotros __7__ (perder) el partido.

Giving advice and making suggestions
El subjuntivo con verbos como **pedir** y **aconsejar**

1. The subjunctive is used with the following verbs because even though you may advise, recommend, suggest, ask, or order someone to do something, he or she may not do it.

pedir *to ask* **rogar** *to beg, to plead*
aconsejar *to advise* **exigir** *to demand*
sugerir *to suggest*

Él pide que yo vaya.
Y yo le aconsejo que se quede aquí.
Mamá nos sugiere que salgamos ahora.

2. An indirect object pronoun often goes with these verbs. The pronoun serves as the subject of the dependent clause.

Él me pide que (yo) sirva de padrino.
Les ruego que (Uds.) no se casen en junio porque no voy a estar.

3. The verbs **decir** and **escribir** call for the subjunctive only when they imply a command or request, such as: "He writes me to come right away."

Ellos me dicen que no me case.
Yo le escribo que venga pronto.

Para continuar
Let's put our words together

13 **Mamá te pide que...**
Completen según el modelo.

> **limpiar tu cuarto**
> **Mamá te pide que limpies tu cuarto.**

1. levantarte temprano
2. limpiar tu cuarto
3. bañarte
4. tomar el desayuno
5. no jugar hoy
6. dormir bastante
7. volver a casa en el bus

Coyoacán, México

¿Qué te escribe tu primo? Sigan el modelo.

> **ir a la fiesta**
> **Mi primo me escribe que vaya a la fiesta.**

1. ir al cine
2. tomar el tren
3. llegar un día antes de la fiesta
4. no ir a un hotel
5. quedarse en casa de mis tíos

15 El profesor exige que... Sigan el modelo.

> **Estudiamos mucho.**
> **El profesor nos exige que estudiemos mucho.**

1. Llegamos temprano a clase.
2. Hacemos preguntas.
3. Estudiamos.
4. No perdemos el tiempo.
5. Pensamos antes de hablar.

16 Consejos de mis padres Contesten.

1. ¿Tus padres te aconsejan que seas bueno?
2. ¿Tus padres te piden que ayudes un poco con las tareas domésticas?
3. ¿Te piden que les digas adónde vas y con quiénes?
4. ¿Tus padres te sugieren que hagas tus tareas antes de poner la televisión?
5. ¿Te dicen que te acuestes antes de las once?

Parking gratuito

Hasta 24 horas GRATIS con billete sencillo

Hasta 48 horas GRATIS con billete ida y vuelta

• Clase Club
• Clase Preferente

• TARJETA Club AVE ORO
• Coche Cama y Preferente de Trenes de Grandes Líneas

P

Nuevo Servicio
Sin Esperas

Ahora puede formalizar su plaza de aparcamiento al dejar su coche. Le evitará la espera al regreso.

AVE

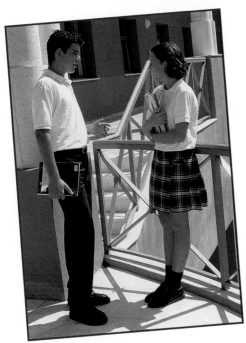

Santurce, Puerto Rico

17 Los consejos de don o doña Sabelotodo

 Tú vas a ser don o doña Sabelotodo—y no hay duda que tú lo sabes todo. Además sabes lo que todo el mundo debe hacer. Trabaja con un(a) compañero(a). Dale muchos consejos, sugerencias y recomendaciones. Tu compañero(a) te dirá si va a seguir tus consejos o no. Luego cambien de rol.

Expressing doubt or uncertainty
El subjuntivo con expresiones de duda

1. The subjunctive is always used after expressions that imply doubt or uncertainty.

> **Dudo que ellos se casen.**
> **No creo que ellos tengan una recepción.**

2. If the statement implies certainty, however, the indicative rather than the subjunctive is used. The verb is frequently in the future tense.

> **No dudo que ellos se casarán.**
> **Creo que tendrán una gran recepción.**

3. Study the following expressions of doubt and certainty.

SUBJUNCTIVE	INDICATIVE
dudar	no dudar
es dudoso	no es dudoso
no estar seguro(a)	estar seguro(a)
no creer	creer
no es cierto	es cierto

Parque del Amor, Lima, Perú

Para continuar
Let's put our words together

18 **¿Lo crees o no lo crees?**

Introduzcan la oración con **creo** o **no creo.**

1. Los aviones vuelan a un millón de millas por hora.
2. Las bicicletas contaminan el aire.
3. Hace mucho calor en la Siberia.
4. Todos los españoles hablan inglés.
5. Todos los compañeros de clase bailan muy bien.
6. Sirven comida excelente en la cafetería.
7. Las muchachas son más inteligentes que los muchachos.

ESTE MOTOR...
NO CONTAMINA

19 **Martín nunca dice la verdad.**

Sigan el modelo.

> **Yo soy el más inteligente de la clase.**
> **No, Martín. Dudo que seas el más**
> **inteligente de la clase.**

1. Yo tengo mucho talento.
2. También soy muy guapo.
3. Recibo las mejores notas de la clase.
4. Yo bailo como un profesional.
5. Mis padres son millonarios.
6. Las muchachas me adoran.
7. Voy a Madrid mañana.
8. Me quieren en Hollywood.

20 **Historieta** **La boda de mi mejor amigo(a)**

Contesten con **creo** o **dudo.**

1. Tu mejor amigo(a) se casa pronto.
2. Te invita a la recepción.
3. La recepción es en un gran hotel.
4. La orquesta toca música clásica.
5. Tú le regalas un coche.
6. Los novios viajan a Buenos Aires.

21 **¿Pasará o no pasará?** Con un(a) compañero(a), determinen
las cosas o los eventos que Uds. creen que van a pasar u ocurrir en
su vida y cosas que no creen que pasen ni ocurran. Luego comparen
sus dos listas para determinar lo que Uds. creen que tienen en común.

Estructura

Expressing emotional reactions
El subjuntivo con expresiones de emoción

1. The subjunctive is used in a dependent clause that is introduced by a verb or expression of emotion.

> **Me alegro de que tú celebres tu cumpleaños.**
> **Siento que tu hermano no pueda asistir.**
> **Es una lástima que él tenga que trabajar.**

2. The following are verbs and expressions that convey emotion.

> **alegrarse de**
> **estar contento**
> **sorprender**
> **gustar**
> **sentir**
> **ser una lástima**

Santiago de Chile

Para continuar
Let's put our words together

22 **Sara, sí, y Nora, no.** Sigan el modelo.

> **Tenemos un examen mañana.**
> **Sara se alegra de que tengamos un examen mañana.**
> **Nora siente que tengamos un examen mañana.**

Sara   Nora

1. Tenemos clase mañana.
2. El profesor nos da un examen.
3. El examen es difícil.
4. No podemos usar los libros.

5. Escribimos una composición.
6. Hacemos una presentación oral.
7. El profesor lee las composiciones.

23 **¿Se alegra o no se alegra Andrés?** Contesten. Empiecen las frases con **Andrés se alegra** o **Andrés no se alegra.**

1. La escuela cierra temprano.
2. Los chicos pueden jugar.
3. Va a llover.
4. Acaba de llover.
5. Su equipo pierde.
6. Los padres les compran pizza.
7. Juegan otra vez mañana.

24 **Historieta El Día de los Reyes y Hanuka** Contesten.

1. ¿Están contentos los niños que llegue el seis de enero?
2. ¿Se alegran de que vengan los Reyes?
3. ¿Están alegres que los Reyes les traigan regalos?
4. ¿Les sorprende que los camellos coman la paja en los zapatos?
5. ¿Te sorprende que la fiesta de Hanuka dure ocho días?
6. ¿Los niños se alegran de que los padres les den un regalo cada uno de los ocho días?
7. ¿Se alegran los padres de que su hijo mayor encienda las velas de la menora?

25 **Emociones** Trabaja con un(a) compañero(a). Van a hablar de su escuela y de su vida escolar. Es cierto que en la escuela hay cosas que les ponen contentos y hay otras cosas que les ponen tristes. Al hablar de su vida escolar usen las expresiones **Me alegro de que, Siento que, Estoy contento(a) que, Estoy triste que** y den sus opiniones.

Santurce, Puerto Rico

Andas bien. ¡Adelante!

Conversación

Año Nuevo

Ramón ¿Qué vas a hacer para Año Nuevo?

Yolanda ¿Año Nuevo? Estaré durmiendo.
Pero Nochevieja voy a una fiesta.

Ramón Me alegro de que vayas a una fiesta.
Yo me quedaré en casa.

Yolanda ¿Por qué? ¿Qué pasa?

Ramón Pues, invité a Cristina a ir a la fiesta de
Luis Miguel y ella me dijo que no podía.

Yolanda Claro que no podía. Ella no puede ir
contigo porque va con Antonio.

Ramón ¡Pero Antonio es tu novio! Es imposible
que Cristina vaya con él.

Yolanda Pues, imposible o no, es verdad. Créeme.
¡Oye, tengo una idea!

Ramón No es necesario que me digas. Ya lo sé.
Y es excelente idea. ¡Vamos tú y yo a
la fiesta!

Yolanda Muchas gracias por la invitación. Acepto.

Después de conversar

Contesten.

1. ¿Qué va a hacer Yolanda durante
   Año Nuevo?
2. ¿Cuándo va ella a una fiesta?
3. ¿Quién da la fiesta?
4. ¿Qué piensa hacer Ramón?
5. ¿A quién pensaba Ramón invitar a
   la fiesta?
6. ¿Qué le dijo ella?
7. ¿Por qué no puede Cristina ir a
   la fiesta con Ramón?
8. ¿Quién es Antonio?
9. ¿Cuál es la idea que tiene Yolanda?
10. ¿Qué van a hacer Yolanda y Ramón?

Vamos a hablar más
Let's talk some more

A **¡Qué horror!** Trabaja con un(a) compañero(a). Uno(a) de Uds. va a ser (tomar el papel de) Yolanda en la conversación en la página 408. El/La otro(a) tomará el papel de Antonio que va a salir con otra. Yolanda va a decirle a Antonio todo lo que ella piensa de él. Antonio va a tratar de defenderse.

Ciudad de México

B **La víspera de Año Nuevo** Trabaja con un(a) compañero(a). Discutan todo lo que Uds. hacen o no hacen para celebrar el Año Nuevo.

Lecturas culturales

Las doce uvas de la felicidad ♻

Madrid, la capital de España, está en el centro del país. Y en el mismo centro de Madrid está la Puerta del Sol. La Puerta del Sol es una plaza donde desembocan muchas calles. La Puerta del Sol tiene gran importancia histórica. Es allí donde los madrileños se reúnen cuando algo importante ha ocurrido o va a ocurrir.

Cada Nochevieja miles y miles de madrileños llenan la Puerta del Sol para esperar la llegada del Año Nuevo. Todos miran el reloj que está en la torre de la antigua Casa de Correos. Están contentos que llegue otro año. En los momentos antes de las doce de la noche, una bola dorada[1] comienza a bajar, segundo por segundo. Cuando baja completamente, el año ha terminado, y un año nuevo comienza. Mientras el reloj da las doce los madrileños tienen la costumbre de comerse doce uvas, una por una. Estas uvas se llaman las uvas de la felicidad. Comerlas es garantía de un año nuevo próspero y feliz.

[1]dorada *golden*

Reading Strategy

Visualizing while reading When you are reading a passage, making a mental picture of what you are reading about will help you remember. This is called "visualizing," that is, allowing yourself to imagine the setting and events and picture them in your mind. This is especially helpful when reading about a topic that is new to you or one about which you have no background information.

Puerta del Sol, Madrid

A **Nochevieja en Madrid** Contesten según la lectura.

1. ¿Qué tienen en común Madrid y la Puerta del Sol?
2. ¿Por qué es importante históricamente la Puerta del Sol?
3. ¿Qué día del año llenan los madrileños la Puerta del Sol?
4. ¿Qué hacen ellos allí?
5. ¿Qué hay en la antigua Casa de Correos?

B **¿Cómo es Nochevieja?** Expliquen en sus propias palabras las tradiciones de Nochevieja en España.

Puerta del Sol, Madrid

Lectura opcional ①

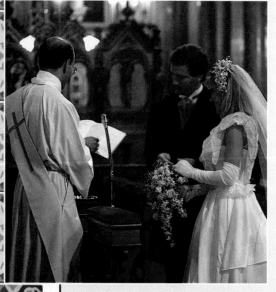

La boda

Ángel y Mónica seguían saliendo juntos y cada mes se querían más. Sabían que querían casarse. Ángel fue a la casa de Mónica y le pidió al padre la mano de su hija. Poco después los padres anunciaron el compromiso[1] de sus hijos. Hubo un cóctel elegante en el que fijaron la fecha para su boda y todos los parientes de las dos familias y los amigos íntimos festejaron a los nuevos comprometidos. Estas fiestas y reuniones familiares son muy importantes porque el matrimonio es el enlace de las dos familias y durante las fiestas antenupciales las dos familias van conociéndose.

Se casaron un año después. El día de la boda hay generalmente dos ceremonias—la civil y la religiosa. Los novios van a la iglesia acompañados del padrino y de la madrina, de sus pajes de honor y de sus damas de honor. La madre de Mónica le sirvió de madrina y el padre de Ángel le sirvió de padrino. Después de la ceremonia Ángel y Mónica salieron de la iglesia como esposo y esposa y fueron a una recepción en donde sus familiares y sus amigos íntimos les dieron la enhorabuena.

Al terminar la recepción, Ángel y Mónica salieron para su viaje de novios. Fueron a Europa a pasar su luna de miel[2].

[1]compromiso *engagement*   [2]luna de miel *honeymoon*

Después de leer

Los novios Contesten.
1. ¿Quiénes son Ángel y Mónica?
2. ¿Qué hizo Ángel cuando supo que él y Mónica iban a comprometerse?
3. ¿Qué hubo para anunciar su compromiso?
4. ¿Para qué sirven las fiestas antenupciales?
5. ¿Cuántas ceremonias hay para la boda?
6. ¿A quiénes escogieron Ángel y Mónica para su padrino y madrina?
7. ¿Adónde fueron los recién casados para su luna de miel?

Freyssiner–Parada

El reverendo Manuel Belman Robles, S.J., impartió la bendición nupcial a Sandra Freyssiner y César Parada, durante una ceremonia que tuvo lugar el pasado sábado por la tarde en la iglesia de Nuestra Señora del Socorro.

A la hora señalada llegaron los novios con su comitiva y en la puerta fueron recibidos por el sacerdote[1], quien les acompañó hasta el altar mayor, donde participaron del calvario de Cristo.

La iglesia fue profusamente iluminada y decorada con arreglos de flores naturales mientras el coro interpretó trozos de música sacra, lo que dio mayor lucimiento a la ceremonia.

El sacerdote oficiante pronunció un emotivo fervorín en donde dio consejos a los novios para su vida espiritual.

Estuvieron los padres de los contrayentes Jaime Freyssiner de la Barrera, Gloria Márquez Marrón, Francisco Javier Parra Jiménez y Amelia López de Parada.

Asimismo fueron madrinas Gloria Freyssiner Márquez, Karu Noval de Freyssiner, Amelia Parada de Hernández, Leticia Parada de Alba y Beatriz Alvarez.

Como pajes actuaron los niños Elvira Parada Dommarco y Cristina Hernández Parada.

Al finalizar el acto religioso, los nuevos esposos desfilaron[2] por el pasillo central y en el atrio[3] recibieron felicitaciones de amigos y parientes.

Más tarde se ofreció una recepción en su honor en donde se brindó[4] por la felicidad de la pareja, la que más tarde salió de viaje de bodas.

[1]sacerdote *priest*
[2]desfilaron *paraded*
[3]atrio *vestibule, entrance*
[4]se brindó *everyone toasted*

Después de leer

La boda Contesten.

1. ¿Cómo se llama el sacerdote que le dio la bendición nupcial a la pareja?
2. ¿Dónde tuvo lugar la ceremonia?
3. ¿Cuándo tuvo lugar?
4. ¿Dónde recibió a la pareja el sacerdote?
5. ¿Adónde los acompañó?
6. ¿Con qué fue decorada la iglesia?
7. Después de la ceremonia, ¿dónde recibieron felicitaciones los nuevos esposos?
8. ¿Qué se ofreció después de la ceremonia en la iglesia?
9. ¿Para dónde salió la pareja después de la recepción?

Conexiones

Las bellas artes

Las artes plásticas

From earliest times, religion has had a profound influence on art. The temples of the Far East, the Gothic cathedrals of Europe, the pyramids of the Mayas, and the great mosques of Cordoba and Cairo are artistic expressions of profound religious feeling. Throughout the centuries, the painters of Europe, especially the Spaniards, often employed religious themes in their work. *The Adoration of the Magi* by Velázquez and *The Return of the Prodigal Son* by Murillo are two notable examples.

Diego Velázquez

Bartolomé Murillo

La escuela española

Como ya saben Uds., hay diferentes épocas y «escuelas» de arte y, en particular, de pintura. Velázquez y Murillo son representantes de la «escuela española». Pero también se puede decir que eran clásicos. Cuando hablamos de los clásicos en el arte, nos referimos a los artistas que se notan por su claridad, elegancia y atención a las formas de los griegos y romanos.

Los dos artistas nacieron[1] en Sevilla. Velázquez (1599–1660) era de una familia noble. Murillo (1617–1682) era de una familia pobre. Perdió a sus padres cuando tenía sólo diez años. Velázquez fue a Madrid a pintar para la corte donde su talento artístico fue reconocido enseguida. Murillo se quedó en Sevilla donde se ganó la vida pintando y vendiendo sus cuadros en el mercado. En poco tiempo ganó fama y fue reconocido como el pintor principal de la ciudad.

[1]nacieron *were born*

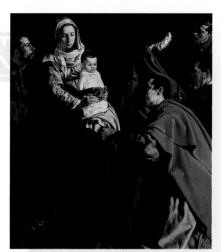

La adoración de los Magos
de Diego Velázquez

Los temas favoritos de la escuela española eran la mitología y la religión. Este cuadro de Velázquez, *La adoración de los Magos,* representa a los tres Reyes Magos—Melchor, Gaspar y Baltasar—ofreciendo sus regalos al Niño Jesús. Notarán Uds. los anacronismos en esta obra. Por ejemplo, la época del evento es del primer siglo. Las ropas son contemporáneas con la época del pintor del siglo XVII. Noten los colores que emplea el artista. Velázquez es maestro de colorido.

Este cuadro de Murillo, *El regreso del hijo pródigo,* describe la historia bíblica del mismo nombre. Todos los personajes y objetos que aparecen[2] en la historia bíblica están incluidos en el cuadro. Vemos al padre que recibe a su hijo que regresa y los sirvientes que le traen zapatos y ropa nueva. El cuadro no tiene líneas definidas ni un fuerte contraste de colores. El pintor quería una composición sencilla y armoniosa. No hay nada en el cuadro que nos distraiga[3] de la contemplación de la alegría del padre.

[2]aparecen *appear*   [3]distraiga *distracts*

El regreso del hijo pródigo de Bartolomé Murillo

Después de leer

A La escuela española Contesten.

1. ¿Quiénes son representantes de la «escuela española»?
2. ¿Dónde nacieron?
3. ¿Quién era de una familia noble y rica?
4. ¿Quién era de una familia pobre?
5. ¿Dónde pintó Velázquez?
6. ¿Dónde pintó Murillo?
7. ¿Cuáles eran los temas favoritos de la «escuela española»?
8. ¿Cómo se llama el cuadro de Velázquez?
9. ¿Qué representa?
10. ¿Cómo se llama el cuadro de Murillo?

B Tu preferencia ¿Cuál de los dos cuadros te gusta más? ¿Por qué?

¡Te toca a ti!

Use what you have learned

1 Una situación delicada

✔ *Give someone advice*

Tu mejor amigo(a) (tu compañero[a]), iba a casarse. Pero ahora ha cambiado de idea. Él o ella no sabe qué hacer. Te pide consejos. Conversen juntos.

2 Mi fiesta favorita

✔ *Talk about your favorite holiday*

Trabaja con un(a) compañero(a). Descríbele tu fiesta favorita. Explícale por qué te gusta tanto. Luego cambien de rol.

3 Resoluciones para el Año Nuevo

✔ *Tell what you believe or doubt what one another will do.*

Trabaja con un(a) compañero(a) de clase. Cada uno(a) de Uds. le dirá al/a la otro(a) lo que crees que él o ella hará en el Año Nuevo y lo que dudas que él o ella haga.

4 Una invitación

✔ *Write an invitation*

Escribe una invitación para un cumpleaños, una boda o cualquier otra fiesta. Da todos los informes necesarios.

Writing Strategy

Classifying a subject When writing, one way to effectively organize your material is to classify your subject. For example, if you are writing about clothing, there are several categories your subject could fit into: clothing for school, clothing for weekends, clothing for doing chores, and many more. By choosing a category and classifying your subject, you will be able to organize your information more appropriately and use this classification to construct a good paragraph or paper.

5 Las fiestas

Obviously you celebrate many holidays throughout the year. This does not mean, however, that you and your classmates celebrate the same ones. Write a paper about some of the holidays you celebrate and describe what these celebrations entail. It would be impossible to write about all the holidays you celebrate; therefore, narrow your list by selecting a category for your holidays: holidays I like best, religious holidays, winter holidays, summer holidays, or any other you can think of. Include an introduction and a conclusion.

Assessment

Vocabulario

To review **Palabras 1**, turn to pages 392-393.

1 **Contesten.**

1. ¿En qué pones velas?
2. ¿Qué dices a una persona que celebra su cumpleaños?
3. ¿Quiénes van a casarse?
4. ¿Qué reciben los novios?

To review **Palabras 2**, turn to pages 396-397.

2 **¿Sí o no?**

5. La víspera de Año Nuevo es la Nochevieja.
6. Año Nuevo es el mismo día que la Navidad.
7. Hanuka se llama también la fiesta de las luces y es una fiesta hebrea.
8. Los niños hispanos ponen paja en sus zapatos el 31 de diciembre cuando el reloj da las doce.

Estructura

To review the subjunctive of stem-changing verbs, turn to page 400.

3 **Escriban cada oración de nuevo.**

9. Mis padres quieren que nos acostemos temprano.
   Mis padres quieren que yo _____.
10. Es necesario que tú duermas aquí.
    Es necesario que nosotros _____.
11. Ellos prefieren que tú lo pidas.
    Ellos prefieren que Uds. _____.
12. Es posible que volvamos temprano.
    Es posible que yo _____.

4 Completen.

13. Él se va a casar y pide que (yo) le ____ de padrino. (servir)

14. Yo les ruego a Uds. que ____ a la celebración. (asistir)

15. El profesor te ruega que ____ tus tareas con cuidado. (hacer)

To review the subjunctive for giving advice and making suggestions, turn to page 402.

5 Escriban cada oración de nuevo.

16. Dudo que ellos vengan.
    No dudo ____.

17. Es cierto que él saldrá.
    No es cierto ____.

18. Creo que él lo sabrá.
    No creo ____.

To review the subjunctive with expressions of doubt, turn to page 404.

6 Completen.

19. Estoy contento que Uds. ____ asistir. (poder)

20. Me sorprende que él no ____ nada. (saber)

21. Me alegro de que tú ____ de acuerdo. (estar)

22. Sandra siente que yo no ____ el viaje. (hacer)

To review the subjunctive with expressions of emotion, turn to page 406.

Cultura

7 Contesten.

23. ¿Dónde tiene lugar la celebración de las doce uvas de la felicidad?

24. ¿Cuándo tiene lugar?

25. ¿Dónde está la Puerta del Sol?

To review this cultural information, turn to page 410.

Vocabulario

Talking about a birthday party

el cumpleaños
el pastel, la torta,
  el bizcocho
las velas
el regalo

los parientes
nacer
venir a la fiesta
divertirse
¡Feliz cumpleaños!

Talking about a wedding

la boda
la novia
el novio
la dama de honor
el padrino
la madrina

la recepción
el salón
la orquesta
casarse
¡Felicitaciones!
¡Enhorabuena!

Talking about Christmas

la Navidad
el árbol de Navidad
la Nochebuena
los Reyes Magos

los camellos
la paja
¡Feliz Navidad!

Talking about Chanukah

la fiesta de las luces
la menora
hebreo
encender las velas
durar
¡Feliz Hanuka!

How well do you know your vocabulary?
- Choose words that describe a holiday you enjoy.
- Write a few sentences about how you and your family or friends celebrate this holiday.

Talking about New Year's

el Año Nuevo
La víspera de Año Nuevo
  (Nochevieja)
el reloj
dar las doce
celebrar
¡Feliz Año Nuevo!

Other useful expressions

alegrarse

TECNOTUR

¡Buen viaje!

VIDEO • Episodio 13

¡Fiestas!

In this video episode, Isabel and Luis help Cristina celebrate her November 1 birthday in a special way.

Isabel y Luis hacen planes para celebrar el cumpleaños de una amiga muy especial. ▶

◀ ¡Sorpresa!

El Día de los Muertos, Ciudad de México

SPANISH Online

In the Chapter 13 Internet Activity, you will have a chance to learn more about holidays in the Spanish-speaking world. To begin your virtual adventure, go to the Glencoe Spanish Web site:
spanish.glencoe.com

◀ Learn more online about **el Día de los Muertos.**

Capítulo 14

Profesiones y oficios

Objetivos

In this chapter you will learn to:

* ❖ talk about professions and occupations
* ❖ interview for a job
* ❖ state work qualifications
* ❖ talk about future events
* ❖ talk about probable events

La oficina

el secretario

la contable

Otras profesiones

la ingeniera

la programadora de informática

el gerente

La tienda

El gobierno municipal

el funcionario

la cajera

el comerciante

el alcalde

la alcaldía

el arquitecto

La corte

el juez

la abogada

el tribunal

el bufete del abogado

Algunos oficios

el electricista

el plomero, el fontanero

la carpintera

el albañil

Los oficios son los trabajos de especialistas
como plomeros y carpinteros.
Estos especialistas tienen que tener (poseer)
un talento.

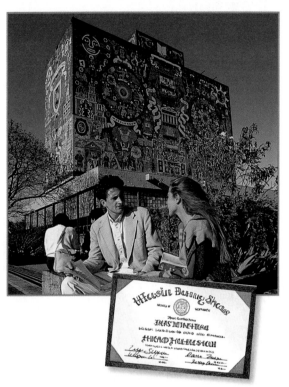

Las profesiones son los trabajos que
requieren un título universitario.
Es necesario que los profesionales tengan
un título universitario.

Los comerciantes se dedican a la compra
y venta de mercancía.
Quieren que sus clientes compren mucho.
¡Ojalá estén satisfechos!

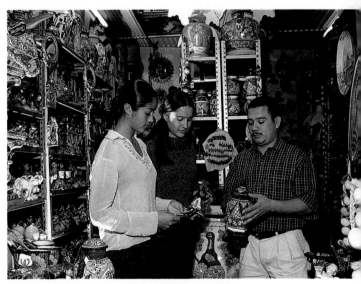

Vocabulario

Para empezar
Let's use our new words

1 **¿Qué es y quiénes trabajan aquí?** Contesten.

1.

2.

3.

4.

5.

2 **¿Quién trabaja dónde?** Escojan.

a. el mecánico

b. la funcionaria

c. el cocinero

d. la profesora

e. el mesero

f. el contable

g. la juez

h. el pintor

i. el campesino

1. ¿Quién trabaja en una fábrica?
2. ¿Quién trabaja en la sala de consulta?
3. ¿Quién cuida de los animales?
4. ¿Quién siembra los campos?
5. ¿Quién pinta cuadros?
6. ¿Quién enseña?
7. ¿Quién repara el carro?
8. ¿Quién prepara los platos en el restaurante?
9. ¿Quién les sirve a los clientes en el restaurante?
10. ¿Quién prepara cuentas y documentos financieros?
11. ¿Quién trabaja en la corte y decide quién es inocente o no?
12. ¿Quién trabaja para el gobierno municipal, estatal o federal?

j. la obrera

k. el médico

l. la veterinaria

3 **¿A quién necesitas si… ?** Contesten.

1. quieres construir un garaje para tu casa
2. tienes un problema legal
3. necesitas medicina y tienes una receta del médico
4. quieres ayuda con tus maletas en el aeropuerto
5. quieres unos audífonos en el avión
6. estás buscando ayuda en una tienda

4 **Una carrera que me interesaría** Sigan el modelo.

agente de policía
Sí, me gustaría ser agente de policía. Me interesaría.
No, no me gustaría ser agente de policía. No me
interesaría nada.

1. médico
2. arquitecto
3. gerente de una gran empresa o compañía
4. abogado
5. dentista
6. contable
7. electricista
8. programador
9. funcionario en una agencia del gobierno
10. veterinario

Un cocinero, Marbella

Una abogada, Ciudad de México

5 **Una profesión** Trabaja con un(a) compañero(a). Hablen de las profesiones u oficios que les interesarían. Expliquen por qué les interesaría cierta profesión.

6 **Juego** **¿Qué soy?** Piensa en un oficio o profesión. Tu compañero(a) te puede hacer un máximo de cinco preguntas para adivinar o acertar el oficio o la profesión en que estás pensando. Luego cambien de rol.

 *For more practice using words from **Palabras 1**, do Activity 14 on page H15 at the end of this book.*

En busca de un puesto

Jorge está buscando un puesto que
  sea interesante.
Quiere que le paguen bien.
Es posible que vea un anuncio en el periódico.
¡Quizás encuentre algo que le interese!

Jorge no quiere trabajar a tiempo completo
  (cuarenta horas por semana).
Quizás le ofrezcan un trabajo a tiempo parcial.

el departamento de recursos humanos

RECURSOS HUMANOS

la solicitud de empleo

McGraw-Hill
Interamericana

SOLICITUD DE EMPLEO

Catalina busca un puesto también.
Ella llena una solicitud de empleo.

la entrevistadora

el candidato, el aspirante

El candidato tiene una entrevista.
La entrevistadora le hace preguntas.
¡Ojalá (que) conteste bien a las preguntas!
Es posible que esté un poco nervioso.
Quizás esté nervioso durante la entrevista.

Para empezar
Let's use our new words

7 **Historieta** **Una entrevista**

Contesten según la foto.

1. ¿Están entrevistando a la señorita?
2. ¿Estará buscando ella un puesto que sea interesante y que le pague bien?
3. ¿Tiene la candidata una carta de recomendación?
4. ¿Tiene que llenar una solicitud de empleo?
5. ¿Quiere la señorita que la entrevistadora lea su carta de recomendación?
6. ¿Es posible que la candidata esté un poco nerviosa?

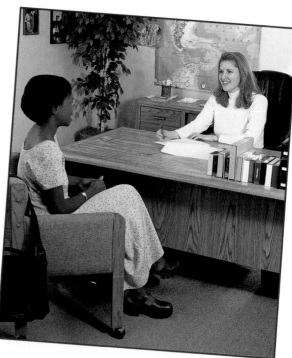

Caracas, Venezuela

8 **Historieta** **Mi trabajo** Contesten.

1. ¿Trabajas?
2. ¿Dónde trabajas?
3. ¿Trabajas a tiempo completo o a tiempo parcial?
4. ¿Prefieres trabajar a tiempo completo o a tiempo parcial?
5. ¿Recibes un salario?
6. ¿Cuánto te pagan?

Empresa de primer orden de **INGENIERIA Y SISTEMAS DE CONTROL DE TRAFICO Y TRANSPORTE,** con presencia consolidada en ámbitos internacionales, ofrece puesto de

ingeniero de compras y logística

- Buscamos un profesional, con formación de **Ingeniero Superior o Técnico**, dominio del **inglés** y disponibilidad para viajar por España y el extranjero.
- **Se valorará:**
  - La experiencia adquirida en el área de compras y logística en Empresa Industrial.
  - La formación específica sobre la materia.
  - La capacidad de negociación con proveedores nacionales y extranjeros.
- La remuneración es a convenir, en función de la formación y experiencia aportada por los candidatos.

Rogamos envíen Historial Profesional detallado, con pretensiones económicas, fotografía, señas y teléfono de contacto, indicando la Ref.: 22.229 a:

GM&A Selección   C/ Don Ramón de la Cruz, 33
28001 Madrid

SE SOLICITA RECEPCIONISTA
Para importante empresa. Presentarse de lunes a viernes, en Av. 20 de Octubre # 1743 (esq. Conchitas) de 9 a 10:30 con currículum y referencias.

9 Historieta **Él solicita trabajo.** Contesten según se indica.

1. ¿Juan busca trabajo? (sí)
2. ¿Qué ha leido? (un anuncio en el periódico)
3. ¿Qué compañía está buscando (reclutando) empleados? (Austral)
4. ¿Adónde va Juan? (al departamento de recursos humanos de Austral)
5. ¿Qué tiene que llenar? (una solicitud de empleo)
6. ¿A quién le da la solicitud? (a la recepcionista)
7. ¿Qué va a tener? (una entrevista)

10 Una entrevista Eres un(a) empleado(a) en una agencia de empleos. Un(a) compañero(a) es un(a) candidato(a) para un empleo. Tú vas a darle una entrevista. Pregúntale sobre sus estudios, experiencia, aptitudes personales, talentos artísticos, etc. Luego cambien de rol.

11 En la oficina del/de la consejero(a) de orientación

El/La consejero(a) de orientación (*guidance counselor*) de tu escuela te ha pedido ayudar a un(a) estudiante hispanohablante que acaba de llegar de un país latinoamericano. Quiere que le hagas preguntas para determinar una carrera que le interesaría. Luego quiere que le expliques todo lo que tiene que hacer para prepararse para esa carrera.

Guadalajara, México

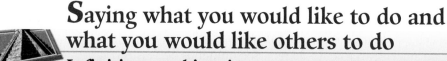

![Estructura]

Saying what you would like to do and what you would like others to do
Infinitivo o subjuntivo

1. With any verbs or expressions that require the subjunctive, the subjunctive is used only when there is a change of subject. In other words, the subjunctive is used when the subject of the main clause is different from the subject of the dependent clause that follows **que**.

MAIN CLAUSE		DEPENDENT CLAUSE
Tú quieres	que	**yo vaya al banco.**
Nosotros preferimos	que	**Uds. cambien dinero.**
Es necesario	que	**alguien decida.**

2. If there is no change of subject, the infinitive is used.

Tú quieres ir al banco.
Nosotros preferimos cambiar dinero.
Es necesario decidir.

Para continuar
Let's put our words together

12 **Historieta** **No. Yo quiero hacerlo.**
Contesten según el modelo.

> ¿Quieres que yo vaya al banco?

> No. Yo quiero ir al banco.

Caracas, Venezuela

1. ¿Quieres que yo vaya al banco?
2. ¿Quieres que yo endose el cheque?
3. ¿Quieres que yo cobre el cheque?
4. ¿Quieres que yo pida la tasa de cambio?
5. ¿Quieres que yo cambie dólares?
6. ¿Quieres que yo abra una cuenta?

13 **Historieta** **Nosotros también** Sigan el modelo.

Yo espero que Uds. hagan el viaje.

Nosotros también esperamos hacer el viaje.

1. Yo espero que Uds. hagan el viaje.
2. Espero que Uds. viajen en avión.
3. Espero que tomen un vuelo directo.
4. Espero que lleguen a tiempo.
5. Espero que visiten los museos.
6. Espero que vean los monumentos.
7. Espero que coman bien.
8. Espero que tengan bastante dinero.
9. Espero que vuelvan en una semana.

Ciudad de México

Museo de Arte Contemporáneo, Ciudad de México

14 **Historieta** **La ropa sucia** Contesten.

1. ¿Quieres lavar la ropa sucia?
2. ¿O prefieres que yo la lave?
3. ¿Quieres ir a la lavandería?
4. ¿O prefieres que yo vaya?
5. ¿Quieres que yo te lave el suéter?
6. ¿O es necesario limpiarlo en seco?
7. ¿Quieres que yo lo lleve a la tintorería?

15 **Este fin de semana** Pregúntale a tu compañero(a) lo que él o ella quiere hacer este fin de semana. Después, pregúntale lo que quiere que sus padres hagan. Luego cambien de rol.

Stating *perhaps* or *maybe*
El subjuntivo con **ojalá** y **quizá(s)**

The expressions **ojalá** (*I wish* or *I hope*) and **quizá(s)** (*perhaps* or *maybe*) are always followed by the subjunctive.

> **¡Ojalá que tengas una entrevista!**
> **¡Ojalá que te salga bien!**
> **¡Quizá te ofrezcan el puesto!**

Para continuar
Let's put our words together

16 **Historieta** **¡Ojalá que sí!** Contesten con **ojalá**.

1. ¿Él va a buscar un puesto?
2. ¿Va a ir al departamento de recursos humanos?
3. ¿Va a pedir una solicitud de empleo?
4. ¿Va a llenar la solicitud?
5. ¿Le van a dar una entrevista?
6. ¿No va a estar muy nervioso?
7. ¿Le van a ofrecer el puesto?
8. ¿Le va a pagar bien el trabajo?

Ciudad de México

CARLOS DURAN
P E L U Q U E R O S

Luisa Fernanda, 6. 28008 Madrid. Tíno. 541 33 70

17 **El corte de pelo** Contesten según el modelo.

> **¿Dónde estará Marta? (la peluquería)**
> **Quizás esté en la peluquería.**

1. ¿Dónde estará Marta? (la peluquería)
2. ¿Qué pedirá ella? (un corte de pelo)
3. ¿Qué usarán para cortarle el pelo? (tijeras)
4. ¿Qué más le darán? (un champú)
5. ¿Quién le cortará el pelo? (Nilda)
6. ¿Cuánto tiempo tomará? (media hora)
7. ¿Cuánto le cobrarán? (20 pesos)

18 **Quizá y ojalá** Habla con un(a) compañero(a). Usando **quizá,** dile algunas cosas que es posible que ocurran en el futuro. Si es algo que quieres que ocurra, sigue hablando usando **ojalá.** Por ejemplo, **¡Quizá seas rico(a)! ¡Ojalá sea rico(a)!** Luego cambien de rol.

Describing indefinite persons or things
El subjuntivo en cláusulas relativas

A grouping of words that modifies a noun is called a relative clause. A relative clause can modify or describe a noun that refers to a specific, definite person or thing or an indefinite person or thing. When the clause describes a definite person or thing, the verb in the clause is in the indicative. If, however, it modifies an indefinite person or thing, the verb is in the subjunctive. Note too that the **a personal** is omitted when the object is indefinite.

> Conocemos a una secretaria que habla bien el español.
> Buscamos una secretaria que hable bien el español.

Para continuar
Let's put our words together

19 **Un conocido** Contesten según el modelo.

> una persona que habla español
> No necesito una persona que hable español.
> Conozco a una persona que habla español.

1. una persona que es bilingüe
2. una persona que tiene experiencia
3. una persona que conoce el mercado
4. una persona que puede viajar

20 **Historieta** **Están buscando empleados.** Contesten.

1. ¿Está ofreciendo la compañía Vensa un puesto que paga bien?
2. ¿Buscan alguien que tenga experiencia en ventas?
3. ¿Quieren alguien que pueda viajar?
4. ¿Necesitan una persona que conozca más de un idioma?

Andas bien. ¡Adelante!

Conversación

Planes para el futuro

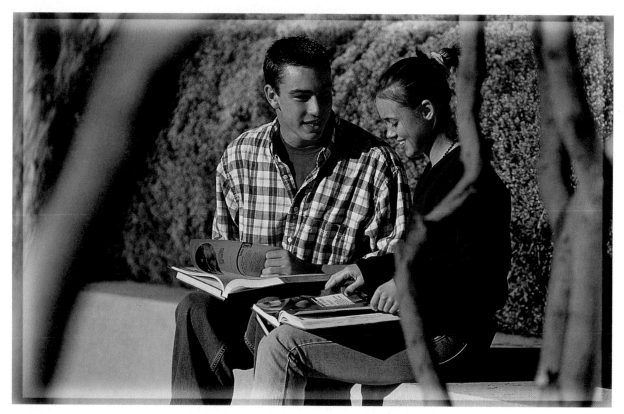

Lorenzo ¿Piensas asistir a la universidad, Alejandra?

Alejandra Sí. Tengo muy buenas notas y me gustan los estudios académicos.

Lorenzo ¿Tienes una idea de lo que quieres hacer?

Alejandra No sé exactamente. Quizás me especialice en comercio o marketing.

Lorenzo Son dos campos interesantes.

Alejandra Creo que me gustaría trabajar con una empresa multinacional. Quiero un puesto que me permita viajar.

Lorenzo Entonces es importante que continúes con tus estudios del español. ¡Ojalá tengas mucha suerte en tu carrera!

Alejandra Gracias.

Después de conversar

Contesten.

1. ¿Qué piensa hacer en el futuro Alejandra?
2. ¿Por qué quiere asistir a la universidad?
3. ¿Sabe Alejandra lo que quiere hacer después?
4. ¿En qué campos piensa especializarse?
5. ¿Por qué dice que le gustaría trabajar con una empresa multinacional?
6. ¿Qué le aconseja Lorenzo?

Vamos a hablar más
Let's talk some more

A **Un trabajo ideal** Piensa en lo que tú considerarías un trabajo ideal, algo que a ti te gustaría mucho hacer. Describe tu trabajo ideal a un(a) compañero(a). Luego cambien de rol.

B **Posibles carreras** Trabaja con un(a) compañero(a). Cada uno(a) de Uds. va a preparar una lista de las cosas que le interesan y de las materias o asignaturas que le gustan. Luego miren sus listas. Determinen los intereses que tienen en común. Luego discutan las profesiones o los oficios que les interesarían a los dos.

SPANISH Online

For more information about professions available in the Spanish-speaking world, go to the Glencoe Spanish Web site: spanish.glencoe.com

C **Buscando un puesto** Trabaja con un(a) compañero(a). Miren las fotos y describan lo que pasa en cada una.

a.

b.

c.

Lecturas culturales

Reading Strategy

Scanning for specific information An important strategy is using titles and pictures to preview a reading selection and to help you know what it is about. Previewing a passage will help give an idea as to its purpose, organization, and content.

Un muchacho que se llama Bobby 🔁

Esta historia no es ficción. Bobby, a quien hoy le llaman don Roberto, es norteamericano. Asistió a una escuela pública donde estudió el español por cuatro años. Siguió con sus estudios del español en la universidad, aunque el español no era su campo de especialización. Se especializó en ciencias políticas.

Después de graduarse de la universidad Bobby entró al Cuerpo de Paz[1] como voluntario. Pasó unos meses de entrenamiento[2] en Puerto Rico. Después fue a Centroamérica donde trabajaba con campesinos en proyectos de irrigación y reforestación. Cuando terminó su período de voluntario, Bobby tomó el examen para el Departamento de Estado.

Bobby fue a trabajar con el Departamento de Estado y ascendió rápidamente. Fue cónsul en Costa Rica y agregado cultural en España. Él ha representado a los Estados Unidos en Centroamérica, Sudamérica y España. Y hoy Bobby es embajador.

[1]Cuerpo de Paz *Peace Corps*
[2]entrenamiento *training*

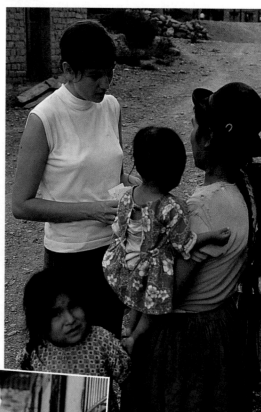

Bolivia

Ecuador

¿Dónde y cómo comenzó esta ilustre carrera diplomática? Según don Roberto, «en el noveno grado, en mi clase de español uno».

¡Ojalá que tú también tengas una carrera tan interesante como la de Bobby! ¡Quizás seas nuestro embajador o embajadora en España o en México! ¿Qué opinas? ¿Te interesa la posibilidad de un puesto que te pague bien y que te permita ver el mundo al mismo tiempo?

Perú

Embajada norteamericana,
Santiago, Chile

Después de leer

Una carrera interesante Contesten.

1. ¿Cómo le llaman a Bobby hoy?
2. ¿De qué nacionalidad es?
3. ¿Cuántos años estudió el español en la escuela secundaria?
4. ¿Dónde siguió con sus estudios del español?
5. ¿En qué se especializó?
6. ¿Qué hizo en el Cuerpo de Paz?
7. Al terminar su período con el Cuerpo de Paz, ¿adónde fue a trabajar Bobby?
8. ¿Qué ha sido él?

Lectura opcional ❶

La importancia de las lenguas extranjeras

No hay duda que el conocimiento de un idioma extranjero como el español puede ser un beneficio en muchas carreras. Hoy en día el comercio internacional tiene más y más importancia. No es suficiente sólo exportar nuestros productos al extranjero. Hay que tener una presencia real en muchos países. Por consiguiente muchas grandes empresas norteamericanas han llegado a ser multinacionales. Quiere decir que tienen instalaciones o sucursales[1] y filiales[2] en el extranjero. ¡Imagínate! Es posible que algún día tú trabajes con una compañía americana y que tu oficina esté en Caracas, Lima o Madrid.

Quizás el español en sí[3] no sea una carrera. Pero el español con otra especialización le da a uno una ventaja incalculable. Si tú conoces la contabilidad, el marketing o la informática, por ejemplo, y además dominas bien el español, podrás trabajar con una empresa multinacional. El español y tu otra especialización te permitirán encontrar un trabajo que te pague bien, que te sea interesante y que te dé la oportunidad de viajar y ver el mundo. ¡Ojalá! ¿No?

[1]sucursales *branches*   [2]filiales *subsidiaries*   [3]en sí *in itself*

jc UNESCO

OFICINA REGIONAL DE EDUCACION DE LA UNESCO PARA AMERICA LATINA Y EL CARIBE
DIRECCION: ENRIQUE DELPIANO 2058 (PLAZA P. DE VALDIVIA)
CASILLA 3187
TELEX: 340258 Unesco **CK**
TELEFONO: 2049032
FAX: 2091875
SANTIAGO DE CHILE

Ceuta

Caracas, Venezuela

Después de leer

La importancia de una lengua extranjera
Discutan.
¿Por qué es importante estudiar una lengua extranjera?
¿Cómo te puede ayudar en tu vida?

Lectura opcional ②

Málaga, España

AHORA EN MADRID   LA LUNA
ABRE SUS PUERTAS

**y para integrar su equipo profesional
te necesitamos en los puestos de**

GERENTES DE RESTAURANTE, GERENTE DE TIENDA, GERENTE DE VENTAS Y UN CHEF

Requisitos para chef:
- Inglés (nivel medio).
- Edad no mayor de 40 años.
- Escolaridad mínima de BUP o Secundaria, con estudios de especialización en alimentos y bebidas.
- Experiencia mínima comprobable de 4 años como chef en restaurantes de medio o alto volumen, con conocimientos de control de costos, gastos y manejo de personal.
- Buena presencia.

Requisitos para gerentes de tienda, gerente de ventas y gerente de restauración:
- Inglés (dominio).
- Edad entre 28 y 35 años.
- Estudios en administración, turismo, mercadotecnia o comercio (requisito sustituible únicamente con experiencia comprobable).
- Experiencia mínima comprobable de dos años como responsable del área.
- Con excelente actitud de servicio y ventas.
- Excelente presentación.

Ofrecemos para todos los puestos:
- Sueldo a convenir.
- Bonificación semestral y otras ventajas sociales.

Los interesados deberán enviar *curriculum vitae*, con fotografía, por correo, a: C/ Antonio Maura, 12, 4.º derecha, 28014 MADRID, a la atención de La Luna   Madrid. Fax 91 522 08 53.

La confirmación de los expedientes seleccionados se realizará telefónicamente para un proceso de entrevistas que se efectuará en Madrid.

LA FECHA LÍMITE PARA RECEPCIÓN DE DATOS ES EL 14 DE OCTUBRE

Después de leer

El restaurante «La Luna»   Contesten.

1. ¿Qué abre sus puertas en Madrid?
2. ¿Quién necesita saber más inglés, el chef o el gerente de ventas?
3. ¿Cuál es la edad máxima para el chef? ¿Y para los otros puestos?
4. ¿Cuántos años de experiencia tiene que tener el chef? ¿Y los otros?
5. ¿Dónde tendrán lugar las entrevistas?
6. ¿Qué deben enviar los interesados con su currículum vitae?
7. ¿Cómo van a informar a las personas que seleccionan para presentarse para una entrevista?

Conexiones

Las ciencias sociales

La economía

Economics is the science that deals with the production, distribution, and consumption of goods and services for the welfare of humankind. It is an interesting and complex science. People need or desire all kinds of goods and services. However, we do not have at our disposal all the resources we would need to produce all that society would like to have. For this reason, economists provide the information necessary to those who must make crucial decisions as to what will and will not be produced.

MAJORICA
Joyas y Perlas
Jewellery & Pearls

La economía

¿Qué es la economía?

Hay varias definiciones de economía. La economía es el estudio de las decisiones que tomamos en la producción, distribución y consumo de bienes y servicios[1]. Es el estudio de las maneras en que las sociedades deciden lo que van a producir y para quién. También es el estudio del uso y control de recursos[2] para satisfacer las necesidades y los deseos humanos. Este es un aspecto muy importante de la economía porque los deseos humanos no tienen límite. Las necesidades humanas pueden ser de primera necesidad como la comida y la ropa. Hay también bienes y servicios que no son de primera necesidad pero que son importantes para algunas personas—los diamantes y un chófer, por ejemplo. Si las necesidades y los deseos humanos no tienen límite, no es el caso con los recursos. Los recursos son limitados. La verdad es que hay una escasez[3] de recursos.

Barcelona, España

[1]bienes y servicios *goods and services*
[2]recursos *resources*
[3]escasez *shortage*

Recursos económicos

Los recursos económicos son el total de los recursos naturales, fabricados[4] y humanos que se emplean en la producción de bienes y la provisión de servicios. Los recursos naturales son la materia prima[5], lo que viene de la Tierra. Los recursos fabricados incluyen las fábricas, los edificios comerciales y todo tipo de equipo mecánico y técnico. Los recursos humanos incluyen la mano de obra[6] de toda clase—profesional, técnica, gerencial y obrera.

Una fábrica, Barcelona, España

Costo de oportunidad

Como todos los recursos son limitados, es imposible dar a la sociedad todos los bienes y servicios que desea. La escasez de materiales y recursos nos obliga a escoger lo que vamos a producir porque no podemos producir todo. Si usamos los recursos disponibles[7] para producir una cosa, perdemos la oportunidad de usar estos mismos recursos para producir otra cosa. Este sacrificio se llama «el costo de oportunidad». Si todos los trabajadores en una fábrica van a producir televisores, la fábrica no puede producir otro producto. Es el costo de oportunidad. Todo lo que hacemos tiene su costo de oportunidad. Si decides ir al cine en vez de estudiar para un examen, estás sacrificando la oportunidad de estudiar. Es el costo de oportunidad de ir al cine.

[4]fabricados *manufactured*
[5]materia prima *raw material*
[6]mano de obra *workforce*
[7]disponibles *available*

Después de leer

A **Términos económicos** Contesten.
1. ¿Cuál es un ejemplo de una necesidad esencial?
2. ¿Cuál es un ejemplo de una necesidad que no es esencial?
3. ¿Cuáles son algunos recursos económicos?
4. ¿Cuál es un ejemplo de una materia prima?

B **Costo de oportunidad** Expliquen.
Explica lo que significa «el costo de oportunidad».

¡Te toca a ti!

Use what you have learned

1 La importancia del español

✔ *Talk about the advantages of learning Spanish for your future employment*

Tú y un(a) compañero(a) van a hablarles a los alumnos en una clase del primer año de español. Les van a decir por qué deben continuar con sus estudios del español. Les van a explicar por qué es muy importante el estudio del español. Traten de ser creativos y usen su sentido del humor.

2 Ventajas y desventajas

✔ *Talk about professions*

Trabaja con un(a) compañero(a) de clase. Piensen en varias carreras. Hablen de lo que consideran las ventajas y desventajas de cada una. Decidan cuáles son algunas carreras que les interesarían.

Se necesita en Estepona
DEPENDIENTA TIENDA
2 días en semana
— Sueldo fijo y alta en S. S.
— Inglés
Telf. 952 80 80 77

Empresa Constructora en pleno proceso de expansión precisa incorporar para su delegación en CATALUÑA

Ingeniero de Caminos

Con el objetivo de dirigir un grupo de Obras Edificación y Obra Civil

SI TIENES:
• Entre 25 y 35 años.
• Experiencia en obras.
• Ganas de crecer con nosotros.

Envía tu Currículum Vitae al Apdo. de Correos 48061, 28080 Madrid.

CENTRO HOSPITALARIO UNIDAD CORONARIA DE MANRESA
FUNDACIÓN PRIVADA

MÉDICO INTENSIVISTA

CON TÍTULO ESPECIALISTA VÍA M. I. R.

Ofrecemos:
• Contrato a tiempo completo más guardias.
• Se valorará experiencia en intensivos-cardiológicos.

Presentar solicitud a: Departamento de Relaciones Laborales. Avenida de Manresa, 6-8, 08240 Manresa (Barcelona).
Recepción de solicitudes y CV hasta el 29-11-2001.

Mi currículum vitae

✔ *Write your personal resumé*

Vas a preparar tu currículum vitae o resumen personal en español. En tu resumen incluye los siguientes detalles: nombre, dirección, preparación académica, título, talentos, intereses y hobbys.

CURRICULUM VITAE

1. DATOS PERSONALES

Nombre: Yolanda
Apellidos: Amer Dengra
Dirección: C/Fco. Martin Mora, n°1-7°-2ª ESC.B
C.P.:07011
Fecha de nacimiento: 21-04-73
N.I.F.: 43.090.440-D
Estado Civil: Soltera
Tlf. de Contacto: (971) 73.60.54

2. DATOS ACADEMICOS

2.A. Enseñanza oficial
Graduado Escolar: C.P. Jaime 1, en la localidad de Palma de Mca, provincia de Baleares.

2.B. Formación complementaria
Curso de Informática de gestión. Centro de estudios "Didact 1", C/Naranjas 3, en la localidad de Jerez de la Fra., Provincia de Cádiz.

3. EXPERIENCIA LABORAL

Aux. Administrativo en la empresa "Rucoplastí Andalucía", Plz. Madre de Dios S/N. (Duración: 1 año)
Localidad: Jerez de la Fra. (CADIZ)

Aux. De Clínica en la residencia geriátrica "Los Angeles", C/Granados, 7 Urb. El Almendral. (Duración 6 meses)
Localidad: Mairena de Aljarafe (SEVILLA).

Depependienta en cafetería-pub "Sin comentarios", Urb. San Joaquín. (Duración 7 meses)
Localidad: Jerez de la Fra. (CÁDIZ)

Dependienta en tienda de moda "Detalles". Vía Sindicato, 4. (Duración 1 mes)
Localidad: Palma de Mca. (BALEARES)

4. OTROS DATOS

Incorporación inmediata
Don de gentes

Writing Strategy

Using visuals Well-organized writing that is clearly expressed is the key to good communication. However, visuals can help organize, clarify, and expand many different kinds of data. A visual can help you illustrate an important concept. Good visuals can portray at a glance an idea that might take several paragraphs to express in words.

¿Cuáles son los intereses de la clase?

It is likely that many of your classmates have varied plans for the future. Prepare a survey to administer to your classmates, asking what they would like to do. After you have gathered the data, prepare a visual that gives an overview of the possible careers and job interests your class has. You may wish to use a computer to help you create your visual to convey your information to your readers.

PROFESIONES Y OFICIOS

Vocabulario

1 Identifiquen.

1.

2.

3.

4.

5.

To review **Palabras 1**, turn to pages 424–425.

2 Completen.

6. Los ____ son los trabajos de especialistas como albañiles y electricistas.

7. Las ____ son los trabajos que requieren un título universitario.

8. Los comerciantes se dedican a la ____ de mercancía.

3 ¿Sí o no?

9. Hay anuncios para puestos vacantes en los periódicos.

10. Trabajar a tiempo parcial es trabajar cuarenta horas por semana.

11. Cuando uno busca un puesto es casi siempre necesario llenar una solicitud de empleo.

12. El candidato o aspirante es el que busca trabajo.

To review **Palabras 2**, turn to pages 428–429.

Estructura

4 Completen.

13–14. Él quiere ____ dinero. (cambiar)
Él quiere que nosotros ____ dinero.

15–16. Nosotros preferimos que tú lo ____. (hacer)
Nosotros lo preferimos ____.

To review the infinitive versus the subjunctive, turn to page 432.

5 Escojan.

17. Están buscando una persona ____.
 a. que hable tres idiomas
 b. que habla tres idiomas

18. ¿Sí? Yo tengo un amigo ____.
 a. que hable tres idiomas
 b. que habla tres idiomas

19. Todos queremos un trabajo ____.
 a. que nos pague bien
 b. que nos paga bien

20. Yo sé que hay un puesto con nuestra compañía ____.
 a. que pague muy bien
 b. que paga muy bien

To review the subjunctive in relative clauses, turn to page 435.

Vocabulario

Identifying some office personnel

el/la programador(a)
  de informática
el/la secretario(a)

la oficina
el/la gerente
el/la contable

Talking about merchandising

el/la comerciante
el/la cliente
el/la cajero(a)
la venta

la compra
la mercancía
satisfecho(a)

Discussing some legal professions

el tribunal
el/la juez

el/la abogado(a)
el bufete del abogado

Identifying some municipal government workers

la alcaldía
el alcalde

el/la funcionario(a)

Talking about some professions

la profesión
el título universitario

el/la ingeniero(a)
el/la arquitecto(a)

How well do you know your vocabulary?

- Choose an occupation from the list.
- Write a few sentences about the job and how you would apply for the position.

Identifying some trades

el oficio
el/la especialista
el/la electricista
el/la albañil

el/la plomero(a),
  el/la fontanero(a)
el/la carpintero(a)

Talking about job opportunities

un puesto
el anuncio
el departamento de
  recursos humanos

el/la candidato(a),
  el/la aspirante
el/la entrevistador(a)
la entrevista
la solicitud de empleo

ofrecer un trabajo
  a tiempo completo
  a tiempo parcial

Other useful expressions

ojalá
quizá(s)

TECNOTUR

¡Buen viaje!

Profesiones y oficios

In this video episode, Juan Ramón, Teresa, Luis, Isabel, and Cristina discuss their plans for the future.

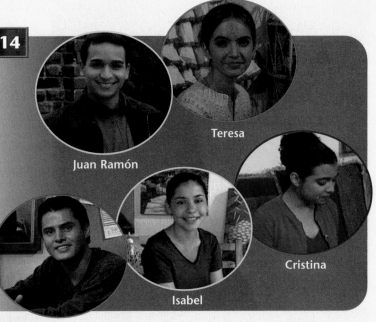

Juan Ramón

Teresa

Luis

Isabel

Cristina

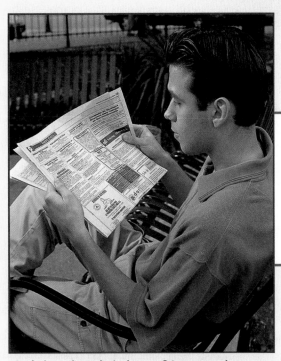

¿Qué clase de trabajo buscas? Los anuncios clasificados del periódico te pueden ayudar.

SPANISH Online

In the Chapter 14 Internet Activity, you will have a chance to learn more about career opportunities in the Spanish-speaking world. To begin your virtual adventure, go to the Glencoe Spanish Web site:
spanish.glencoe.com

◀ Learn more online about classified ads in various newspapers in Spanish-speaking countries.

Conversación

La futura jefa de banquetes

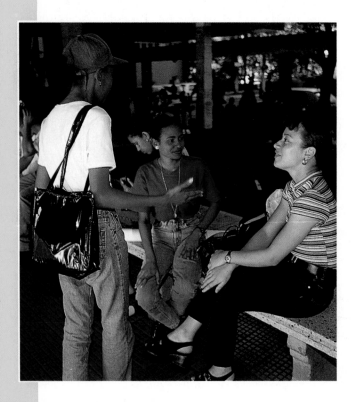

Antonia ¿Adónde vas, Isabel?

Isabel Voy a la peluquería. Tengo el pelo un poco largo. Necesito un corte. Y después voy al correo.

Antonia ¿Por qué es necesario que vayas al correo?

Isabel Tengo que enviar las invitaciones. Quiero que lleguen a tiempo.

Antonia ¿Qué invitaciones?

Isabel Pues, el día 13 voy a dar una gran fiesta.

Antonia ¿Qué estás celebrando?

Isabel No te voy a decir. ¡Ya verás!

Antonia Ay, pero siempre estás dando fiestas.

Isabel Pues, me gustan las fiestas y me gusta darlas.

Antonia Algún día, ¡quizás seas una jefa de banquetes que planee fiestas y recepciones para bodas y bautizos.

Isabel ¡Tal vez! ¿Quién sabe?

Después de conversar

Un trabajo para Isabel Contesten.

1. ¿Adónde va Isabel?
2. ¿Por qué va allí?
3. Y después, ¿adónde va?
4. ¿Por qué es necesario que ella vaya allí?
5. ¿Cuándo será la fiesta?
6. ¿Para qué es?
7. ¿Por qué da muchas fiestas Isabel?
8. Un día, ¿es posible que ella haga qué tipo de trabajo?

Estructura

Usos del subjuntivo

The indicative mood of the verb is used to express events and actions that actually have taken, are taking, or will take place. The subjunctive, on the other hand, is used to express events that may or may not take place. Some introductory statement makes the actual event uncertain. The following are some expressions that are followed by the subjunctive.

querer	es posible	alegrarse de
esperar	es imposible	sentir
temer	es probable	estar contento
preferir	es necesario	estar triste
pedir	es importante	
sugerir	es bueno, es mejor	
aconsejar	es fácil	
exigir	es difícil	
mandar		
insistir		

Quiero que él vaya. Espero que él vaya. Le pido que vaya. La verdad es que insisto en que él vaya porque es importante que él vaya. Más que importante, es necesario que él vaya. Pero la verdad es que yo no sé si va a ir o no.

1 Historieta En la peluquería

Contesten.

1. ¿Quiere José que el peluquero le corte el pelo?
2. ¿Prefiere que el peluquero use la navaja o las tijeras para cortarle el pelo?
3. ¿Le pide que le dé un champú también?
4. ¿Quiere el peluquero que José le diga cómo quiere el pelo?
5. ¿Insiste José en que el peluquero le ponga una raya?

¡Un trabajo que te gustará!
ESTETICA·PELUQUERIA
Un trabajo que podras desarrollar muy pronto aprendiendolo en
CEM
AHORA los programas mas avanzados y un metodo exclusivo que te permitira aprender mejor en menos tiempo
Cursos Especiales de:
PERFECCIONAMIENTOS Y RECICLAJES PARA DIPLOMADAS
Tambien cursos de: AUXILIARES DE PUERICULTURA y CORTE y CONFECCION
CEM Abierta la inscripcion. Informate en:
RECOLETOS, 19 – Teléfono 275 17 11

2 Consejos Contesten.

1. ¿Quieren tus padres que escojas una buena carrera?
2. ¿Te aconseja tu profesor que sigas con tus estudios del español?
3. ¿Te sugiere que tomes un curso de informática?
4. ¿Están contentos tus padres que estudies mucho y que saques buenas notas?
5. ¿Es probable que tú vayas a la universidad?
6. ¿Es importante que tú sepas la carrera que vas a escoger antes de ir a la universidad?

3 Historieta En la estación de servicio
Sigan el modelo.

> **Yo quiero / él / llenar el tanque**
> **Yo quiero que él llene el tanque.**

1. Yo quiero / él / poner gasolina sin plomo
2. Le pido / revisar el aceite
3. Me alegro de que / él / limpiar el parabrisas
4. Es necesario / él / poner aire en las llantas
5. Es importante / nosotros / manejar con cuidado
6. El empleado prefiere / yo / pagar con cheque

Universidad Nacional Autónoma de México, Ciudad de México

Más usos del subjuntivo

1. The subjunctive is also used when introduced by a statement that conveys doubt. When the statement implies certainty, however, the indicative is used.

> **Dudo que él asista a la boda.**
> **Pero creo que los novios van a recibir muchos regalos.**

2. The subjunctive is also used in a clause that modifies an indefinite antecedent. If the antecedent refers to a specific person or thing, the indicative is used.

> **La compañía está buscando un candidato que hable inglés.**
> **La compañía tiene un candidato que habla inglés.**

4 **Historieta** **Una carta** Contesten.

1. ¿Crees que José te ha escrito?
2. ¿Piensas que él ha puesto la carta en un buzón?
3. ¿Dudas que él vaya al correo para mandar la carta?
4. ¿Es dudoso que la carta llegue hoy?
5. ¿Es cierto que la carta tiene bastantes sellos?

5 **Hay que tener ciertas calificaciones.** Completen.

1. La compañía Vensa está buscando alguien que ____ (tener) experiencia, que ____ (conocer) bien el español y el inglés y que ____ (poder) viajar.
2. El director del servicio de personal me dijo que necesitan alguien que ____ (estar) libre inmediatamente.
3. Han entrevistado a dos candidatos. Hay un candidato que ____ (tener) experiencia, que ____ (querer) y ____ (poder) trabajar enseguida.
4. Desgraciadamente él no habla inglés y la compañía sigue buscando alguien que ____ (hablar) inglés y que ____ (conocer) el mercado norteamericano.

6 **Carreras** Trabaja con un(a) compañero(a). Identifiquen las carreras que creen que les interesarían. Identifiquen también las carreras que no les interesarían. Digan por qué. Decidan si tienen muchos intereses en común. ¿Es posible que sigan o escojan la misma carrera?

7 **Fiestas** Trabaja con un(a) compañero(a). Planeen una gran fiesta. Discutan por qué van a dar la fiesta y todo lo que van a hacer durante la fiesta. Entonces decidan todo lo que tienen que hacer antes de la fiesta.

8 **En la peluquería** Con un(a) compañero(a), entablen una conversación que tiene lugar en una peluquería. Uno(a) de Uds. será el/la peluquero(a) y el/la otro(a) será el/la cliente.

 Literary Companion

You may wish to read the adaptation of *Tierra* by Gregorio López y Fuentes. This literary selection is found on pages 472-477.

1. *Ruinas mayas, Seibal*
2. *Celebración de Todos los Santos, poblado de Todos los Santos*
3. *Procesión de Semana Santa, Chichicastenango*
4. *Mercado, Chichicastenango*
5. *Iglesia de San Francisco, Antigua*
6. *Tucán, Parque Nacional Tikal*

NATIONAL GEOGRAPHIC

VISTAS
DE GUATEMALA

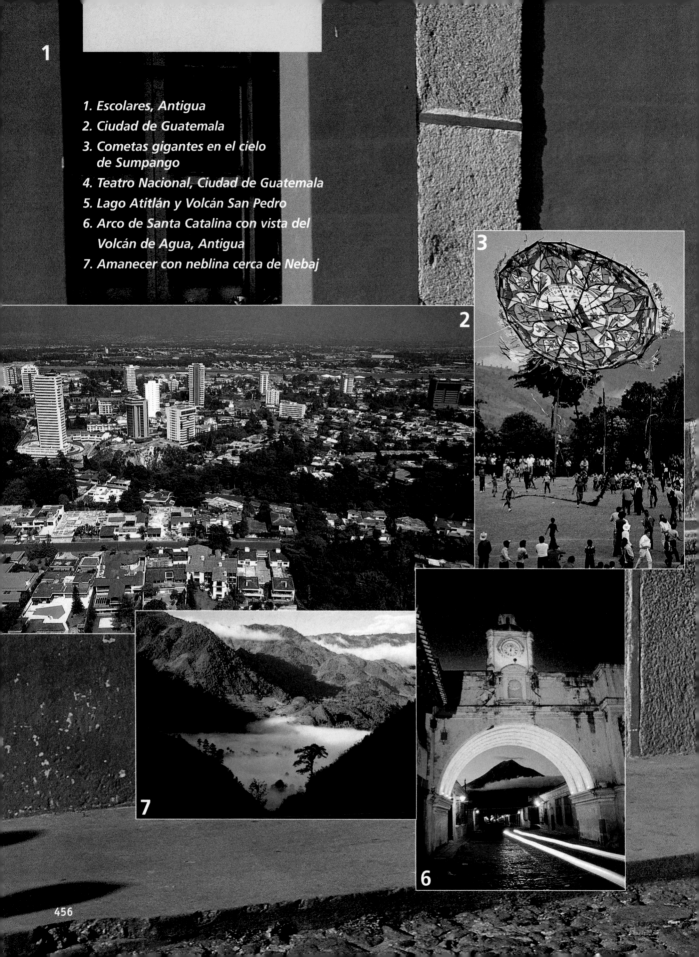

1. Escolares, Antigua
2. Ciudad de Guatemala
3. Cometas gigantes en el cielo de Sumpango
4. Teatro Nacional, Ciudad de Guatemala
5. Lago Atitlán y Volcán San Pedro
6. Arco de Santa Catalina con vista del Volcán de Agua, Antigua
7. Amanecer con neblina cerca de Nebaj

4

VISTAS
DE GUATEMALA

5

Literary Companion

These literary selections develop reading and cultural skills and introduce students to Hispanic literature.

Barranco,
Lima, Perú ▶

Platero y yo (fragmento) de Juan Ramón Jiménez

Vocabulario

el burro

el prado

la piedra

el hocico

los cascabeles

las flores

celeste

gualda

rosa

El burro anda por el prado.
Acaricia las florecitas con su hocico.

los higos

el escarabajo

la miel

....

el cascabeleo el sonido de los cascabeles

la pena algo triste

los gemelos dos cosas iguales o dos hermanos nacidos al mismo tiempo

el acero un metal muy duro

la plata un metal blanco, valioso; se usa para monedas

blando(a) lo contrario de «duro(a)»

suelto(a) libre

peludo(a) con mucho pelo

tibiamente suavemente

acariciar tocar suavemente

la abeja un insecto que produce la miel del néctar de las flores

Actividades

A **¿Sí o no?** Digan que sí o que no.

1. Los higos son una flor.
2. A veces un gato lleva un collar de cascabeles.
3. Las abejas son insectos.
4. Los escarabajos producen la miel del néctar de las flores.
5. Otro nombre para «celeste» es blanco.
6. Otro nombre para «gualda» es amarillo.
7. Se hacen monedas de la plata.

B **La palabra, por favor.** Completen.

1. Yo tengo un dólar, pero no es de papel; es de ____.
2. Los dos hermanos nacieron el mismo día; ellos son ____.
3. No es blando; es muy ____.
4. Pero el otro es duro, muy duro, duro como el ____.
5. El animal puede ir adonde quiera; siempre anda ____.
6. Está muy triste; tiene muchas ____.
7. El hombre pasa la mano sobre el burrito; lo ____.

Andalucía, España

INTRODUCCIÓN Esta obra no es prosa, ni es poesía. Se puede decir que es prosa poética. Muchos creen que don Juan Ramón escribió la obra para niños, pero en su prólogo el autor dice: «Ese breve libro, en donde la alegría y la pena son gemelos, cual las orejas de Platero, estaba escrito para… qué sé yo para quien… para quien escribimos los poetas líricos». Juan Ramón Jiménez recibió el Premio Nóbel de Literatura en 1956.

El fragmento que sigue se titula «Platero», y es uno de 139 capítulos. Es una descripción del burrito, amigo y compañero constante de don Juan Ramón en el pequeño pueblo de Moguer en Andalucía, España.

Platero y yo

Platero es pequeño, peludo, suave; tan blando por fuera que se diría todo de algodón, que no lleva huesos. Sólo los espejos de azabache° de sus ojos son duros cual dos escarabajos de cristal negro.

Lo dejo suelto, y se va al prado, y acaricia tibiamente con su hocico, rozándolas° apenas, las florecillas rosas, celestes y gualdas. Lo llamo dulcemente: —¿Platero?— y viene a mí con un trotecillo alegre que parece que se ríe, en no sé qué cascabeleo ideal… Come cuanto le doy. Le gustan las naranjas mandarinas, las uvas moscateles°, todas de ámbar, los higos morados, con su cristalina gotita de miel…

Es tierno° y mimoso° igual que un niño, que una niña… ; pero fuerte y seco por dentro, como de piedra. Cuando paso sobre él, los domingos, por las últimas callejas del pueblo, los hombres del campo, vestidos de limpio y despaciosos°, se quedan mirándolo: —Tien´ asero—… Tiene acero. Acero y plata de luna, al mismo tiempo.

espejos de azabache
black mirrors

rozándolas
brushing against them

uvas moscateles
tipo de uva muy dulce
tierno *tender*
mimoso *pampered*

despaciosos *con calma*

Moguer, Andalucía

A **La palabra, por favor.** Completen.

1. Platero no es grande; es ____.
2. Y no es duro; es ____.
3. Las uvas moscateles son del color de ____.
4. Platero acaricia las florecillas con su ____.
5. El día de la semana que el autor pasa sobre su burro es el ____.

B **Platero** Contesten.

1. Cuando el autor suelta al burro, ¿adónde va el animalito?
2. ¿Con quiénes compara el autor a Platero?
3. ¿Qué le gusta comer a Platero?
4. ¿Quiénes miran a Platero cuando pasa por el pueblo?

C **Para pensar** Discutan.

1. El autor describe a Platero en formas contradictorias, especialmente cuando habla de lo exterior y de lo interior del animalito. Explica.
2. Describe a Platero.
3. Los campesinos dicen que el burrito «Tien´ asero… » ¿Qué quiere decir esa frase, y por qué lo escribe de esa forma el autor?
4. Al final del capítulo don Juan Ramón dice: «Acero y plata de luna, al mismo tiempo». Interpreta esa frase.

D **Recursos literarios** Contesten.

A metaphor is a figure of speech in which a word that means one thing is substituted for another to indicate a similarity or likeness, for example, "In the springtime of life." A simile is a figure of speech in which two very different things are compared to each other, usually using the word *like* **(como),** for example, "eyes like stars, hands like hams," etc. What metaphors and similes can you identify in this selection?

Un campesino con su burro, Andalucía, España

La muralla de Nicolás Guillén

Vocabulario

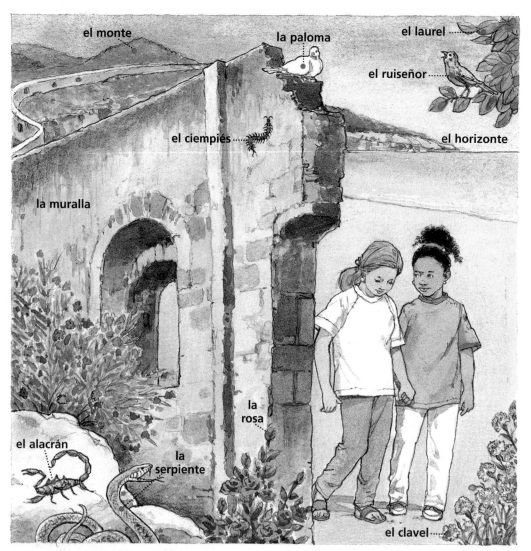

el monte
la paloma
el laurel
el ruiseñor
el ciempiés
el horizonte
la muralla
el alacrán
la serpiente
la rosa
el clavel

Las dos niñas están cerca de la muralla.
Ellas juntaban las manos.

el veneno una sustancia que puede matar, como el arsénico
el puñal un tipo de cuchillo
alzar levantar

Actividades

A **Estudio de palabras** Pareen.

1. el horizonte
2. la serpiente
3. la rosa
4. el veneno
5. el monte

    a. poison, venom
    b. horizon
    c. mountain
    d. rose
    e. serpent

B **¿Sabes?** Identifiquen.

1. dos flores
2. dos pájaros
3. un reptil
4. dos insectos

C **¿Cuál es?** Escojan.

1. Entre las flores había unos preciosos ____.
   a. claveles **b.** puñales **c.** venenos
2. La serpiente podría matar con su ____.
   a. flor **b.** veneno **c.** cuchillo
3. Sí, sí, el criminal tenía un cuchillo; era un ____.
   a. alacrán **b.** clavel **c.** puñal
4. No, no lo va a bajar; al contrario, lo va a ____.
   a. alzar **b.** matar **c.** abrir

Cañaverales, Cuba

INTRODUCCIÓN El poeta cubano Nicolás Guillén presenta, en sus versos, elementos de folklore negro. Él es uno de los cultivadores de la poesía «afrocubana». En el poema que sigue, el poeta nos presenta un lindo mensaje de comprensión y tolerancia.

La muralla

Para hacer esta muralla,
tráiganme todas las manos:
los negros sus manos negras,
los blancos sus blancas manos.
Ay,
una muralla que vaya
desde la playa hasta el monte,
desde el monte hasta la playa, bien,
allá sobre el horizonte.
—¡Tun, tun!
—¿Quién es?
—Una rosa y un clavel…

¡Abre la muralla!
—¡Tun, tun!
—¿Quién es?
—El sable° del coronel°…
—¡Cierra la muralla!
—¡Tun, tun!
—¿Quién es?
—La paloma y el laurel…
—¡Abre la muralla!
—¡Tun, tun!
—¿Quién es?
—El alacrán y el ciempiés…
—¡Cierra la muralla!

sable *sword, saber*
coronel *colonel*

Al corazón del amigo,
abre la muralla;
al veneno y al puñal,
cierra la muralla;
al mirto° y la yerbabuena°,
abre la muralla;
al diente de la serpiente,
cierra la muralla;
al ruiseñor en la flor,
abre la muralla…
Alcemos una muralla
juntando todas las manos;
los negros, sus manos negras,
los blancos sus blancas manos.
Una muralla que vaya
desde la playa hasta el monte,
desde el monte hasta la playa, bien,
allá sobre el horizonte…

mirto *myrtle*

yerbabuena *mint*

Después de leer

A La muralla Escojan.

1. Para hacer la muralla se necesitan muchas ____.
   a. flores **b.** manos **c.** palomas
2. La muralla estará entre el monte y ____.
   a. la playa **b.** el coronel **c.** el horizonte
3. Los primeros que llegan son ____.
   a. el coronel y el alacrán **b.** la rosa y el clavel
   c. el ciempiés y el ruiseñor
4. El coronel lleva ____.
   a. un sable **b.** una flor **c.** un diente

B Cosas en común Contesten.

1. ¿Qué tienen en común la rosa, el clavel, el mirto y el laurel?
2. ¿Qué tienen en común el ruiseñor y la paloma?
3. ¿Qué tienen en común el alacrán y el ciempiés?
4. ¿Qué tienen en común el sable y el puñal?

C Rima ¿Qué rima con… ?

1. muralla   3. clavel
2. monte   4. quién es

El cohítre
Una leyenda puertorriqueña
de Ester M. Feliciano Mendoza

Vocabulario

neblinoso · el cerro · el cielo · el castillo

La niña hacía un castillo.
Era muy feliz.

A lo lejos había un cerro.
No lo podía ver bien porque era muy neblinoso.

el reflejo · los caracoles

La niña veía su reflejo en el agua.

el tesoro

dorado

las lágrimas

arrodillarse

la tumba

El padre lloraba. Lloraba porque su hija murió.

---

liláceo(a) del color de las lilas
el alma el espíritu, no el cuerpo
el barro la combinación de tierra y agua
reidor(a) que se ríe
enjugar secar, lavar

la súplica la petición, el ruego
rogar, rezar decir u ofrecer una oración a Dios
ofrendar ofrecer
brotar salir

Actividades

A **Otra manera de decirlo** Expresen la parte indicada de otra manera.

1. Los ojos de la niña eran *del color de las lilas.*
2. El padre y la hija subieron *el pequeño monte.*
3. Allí encontraron *muchas riquezas.*
4. En ese monte los indios *ofrecían* regalos a sus dioses.
5. Con los regalos también hacían *peticiones* a los dioses.

B **La palabra, por favor.** Escojan.

1. El niño lloraba y su madre le ____ las lágrimas.
   a. enjugó   **b.** ofrendó   **c.** modeló
2. Donde cayeron las lágrimas pronto ____ unas flores de la tierra.
   a. ofrecieron   **b.** ofrendaron   **c.** brotaron
3. Era difícil ver el cerro claramente porque era muy ____.
   a. neblinoso   **b.** reidor   **c.** liláceo
4. Los religiosos creen que ____ es más importante que el cuerpo.
   a. el alma   **b.** la ofrenda   **c.** el reflejo
5. La niña vio ____ de su cara en el agua.
   a. el barro   **b.** el reflejo   **c.** la figurita
6. La familia puso flores en ____ del abuelo.
   a. la tumba   **b.** el alma   **c.** el caracol

Los indios taínos

INTRODUCCIÓN Ester Feliciano Mendoza (1918–1988) escribió en varios géneros, pero se destacó más como poeta. Esta selección viene de una de sus colecciones de leyendas. Esta leyenda nos habla de una flor típica de Puerto Rico y cómo llegó a ser. Los indios de Puerto Rico eran los taínos. La niña de la leyenda es hija de un español y una india. El padre de la niña quiere marcharse al Perú en busca de tesoro. La niña quiere quedarse en su isla amada.

Un cerro neblinoso

El cohítre°

cohítre *wild herb*

Tenía los ojos azules y la piel dorada. Cuando nació, su padre creyó ver en sus pupilas los mismos reflejos liláceos de las tardes de Castilla. La amó por él y por la india que se murió rogando por su niña que no era ni india ni española.

La niña criolla fue tímida y amorosa. Amiga de los cerros neblinosos y las playas reidoras, conoció los secretos de las flores y de los caracoles. Aprendió a modelar cemíes° con la carne dócil del barro y a hacer castillos con las arenas escurridizas°. Amó al indio tanto como al español y a unos y otros enjugó las heridas del cuerpo y del alma. La niña criolla era feliz.

cemíes *clay figures made by Taíno Indians of Puerto Rico*
escurridizas *slippery*

Un día el padre oyó hablar de las riquezas del Perú. Por primera vez la niña sintió el temor de la ausencia. Lloró los días que vendrían lejos de la isla querida. Se arrodilló ante la Virgen blanca y ofrendó flores y frutas a Yocahu, en una misma súplica: «No me dejen marchar». A los pies del altar cristiano rogaba también el padre español: «Dios nos lleve al Perú». Mirando a lo lejos el neblinoso monte Yukiyú, pensaba sin embargo: ¿Valdrá la pena marcharme?

Enfermó de angustia la niña criolla. Veía los cielos de Castilla en las pupilas azules, pero el padre no vio cómo la muerte lentamente las cubría de nubes… Y la niña, un día claro, se murió de pena.

Desde los brazos del padre voló a las regiones de Yocahu y de la virgencita blanca. Y pasaron los días… Sobre la tumba amada vio el padre español brotar, apretadita a la tierra, con sus florecitas azules reflejando el cielo de la isla, la yerba del cohítre… Y así fue para siempre en la tierra de Puerto Rico.

Un cementerio, Viejo San Juan, Puerto Rico

Después de leer

A Estudio de palabras Pareen.

1. las pupilas
2. modelar
3. dócil
4. la ausencia
5. la tumba
6. los reflejos

a. absence
b. pupils (eyes)
c. tomb
d. to model
e. reflections
f. docile, obedient

B ¿Sí o no? Corrijan las oraciones incorrectas.

1. La niña tenía los ojos azules.
2. La piel de la niña era del color del oro.
3. El padre de la niña era indio.
4. La madre de la niña murió.
5. La madre rogaba por su marido.

C ¿Qué comprendieron? Escojan.

1. La niña hacía figuritas de ____.
   a. arena   b. agua   c. barro
2. Para construir castillos usaba ____.
   a. arena   b. agua   c. barro
3. El padre de la niña se interesó en el Perú por sus ____.
   a. castillos   b. cerros   c. riquezas
4. La niña le ofreció a Yocahu ____.
   a. flores y frutas   b. riquezas   c. caracoles
5. La niña murió de ____.
   a. una herida   b. pena   c. temor

D Según la leyenda... Contesten.

1. ¿Por qué dice la leyenda «que la niña no era ni india ni española»?
2. ¿Por qué sintió la niña el temor de la ausencia?
3. ¿Por qué lloraba ella?
4. ¿A quiénes rogaba la niña?
5. ¿Qué quería la niña?
6. ¿Dónde rogaba el padre?
7. ¿Cuál era el conflicto entre padre e hija?
8. ¿Qué serán «las regiones de la Virgen blanca y Yocahu»?
9. ¿Qué será Yocahu?

E Interpretación Contesten.

1. ¿Qué significa que la niña «modelaba cemíes y hacía castillos»?
2. ¿Qué significa que la niña «rogaba a la Virgen blanca y a Yocahu»?
3. ¿Qué es lo que veía el padre cada vez que miraba los ojos de su hija?

Tierra de Gregorio López y Fuentes

Vocabulario

el bigote

el soldado

la cuadra

el portal puerta principal
el tianguis un mercado indio
el corneta soldado que toca la corneta
el cabo rango inferior al de sargento

voltear dar la vuelta
alargarse hacer más largo
la esperanza hope

Actividades

A **La hacienda** Completen.

1. En ese espacio grande los indios hacían el ____; compraban y vendían sus productos.
2. Cuando abrieron el ____ todos entraron al patio.
3. Cerca del patio estaba la ____ donde estaban los caballos y los coches.
4. Había seis soldados, un ____ y un sargento.
5. El sargento no tenía barba, pero sí tenía un gran ____.

B **¿Cuál es?** Expliquen.

1. ¿Cuáles son dos suboficiales militares?
2. ¿Cuál será la diferencia entre «el corneta» y «la corneta»?

Una hacienda, México

Estatua de Emiliano Zapata,
Chinameca, México

INTRODUCCIÓN Gregorio López y Fuentes (1895–1966) escribió la novela *Tierra* inspirada en la lucha de Emiliano Zapata por los indígenas del sur de México. Zapata fue traicionado y asesinado por tropas bajo el mando del Coronel Jesús María Guajardo. Guajardo le invitó a Zapata a cenar con él en la hacienda de Chinameca. Le dijo que quería unirse a su movimiento. El fragmento que sigue nos dice lo que pasó.

Emiliano Zapata

Tierra

La casa de la hacienda, en Chinameca, es enorme, con un portal inmenso. Tiene habitaciones para las visitas y una gran cuadra para coches y caballos. Frente a la casa, un espacio cuadrangular, tan grande, que en él se hace el tianguis. El rectángulo está encerrado por una muralla. A derecha e izquierda, la muralla tiene anchas puertas. En Chinameca esperaba Guajardo al general Zapata. Dentro de la casa estaban los soldados, situados en los mejores y más ocultos lugares. La persona que llegara no vería más que seis hombres armados en cada una de las puertas de la muralla. Allí también había un corneta.

El general Zapata tardaba en llegar. Pronto llegó un emisario. No se le permitió entrar. Pocos momentos después comenzó a llegar la escolta del general. También a estos hombres se les negó entrar al patio. Los soldados tenían órdenes de no dejarlos pasar porque tenían que hacer los honores al jefe. El general entraría por la puerta derecha. Los seis soldados estaban formados impecablemente, en actitud de firmes.

Apareció el jefe. Se le conocía por la bravura de su caballo, por sus grandes bigotes y por algo que siempre se nota en los acompañantes de

un jefe. Cuando estaban a veinte metros de la puerta el corneta comenzó a tocar «marcha de honor». En cuanto sonó la corneta el cabo ordenó con voz enérgica:
—Presenten… ¡armas!

El caballo se adelantó, todo nervioso, todo electrizado con el toque de la corneta. Los soldados seguían presentando armas. El general había avanzado cinco metros y estaba dentro del patio. Entonces, los seis hombres que presentaban armas hicieron un pequeño movimiento,… y se escuchó una descarga.

El general Zapata, violentamente, intentó voltear el caballo, quizás con la idea de salir de allí. Pero él se quedó a la mitad del movimiento. Se cayó al suelo. Pero el animal salió y se escapó. El cabo se acercó al general. Con la carabina le dio el tiro de gracia. Pusieron el cadáver en una mula. Los pies por un lado y los brazos por el otro lado. Tomaron el camino a Cuautla. Al trotar de la mula, las piernas hacían un movimiento como el de andar, como si Zapata seguía corriendo por el Estado de Morelos. Los brazos parecían alargarse, quizás queriendo tocar la tierra para sus muchachos, por la que tanto luchó, tan cerca y al mismo tiempo tan distante.

En Cuautla fue exhibido el cadáver y en voz baja comenzó la leyenda:

No es el general.

¡No va a ser! Está así, deformado, por haber venido como vino. La sangre se le fue a la cabeza.

No, compadre, el general tenía una seña muy particular, allí en la cara, y éste no la tiene.

¡Claro! Allí mismo le entró el tiro de gracia.

¡Quién sabe!

Y el «quién sabe» lleno de esperanzas, era como un lamento. Pero otros decían, muy contentos: —¡Vaya, por fin cayó este bandido!

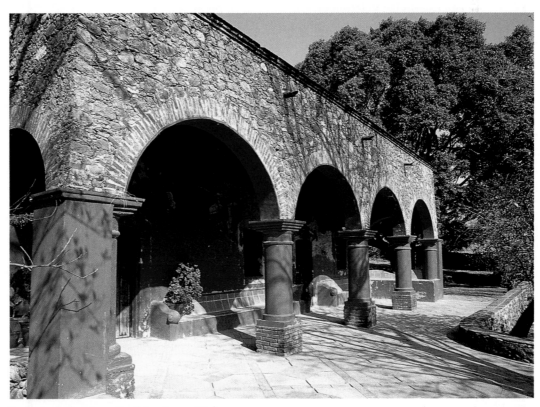

Hacienda de San Juan Bautista, Taxco, México

TIERRA

cuatrocientos setenta y cinco ✦ **475**

A Estudio de palabras Pareen.

1. el espacio	a.	lament
2. encerrado	b.	discharge, gunshot
3. oculto	c.	companion
4. armado	d.	space
5. el emisario	e.	enclosed
6. impecablemente	f.	occult, hidden
7. en actitud de firmes	g.	deformed
8. el acompañante	h.	armed
9. avanzar	i.	to trot
10. la descarga	j.	to advance
11. trotar	k.	emissary, representative
12. deformado	l.	impeccably, perfectly
13. el lamento	m.	escort
14. la escolta	n.	at attention

B ¿Sí o no? Si no es verdad, hagan la corrección.

1. La casa de la hacienda en Chinameca es pequeña.
2. El portal de la casa es grande.
3. El tianguis se hace en un espacio enfrente de la casa.
4. El espacio donde se hace el tianguis es triangular.
5. Guajardo era general.
6. La casa donde Guajardo esperaba estaba en Chinameca.

C La palabra, por favor. Escojan.

1. Alrededor del espacio donde hacían el tianguis había ____.
   a. una cuadra   b. una muralla   c. un portal
2. La muralla tiene dos ____, una a la derecha y la otra a la izquierda.
   a. puertas   b. habitaciones   c. cornetas
3. Los soldados dentro de la casa estaban en lugares muy ____.
   a. anchos   b. firmes   c. ocultos
4. Antes de llegar el general, llegó un ____.
   a. cabo   b. emisario   c. soldado
5. En la cara del general se le veía unos grandes ____.
   a. ojos   b. bigotes   c. tiros

D Comprensión Completen.

1. Al llegar a la casa, una persona podría ver solamente a ____ soldados.
2. Junto con los soldados había otro que tocaba la ____.
3. Primero llegó el emisario del general y después llegaron los hombres de su ____.
4. Pero ni al emisario ni a la escolta les permitieron ____.
5. El general iba a entrar por la puerta de la ____.

E Discusión Reaccionen.

1. En tus propias palabras explica las dos oraciones que comienzan con: «Al trotar de la mula… » y terminan con «… tan cerca y al mismo tiempo tan distante».
2. ¿Cómo reaccionó la gente en Cuautla al ver el cadáver?

F Interpretación ¿Qué crees que representan los comentarios de la gente de Cuautla?

Las tropas de Emiliano Zapata

Handbook

Activity 1

Alumno A Ask your partner the following questions. Correct answers are in parentheses.

Alumno A Answer your partner's questions based on the pictures below.

Susana y Pedro

Señor Rivas

Alberto

1. ¿Quién es el revisor?
   (El señor Martínez es el revisor.)

2. ¿El revisor está en el coche-cama o en el pasillo? *(El revisor está en el pasillo.)*

3. ¿Están Pablo y Ramona en el coche-comedor o en sus asientos?
   (Están en sus asientos.)

4. ¿Luis y Antonia van a bajar o van a subir?
   (Luis y Antonia van a bajar.)

Alumno B Answer your partner's questions based on the pictures below.

Ramona   Pablo   Señor Martínez

Luis y Antonia

Alumno B Ask your partner the following questions. Correct answers are in parentheses.

1. ¿Dónde comen Susana y Pedro?
   (Susana y Pedro comen en el coche-comedor/ coche-cafetería.)

2. ¿Alberto sube al tren o baja del tren?
   (Alberto baja del tren.)

3. ¿El señor Rivas compra un billete o transborda? *(El señor Rivas transborda.)*

4. ¿El señor Rivas va a subir al tren o va a la sala de espera?
   (El señor Rivas va a subir al tren.)

Activity 2

Paco y Mercedes

Antonio

4. ¿Qué piden los muchachos?
   (Los muchachos piden pollo.)

3. ¿Quién pide una ensalada?
   (José pide una ensalada.)

Los turistas

Norma

2. ¿Qué piden Marta y Teresa?
   (Marta y Teresa piden la langosta.)

1. ¿Quién pide el pescado?
   (Juanita pide el pescado.)

Alumno A Answer your partner's questions based on the pictures below.

Alumno A Ask your partner the following questions. Correct answers are in parentheses.

Alumno B Answer your partner's questions based on the pictures below.

Marta y Teresa

José

Juanita

Los muchachos

Alumno B Ask your partner the following questions. Correct answers are in parentheses.

1. ¿Quién pide las almejas?
   (Antonio pide las almejas.)

2. ¿Qué piden Paco y Mercedes?
   (Paco y Mercedes piden la carne.)

3. ¿Qué piden los turistas?
   (Los turistas piden el maíz.)

4. ¿Quién pide los camarones?
   (Norma pide los camarones.)

Alumno A Answer your partner's questions based on the pictures below.

4.

3.

1–2.

Alumno A Ask your partner the following questions. Correct answers are in parentheses.

1. ¿El joven hace una llamada telefónica o manda un documento por fax?
   (*El joven hace una llamada telefónica.*)

2. ¿Introduce una moneda o una tarjeta telefónica? (*Introduce una tarjeta telefónica.*)

3. ¿Cuál es el prefijo de país del número de teléfono?
   (*El prefijo de país es cincuenta y seis.*)

4. ¿Cuál es la clave de área?
   (*La clave de área es treinta y dos.*)

Alumno B Answer your partner's questions based on the pictures below.

1.

2.

(056) 32 678-1945

3–4.

Alumno B Ask your partner the following questions. Correct answers are in parentheses.

1. ¿La joven hace una llamada telefónica o usa la computadora?
   (*La joven usa la computadora.*)

2. ¿Entra los datos con el teclado o el ratón?
   (*Entra los datos con el teclado.*)

3. ¿Qué mete en la ranura?
   (*Mete un disquete en la ranura.*)

4. ¿Qué transmite por fax?
   (*Transmite un documento por fax.*)

Activity 4

5–6.

3–4.

1–2.

Alumno A Answer your partner's questions based on the pictures below.

Alumno A Ask your partner the following questions. Correct answers are in parentheses.

1. ¿Qué es, una carnicería o una verdulería?
   (Es una carnicería.)

2. ¿Qué se vende allí? (Se vende carne.)

3. ¿Qué es, una pastelería o una frutería?
   (Es una frutería.)

4. ¿Qué se vende allí? (Se venden frutas.)

5. ¿Qué es, una panadería o una pescadería?
   (Es una pescadería.)

6. ¿Qué se vende allí?
   (Se vende pescado./Se venden mariscos.)

Alumno B Answer your partner's questions based on the pictures below.

1–2.

3–4.

5–6.

Alumno B Ask your partner the following questions. Correct answers are in parentheses.

1. ¿Qué es, una pescadería o una panadería?
   (Es una panadería.)

2. ¿Qué se vende allí? (Se vende pan.)

3. ¿Qué es, una frutería o una pastelería?
   (Es una pastelería.)

4. ¿Qué se vende allí? (Se venden pasteles.)

5. ¿Qué es, una verdulería o una carnicería?
   (Es una verdulería.)

6. ¿Qué se vende allí?
   (Se venden legumbres/vegetales.)

3–4.

1–2.

Alumno A Answer your partner's questions based on the pictures below.

Alumno A Ask your partner the following questions. Correct answers are in parentheses.

1. ¿Camina la gente por el parque o por el zoológico? *(La gente camina por el parque.)*

2. ¿Camina la gente por la senda? *(Sí, la gente camina por la senda.)*

3. ¿Qué hacen los jóvenes en el lago? *(Los jóvenes reman por el lago.)*

4. ¿En qué reman los jóvenes? *(Los jóvenes reman en el bote.)*

Alumno B Answer your partner's questions based on the pictures below.

1–2.

3–4.

Alumno B Ask your partner the following questions. Correct answers are in parentheses.

1. ¿Quién toma una piragua, un muchacho o una muchacha?
   (Un muchacho toma una piragua.)

2. ¿Quién come un helado, un muchacho o una muchacha?
   (Una muchacha come un helado.)

3. ¿Dónde hacen cola en el parque de atracciones? *(Hacen cola en la boletería.)*

4. ¿Qué está detrás del tiovivo, la noria o la montaña rusa?
   (La montaña rusa está detrás del tiovivo.)

Alumno A Answer your partner's questions based on the picture below.

Alumno A Ask your partner the following questions. Correct answers are in parentheses.

1. ¿Es el recepcionista o el mozo? *(Es el mozo.)*

2. ¿Va a subir el equipaje o limpiar el cuarto? *(Va a subir el equipaje.)*

3. ¿El huésped paga la cuenta o llena la ficha? *(El huésped paga la cuenta.)*

4. ¿Cómo paga su factura? *(Paga con tarjeta de crédito.)*

Alumno B Answer your partner's questions based on the pictures below.

Alumno B Ask your partner the following questions. Correct answers are in parentheses.

1. ¿Es la camarera o la recepcionista? *(Es la camarera.)*

2. ¿Cambia las toallas o hace la cama? *(Hace la cama.)*

3. ¿Es un cuarto sencillo o doble? *(Es un cuarto sencillo.)*

4. ¿Tiene el cuarto un sofá o un sillón? *(El cuarto tiene un sillón.)*

1–2.   3–4.

3–4.

1–2.

Alumno A Give your partner the correct information based on the pictures below.

Alumno A Read your partner the following *true/false* statements. Correct responses are in parentheses.

1. La asistente de vuelo está en su asiento.
(No, la asistente de vuelo está en el pasillo.)

2. Una señora usa audífonos.
(Sí, una señora usa audífonos.)

3. El señor está en el pasillo.
(No, el señor está en su asiento.)

4. La asistente de vuelo lleva un chaleco salvavidas. *(Sí, la asistente de vuelo lleva un chaleco salvavidas.)*

Alumno B Give your partner the correct information based on the picture below.

Alumno B Read your partner the following *true/false* statements. Correct responses are in parentheses.

1. Es el despegue. *(No, es el aterrizaje.)*

2. Es un helicóptero. *(No, es un avión.)*

3. El muchacho está en la terminal de pasajeros. *(No, el muchacho está en el avión/en su asiento.)*

4. El muchacho se abrocha el cinturón de seguridad. *(Sí, el muchacho se abrocha el cinturón de seguridad.)*

Juanita
3–5.

5. ¿Quién llenó el formulario, Alberto o su amigo? (*Su amigo llenó el formulario.*)

4. ¿Cómo anda Alberto, en muletas o en una silla de ruedas? (*Alberto anda en una silla de ruedas.*)

3. ¿Alberto se lastimó la pierna o la cabeza? (*Alberto se lastimó la pierna.*)

Carlos
1–2.

2. ¿La médica ha puesto un vendaje o un yeso? (*La médica ha puesto un vendaje.*)

1. ¿Marta tiene una herida en la pierna o en el dedo? (*Marta tiene una herida en el dedo.*)

Alumno A Answer your partner's questions based on the pictures below.

Alumno A Ask your partner the following questions. Correct answers are in parentheses.

Alumno B Answer your partner's questions based on the pictures below.

Marta
1–2.

Alberto
3–5.

Alumno B Ask your partner the following questions. Correct answers are in parentheses.

1. ¿Carlos se rompió el brazo o la pierna? (*Carlos se rompió el brazo.*)

2. ¿La médica toma una radiografía o el pulso? (*La médica toma el pulso.*)

3. ¿Juanita se rompió el hombro o la pierna? (*Juanita se rompió la pierna.*)

4. ¿Tiene Juanita un yeso o un vendaje? (*Juanita tiene un yeso.*)

5. ¿Cómo anda Juanita, en muletas o en una silla de ruedas? (*Juanita anda en muletas.*)

Alumno A Ask your partner the following questions. Correct answers are in parentheses.

1. ¿Qué animal es? (Es un cerdo.)

2. ¿Los obreros trabajan en una oficina o en una fábrica?
   (Los obreros trabajan en una fábrica.)

3. ¿La joven está en el campo o en la ciudad?
   (La joven está en el campo.)

4. ¿Es una zona industrial o residencial?
   (Es una zona residencial.)

5. ¿Hay muchos apartamentos?
   (Sí, hay muchos apartamentos.)

Alumno A Answer your partner's questions based on the pictures below.

3.

4–5.

1.

2.

Alumno B Ask your partner the following questions. Correct answers are in parentheses.

1. ¿Qué animal es? (Es una gallina.)

2. ¿Qué animal es? (Es una vaca.)

3. ¿La gente trabaja en una oficina o en una fábrica? (La gente trabaja en una oficina.)

4. ¿Es una zona residencial o comercial? (Es una zona comercial.)

5. ¿Hay rascacielos en la zona? (Sí, hay rascacielos en la zona.)

Alumno B Answer your partner's questions based on the pictures below.

1.

2.

3.

4–5.

Alumno A Ask your partner the following questions. Correct answers are in parentheses.

1. ¿La muchacha limpia o pela las papas?
(La muchacha pela las papas.)

2. ¿Qué agrega a la olla el muchacho?
(El muchacho agrega sal.)

3. ¿Qué lee el joven? (El joven lee la receta.)

4. ¿Qué es? (Es langosta.)

Alumno A Answer your partner's questions based on the picture below.

Alumno B Answer your partner's questions based on the pictures below.

1.

2.

3.   4.

Alumno B Ask your partner the following questions. Correct answers are in parentheses.

1. ¿Cuántas puertas tiene la nevera?
(La nevera tiene dos puertas.)

2. ¿El refrigerador tiene un congelador?
(Sí, el refrigerador tiene un congelador.)

3. ¿Hay plátanos en la cocina?
(Sí, hay plátanos en la cocina.)

4. ¿Hay ollas en la estufa?
(Sí, hay ollas en la estufa.)

Activity 11

Alumno A Ask your partner the following questions. Correct answers are in parentheses.

Alumno A Answer your partner's questions based on the pictures below.

1-2.

3-5.

1. ¿Dónde están las personas? *(Las personas están en la estación de servicio/la gasolinera.)*

2. ¿Qué llena el empleado?
   (El empleado llena tanque de gasolina.)

3. ¿El empleado limpia el parabrisas?
   (No, el empleado no limpia el parabrisas.)

4. ¿Qué revisa la empleada?
   (La empleada revisa el aceite.)

5. ¿Los empleados verifican la presión de las llantas? *(No, los empleados no verifican la presión de las llantas.)*

Alumno B Answer your partner's questions based on the picture below.

Alumno B Ask your partner the following questions. Correct answers are in parentheses.

1. ¿El conductor tiene que doblar a la izquierda o a la derecha? *(El conductor tiene que doblar a la derecha.)*

2. ¿El rótulo indica una calle de sentido único o la velocidad máxima?
   (El rótulo indica una calle de sentido único.)

3. ¿Está el coche en la autopista o en una bocacalle? *(El coche está en la autopista.)*

4. ¿El rótulo indica una entrada a la autopista o un carril en cada sentido?
   (El rótulo indica un carril en cada sentido.)

5. ¿El conductor puede adelantar?
   (No, el conductor no puede adelantar.)

Alumno A Answer your partner's questions based on the picture below.

Alumno A Ask your partner the following questions. Correct answers are in parentheses.

1. ¿La peluquera lava o corta el pelo de la joven? *(La peluquera corta el pelo de la joven.)*

2. ¿La peluquera usa tijeras o una navaja? *(La peluquera usa tijeras.)*

3. ¿La peluquera seca o lava el pelo? *(La peluquera seca el pelo.)*

4. ¿Qué usa la peluquera para secar el pelo? *(La peluquera usa un secador.)*

Alumno B Answer your partner's questions based on the pictures below.

1–2.

3–4.

Alumno B Ask your partner the following questions. Correct answers are in parentheses.

1. ¿Qué compra el señor, sellos o una tarjeta postal? *(El señor compra sellos.)*

2. ¿Qué echa la señora en el buzón? *(La señora echa una carta en el buzón.)*

3. ¿Cuántas ventanillas hay? *(Hay dos ventanillas.)*

4. ¿Qué hace la empleada? *(La empleada pesa el paquete.)*

3–4.

1–2.

Alumno A Answer your partner's questions based on the pictures below.

Alumno A Ask your partner the following questions. Correct answers are in parentheses.

1. ¿Es una recepción de boda o una fiesta de cumpleaños? *(Es una recepción de boda.)*

2. ¿Los novios cantan o bailan? *(Los novios bailan.)*

3. ¿La familia celebra Hanuka o la Navidad? *(La familia celebra Hanuka.)*

4. ¿Qué tiene nueve brazos? *(La menora tiene nueve brazos.)*

Alumno B Answer your partner's questions based on the pictures below.

1–2.

3–4.

Alumno B Ask your partner the following questions. Correct answers are in parentheses.

1. ¿La familia celebra Hanuka o la Navidad? *(La familia celebra la Navidad.)*

2. ¿Es Nochebuena o Nochevieja? *(Es Nochebuena.)*

3. ¿Celebran un cumpleaños o una boda? *(Celebran un cumpleaños.)*

4. ¿Qué llevan los amigos a la fiesta? *(Los amigos llevan regalos a la fiesta.)*

Activity 14

Alumno A Ask your partner the following questions. Correct answers are in parentheses.

1. ¿Qué hace la mecánica?
   (*La mecánica repara el coche.*)

2. ¿Qué hace el arquitecto?
   (*El arquitecto hace planes de construcción.*)

3. ¿Qué hace el plomero? (*El plomero repara el lavabo y el inodoro.*)

4. ¿Qué hace la contable? (*La contable calcula un plan financiero.*)

Alumno A Choose the correct information from the chart below to answer your partner's questions.

...repara las lámparas.
...escribe programas en la computadora.
...compra y vende mercancía.
...defiende a los criminales en el tribunal.

Alumno B Choose the correct information from the chart below to answer your partner's questions.

...repara el lavabo y el inodoro.
...hace planes de construcción.
...repara el coche.
...calcula un plan financiero.

Alumno B Ask your partner the following questions. Correct answers are in parentheses.

1. ¿Qué hace el comerciante?
   (*El comerciante compra y vende mercancía.*)

2. ¿Qué hace la abogada? (*La abogada defiende a los criminales en el tribunal.*)

3. ¿Qué hace el electricista?
   (*El electricista repara las lámparas.*)

4. ¿Qué hace la programadora?
   (*La programadora escribe programas en la computadora.*)

Verb Charts

REGULAR VERBS			
INFINITIVO	**hablar** *to speak*	**comer** *to eat*	**vivir** *to live*
PRESENTE	hablo	como	vivo
	hablas	comes	vives
	habla	come	vive
	hablamos	comemos	vivimos
	habláis	*coméis*	*vivís*
	hablan	comen	viven
PRETÉRITO	hablé	comí	viví
	hablaste	comiste	viviste
	habló	comió	vivió
	hablamos	comimos	vivimos
	hablasteis	*comisteis*	*vivisteis*
	hablaron	comieron	vivieron
IMPERFECTO	hablaba	comía	vivía
	hablabas	comías	vivías
	hablaba	comía	vivía
	hablábamos	comíamos	vivíamos
	hablabais	*comíais*	*vivíais*
	hablaban	comían	vivían
FUTURO	hablaré	comeré	viviré
	hablarás	comerás	vivirás
	hablará	comerá	vivirá
	hablaremos	comeremos	viviremos
	hablaréis	*comeréis*	*viviréis*
	hablarán	comerán	vivirán
CONDICIONAL	hablaría	comería	viviría
	hablarías	comerías	vivirías
	hablaría	comería	viviría
	hablaríamos	comeríamos	viviríamos
	hablaríais	*comeríais*	*viviríais*
	hablarían	comerían	vivirían
SUBJUNTIVO [PRESENTE]	hable	coma	viva
	hables	comas	vivas
	hable	coma	viva
	hablemos	comamos	vivamos
	habléis	*comáis*	*viváis*
	hablen	coman	vivan

Verb Charts

REGULAR VERBS			
INFINITIVO	**hablar** *to speak*	**comer** *to eat*	**vivir** *to live*
PARTICIPIO PRESENTE	hablando	comiendo	viviendo
PARTICIPIO PASADO	hablado	comido	vivido
PRESENTE PERFECTO	he hablado has hablado ha hablado hemos hablado *habéis hablado* han hablado	he comido has comido ha comido hemos comido *habéis comido* han comido	he vivido has vivido ha vivido hemos vivido *habéis vivido* han vivido
IMPERATIVO FORMAL	hable (Ud.) no hable (Ud.) hablen (Uds.) no hablen (Uds.)	coma (Ud.) no coma (Ud.) coman (Uds.) no coman (Uds.)	viva (Ud.) no viva (Ud.) vivan (Uds.) no vivan (Uds.)
IMPERATIVO FAMILIAR	habla (tú) no hables (tú)	come (tú) no comas (tú)	vive (tú) no vivas (tú)

Verb Charts

STEM-CHANGING VERBS
(-ar and -er verbs)

INFINITIVO	empezar (e → ie)[1] to begin	almorzar (o → ue)[2] to eat lunch	perder (e → ie)[3] to lose	volver (o → ue) to return
PRESENTE	empiezo	almuerzo	pierdo	vuelvo
	empiezas	almuerzas	pierdes	vuelves
	empieza	almuerza	pierde	vuelve
	empezamos	almorzamos	perdemos	volvemos
	empezáis	*almorzáis*	*perdéis*	*volvéis*
	empiezan	almuerzan	pierden	vuelven

[1] **Comenzar, sentar,** and **pensar** are similar.
[2] **Acostar, costar,** and **jugar (ue → ue)** are similar.
[3] **Defender** and **entender** are similar.

STEM-CHANGING VERBS (-ir verbs)

INFINITIVO	preferir (e → ie, i) to prefer	dormir (o → ue, u)[4] to sleep	pedir (e → i, i)[5] to ask for
PRESENTE	prefiero	duermo	pido
	prefieres	duermes	pides
	prefiere	duerme	pide
	preferimos	dormimos	pedimos
	preferís	*dormís*	*pedís*
	prefieren	duermen	piden
PRETÉRITO	preferí	dormí	pedí
	preferiste	dormiste	pediste
	prefirió	durmió	pidió
	preferimos	dormimos	pedimos
	preferisteis	*dormisteis*	*pedisteis*
	prefirieron	durmieron	pidieron

[4] **Morir** is similar.
[5] **Repetir, freír,** and **servir** are similar.

Verb Charts

IRREGULAR VERBS[1]

abrir *to open*

PARTICIPIO PASADO	abierto

andar *to walk*

PRETÉRITO	anduve	anduviste	anduvo	anduvimos	*anduvisteis*	anduvieron

caer *to fall, to drop*

PARTICIPIO PRESENTE	cayendo

conocer *to know, to be familiar with*

PRESENTE	conozco	conoces	conoce	conocemos	*conocéis*	conocen

cubrir *to cover*

PARTICIPIO PASADO	cubierto

dar *to give*

PRESENTE	doy	das	da	damos	*dais*	dan
PRETÉRITO	di	diste	dio	dimos	*disteis*	dieron
SUBJUNTIVO [PRESENTE]	dé	des	dé	demos	*deis*	den

IMPERATIVO FORMAL	dé (Ud.)	den (Uds.)
	no dé (Ud.)	no den (Uds.)

decir *to say*

PRESENTE	digo	dices	dice	decimos	*decís*	dicen
PRETÉRITO	dije	dijiste	dijo	dijimos	*dijisteis*	dijeron
FUTURO	diré	dirás	dirá	diremos	*diréis*	dirán
CONDICIONAL	diría	dirías	diría	diríamos	*diríais*	dirían

(continued on H20)

[1] Note that only irregular forms are shown.

Verb Charts

IRREGULAR VERBS

decir *to say*	*(continued from H19)*

PARTICIPIO PRESENTE	diciendo
PARTICIPIO PASADO	dicho
IMPERATIVO FAMILIAR	di (tú)

escribir *to write*

PARTICIPIO PASADO	escrito

estar *to be*

PRESENTE	estoy estás está estamos *estáis* están
PRETÉRITO	estuve estuviste estuvo estuvimos *estuvisteis* estuvieron
SUBJUNTIVO [PRESENTE]	esté estés esté estemos estéis estén
IMPERATIVO FORMAL	esté (Ud.) estén (Uds.) no esté (Ud.) no estén (Uds.)

hacer *to do, to make*

PRESENTE	hago haces hace hacemos *hacéis* hacen
PRETÉRITO	hice hiciste hizo hicimos *hicisteis* hicieron
FUTURO	haré harás hará haremos *haréis* harán
CONDICIONAL	haría harías haría haríamos *haríais* harían
PARTICIPIO PASADO	hecho
IMPERATIVO FAMILIAR	haz (tú)

Verb Charts

IRREGULAR VERBS	
incluir *to include*	
PARTICIPIO PRESENTE	incluyendo
ir *to go*	
PRESENTE	voy vas va vamos *vais* van
PRETÉRITO	fui fuiste fue fuimos *fuisteis* fueron
IMPERFECTO	iba ibas iba íbamos *ibais* iban
SUBJUNTIVO [PRESENTE]	vaya vayas vaya vayamos *vayáis* vayan
PARTICIPIO PRESENTE	yendo
PARTICIPIO PASADO	ido
IMPERATIVO FORMAL	vaya (Ud.) vayan (Uds.) no vaya (Ud.) no vayan (Uds.)
IMPERATIVO FAMILIAR	ve (tú) no vayas (tú)
leer *to read*	
PARTICIPIO PRESENTE	leyendo
morir *to die*	
PARTICIPIO PRESENTE	muriendo

Verb Charts

IRREGULAR VERBS

oír *to hear*

PRESENTE	oigo oyes oye oímos *oís* oyen
PRETÉRITO	oí oíste oyó oímos *oísteis* oyeron
PARTICIPIO PRESENTE	oyendo

poder *to be able*

PRESENTE	puedo puedes puede podemos *podéis* pueden
PRETÉRITO	pude pudiste pudo pudimos *pudisteis* pudieron
FUTURO	podré podrás podrá podremos *podréis* podrán
CONDICIONAL	podría podrías podría podríamos *podríais* podrían
PARTICIPIO PRESENTE	pudiendo

poner *to put*

PRESENTE	pongo pones pone ponemos *ponéis* ponen
PRETÉRITO	puse pusiste puso pusimos *pusisteis* pusieron
FUTURO	pondré pondrás pondrá pondremos *pondréis* pondrán
CONDICIONAL	pondría pondrías pondría pondríamos *pondríais* pondrían
PARTICIPIO PASADO	puesto
IMPERATIVO FAMILIAR	pon (tú)

IRREGULAR VERBS

querer *to want, to wish*

PRESENTE	quiero quieres quiere queremos *queréis* quieren
PRETÉRITO	quise quisiste quiso quisimos *quisisteis* quisieron
FUTURO	querré querrás querrá querremos *querréis* querrán
CONDICIONAL	querría querrías querría querríamos *querríais* querrían

romper *to break*

PARTICIPIO PASADO	roto

saber *to know*

PRESENTE	sé sabes sabe sabemos *sabéis* saben
PRETÉRITO	supe supiste supo supimos *supisteis* supieron
FUTURO	sabré sabrás sabrá sabremos *sabréis* sabrán
CONDICIONAL	sabría sabrías sabría sabríamos *sabríais* sabrían
SUBJUNTIVO [PRESENTE]	sepa sepas sepa sepamos *sepáis* sepan
IMPERATIVO FORMAL	sepa (Ud.) sepan (Uds.) no sepa (Ud.) no sepan (Uds.)

salir *to leave*

PRESENTE	salgo sales sale salimos *salís* salen
FUTURO	saldré saldrás saldrá saldremos *saldréis* saldrán
CONDICIONAL	saldría saldrías saldría saldríamos *saldríais* saldrían
IMPERATIVO FAMILIAR	sal (tú)

Verb Charts

IRREGULAR VERBS

ser *to be*

PRESENTE	soy eres es somos *sois* son
PRETÉRITO	fui fuiste fue fuimos *fuisteis* fueron
IMPERFECTO	era eras era éramos *erais* eran
SUBJUNTIVO [PRESENTE]	sea seas sea seamos *seáis* sean
IMPERATIVO FORMAL	sea (Ud.) sean (Uds.) no sea (Ud.) no sean (Uds.)
IMPERATIVO FAMILIAR	sé (tú) no seas (tú)

tener *to have*

PRESENTE	tengo tienes tiene tenemos *tenéis* tienen
PRETÉRITO	tuve tuviste tuvo tuvimos *tuvisteis* tuvieron
FUTURO	tendré tendrás tendrá tendremos *tendréis* tendrán
CONDICIONAL	tendría tendrías tendría tendríamos *tendríais* tendrían
IMPERATIVO FAMILIAR	ten (tú)

traer *to bring*

PRESENTE	traigo traes trae traemos *traéis* traen
PRETÉRITO	traje trajiste trajo trajimos *trajisteis* trajeron
PARTICIPIO PRESENTE	trayendo

Verb Charts

IRREGULAR VERBS

venir *to come*

PRESENTE	vengo vienes viene venimos *venís* vienen
PRETÉRITO	vine viniste vino vinimos *vinisteis* vinieron
FUTURO	vendré vendrás vendrá vendremos *vendréis* vendrán
CONDICIONAL	vendría vendrías vendría vendríamos *vendríais* vendrían
PARTICIPIO PRESENTE	viniendo
IMPERATIVO FAMILIAR	ven (tú)

ver *to see*

PRESENTE	veo ves ve vemos *veis* ven
PRETÉRITO	vi viste vio vimos *visteis* vieron
IMPERFECTO	veía veías veía veíamos *veíais* veían
PARTICIPIO PASADO	visto

volver *to return*

PARTICIPIO PASADO	vuelto

VERBS WITH A SPELLING CHANGE IN THE PRETERITE
(-car, -gar, -zar)

INFINITIVO	practicar[1] *to practice*	llegar[2] *to arrive*	comenzar[3] *to begin*
PRETÉRITO	practiqué	llegué	comencé
	practicaste	llegaste	comenzaste
	practicó	llegó	comenzó
	practicamos	llegamos	comenzamos
	practicasteis	*llegasteis*	*comenzasteis*
	practicaron	llegaron	comenzaron

[1] **Buscar** and **sacar** are similar.
[2] **Jugar** and **pagar** are similar.
[3] **Empezar** and **almorzar** are similar.

Spanish-English Dictionary

The Spanish-English Dictionary contains all productive and receptive vocabulary from Levels 1 and 2. The numbers following each productive entry indicate the chapter and vocabulary section in which the word is introduced. For example, **3.2** in dark print means that the word was taught in this textbook **Capítulo 3, Palabras 2.** A light print number means that the word was introduced in **¡Buen viaje!,** Level 1. BV refers to the introductory **Bienvenidos** lessons in Level 1. If there is no number following an entry, this means that the word or expression is there for receptive purposes only.

A

a at; to
a bordo de aboard, on board, **7.1**
a eso de at about (time), 4.1
a fines de at the end of
a la española Spanish style
a lo menos
a menudo often, **3.2**
a pie on foot, 4.1
a plazos in installments
a propósito by the way
a solas alone
a tiempo on time, 11.1
a veces sometimes, 7.1
a ver let's see
abandonar el cuarto to check out, **6.1**
abarrotes: la tienda de abarrotes grocery store, **4.2**
la **abeja** bee, **8.1**
el/la **abogado(a)** lawyer, **14.1**
abordar to get on, board
el **abrigo** overcoat, **4.1**
abril April, BV
abrir to open, 8.2
abrocharse to fasten, **7.1**
abrocharse el cinturón de seguridad to fasten one's seatbelt, **7.1**
la **abuela** grandmother, 6.1
el **abuelo** grandfather, 6.1
los **abuelos** grandparents, 6.1
abundante plentiful

aburrido(a) boring, 2.1
aburrir to bore
el **abuso** abuse
acabar de to have just (done something), **8.1**
la **academia** academy, school
acariciar to caress
el **acceso** access
el **accidente** accident, **8.1**
la **acción** action
el **aceite** oil, 14.2; **2.2**
aceptar to accept
la **acera** sidewalk, **9.1**
acerca de about, concerning
acercarse(a) to approach
acertar (ie) to guess right
acomodar to accommodate
el **acompañamiento** accompaniment
acompañar to accompany
aconsejar to advise
acostarse (ue) to go to bed, 12.1
el **acrílico** acrylic
la **actividad** activity
activo(a) active
el **actor** actor, 10.2
la **actriz** actress, 10.2
la **actuación** behavior
actualmente at the present time
la **acuarela** watercolor
acuático(a): el esquí acuático water-skiing, 9.1
acuerdo: de acuerdo OK, all right; in agreement
acuñar to coin, mint
adaptar to adapt
adecuado(a) adequate

adelantar to overtake, pass (car), **11.2**
adelante ahead
además moreover; besides
además de in addition to
la **adicción** addiction
adiós good-bye, BV
adivinar to guess
admirar to admire
admitir to admit, **8.2**
la **adolescencia** adolescence
el/la **adolescente** adolescent, teenager
¿adónde? where?, 1.1
la **adoración** adoration
adorar to adore
adornar to adorn
el **adorno** ornament
la **aduana** customs, 11.2
advertir to warn
aérea: la línea aérea airline
aeróbico(a) aerobic
el **aerodeslizador** hydrofoil
el **aeropuerto** airport, 11.1
afeitarse to shave, 12.1
la crema de afeitar shaving cream, 12.1
aficionado(a) a fond of, 10.1
el/la **aficionado(a)** fan (sports)
afortunado(a) fortunate
africano(a) African
afroamericano(a) African American
las **afueras** outskirts, **9.1**
la **agencia** agency
la agencia de empleos employment agency

el/la **agente** agent, 11.1
    el/la agente de aduana customs agent, 11.2
    el/la agente de policía police officer
    agosto August, BV
    agradable pleasant
    agregar to add, **10.2**
    agrícola agricultural
el/la **agricultor(a)** farmer, 9.2
  el **agua** (*f.*) water, 9.1
    el agua corriente running water
    el agua mineral mineral water, 12.2
    esquiar en el agua to water-ski, 9.1
  el **aguacate** avocado, **10.2**
  el **águila** (*f.*) eagle
  el **agujero** hole
    ahora now, 4.2
    ahorrar to save
  el **aire** air, **11.1**
    al aire libre outdoor (*adj.*)
  el **aire acondicionado** air conditioning, 6.2
  el **ajedrez** chess, 5.1
  el **ají** chili pepper
  el **ajo** garlic, 14.2; **2.2**
  el **ajuar de novia** trousseau
    ajustar to adjust
    al to the
      al aire libre outdoor (*adj.*)
      al bordo de alongside, on the banks of (river)
      al contrario on the contrary
      al lado de beside, 5.2
      al máximo at the most
      al principio at the beginning
    alarmarse to be alarmed
el/la **albañil** bricklayer, **14.1**
  la **alberca** swimming pool, 9.1
  el **albergue para jóvenes (juvenil)** youth hostel, 12.2
  el **álbum** album
  la **alcachofa** artichoke, 14.2; **2.2**
  el **alcalde** mayor, **14.1**

  la **alcaldesa** female mayor
  la **alcaldía** city hall, **14.1**
    alcanzar to reach, attain
  el **alcohol** alcohol
  el **alcoholismo** alcoholism
    alegrarse de to be glad about, **13.1**
    alegre happy
  la **alegría** happiness
  el **alemán** German (language), 2.2
  la **alergia** allergy, 8.2
  el **álgebra** algebra, 2.2
    algo something, 5.2
    ¿Algo más? Anything else?, 5.2
  el **algodón** cotton, **12.1**
    alguien someone
    algunos(as) some, 4.1
  el **alimento** food, 14.2; **2.2**
    allá there
    allí there
    almacenar to store
  la **almeja** clam, 14.2; **2.2**
  la **almohada** pillow, **6.2**
    almorzar (ue) to eat lunch
  el **almuerzo** lunch, 5.2
    tomar el almuerzo to have, eat lunch
    alojarse to stay, lodge
  la **alpargata** sandal
    alquilar to rent, 5.2
    alrededor de around, 6.2
los **alrededores** outskirts
    alternar to alternate
  el **altiplano** high plateau, **7.2**
  la **altitud** altitude, **7.2**
    altivo arrogant, haughty
    alto(a) tall, 1.1; high, 4.2
    en voz alta aloud
    la nota alta high grade, 4.2
  la **altura** height; altitude, **7.2**
el/la **alumno(a)** student, 1.1
    amar to love
    amarillo(a) yellow, 3.2
    amazónico(a) Amazonian
    ambicioso(a) hardworking, 1.1

  el **ambiente** environment; atmosphere
  la **ambulancia** ambulance, **8.1**
    ambulante itinerant
  la **América Central** Central America
  la **América del Norte** North America
  la **América del Sur** South America
    americano(a) American, 1.1
el/la **amigo(a)** friend, 1.1
  el **amor** love
  el **análisis** analysis
    analítico(a) analytical
    analizar to analyze
    anaranjado(a) orange, 3.2
el/la **anarquista** anarchist
    ancho(a) wide, **4.1**
    anciano(a) old, 6.1
el/la **anciano(a)** old person
    andaluz(a) Andalusian
    andante: el caballero andante knight errant
  el **andén** railway platform, 13.1; **1.1**
    andino(a) Andean
  la **anécdota** anecdote
    angosto(a) narrow, **9.1**
  el **anillo** ring, **4.1**
  el **animal** animal
    el animal doméstico farm animal, **9.2**
  el **aniversario** anniversary
    anoche last night, 9.2
  el **anorak** parka, 9.2
  la **Antártida** Antarctic
    anteayer the day before yesterday
    antenupcial prenuptial
los **anteojos de sol** sunglasses, 9.1
    antes de before, 5.1
  el **antibiótico** antibiotic, 8.2
    anticipación: de anticipación ahead of time
    anticuado(a) antiquated
  la **antigüedad** antiquity

Spanish-English Dictionary

antiguo(a) old, ancient, **5.1**
anunciar to announce
el **anuncio** announcement; **7.1**; advertisement, **14.2**
  dar anuncios to make announcements, **7.1**
añadir to add, **10.2**
el **año** year, BV
  cumplir... años to be . . . years old
  el año pasado last year, **9.2**
  este año this year, 9.2
  tener... años to be . . . years old, 6.1
el **Año Nuevo** New Year, **13.2**
  ¡Próspero Año Nuevo! Happy New Year!, **13.2**
apagar to turn off, **3.1**
el **aparato** appliance, device, **3.2**
el **aparcamiento** parking lot
aparcar to park, **11.2**
aparecer to appear
la **apariencia** appearance
el **apartamento** apartment, 6.2
  la casa de apartamentos apartment house, 6.2
apasionado(a) passionate
el **apellido** last name
la **apendicitis** appendicitis
la **apertura** opening
  la apertura de clases beginning of the school year
aplaudir to applaud, **10.2**
el **aplauso** applause, 10.2
  dar aplausos to applaud, **10.2**
  recibir aplausos to receive applause, 10.2
aplicar to apply
el **apóstol** apostle
aprender to learn, 5.1
apropiado(a) appropriate
la **aptitud** aptitude
el **apunte: tomar apuntes** to take notes, 4.2
  aquel, aquella that

en aquel entonces at that time
aquí here
  Aquí tiene (tienes, tienen)... Here is (are) . . .
  por aquí right this way
el/la **árabe** Arab
  aragonés(esa) from Aragon (Spain)
el **árbol** tree
  el árbol de Navidad Christmas tree, **13.2**
el **arco** arc
el **área** (f.) area
la **arena** sand, 9.1
el **arete** earring, **4.1**
  argentino(a) Argentinian, 2.1
el **argumento** plot
  árido(a) arid
la **aritmética** arithmetic, 2.2
el **arma** (f.) weapon
el **armario** closet, **6.2**
la **arqueología** archeology
  arqueológico(a) archaeological
el/la **arqueólogo(a)** archaeologist
el/la **arquitecto(a)** architect, **14.1**
  arrancar to pull out
  arrogante arrogant
el **arroyo** stream, brook
el **arroz** rice, 5.2
  arrugar to wrinkle
el **arsenal** arsenal
el **arte** (f.) art, 2.2
  las bellas artes fine arts
el **artefacto** artifact
el/la **artista** artist, 10.2
  artístico(a) artistic
  asado(a) roasted
  asar to roast, **10.1**
la **ascendencia** background
  de ascendencia mexicana (peruana, etc.) of Mexican (Peruvian, etc.) ancestry
  ascender to rise
el **ascensor** elevator, 6.2
  asegurar to assure
el **aseo** restroom, **7.1**

así so; thus
el **asiento** seat, 11.1
  el número del asiento seat number, 11.1
la **asignatura** subject, discipline, 2.1
el/la **asistente de vuelo** flight attendant, 11.2
  asistir to attend
el **asno** donkey
el **aspa** sail (of a windmill)
el **aspecto** aspect
el/la **aspirante** candidate, 14.2
la **aspirina** aspirin, 8.2
  astuto(a) astute
  asustarse to be frightened
  atacar to attack
el **ataque** attack
la **atención: prestar atención** to pay attention, 4.2
  atender (ie) to assist, wait on (customer), **4.1**
  atento(a) polite, courteous
el **aterrizaje** landing, 7.2
  aterrizar to land, 11.2
el/la **atleta** athlete
  atlético(a) athletic
la **atmósfera** atmosphere
las **atracciones** amusement park rides, 5.2
  el parque de atracciones amusement park, 5.2
  atractivo(a) attractive
  atrapar to catch, 7.2
  atrás behind, in the rear
  atravesar (ie) to cross
el **atún** tuna, 5.2
los **audífonos** earphones, 7.1
  aumentar to increase
el **aumento** increase
  aun even
  aún yet
  aunque although
el **auricular** telephone receiver, 3.2; headphone, 7.1
  austral former Argentine unit of currency
  auténtico(a) authentic

Spanish-English Dictionary

el **autobús** bus, 10.1

  perder el autobús (la guagua, el camión) to miss the bus, 10.1

  automáticamente automatically, **7.1**

el **automóvil** automobile

la **autopista** highway, **11.2**

el/la **autor(a)** author, 10.2

  autorizado(a) authorized

el **autorretrato** self-portrait

la **autovía** highway, **11.2**

los **auxilios: los primeros auxilios** first aid

el **avance** advance

el **ave** (*f.*) bird

la **avenida** avenue, **9.1**

la **aventura** adventure

la **avería** breakdown

  averiado(a) broken down

la **aviación** aviation

el **avión** airplane, 11.1

el **avión de reacción** jet, **7.2**

la **avioneta** small airplane, **7.2**

  ayer yesterday, 9.2

  ayer por la mañana yesterday morning, 9.2

  ayer por la tarde yesterday afternoon, 9.2

la **ayuda** assistance, help

  ayudar to help, 13.1; **1.1**

el **azafrán** saffron

el **azúcar** sugar, **10.1**

  azul blue, 3.2

  azul oscuro dark blue

el **bache** pothole

el **bachillerato** bachelor's degree

la **bacteria** bacteria

la **bahía** bay

  bailar to dance, 4.2

el **baile** dance

  bajar to lower; to go down, 9.2; to get off, 13.2; **1.2**

bajar(se) del tren to get off the train, 13.2; **1.2**

bajar las maletas to take the luggage down, **6.1**

bajo: bajo cero below zero, 9.2

bajo(a) short, 1.1; low, 4.2

  la planta baja ground floor, 6.2

  la nota baja low grade, 4.2

el **balneario** beach resort, 9.1

el **balón** ball, 7.1

  tirar el balón to throw (kick) the ball, 7.2

el **baloncesto** basketball, 7.2

la **banana** banana, **10.2**

la **banca** banking

  bancario(a) banking

el **banco** bank, 12.2

la **banda** music band

la **banda elástica** elastic band

la **bandeja** tray, **7.1**

el **bando** team

el **bañador** bathing suit 9.1

  bañarse to take a bath, 12.1

la **bañera** bathtub, **6.2**

el **baño** bathroom, 6.2; bath

  el cuarto de baño bathroom, 6.2

  el traje de baño bathing suit, 9.1

  barato(a) cheap, inexpensive, 3.2

la **barba** beard

el/la **barbero(a)** barber, **12.1**

la **barra** bar

  la barra de jabón bar of soap, 12.2

el **barrio** neighborhood, **9.1**

  basado(a) based (on)

  basar to base

  basarse to be based

la **báscula** scale, 11.1

la **base** base, 7.2; basis

  básico(a) basic

el **básquetbol** basketball, 7.2

  la cancha de básquetbol basketball court, 7.2

bastante enough, rather, quite, 1.1

el **bastón** ski pole, 9.2

la **batalla** battle

el **bate** bat, 7.2

el/la **bateador(a)** batter, 7.2

  batear to hit (baseball), 7.2

la **batería** battery

el **batú** Taíno Indian game

el **baúl** trunk, **11.1**

el **bautizo** baptism

el/la **bebé** baby

  beber to drink, 5.1

la **bebida** beverage, drink, **7.1**

la **beca** scholarship

el **béisbol** baseball, 7.2

  el campo de béisbol baseball field, 7.2

  el juego de béisbol baseball game, 7.2

  el/la jugador(a) de béisbol baseball player, 7.2

el/la **beisbolista** baseball player

la **belleza** beauty

  bello(a) beautiful, pretty, 1.1

  las bellas artes fine arts

la **bendición** blessing

el **beneficio** benefit

la **berenjena** eggplant, 14.2; **2.2**

  bíblico(a) biblical

la **bicicleta** bicycle

  ir en bicicleta to go by bike, 12.2

  bien fine, well, BV

  muy bien very well, BV

los **bienes y servicios** goods and services

la **bienvenida: dar la bienvenida** to welcome, 11.2

el **bife** beef

el **biftec** steak, 14.2; **2.2**

  bilingüe bilingual

el **billete** ticket, 11.1; bill (currency), **12.2**

  el billete de ida y vuelta round-trip ticket, 13.1; **1.1**

  el billete sencillo one way ticket, 13.1; **1.1**

la **biografía** biography

la **biología** biology, 2.2

biológico(a) biological

el/la **biólogo(a)** biologist

el **bizcocho** cake, **13.1**

blanco(a) white, 3.2

el **blanqueador** bleach

el **bloc** notebook, writing pad, 3.1

bloquear to stop, block, 7.1

el **blue jean** jeans, 3.2

la **blusa** blouse, 3.2

la **boca** mouth, 8.2

boca abajo face down, **3.1**

boca arriba face up, **3.1**

la **boca del metro** subway entrance, **9.1**

la **bocacalle** intersection, **11.2**

el **bocadillo** sandwich, 5.1

la **bocina** horn, **11.1**

tocar la bocina to honk the horn

la **boda** wedding, **13.1**

la **bola** ball

la **boletería** ticket window, 9.2

el **boleto** ticket, 9.2

el **bolígrafo** ballpoint pen, 3.1

la **bolsa** bag, 5.2

la **bolsa de plástico** plastic bag, **4.2**

el **bolsillo** pocket, **4.1**

bonito(a) pretty, 1.1

el **borde** border, side, shoulder (road)

bordear to border

la **bota** boot, 9.2

el **bote** can, 5.2; boat, **5.2**

la **botella: la botella de agua mineral** bottle of mineral water, 12.2

el **botón** button (on a machine), **3.1**; (on clothing), **4.1**

el **botones** bellhop, **6.1**

el **brazo** arm, 7.1; branch (of candelabra, menorah, etc.), **13.2**

breve brief

brillante bright

brillar to shine, 9.1

el **bronce** bronze, 10.2

bronceado(a) tan

bronceador(a): la loción bronceadora suntan lotion, 9.1

bucear to dive; to swim underwater, 9.1

el **buceo** diving, underwater swimming, 9.1

buen good

estar de buen humor to be in a good mood, 8.1

Hace buen tiempo. The weather is nice., 9.1

la **buenaventura** fortune

bueno(a) good, 1.2

Buenas noches. Good evening., BV

Buenas tardes. Good afternoon., BV

Buenos días. Hello, Good morning., BV

sacar una nota buena to get a good grade, 4.2

tener buena pinta to look good (food), **4.2**

la **bufanda** scarf, **4.1**

el **bufete del abogado** lawyer's office, **14.1**

el **bulevar** boulevard, **9.1**

el **bus** bus, 4.1

el bus escolar school bus, 4.1

busca: en busca de in search of

buscar to look for, 3.1

la **butaca** seat (theater), 10.1

el **buzón** mailbox, **12.2**

el **caballero** knight; gentleman, man, **4.1**

el caballero andante knight errant

la tienda de ropa para caballeros men's clothing shop, **4.1**

el **caballete** easel

el **caballito** carousel horse, **5.2**

el **caballo** horse

pasear a caballo to go horsebook riding

el **cabello** hair, **12.1**

caber to fit, **7.1**

la **cabeza** head, 7.1

la **cabina** cabin, **7.1**

la cabina de mando (vuelo) cockpit, **7.1**

el **cacahuete (cacahuate)** peanut

la **cacerola** saucepan, **10.2**

cada each, every, 1.2

la **cadena** chain (necklace), **4.1**

la cadena de oro gold chain, **4.1**

caerse to fall, drop, **7.1**

el **café** coffee, BV; café, 5.1

el café al aire libre outdoor café

el café con leche coffee with milk, 5.1

el café solo black coffee, 5.1

la **cafetería** cafeteria

la **caja** cash register, 3.1; box, **4.2**

el/la **cajero(a)** teller, **12.2**; cashier, **14.1**

el **cajero automático** automatic teller

los **calamares** squid, **10.2**

los **calcetines** socks, 3.2

la **calculadora** calculator, 3.1

calcular to calculate

el **cálculo** calculus, 2.2

calentarse (ie) to heat

la **calidad** quality

la **calificación** qualification

la **calle** street, 6.2

la calle de sentido único one-way street, **11.2**

la calle peatonal pedestrian street

la **callecita** narrow street, alley, **9.1**

el **calor: Hace calor.** It's hot., 9.1

la **caloría** calorie

calzar to take, wear (shoe size), 3.2

la **cama** bed, 8.1

guardar cama to stay in bed, 8.1

hacer la cama to make the bed, **6.2**

la **camarera** maid, **6.2**

el/la **camarero(a)** waiter, waitress, 5.1

los **camarones** shrimp, 14.2; **2.2**

cambiar to change; exchange, **12.2**

cambiar de tren to change trains (transfer), 13.2; **1.2**

cambiar las toallas to change the towels, **6.2**

el **cambio** change, exchange, **12.2**

la **casa de cambio** foreign exchange office, **12.2**

el **tipo (la tasa) de cambio** exchange rate, **12.2**

el/la **cambista** money changer, **12.2**

el **camello** camel, 13.2

la **camilla** stretcher, **8.1**

caminar to walk, 5.1

caminar por la senda to walk along the path, **5.2**

la **caminata: dar una caminata** to take a hike, 12.2

el **camino** trail, path

el **camión** bus (Mexico), 10.1, truck

la **camisa** shirt, 3.2

la **camisa de mangas cortas** short-sleeved shirt, **4.1**

la **camisa de mangas largas** long-sleeved shirt, **4.1**

la **camiseta** T-shirt, undershirt, 3.2

la **campaña** campaign

el/la **campeón(ona)** champion, **5.1**

el **campeonato** championship

el/la **campesino(a)** farmer, peasant, **9.2**

el **campo** country; field, **9.2**

el **campo de béisbol** baseball field, 7.2

el **campo de fútbol** soccer field, 7.1

la **casa de campo** country home

canadiense Canadian

el **canal** channel (TV)

la **canasta** basket, 7.2

la **cancha** court, 7.2

la **cancha cubierta** enclosed court, 9.1

la **cancha de básquetbol** basketball court, 7.2

la **cancha de tenis** tennis court, 9.1

la **canción** song

el/la **candidato(a)** candidate, **14.2**

cansado(a) tired, 8.1

cantar to sing, 4.2

el **cante jondo** traditional flamenco singing

la **cantidad** amount

el **canto** singing

el **cañón** canyon

el **capacho** cloth shopping bag

la **capital** capital

el/la **capitán** captain

el **capítulo** chapter

el **capó** hood (automobile), **11.1**

la **cara** face, 12.1

el **carácter** character

la **característica** characteristic

el **carbohidrato** carbohydrate

cardinal: los puntos cardinales cardinal points

la **cardiología** cardiology

el/la **cardiólogo(a)** cardiologist

el **cardo** thistle

los **cargos** charges

el **Caribe** Caribbean

el **mar Caribe** Caribbean Sea

el/la **caricaturista** caricaturist

la **carne** meat, 5.2

la **carne de res** beef, 14.2; **2.2**

la **carnicería** butcher shop, meat market, **4.2**

caro(a) expensive, 3.2

la **carpeta** folder, 3.1

el/la **carpintero(a)** carpenter, **14.1**

la **carrera** race, career

la **carretera** highway, **11.2**

el **carril** lane (of highway), **11.2**

el **carrito** cart (shopping), **4.2**; (airplane), **7.1**

empujar el carrito to push the cart, **4.2**

el **carro** car, 4.1

el **carro deportivo** sports car, **11.1**

en carro by car, 4.1

la **carta** letter, **12.2**

la **carta de recomendación** letter of recommendation

la **casa** home, house, 6.2

la **casa de apartamentos (departamentos)** apartment house, 6.2

la **casa de campo** country home, **9.2**

la **casa privada (particular)** private house, 6.2

en casa at home

la **casa de cambio** foreign exchange office, **12.2**

casado(a): estar casado(a) to be married

casarse to get married, **13.1**

el **casete** cassette, 4.2

casi almost, practically

el **caso** case, **7.1**

castellano(a) Castillian

el **castigo** punishment

el **castillo** castle

el **catarro** cold (illness), 8.1

tener catarro to have a cold, 8.1

el/la **cátcher** catcher, 7.2

la **catedral** cathedral

la **categoría** category

católico(a) Catholic

catorce fourteen, BV

la **causa** cause

causar to cause

la **cazuela** pot, 10.1

el **CD-ROM** CD-ROM, **3.1**

la **cebolla** onion, **10.1**

la **celebración** celebration

celebrar to celebrate, **13.1**

célebre famous

la **célula** cell

celular: el teléfono celular cell phone, **3.2**

la **cena** dinner, **5.2**

cenar to have dinner

el **centavo** penny

central central

el **centro** downtown, **5.1**; center

cepillarse to brush one's hair, **12.1**

cepillarse los dientes to brush one's teeth, **12.1**

el **cepillo** brush, **12.2**

el cepillo de dientes toothbrush, **12.2**

cerca de near, **6.2**

cercano(a) nearby

el **cerdo** pig (pork), **14.2**; **2.2**

el **cereal** cereal, **5.2**; grain, **9.2**

la **ceremonia** ceremony, **13**

cero zero, BV

cerrar (ie) to close, **8.2**

cerrar la herida to close the wound, **8.2**

la **cesta** basket (jai alai)

el **cesto** basket, **7.2**

la **chabola** shack

el **chaleco** vest

el **chaleco salvavidas** life jacket, **7.1**

el **chalet** chalet

el **champú** shampoo, **12.2**

¡Chao! Good-bye!, BV

la **chaqueta** jacket, **3.2**

charlar to chat

la **chaucha** string beans

el **cheque de viajero** traveler's check, **12.2**

la **chequera** checkbook

el/la **chico(a)** boy (girl)

chileno(a) Chilean

la **chimenea** chimney

la **china** orange (fruit)

el **chisme** piece of gossip

¡chist! shh!

el **choclo** corn

el **chocolate: de chocolate** chocolate (adj.), **5.1**

el **chófer** chauffeur

el **chorizo** pork and garlic sausage, **10.1**

la **chuleta** chop, **10.1**

la chuleta de cerdo pork chop, **10.1**

el **churro** (type of) doughnut

el **ciclismo** cycling

el **cielo** sky, **9.1**

la **ciencia-ficción** science fiction

las **ciencias** science, **2.2**

las ciencias naturales natural sciences

las ciencias políticas political science

las ciencias sociales social sciences, **2.2**

el/la **científico(a)** scientist

científico(a) scientific

cien(to) one hundred, **3.2**

cierto: Es cierto que… It is certain that . . .

cierto(a) certain

cinco five, BV

cincuenta fifty, **2.2**

el **cine** movie theater, **10.1**

la **cinta** ribbon

el **cinturón** belt, **4.1**

el cinturón de seguridad seat belt, **7.1**

circular to circulate, travel, drive

el **círculo** circle

el/la **cirujano(a)** surgeon, **8.2**

el/la cirujano(a) ortopédico(a) orthopedic surgeon, **8.2**

cítrico(a) citric

la **ciudad** city, **9.1**

la **claridad** clarity

el **clarinete** clarinet

claro(a) clear

¡Claro! Certainly!, Of course!

¡Claro que no! Of course not!

la **clase** class (school), 2.1; class (ticket), 13.1; **1.1**; kind, type

la apertura de clases beginning of the school year

la sala de clase classroom, **4.1**

el salón de clase classroom, **4.1**

primera clase first class, 13.1; **1.1**

segunda clase second class, 13.1; **1.1**

clásico(a) classic

clasificar to classify

la **clave de área** area code, **3.2**

el **claxon** horn, **11.1**

el **clic** click

el/la **cliente** customer, 5.1; hotel guest, **6.1**

el **clima** climate

climático(a) climatic

la **clínica** clinic

el **club** club, **4.2**

el Club de español Spanish Club, **4.2**

cobrar to charge

cobrar el cheque to cash the check, **12.2**

la **cocción** cooking

el **coche** car, 4.1; train car, 13.2; **1.2**

el coche deportivo sports car, **11.1**

en coche by car, **4.1**

el **coche-cafetería** cafeteria (dining) car, 13.2; **1.2**

el **coche-cama** sleeping car, 13.2; **1.2**

el **coche-comedor** dining car, 13.2; **1.2**

el **coche deportivo** sports car, **11.1**

el **cocido** stew

la **cocina** kitchen, **6.2**

cocinar to cook, **10.1**

el/la **cocinero(a)** cook, 14.1; **2.1**

el **coco** coconut, **10.2**

el **cóctel** cocktail party

el **codo** elbow, **8.1**

la **coincidencia** coincidence

cojo(a) lame

el **cola** soda, soft drink, 5.1

la **cola** line (queue), 10.1

  hacer cola to line up, to stand in line, 10.1

la **colección** collection

  coleccionar to collect, **5.1**

el/la **coleccionista** collector, **5.1**

la **colecta: hacer una colecta** to take up a collection

el **colector** collector

el **colegio** school, 1.1

el **colesterol** cholesterol

el **colgador** clothes hanger, 6.2

  colgar (ue) to hang, hang up

la **coliflor** cauliflower, 10.1

el **colmado** grocery store, 4.2

la **colocación** placement

  colocar to put, place

  colombiano(a) Colombian, 1.1

la **colonia** suburb, colony

el **color** color, 3.2

  de color colored

  de color marrón brown, 3.2

  ¿De qué color es? What color is it?, 3.2

el/la **comandante** pilot, captain, 11.2

la **comedia** comedy

el **comedor** dining room, 6.2

  comenzar (ie) to begin

  comer to eat, 5.1

  comercial: la zona comercial business district, **9.1**

el/la **comerciante** businessman (woman), **14.1**

el **comercio** business

el **comestible** food, 14.2; **2.2**

  cómico(a) funny, 1.1

la **comida** food, meal, 5.2

la **comisión** commission

el **comité** committee

  como like; as; since, 1.2

  ¿cómo? how?, what?, 1.1

  ¿Cómo está... ? How is . . . ?, 8.1

  ¡Cómo no! Of course!

la **comodidad** comfort

compacto(a): el disco compacto compact disk, CD, 4.2

el/la **compañero(a)** friend, 1.2

la **compañía** company

la **comparación** comparison

  comparar to compare

el **compartimiento** compartment, 13.2; **1.2**

  el compartimiento sobre la cabeza overhead compartment, **7.1**

  el compartimiento superior overhead compartment, **7.1**

la **competencia** competition

la **competición** competition, contest

  competir (i, i) to compete

  completar to complete

  completo(a) full (train), 13.2; **1.2**

  a tiempo completo full time *(adj.)*, **14.2**

  componer to compose

  comportarse to behave

la **composición** composition

la **compra** buying, 4.1

  comprar to buy, 3.1

las **compras** shopping; purchases, 4.2

  hacer las compras to go shopping, 4.2

  ir de compras to go shopping, to shop, 5.2

  comprender to understand, 5.1

  comprometerse to get engaged

el **compromiso** engagement

la **computadora** computer, **3.1**

  común common

la **comunicación** communication

  comunicarse to communicate with each other, **3.1**

la **comunidad** community

  con with

  con cuidado carefully, cautiously, **11.1**

  con frecuencia often, 3.2

  con mucha plata rich

  ¿con quién? with whom?

  con retraso with a delay, 13.2; **1.2**

  con una demora with a delay, late, 11.1

el **concierto** concert

  conciliar to reconcile

el/la **conde(sa)** count(ess)

la **condición** condition

el **condimento** seasoning

el **condominio** condominium, **9.1**

  conducir to drive, **11.1**

el/la **conductor(a)** driver, **11.1**

  conectar to connect

la **conexión** connection

la **conferencia** lecture

  confirmar to confirm

la **confitería** café, tearoom

  Conforme. Agreed., Fine., 14.2; **2.2**

  confrontar to confront

  congelado(a): los productos congelados frozen food, 5.2

el **congelador** freezer, 10.1

el **conjunto** set, collection

  conocer to know, to be familiar with, 11.1

el/la **conocido(a)** acquaintance

el **conocimiento** knowledge

la **conquista** conquest

el **conquistador** conquerer

  conquistar to conquer

el/la **consejero(a) de orientación** guidance counselor

el **consejo** advice

  consentir (ie, i) to allow, tolerate

  conservar to save

  considerar to consider

  consiguiente: por consiguiente consequently

  consistir (en) to consist of

  construir to construct

la **consulta del médico** doctor's office, 8.2

  consultar to consult, 13.1; **1.1**

Spanish-English Dictionary

el **consultorio** medical office, 8.2

el/la **consumidor(a)** consumer

el **consumo** consumption
consumir to consume

la **contabilidad** accounting

el/la **contable** accountant, **14.1**

el **contacto** touch
contagioso(a) contagious

la **contaminación** pollution
contaminado(a) polluted
contaminar to pollute
contemporáneo(a) contemporary
contener (ie) to contain
contento(a) happy, 8.1

la **contestación** answer, response

el **contestador automático** answering machine, 3.2
contestar to answer, 3.2

el **continente** continent
continuar to continue, 7.2
contra against, 7.1
contrario(a) opposite
lo contrario the opposite
contrastar to contrast
contribuir to contribute

el **control** inspection, 11.1
el control de pasaportes passport inspection, 11.1
el control de seguridad security check, 11.1

el/la **controlador(a)** air traffic controller
controlar to control
convencer to convince
conveniente convenient

el **convento** convent

la **conversación** conversation
conversar to talk, speak

el **convertible** convertible, **11.1**
convertir (ie, i) to convert, transform

la **coordinación** coordination

la **copa: la Copa mundial** World Cup

la **copia** copy
copiar to copy

el/la **co-piloto** copilot, 11.2

el **corazón** heart

la **corbata** tie, 3.2

el **cordero** lamb, 14.2; **2.2**

la **cordillera** mountain range, **7.2**

el **cordoncillo** piping (embroidery)

la **coreografía** choreography
coreográfico(a) choreographic

la **córnea** cornea

el **coro** choir, chorus

el **correo** mail; post office, **12.2**
el correo aéreo airmail, **12.2**
el correo electrónico e-mail, electronic mail, 3.1
el correo ordinario regular mail, **12.2**
correr to run, 7.2

la **correspondencia** correspondence
corriente: el agua corriente running water
cortar to cut, **8.1**
cortarse el pelo to get one's hair cut

la **corte** court, **14.1**

el **corte de pelo** haircut, **12.1**
cortés courteous

la **cortesía** courtesy, BV
corto(a) short, 3.2
el pantalón corto shorts, 3.2
las mangas cortas (largas) short (long) sleeves, **4.1**

la **cosa** thing

la **cosecha** crop, harvest, **9.2**
cosechar to harvest, **9.2**
coser to sew

la **costa** coast
costar (ue) to cost, 3.1
costarricense Costa Rican

la **costilla** rib, **10.1**

la **costumbre** custom

la **costura** sewing

el **cráter** crater

la **creación** creation

crear to create

crecer to grow, increase

el **crecimiento** growth

crédito: la tarjeta de crédito credit card, 14.1; **2.1**

creer to believe, 8.2; to think so

la **crema: la crema de afeitar** shaving cream, 12.1
la crema dentífrica toothpaste, 12.2
la crema protectora sunblock, 9.1

criar to raise, 9.2
criollo(a) Creole
cristiano(a) Christian

el **cruce** crossing, intersection, 11.2
el cruce de peatones crosswalk, 9.1

el **crucigrama** crossword puzzle, 5.1
llenar un crucigrama to do a crossword puzzle, 5.1
cruel cruel
cruzar to cross, 9.1

el **cuaderno** notebook, 3.1

la **cuadra** (city) block, 11.2

el **cuadro** painting, 10.2
cuadros: a cuadros check, plaid
¿cuál? which?, what?, BV
¿Cuál es la fecha de hoy? What is today's date?, BV
¿cuáles? which ones?, what?
cualquier any
cuando when, 4.2
¿cuándo? when?, 4.1
cuanto: en cuanto a in regard to
¿cuánto? how much?, 3.1
¿A cuánto está(n)... ? How much is (are) . . . ?, 5.2
¿Cuánto es? How much does it cost?, 3.1
¿Cuánto cuesta(n)... ? How much do(es) . . . cost?, 3.1

¿cuántos(as)? how many?, 2.1

¿Cuántos años tienes? How old are you?

cuarenta forty, 2.2

el **cuarto** room, bedroom 6.2; quarter, 2.2

el cuarto de baño bathroom, 6.2

el cuarto de dormir bedroom

el cuarto doble double room, 6.1

el cuarto sencillo single room, 6.1

menos cuarto a quarter to (the hour), 2.2

y cuarto a quarter past (the hour), 2.2

cuarto(a) fourth, 6.2

cuatro four, BV

cuatrocientos(as) four hundred, 3.2

cubano(a) Cuban

cubanoamericano(a) Cuban American

cubrir to cover

la **cuchara** tablespoon, 14.1; **2.1**

la **cucharita** teaspoon, 14.1; **2.1**

el **cuchillo** knife, 14.1; **2.1**

el **cuello** neck, **4.1**

la **cuenca** basin

la **cuenta** bill, check, 5.1

la **cuenta corriente** checking account, **12.2**

la **cuenta de ahorros** savings account

el/la **cuentista** short-story writer

el **cuento** story

la **cuerda** string (instrument)

el **cuerpo** body, **8.1**

el **Cuerpo de Paz** Peace Corps

el **cuestionario** questionnaire

¡cuidado! careful!

con cuidado carefully

el cuidado intensivo intensive care

tener cuidado to be careful

cuidar to raise, look after, care for

cultivar to cultivate, to grow, 9.2

el **cultivo** cultivation, growing, **9.2**

culto(a) cultured

cultural cultural

el **cumpleaños** birthday, 6.1

¡Feliz cumpleaños! Happy birthday!, **13.1**

cumplir: cumplir… años to be . . . years old, 6.1

el **cupé** coupe, **11.1**

la **cura** cure, treatment

el/la **curandero(a)** folk healer

curar to heal, get well

el **curso** course, class, 2.1

el curso obligatorio required course

el curso opcional elective course

la **dama** lady-in-waiting, woman

la dama de honor maid of honor, **13.1**

las **damas** checkers, **5.1**

la **danza** dance

dañar to hurt

daño: hacerse daño to hurt oneself, **8.1**

dar to give, 4.2

dar a to open onto, look out on

dar a entender to imply that

dar auxilio to help

dar énfasis to emphasize

dar la mano to shake hands

dar la vuelta to turn around

dar las doce to strike twelve, **13.2**

dar un examen to give a test, 4.2

dar un paseo to take a walk, **5.2**

dar una fiesta to give (throw) a party, 4.2

dar una representación to put on a performance, 10.2

datar to date

los **datos** data, information, 3.1

entrar los datos to enter, keyboard information, **3.1**

de of, from, for, BV

de… a… from (time) to (time), 2.2

de joven as a young person

De nada. You're welcome., BV

de ninguna manera by no means, 1.1

¿De parte de quién? Who's calling?, **3.2**

de vez en cuando sometimes

debajo (de) under, below, **7.1**

deber must; should; to owe

la **década** decade

decidir to decide

décimo(a) tenth, 6.2

decir to say, 13

¡Diga! Hello! (answering the telephone–Spain), 14.2; **2.2**

declarar to declare

la **decoración** decoration

decorado(a) decorated

decorar to decorate

dedicarse to devote oneself, **14.1**

el **dedo** finger, **4.1**

el **defecto** fault, flaw

defender (ie) to defend

la **definición** definition

definir to define

definitivamente once and for all

dejar to leave (something), 14.1; **2.1**; to let, allow

dejar un mensaje to leave a message, **3.2**

Spanish-English Dictionary

del of the, from the

delante de in front of, 10.1

delantero(a) front *(adj.)*

delgado(a) thin

delicado(a) delicate

delicioso(a) delicious

demás other, rest

demasiado too (much)

la **demografía** demography

el/la **demógrafo(a)** demographer

la **demora: con una demora** with a delay, 11.1

demostrar (ue) to demonstrate

la **densidad** density

dentífrico(a): la pasta (crema) dentífrica toothpaste, 12.2

el/la **dentista** dentist

dentro de within

dentro de poco soon

el **departamento** apartment, 6.2; department, 14.2

la casa de departamentos apartment house, 6.2

el departamento de recursos humanos human resources department, 14.2

depender (ie) (de) to depend (on)

el/la **dependiente(a)** salesperson, 3.1

el **deporte** sport, 7.1

el deporte de equipo team sport

el deporte individual individual sport

deportivo(a) (related to) sports, 6.2

la emisión deportiva sports program (TV), 6.2

el **depósito** deposit

derecho(a) right, 7.1

a la derecha to the right, 5.2

derecho straight (ahead), 11.2

seguir derecho to go straight, 11.2

la **dermatología** dermatology

el/la **dermatólogo(a)** dermatologist

derrotar to defeat

desagradable unpleasant

desamparado(a): los niños desamparados homeless children

desaparecer to disappear

el **desarrollo** development

el **desastre** disaster

desastroso(a) disastrous

desayunarse to eat breakfast, 12.1

el **desayuno** breakfast, 5.2

tomar el desayuno to eat breakfast, 12.1

descansar to rest

el **descapotable** convertible, 11.1

el/la **descendiente** descendant

descolgar (ue) to pick up (the telephone), 3.2

describir to describe

descubrir to discover

el **descuento** discount

desde since, from

desear to want, wish, 3.2

¿Qué desea Ud.? May I help you? (in a store), 3.2

los **desechos** waste

desembarcar to disembark, 11.2

desembocar to lead, go (one street into another), 9.1; to empty

el **desenlace** conclusion

el **deseo** desire

el **desierto** desert

despachar to sell, 8.2

despacio slowly

despegar to take off (airplane), 11.2

el **despegue** take-off (airplane), 7.2

despertarse (ie) to wake up, 12.1

después (de) after, 5.1; later

el **destino** destination, 11.1

con destino a to

la **desventaja** disadvantage

el **detalle** detail

el **detergente** detergent, 4.2

determinar to determine

detrás de behind, 5.2

devolver (ue) to return (something), 7.2

el **día** day, BV

Buenos días. Good morning., BV

el Día de los Reyes Epiphany (January 6), 13.2

hoy (en) día nowadays, these days

¿Qué día es (hoy)? What day is it (today)?, BV

la **diagnosis** diagnosis, 8.2

el **diálogo** dialogue

el **diamante** diamond

diario(a) daily

dibujar to draw

el **dibujo** drawing

diciembre December, BV

diecinueve nineteen, BV

dieciocho eighteen, BV

dieciséis sixteen, BV

diecisiete seventeen, BV

el **diente** tooth

cepillarse los dientes to brush one's teeth, 12.1

el cepillo de dientes toothbrush, 12.2

la **dieta** diet

diez ten

la **diferencia** difference

diferente different

difícil difficult, 2.1

la **dificultad** difficulty

¡Diga! Hello! (telephone), 14.2; 2.2

diminuto(a) tiny, minute

la **dinamita** dynamite

el **dinero** money, 14.1; 2.1

el dinero en efectivo cash, 12.2

¡Dios mío! Gosh!

el/la **diplomado(a)** graduate

diplomático(a) diplomatic

la **dirección** direction; address

en dirección a toward

las **direccionales** turn signals, **11.1**

directo(a) direct

el/la **director(a)** director, principal

dirigir to direct

la **disciplina** subject area (school), 2.2

el **disco** dial (of telephone), **3.2**

el **disco compacto** compact disk, CD, 14.2; **3.1**

discutir to discuss

el/la **diseñador(a)** designer

el **diseño** design

disfrutar to enjoy

disponible available

la **disputa** quarrel, argument

el **disquete** disk, diskette, 3.1

la **distancia** distance

distinto(a) different, distinct

distraer to distract

la **distribución** distribution

la **distribuidora** parking meter that dispenses tickets

distribuir to pass out, distribute, **7.1**

la **diversión** amusement

divertido(a) fun, amusing

divertirse (ie, i) to enjoy oneself, 12.2

dividir to divide

la **división** division

divorciarse to get divorced

doblado(a) dubbed, 10.1

doblar to turn, **11.2**

doble: el cuarto doble double room, **6.1**

dobles doubles, 9.1

doce twelve, BV

la **docena** dozen, **4.2**

el/la **doctor(a)** doctor

la **documentación** documentation

el **documento** document, 3.1

el **dólar** dollar

doler (ue) to hurt, 8.2

Me duele(n)... My . . . hurt(s) me, 8.2

el **dolor** pain, ache, 8.1

el **dolor de cabeza** headache, 8.1

el **dolor de estómago** stomachache, 8.1

el **dolor de garganta** sore throat, 8.1

Tengo dolor de... I have a pain in my . . . , 8.2

doméstico(a): los animales domésticos farm animals, **9.2**

la **economía doméstica** home economics, 2.2

el **domingo** Sunday, BV

dominicano(a) Dominican, 2.1

la **República Dominicana** Dominican Republic

el **dominio** control, authority

el **dominó** dominos, **5.1**

don courteous way of addressing a man

donde where, 1.2

¿dónde? where?, 1.2

doña courteous way of addressing a woman

dorado(a) golden

dormido(a) asleep

el/la **dormilón(ona)** sleepy head

dormir (ue, u) to sleep

el **saco de dormir** sleeping bag, 12.2

dormirse (ue, u) to fall asleep, 12.1

el **dormitorio** bedroom, 6.2

dos two, BV

doscientos(as) two hundred, 3.2

la **dosis** dose, 8.2

el/la **dramaturgo(a)** playwright

driblar to dribble, 7.2

la **droga** drug

la **drogadicción** drug addiction

la **ducha** shower, 12.1

tomar una ducha to take a shower, 12.1

la **duda** doubt

dudar to doubt

dudoso(a) doubtful

duele(n): Me duele(n) mucho. It (They) hurt(s) me a lot., **8.2**

dulce sweet

el **pan dulce** sweet roll, 5.1

la **duración** duration

durante during

durar to last, **13.2**

duro(a) hard, difficult, 2.1

la **ebullición** boiling

echar to throw

echar la carta (en el buzón) to mail the letter, **12.2**

echar (tomar) una siesta to take a nap

echarle flores to pay someone a compliment

la **ecología** ecology

ecológico(a) ecological

la **economía** economics; economy

la **economía doméstica** home economics, 2.2

económico(a) economical, 12.2

la **ecuación** equation

ecuatoriano(a) Ecuadorean, 2.1

la **edad** age

el **edificio** building, **9.1**

la **educación** education

la **educación física** physical education, 2.2

educar to educate

efectivo: el dinero en efectivo cash

efectuar to carry out

ejemplo: por ejemplo for example

Spanish-English Dictionary

ejercicio: hacer los ejercicios to exercise

el **ejote** string beans

el the (m. sing.), 1.1

él he, 1.1

la **electricidad** electricity

el/la **electricista** electrician, **14.1**

eléctrico(a) electric

electrónico(a): el correo electrónico e-mail, electronic mail

la **elegancia** elegance

elegante elegant, **13.1**

el **elemento** element

la **elevación** elevation

elevado(a) elevated, high

el **elevador** elevator, **6.1**

elevar to elevate

eliminar to eliminate

ella she, 1.1

ellos(as) they, 2.1

el **elote** corn (Mex.)

el/la **embajador(a)** ambassador

embarcar to board, 11.2

embarque: la tarjeta de embarque boarding pass, 11.1

la puerta de embarque departure gate

la **emergencia** emergency, **7.1**

la sala de emergencia emergency room, **8.1**

la **emisión** program (TV), 6.2; emission

la emisión deportiva sports program, 6.2

emitir to emit

la **emoción** emotion

emocional emotional

empalmar to connect

empatado(a) tied (score), 7.1

El tanto queda empatado. The score is tied., 7.1

empezar (ie) to begin, 7.1

el/la **empleado(a)** employee, clerk, 3.1

emplear to employ

el **empleo** employment, job

una solicitud de empleo a job application, **14.2**

la **empresa** business

el/la **empresario(a)** entrepreneur, businessperson

empujar to push, **4.2**

empujar el carrito to push the cart, **4.2**

en in; on

en aquel entonces at that time

en caso de in case of

en punto on the dot, sharp, 4.1

en sí in itself

el/la **enamorado(a)** sweetheart, lover

encantador(a) charming

encantar to delight

encargarse to take charge

encender (ie) to light, **13.2**

encestar to put in (make) a basket, 7.2

la **enchilada** enchilada, BV

encima (de) above

por encima de above, 9.1

encontrar (ue) to find

encontrarse (ue) to meet

la **encuesta** survey

endosar to endorse, **12.2**

el/la **enemigo(a)** enemy

la **energía** energy

enero January, BV

enfadado(a) angry

el **énfasis: dar énfasis** to emphasize

enfatizar to emphasize

la **enfermedad** illness

la **enfermería** nursing

el/la **enfermero(a)** nurse, **8.2**

enfermo(a) sick, 8.1

el/la **enfermo(a)** sick person, 8.1

enfrente de in front of

el **enganche** down payment

¡Enhorabuena! Congratulations!, **13.1**

el **enlace** union

enlatado(a) canned

enlazar to join, connect

enorme enormous

la **ensalada** salad, 5.1

enseguida right away, immediately, 5.1

enseñar to teach, 4.1; to show, **4.1**

entablar to start, begin

entero(a) entire, whole

enterrar (ie) to bury

el **entierro** burial

entonces then

en aquel entonces at that time

la **entrada** inning, 7.2; admission ticket, 10.1; entrance, **5.2**

entrar to enter, 4.1

entrar en escena to come (go) on stage, 10.2

entre between, 7.1

entregar to deliver

el **entrenamiento** training

entretenido(a) entertaining

la **entrevista** interview, **14.2**

el/la **entrevistador(a)** interviewer, **14.2**

entrevistar to interview

entusiasmado(a) enthusiastic

el/la **envejeciente** aging person

enviar to send

envuelto(a) wrapped

el **episodio** episode

la **época** period of time, epoch

el **equilibrio** equilibrium

el **equipaje** baggage, luggage, 11.1

el equipaje de mano carry-on luggage, 11.1

el **equipo** team, 7.1; equipment

el deporte de equipo team sport, 7.2

el **equivalente** equivalent

erróneo(a) wrong, erroneous

la **escala** stopover, **7.2**

hacer escala to stop over, make a stop, **7.2**

la **escalera** stairway, 6.2

Spanish-English Dictionary

la **escalera mecánica** escalator, **9.1**

los **escalofríos** chills, 8.1

escamotear to secretly take

escapar to escape

el **escaparate** shop window, **4.1**

la **escasez** shortage

la **escena** stage

entrar en escena to come (go) on stage, 10.2

el **escenario** scenery, set (theater), 10.2

escoger to choose

escolar (related to) school, 2.1

el bus escolar school bus, 4.1

el horario escolar school schedule

la vida escolar school life

los materiales escolares school supplies, 3.1

esconder to hide

escribir to write, 5.1

escuchar to listen (to), 4.2

el **escudero** squire, knight's attendant

la **escuela** school, 1.1

la escuela intermedia middle school

la escuela primaria elementary school

la escuela secundaria high school, 1.1

la escuela superior high school

el/la **escultor(a)** sculptor, 10.2

la **escultura** sculpture

ese(a) that

esencial essential

eso that (one)

a eso de at about (time), 4.1

esos(as) those

el **espacio** space

el **espagueti** spaghetti

espantoso(a) frightful

la **España** Spain, 1.2

el **español** Spanish (language), 2.2

español(a) Spanish (adj.)

la **espátula** palette knife, spatula

la **especia** spice

especial special

la **especialidad** specialty, specialization

el/la **especialista** specialist, **14.1**

especializar to specialize

especialmente especially

el **espectáculo** show, 10.2

ver un espectáculo to see a show, 10.2

el/la **espectador(a)** spectator, 7.1

el **espejo** mirror, 12.1

espera: la sala de espera waiting room, 13.1; **1.1**

esperar to wait (for), 11.1; to hope

espontáneo(a) spontaneous

la **esposa** wife, spouse, 6.1

el **esposo** husband, spouse, 6.1

el **esquí** skiing, 9.2; ski

el esquí acuático water skiing, 9.1

el/la **esquiador(a)** skier, 9.2

esquiar to ski, 9.2

esquiar en el agua to water-ski, 9.1

la **esquina** corner, **9.1**

establecerse to settle

el **establecimiento** establishment

la **estación** season, BV; station, 10.1

la estación de esquí ski resort, 9.2

la estación de ferrocarril train station, 13.1; **1.1**

la estación del metro subway station, 10.1

la estación de servicio service station, **11.1**

el **estacionamiento** parking

estacionar to park

la **estadía** stay

el **estadio** stadium, 7.1

la **estadística** statistic

el **estado** state

el **estado del banco** bank statement

los **Estados Unidos** United States

estadounidense from the United States

la **estancia** ranch (Argentina)

estar to be, 4.1

¿Está... ? Is . . . there?, **3.2**

estar cansado(a) to be tired, 8.1

estar contento(a) (triste, etc.) to be happy (sad, etc.), 8.1

estar de buen (mal) humor to be in a good (bad) mood, 8.1

estar enfermo(a) to be sick

estar nervioso(a) (tranquilo[a]) to be nervous (calm), 8.1

estar resfriado(a) to have a cold, 8.1

estatal pertaining to state (adj.)

la **estatua** statue, 10.2

este(a) this

el **este** east

estereofónico(a) stereo

el **estilo** style

estimado(a) esteemed

esto this (one)

el **estómago** stomach, 8.1

estornudar to sneeze, 8.1

estos(as) these

la **estrategia** strategy

estrecho(a) narrow, **4.1**

la **estrella** star

la **estructura** structure

el/la **estudiante** student

el/la estudiante de intercambio exchange student

la residencia para estudiantes student housing, dormitory, 3.2

estudiantil (relating to) student

estudiar to study, 4.1

Spanish-English Dictionary

el **estudio** study, **14**
la **estufa** stove, **10.1**
  estupendo(a) stupendous
  eterno(a) eternal
  étnico(a) ethnic
el **euro** euro (currency)
la **Europa** Europe
  europeo(a) European
  exactamente exactly
  exacto(a) exact
  exagerado(a) exaggerated
  exagerar to exaggerate
el **examen** test, exam, **4.2**
  examinar to examine, **8.2**
la **excavación** excavation
  excavar to dig, excavate
  exceder to exceed
  excelente excellent
la **excepción** exception
  exclamar to exclaim
  exclusivamente exclusively
la **exhibición** exhibition
  exigir to demand
la **existencia** existence
  existir to exist
el **éxito** success
la **expedición** expedition
la **experiencia** experience
  experimentar to experiment
el/la **experto(a)** expert, **9.2**
  explicar to explain, **4.2**
el/la **explorador(a)** explorer
la **explosión** explosion
  exportar to export
la **exposición (de arte)**
  (art) exhibition, **10.2**
la **expresión** expression
  el modo de expresión
    means of expression
la **extensión** extension
  extranjero(a) foreign
  el país extranjero foreign
    country, **11.2**
el/la **extranjero(a)** foreigner
  en el extranjero abroad
  extraordinario(a)
    extraordinary
  extravagante strange
  extremo(a) extreme

F

la **fábrica** factory, **9.1**
  fabricado(a) manufactured
  fabuloso(a) fabulous
  fácil easy, **2.1**
  facilitar to facilitate
el **facsímil** fax, **3.1**
la **factura** bill, **6.1**; invoice
  facturar el equipaje to
    check luggage, **11.1**
la **Facultad** school (of a
  university)
la **faja** sash
la **falda** skirt, **3.2**
  falso(a) false
la **fama: tener fama de**
  to have the reputation of
la **familia** family, **6.1**
  familiar (related to the)
    family
  famoso(a) famous, **1.2**
  fantástico(a) fantastic, **1.2**
el/la **farmacéutico(a)** druggist,
  pharmacist, **8.2**
la **farmacia** drugstore, **8.2**
  fascinar to fascinate
  Favor de (+ infinitive)
    Please (+ verb), **11.1**
  favorito(a) favorite, **11**
el **fax** fax, **3.1**
  mandar (transmitir) un fax
    to send a fax, to fax, **3.1**
  febrero February, **BV**
la **fecha** date, **BV**
  ¿Cuál es la fecha de hoy?
    What is today's date?, **BV**
la **felicidad** happiness
  ¡Felicitaciones!
    Congratulations!, **13.1**
  feliz happy
  ¡Feliz cumpleaños!
    Happy birthday!, **13.1**
  ¡Feliz Hanuka! Happy
    Chanukah!, **13.2**
  ¡Feliz Navidad! Merry
    Christmas!, **13.2**
  feo(a) ugly, **1.1**

el **ferrocarril** railroad, **13.1,
  1.1**
  la estación de ferrocarril
    train station, **13.1, 1.1**
  festejar to celebrate
la **ficción** fiction
la **ficha** piece (game), **5.1**;
  registration card, **6.1**
  ficticio(a) fictitious
la **fiebre** fever, **8.1**
  tener fiebre to have a
    fever, **8.1**
  fiel faithful
la **fiesta** party, **13.1**
  dar una fiesta to give
    (throw) a party, **4.2**
la **fiesta de las luces** The
  Festival of Lights, **13.2**
la **figura** figure
  figurativo(a) figurative
  fijar to fix
  fijo(a) fixed
la **fila** row (of seats); line
  (queue), **10.1**
el **filete** fillet
el **film** film, **10.1**
el **fin** end
  a fines de at the end of
  el fin de semana
    weekend, **BV**
el **final: al final (de)** at the
  end (of)
  financiero(a) financial
las **finanzas** finances
la **finca** farm, **9.2**
  fino(a) fine
  firmar to sign, **12.2**
la **física** physics, **2.1**
  físico(a): la educación física
    physical education, **2.2**
  flaco(a) thin, **1.2**
  flamenco(a) flamenco
la **flauta** flute
  flechar to become
    enamored of (to fall for)
la **flor** flower
el **folleto** pamphlet
el **fondo** fund
el/la **fontanero(a)** plumber, **14.1**

la **forma** shape

formar to make up, to form

el **formulario** form, **8.2**

llenar un formulario to fill out a form, **8.2**

la **fortaleza** strength

la **fortificación** fortification

la **foto** photo

la **fotografía** photograph

el/la **fotógrafo(a)** photographer

la **fractura** fracture, **8.1**

el **fragmento** fragment

el **francés** French, 2.2

franco(a) frank, candid, sincere

el **frasco** jar, **4.2**

la **frase** phrase, sentence

la **frazada** blanket, **6.2**

frecuentemente frequently

freír (i, i) to fry, 14.1; **2.1**

los **frenos** brakes, **11.1**

la **frente** forehead, **8.1**

fresco(a) fresh, **4.2**

el **frijol** bean, 5.2

los **frijoles negros** black beans, **10.2**

el **frío: Hace frío.** It's cold., 9.2

frito(a) fried, 5.1

las **papas fritas** French fries, 5.1

el **frontón** wall (of a jai alai court)

la **fruta** fruit, 5.2

la **frutería** fruit store, **4.2**

el **fuego** fire, **10.2**

a fuego lento on a low flame, heat

quitar (retirar) del fuego to take (something) off the heat, **10.2**

la **fuente** source

fuerte strong

la **fuerza** strength; force

fumar: la sección de (no) fumar (no) smoking area, 11.1

la señal de no fumar no smoking sign, **7.1**

la **función** performance, 10.2; function

el **funcionamiento** functioning

el/la **funcionario(a)** city hall employee, **14.1**

la **fundación** foundation

fundado(a) founded, established

fundar to found, establish

la **furia** fury

furioso(a) furious

el **fútbol** soccer, 7.1

el campo de fútbol soccer field, 7.1

el **futbolín** table soccer, **5.1**

el **futuro** future

G

la **gabardina** raincoat, **4.1**

las **gafas de sol** sunglasses, 9.1

el **galán** beau, heartthrob

la **galaxia** galaxy

la **galería comercial** shopping mall

el **galón** gallon

gallardo(a) gallant, fine-looking

la **gallina** hen, **9.2**

las **gambas** shrimp, **10.2**

el **ganado** cattle, **9.2**

ganar to win, 7.1; to earn

ganar la vida to earn one's living

la **ganga** bargain

el **garaje** garage, 6.2

la **garantía** guarantee

la **garganta** throat, 8.1

la **garita de peaje** toll booth, **11.2**

la **gasolina** gasoline, **11.1**

la **gasolinera** service station, **11.1**

gastar to spend

el/la **gato(a)** cat, 6.1

el/la **gemelo(a)** twin

general: en general generally

por lo general in general, usually

generalmente usually, generally

el **género** genre

generoso(a) generous, 1.2

la **gente** people

la **geografía** geography, 2.2

la **geometría** geometry, 2.2

geométrico(a) geometric

gerencial managerial

el/la **gerente** manager, **14.1**

el **gesto** gesture

el **gigante** giant

el **gimnasio** gymnasium

la **ginecología** gynecology

el/la **ginecólogo(a)** gynecologist

la **gira** tour, 12.2

el **globo** balloon, **5.2**

el **gobierno** government, **14.1**

el gobierno estatal state government

el gobierno federal federal government

el gobierno municipal municipal government

el **gol: meter un gol** to score a goal, 7.1

el **golfo** gulf

el **golpe** coup (overthrow of a government)

golpear to hit, 9.2

la **goma** tire, **11.1**

la **goma de borrar** eraser, 3.1

gordo(a) fat, 1.2

la **gorra** cap, hat, 3.2

gozar to enjoy

Gracias. Thank you., BV

gracioso(a) funny, 1.1

el **grado** degree (temperature), 9.2; grade

graduarse to graduate

la **gramática** grammar

el **gramo** gram

gran, grande big, large, great

las Grandes Ligas Major Leagues

el **grano** grain

la **grasa** fat
grave serious, grave
el/la **griego(a)** Greek
la **gripe** flu, 8.1
gris gray, 3.2
el **grupo** group
la **guagua** bus (Puerto Rico, Cuba), 10.1
el **guante** glove, 7.2
guapo(a) handsome, 1.1
guardar to guard, 7.1; to keep, save, **3.1**
guardar cama to stay in bed, 8.1
el/la **guardia** police officer
guatemalteco(a) Guatemalan
la **guerra** war
la **guerrilla** band of guerrillas
el/la **guía** tour guide; guide
la **guía telefónica** telephone book, **3.2**
el **guisante** pea, 5.2
la **guitarra** guitar
gustar to like, to be pleasing
el **gusto** pleasure; taste
Mucho gusto. Nice to meet you.

haber to have (in compound tenses)
la **habichuela** bean, 5.2
la habichuela tierna string bean
las habichuelas negras black beans, 10.2
la **habitación** bedroom, room, **6.1**
el/la **habitante** inhabitant
habla: los países de habla española Spanish-speaking countries
hablar to speak, talk, 3.1
hace: Hace... años . . . years ago
Hace buen tiempo. The weather is nice., 9.1

Hace calor. It's hot., 9.1
Hace frío. It's cold., 9.2
Hace mal tiempo. The weather is bad., 9.1
Hace sol. It's sunny., 9.1
hacer to do, to make
hacer caso to pay attention
hacer cola to line up, 10.1
hacer la cama to make the bed, 6.2
hacer la maleta to pack one's suitcase
hacer las compras to shop, 4.2
hacer las tareas to do homework, 3.1
hacer preguntas to ask questions, 14.2
hacer un viaje to take a trip, 11.1
hacer una llamada telefónica to make a telephone call, 3.2
hacerse daño to hurt oneself, 8.1
hacia toward
la **hacienda** ranch
hallar to find
hambre: tener hambre to be hungry, 14.1; **2.1**
la **hamburguesa** hamburger, 5.1
Hanuka Chanukah, **13.2**
¡Feliz Hanuka! Happy Chanukah!, **13.2**
harmonioso(a) harmonious
hasta until, BV
¡Hasta luego! See you later!, BV
¡Hasta mañana! See you tomorrow!, BV
¡Hasta pronto! See you soon!, BV
hay there is, there are, BV
hay que one must
Hay sol. It's sunny., 9.1
No hay de qué. You're welcome., BV
hebreo(a) Hebrew, **13.2**

hecho(a) made
helado(a): el té helado iced tea, 5.1
el **helado** ice cream, 5.1
el helado de chocolate chocolate ice cream, 5.1
el helado de vainilla vanilla ice cream, 5.1
el **helicóptero** helicopter, 7.2
el **hemisferio norte** northern hemisphere
el **hemisferio sur** southern hemisphere
la **herencia** inheritance
la **herida** wound, 8.1
el/la **herido(a)** injured person
la **hermana** sister, 6.1
el **hermano** brother, 6.1
hermoso(a) beautiful, pretty, 1.1
el/la **héroe** hero
hervir (ie) to boil, **10.1**
el **hidrofoil** hydrofoil
la **higiene** hygiene
higiénico(a): el papel higiénico toilet paper, 12.2
la **hija** daughter, 6.1
el **hijo** son, 6.1
los hijos children, 6.1
hinchado(a) swollen, **8.1**
el **hipermercado** hypermarket, 4.2
la **hipoteca** mortgage
hispano(a) Hispanic
hispanoamericano(a) Spanish-American
hispanohablante Spanish-speaking
el/la **hispanohablante** Spanish speaker
la **historia** history, 2.2; story
el/la **historiador(a)** historian
histórico(a) historical
la **historieta** short story
el **hobby** hobby, **5.1**
la **hoja: la hoja de papel** sheet of paper, 3.1
¡Hola! Hello!, BV

el **hombre** man

>**¡hombre!** good heavens!, you bet!

el **hombro** shoulder, **8.1**

honesto(a) honest, 1.2

el **honor** honor

la **hora** hour; time

>**¿A qué hora?** At what time?, 2.2

>**la hora de salida** departure hour

>**la hora de la cena** dinner hour

el **horario** schedule, 13.1; **1.1**

>**el horario escolar** school schedule

la **horchata** cold drink made from almonds, milk, and sugar

la **hornilla** stove burner, **10.1**

el **hornillo** portable stove, **10.1**

el **horno** oven, **10.1**

el **horno de microondas** microwave oven, **10.1**

horrible horrible

hospedarse to lodge, stay

el **hospital** hospital, **8.1**

la **Hostia** Host (religious)

el **hostal** inexpensive hotel, 12.2

el **hotel** hotel, **6.1**

hoy today, BV

>**hoy (en) día** nowadays, these days

el **huarache** sandal

el/la **huerto(a)** vegetable garden, orchard, **9.2**

el **hueso** bone, **8.2**

el/la **huésped** guest, **6.1**

el **huevo** egg, 5.2

>**humano(a): el ser humano** human being

húmedo(a) humid

humilde humble

el **humor** mood, **8.1**

>**estar de buen humor** to be in a good mood, **8.1**

>**estar de mal humor** to be in a bad mood, **8.1**

el **huso horario** time zone

I

el **icono** icon

ida: de ida y vuelta round-trip (ticket), 13.1; **1.1**

la **idea** idea

ideal ideal, 1.2

el/la **idealista** idealist

identificar to identify

idílico(a) idyllic

el **idioma** language

la **iglesia** church

igual equal, alike

>**igual que** like, as

la **ilusión** illusion

ilustre distinguished

la **imagen** image

la **imaginación** imagination

imaginado(a) imagined, dreamed of

imaginar to imagine

imaginario(a) imaginary

impar: el número impar odd number

el **imperativo** imperative

el **impermeable** raincoat, **4.1**

importante important

importar to be important

imposible impossible

impresionar to affect, influence

la **impresora** printer, **3.1**

inaugurar to inaugurate

el/la **inca** Inca

incluido(a): ¿Está incluido el servicio? Is the tip included?, 5.1

incluir to include, 5.1

increíble incredible

la **independencia** independence

el **indicador: el tablero indicador** scoreboard, 7.1

indicar to indicate, 11.1

indígena native, indigenous

el/la **indígena** native person

indio(a) Indian

indispensable indispensable

individual individual

>**el deporte individual** individual sport

el **individuo** individual

>**industrial: la zona industrial** industrial area, **9.1**

la **inferencia** inference

la **influencia** influence

la **información** information

informar to inform, 13.2; **1.2**

la **informática** computer science, 2.2

el **informe** report

la **ingeniería** engineering

el/la **ingeniero(a)** engineer, **14.1**

el **inglés** English, 2.2

el **ingrediente** ingredient

>**ingresar** to make a deposit (bank)

inhospital inhospitable

inhóspito(a) desolate, inhospitable

inmediatamente immediately

inmediato(a) immediate

inmenso(a) immense

la **innovación** innovation

inocente innocent

el **inodoro** toilet, **6.2**

insistir to insist

inspeccionar to inspect, 11.1

la **instalación** installation

instantáneo(a) instantaneous

el **instante** instant

la **instrucción** instruction

el **instrumento** instrument

>**el instrumento musical** musical instrument

íntegro(a) integral

inteligente intelligent, 2.1

el **intercambio** exchange

>**el/la estudiante (alumno[a]) de intercambio** exchange student

el **interés** interest

interesante interesting, 2.1

interesar to interest

intergaláctico(a) intergalactic

intermedio(a): la escuela intermedia middle school

internacional international

Internet Internet, **3.1**

la **interpretación** interpretation

el/la **intérprete** interpreter

interrumpir to interrupt

la **interrupción** interruption

intervenir to intervene

íntimo(a) intimate, close

la **introducción** introduction

introducir to insert, **3.2**

   introducir la tarjeta telefónica to insert the phone card, **3.2**

el **invento** invention

inverso(a) reverse

la **investigación** investigation

el/la **investigador(a)** researcher

el **invierno** winter, BV

la **invitación** invitation

el/la **invitado(a)** guest

invitar to invite, 6.1

la **inyección** injection, shot, 8.2

   poner una inyección to give a shot

ir to go, 4.1

   ir a (+ infinitive) to be going to (do something)

   ir a pie to go on foot, to walk, 4.1

   ir de compras to go shopping, 5.2

   ir en bicicleta to go by bicycle, 12.2

   ir en carro (coche) to go by car, 4.1

   ir en tren to go by train

la **irrigación** irrigation

la **isla** island

italiano(a) Italian

izquierdo(a) left, 7.1

   a la izquierda to the left, **5.2**

J

el **jabón** soap, 12.2

   la barra (pastilla) de jabón bar of soap, 12.2

jamás never

el **jamón** ham, 5.1

el **jardín** garden, 6.2

el/la **jardinero(a)** outfielder, 7.2

la **jaula** cage, **5.2**

el/la **jefe(a)** boss

el **jet** jet

el **jonrón** home run, 7.2

joven young, 6.1

   de joven as a young person

el/la **joven** youth, young person, 10.1

la **joya** jewel, **4.1**

la **joyería** jewelry store, **4.1**

la **judía verde** green bean, 5.2

el **juego** game

   el juego de béisbol baseball game, 7.2

   el juego de tenis tennis game, 9.1

   el juego de video video game, 5.1

   los Juegos Olímpicos Olympic Games

   la sala de juegos game arcade, **5.1**

el **jueves** Thursday, BV

el/la **juez** judge, **14.1**

el/la **jugador(a)** player, 7.1

   el/la jugador(a) de béisbol baseball player, 7.2

jugar (ue) to play, 7.1

   jugar (al) béisbol (fútbol, baloncesto, etc.) to play baseball (soccer, basketball, etc.), 7.1

el **jugo** juice

   el jugo de naranja orange juice, 12.1

el **juguete** toy

julio July, BV

la **jungla** jungle

junio June, BV

juntos(as) together

juvenil: el albergue juvenil youth hostel, 12.2

la **juventud** youth

K

el **kilo** kilogram, 5.2

el **kilómetro** kilometer

L

la the (f. sing.), 1.1; it, her (pron.)

el **labio** lip, 8.1

el **laboratorio** laboratory

el **lado** side

   al lado de beside, next to, **5.2**

el **lago** lake, **5.2**

el **lamento** lament

la **lana** wool, **12.1**

la **langosta** lobster, 14.2; **2.2**

la **lanza** lance

el/la **lanzador(a)** pitcher, 7.2

lanzar to throw, 7.1; to launch

el **lápiz** pencil, 3.1

largo(a) long, 3.2

   de largo recorrido long distance (trip)

las them (f. pl. pron.)

la **lástima: ser una lástima** to be a pity (a shame)

lastimarse to get hurt, **8.1**

la **lata** can, 5.2

lateral side (adj.), 13.2; **1.2**

el **latín** Latin, 2.2

latino(a) Latin (adj.)

Latinoamérica Latin America, 1.1

latinoamericano(a) Latin American

el **lavabo** washbasin, **6.2**; restroom, **7.1**

el **lavado** laundry, **12.1**

la **lavandería** laundromat

lavar: la máquina de lavar washing machine, **12.1**

lavarse to wash oneself, 12.1

  lavarse los dientes to brush one's teeth, 12.1

le to him, to her; to you (*formal*) (*pron.*)

la **lección** lesson, 4.2

la **leche** milk

  el café con leche coffee with milk, 5.1

el **lechón** suckling pig

la **lechuga** lettuce, 5.2

la **lectura** reading

  leer to read, 5.1

la **legumbre** vegetable

  lejos far, **12.2**

la **lengua** language, 2.2

el **lenguaje** language

la **lenteja** lentil

  lento(a) slow, **10.2**

el **león** lion

  les to them; to you (*formal pl.*) (*pron.*)

el/la **lesionado(a)** injured person

la **letra** letter (of alphabet)

  levantar to lift, to raise

    levantarse to get up, 12.1; to rise up (against)

    levantarse el sol the sun rises

el/la **libertador(a)** liberator

la **libra** pound

  libre free, 5.1

    al aire libre outdoor (*adj.*)

el **libro** book, 3.1

la **licencia** driver's license, **11.1**

el **liceo** high school

el **lienzo** canvas (painting)

la **liga** league

  las Grandes Ligas Major Leagues

ligero(a) light (cheerful)

la **lima** lime, **10.1**

  limeño(a) from Lima (Peru)

el **límite de velocidad** speed limit

el **limón** lemon, **10.1**

la **limonada** lemonade, BV

  limpiar to clean, **6.2**

    limpiar el cuarto to clean the room, **6.2**

    limpiar en seco to dry clean, **12.1**

  limpio(a) clean

la **limusina** limousine

  lindo(a) pretty, 1.1

la **línea** line

  la línea aérea airline

  la línea ecuatorial equator

  la línea paralela parallel line

  la línea telefónica telephone line

el **lípido** lipid, fat

  líquido(a) liquid

  lírico(a) lyric

la **lista** list

  listo(a) ready; clever, **5.1**

la **litera** berth, **13.2**; **1.2**

  literal literal

  literario(a) literary

la **literatura** literature, 2.1

el **litro** liter

la **llamada larga** long distance call, **3.2**

la **llamada telefónica** telephone call, **3.2**

  hacer una llamada telefónica to make a (telephone) call, 3.2

  poner la llamada to put the call through

  llamado(a) called

  llamar to call; to telephone, **3.2**

  llamarse to be named, to call oneself, 12.1

la **llanta** tire, **11.1**

  la llanta de recambio (repuesto) spare tire, **11.1**

la **llanura** plain, **7.2**

la **llave** key, **6.1**

la **llegada** arrival, arriving, 11.1

  llegar to arrive, 4.1

  llenar to fill, fill out

    llenar un crucigrama to do a crossword puzzle, **5.1**

    llenar el formulario to fill out the form, **8.2**

  lleno(a) full

  llevar to carry, 3.1; to wear, 3.2; to bring, 6.1; to bear; to have (subtitles, ingredients, etc.); to take, 8.1

  llover (ue) to rain

    Llueve. It's raining., 9.1

la **lluvia** rain

  lo it; him (*m. sing.*) (*pron.*)

  lo que what, that which

  local local, 13.2; **1.2**

la **loción: la loción bronceadora** suntan lotion, 9.1

  loco(a) insane

el **lodo** mud

  lógico(a) logical

  los them (*m. pl.*) (*pron.*)

el **loto** lotto

las **luces** headlights, **11.1**

  luchar to fight

  luego later; then, BV

    ¡Hasta luego! See you later!, BV

el **lugar** place

  tener lugar to take place, **8.1**

  lujo: de lujo deluxe

  lujoso(a) luxurious

la **luna** moon

la **luna de miel** honeymoon

  lunares: con lunares with polka dots

el **lunes** Monday, BV

la **luz** light

  la luz roja red light, **11.2**

M

la **madera** wood

la **madre** mother, 6.1

madrileño(a) native of Madrid

la **madrina** godmother

el/la **maestro(a)** teacher

magnífico(a) magnificent

el **maíz** corn, 14.2; **2.2**

mal bad, 14.2; **2.2**

estar de mal humor to be in a bad mood, 8.1

Hace mal tiempo. The weather's bad., 9.1

la **maleta** suitcase, 11.1

el/la **maletero(a)** trunk (of a car), 11.1; porter, 13.1; **1.1**

malhumorado(a) bad-tempered

malo(a) bad, 2.1

sacar una nota mala to get a bad grade, 4.2

la **mamá** mom

el **mambo** mambo

mandar to send, **3.1**; to order

manejar to drive, **11.1**

la **manera** way, manner, 1.1

de ninguna manera by no means, 1.1

la **manga** sleeve, **4.1**

de manga corta (larga) short- (long-) sleeved, **4.1**

el **maní** peanut

la **mano** hand, 7.1

dar la mano to shake hands

la **mano de obra** workforce

la **manta** blanket, **6.2**

el **mantel** tablecloth, 14.1; **2.1**

mantener to maintain

mantenerse en forma to keep in shape

la **mantequilla** butter, **10.2**

la **manzana** apple, 5.2

el **manzano** apple tree, **9.2**

mañana tomorrow, BV

¡Hasta mañana! See you tomorrow!, BV

la **mañana** morning

de la mañana A.M. (time), 2.2

por la mañana in the morning

el **mapa** map

el **maquillaje** makeup, 12.1

ponerse el maquillaje to put one's makeup on, 12.1

maquillarse to put one's makeup on, 12.1

la **máquina** machine, device

la máquina de lavar washing machine, **12.1**

prender la máquina to turn (a device) on, **3.1**

el **mar** sea, 9.1

el mar Caribe Caribbean Sea

maravilloso(a) marvelous

el **marcador** marker, 3.1

marcar to dial, **3.2**

marcar el número to dial the number, **3.2**

marcar un tanto to score a point, 7.1

marchar to march

el **marfil** ivory

el **marido** husband, 6.1

el/la **marino(a)** sailor

los **mariscos** shellfish, 5.2

marrón: de color marrón brown, 3.2

el **martes** Tuesday, BV

marzo March, BV

más more, 2.2

más tarde later

más o menos more or less

la **masa** mass

la **máscara de oxígeno** oxygen mask, 7.1

matar to kill

las **matemáticas** mathematics, 2.1

la **materia** matter, subject; material

la materia prima raw material

el **material** supply, 3.1; material

los materiales escolares school supplies, 3.1

el **matrimonio** marriage

máximo(a) maximum, **11.2**

la velocidad máxima speed limit, **11.2**

el/la **maya** Maya

mayo May, BV

la **mayonesa** mayonnaise, **4.2**

mayor greater, greatest; elderly, older

la mayor parte the greater part, the most

la **mayoría** majority

me me (pron.)

el/la **mecánico(a)** mechanic

la **medalla** medal

media average

y media half-past (time)

mediano(a) medium, **4.1**

la **medianoche** midnight

las **medias** stockings, pantyhose

el **medicamento** medicine (drugs), 8.2

la **medicina** medicine (discipline), 8.2; medicine

el/la **médico(a)** doctor, 8.2

la **medida** measurement

el **medio** medium, means

el medio de transporte means of transportation

medio(a) half, 5.2; average

media hora half an hour

el **medio ambiente** environment

el **mediodía** noon

medir (i, i) to measure

la **mejilla** cheek, 8.1

los **mejillones** mussels, 10.2

mejor better

el/la mejor the best

melancólico(a) melancholic

el **melocotón** peach, 10.1

la **memoria** memory

mencionar to mention

menor lesser, least

la **menora** menorah, **13.2**

menos less, fewer

a menos que unless

menos cuarto a quarter to (the hour)

el **mensaje** message, **3.2**

dejar un mensaje to leave a message, **3.2**

la **mensualidad** monthly installment

mentiroso(a) lying

el **menú** menu, **5.1**

el **mercadeo** marketing

el **mercado** market, 5.2

la **mercancía** merchandise, **14.1**

el **merengue** merengue

la **merienda** snack, 4.2

tomar una merienda to have a snack, 4.2

la **mermelada** jam, marmalade

el **mes** month, BV

la **mesa** table, 5.1; plateau

la **mesera** waitress, 5.1

el **mesero** waiter, 5.1

la **meseta** plateau, **7.2**

la **mesita** tray table, **7.1**

el/la **mestizo(a)** mestizo

el **metabolismo** metabolism

el **metal: instrumentos de metal** brass (instruments in orchestra)

meter to put, place, 7.1; to put in, insert, **3.1**

meter un gol to score a goal, 7.1

el **método** method

la **métrica** metrics

el **metro** subway, 10.1; meter, **7.2**

mexicano(a) Mexican, 1.1

mexicanoamericano(a) Mexican American

la **mezcla** mixture

mi my

mí me

el **microbio** microbe

microscópico(a) microscopic

el **microscopio** microscope

el **miedo** fear

tener miedo to be afraid

el **miembro** member, 4.2

mientras while

el **miércoles** Wednesday, BV

la **migración** migration

mil (one) thousand, 3.2

el **militar** soldier

la **milla** mile

el **millón** million

el/la **millonario(a)** millionaire

el/la **mimo** mime, **5.2**

la **miniatura** miniature

la **miniaturización** miniaturization

el **ministerio** ministry

el **minuto** minute

mirar to look at, watch, 3.1

mirarse to look at oneself, 12.1

¡Mira! Look!

el/la **mirón(ona)** spectator

la **miseria** poverty

mismo(a) same, 2.1; myself, yourself, him/her/itself, ourselves, yourselves, themselves

el **misterio** mystery

misterioso(a) mysterious

la **mitad** half

la **mitología** mythology

mixto(a) co-ed (school)

la **mochila** backpack, 3.1; knapsack, 12.2

la **moción** motion

la **moda** style

de moda in style

la **modalidad** mode, type

el/la **modelo** model

el **módem** modem

la **moderación** moderation

moderno(a) modern

el **modo** manner, way

el modo de expresión means of expression

el **molino de viento** windmill

el **momento** moment

el **monasterio** monastery

la **moneda** coin, currency, **3.2**

el **monitor** monitor, computer screen, **3.1**

el **mono** monkey, 5.2

monocelular single-celled

el **monstruo** monster

la **montaña** mountain, 9.2

la **montaña rusa** roller coaster, **5.2**

montañoso(a) mountainous

montar (caballo) horseback ride

el **monumento** monument

moreno(a) dark, brunette, 1.1

morir (ue, u) to die

el/la **moro(a)** Moor

morrón: el pimiento morrón sweet pepper

la **mortalidad** mortality

el **mostrador** counter, 11.1

mostrar (ue) to show

el **motivo** reason, motive; theme

el **motor** motor

mover (ue) to move

el **movimiento** movement

el/la **mozo(a)** porter (train station) 13.1; **1.1**; bellman (hotel), **6.1**

la **muchacha** girl, 1.1

el **muchacho** boy, 1.1

mucho(a) a lot; many, 2.1

Mucho gusto. Nice to meet you.

mudarse to move

los **muebles** furniture

la **muerte** death

la **mujer** wife, 6.1

la **muleta** crutch, **8.2**

la **multa** fine

multinacional multinational

la **multiplicación** multiplication

multiplicar to multiply

mundial worldwide, (related to the) world

la Copa mundial World Cup

la Serie mundial World Series

el mundo world

todo el mundo everyone

la muñeca wrist, **4.1**

el mural mural, 10.2

el/la muralista muralist

la muralla wall

muscular muscular

el museo museum, 10.2

la música music, 2.2

el/la músico(a) musician

muy very, BV

muy bien very well, BV

nacer to be born, **13.1**

nacido(a) born

nacional national

la nacionalidad nationality, 1.2

¿de qué nacionalidad? what nationality?

nada nothing, 5.2

De nada. You're welcome., BV

Nada más. Nothing else., 5.2

Por nada. You're welcome., BV

nadar to swim, 9.1

nadie no one

la naranja orange, 5.2

el narcótico narcotic

la nariz nose, **8.1**

la narración narration

narrar to narrate

la natación swimming, 9.1

natural: los recursos naturales natural resources, 2.1

las ciencias naturales natural sciences

la naturaleza nature

la navaja razor, 12.1

navegar to navigate

navegar por la red to surf the Net

la Navidad Christmas, 13.2

el árbol de Navidad Christmas tree, 13.2

¡Feliz Navidad! Merry Christmas!, 13.2

necesario(a) necessary

la necesidad necessity

necesitar to need, 3.1

negativo(a) negative

negro(a) black, 3.2

nervioso(a) nervous, 8.1

el neumático tire, **11.1**

nevar (ie) to snow, 9.2

la nevera refrigerator, **10.1**

la nieta granddaughter, 6.1

el nieto grandson, 6.1

la nieve snow, 9.2

ninguno(a) not any, none

de ninguna manera by no means, 1.1

el/la niño(a) child

los niños desamparados homeless children

el nivel level

el nivel del mar sea level

no no, BV

No hay de qué. You're welcome., BV

no hay más remedio there's no other alternative

noble noble

la noche night, evening

Buenas noches. Good night., BV

de la noche P.M. (time), 2.2

esta noche tonight, 9.2

por la noche in the evening, at night

la Nochebuena Christmas Eve, 13.2

la Nochevieja New Year's Eve, 13.2

nombrar to mention

el nombre name

¿a nombre de quién? in whose name?, 14.2; **2.2**

la noria Ferris wheel, **5.2**

normal regular (gas), **11.1**

el noroeste northwest

el norte north

norteamericano(a) North American

nos (to) us *(pl. pron.)*

nosotros(as) we, 2.2

la nota grade, 4.2

la nota buena (alta) good (high) grade, 4.2

la nota mala (baja) bad (low) grade, 4.2

sacar una nota buena (mala) to get a good (bad) grade, 4.2

notable notable

notar to note

las noticias news, 6.2

novecientos(as) nine hundred, 3.2

la novela novel

el/la novelista novelist

noveno(a) ninth, 6.2

noventa ninety, 2.2

la novia bride, **13.1**; fiancée, girlfriend

noviembre November, BV

el novio groom, **13.1**; fiancé, boyfriend

los novios bride and groom, newlyweds, **13.1**

la nube cloud, 9.1

Hay nubes. It's cloudy., 9.1

nublado(a) cloudy, 9.1

nuestro(a) our

nueve nine, BV

nuevo(a) new

de nuevo again

el número number, 1.2; size (shoes), 3.2

el número de teléfono telephone number, **3.2**

el número del asiento seat number, 11.1

el número del vuelo flight number, 11.1

el número equivocado wrong number

numeroso(a) numerous

nunca never

nupcial nuptial, wedding

la **nutrición** nutrition

o or

o sea in other words

el **objetivo** objective

el **objeto** object

la **obligación** obligation

obligatorio(a): el curso obligatorio required course

la **obra** work

la obra de arte work of art

la obra dramática play

la obra teatral play, 10.2

el/la **obrero(a)** worker, 9.1

la **observación** observation

el/la **observador(a)** observer

observar to observe

el **obstáculo** obstacle

obtener to obtain

obvio(a) obvious

la **ocasión** occasion

occidental western

el **océano** ocean

ochenta eighty, 2.2

ocho eight, BV

ochocientos(as) eight hundred, 3.2

octavo(a) eighth, 6.2

octubre October, BV

ocupado(a) taken, 5.1; busy (phone); occupied, 7.1

ocurrir to happen

el **oeste** west

oficial official

la **oficina** office, 9.1

el **oficio** trade, 14.1

ofrecer to offer, 14.2

la **oftalmología** ophthalmology

el/la **oftalmólogo(a)** ophthalmologist

el **oído** ear, 4.1

oír to hear

oír el tono to hear the dial tone, 3.2

ojalá I hope, 14.1

el **ojo** eye, 8.2

la **ola** wave, 9.1

el **óleo** oil (religious)

la **oliva: el aceite de oliva** olive oil

la **olla** pot, 10.1

once eleven, BV

la **oncología** oncology

el/la **oncólogo(a)** oncologist

la **onza** ounce

opcional: el curso opcional elective course

la **ópera** opera

el/la **operador(a)** operator

operar to operate

la **opereta** operetta

opinar to think, to express an opinion, 10.2

la **opinión** opinion

la **oportunidad** opportunity

oprimir to push

opuesto(a) opposite

oralmente orally

la **orden** order (restaurant), 5.1

el **ordenador** computer, 3.1

la **oreja** ear, 4.1

el **orfanato** orphanage

el **organillo** organ

el **organismo** organism

organizar to organize

el **órgano** organ

oriental eastern

el **origen** origin

original: en versión original in its original (language) version, 10.1

la **orilla** bank (of a river, lake, etc.)

a orillas de on the shores of

el **oro** gold

de oro (made of) gold, 4.1

la **orquesta** orchestra, 13.1

la orquesta sinfónica symphony orchestra

la **ortiga** nettle

la **ortopedia** orthopedics

oscuro(a) dark

la **ostra** oyster, 10.2

otavaleño(a) of or from Otavalo (Ecuador)

el **otoño** autumn, BV

otro(a) other, another

el **oxígeno** oxygen

¡oye! listen!

la **paciencia** patience

el/la **paciente** patient

el **padre** father, 6.1

el padre (religioso) father (religious)

los padres parents, 6.1

el **padrino** godfather; best man, 13.1

los padrinos godparents

pagar to pay, 3.1

pagar en la caja to pay at the cashier, 3.1

pagar la factura to pay the bill, 6.1

la **página** page

la página Web Web page

el **pago** payment

el pago mensual monthly payment

el **país** country, 11.2

el país extranjero foreign country

el **paisaje** landscape

la **paja** straw, 13.2

el **pájaro** bird

el **paje** page (wedding)

la **palabra** word

el **palacio** palace

la **palma** palm tree

Spanish-English Dictionary

el **pan** bread, **4.2**
    el **pan dulce** sweet roll, 5.1
    el **pan tostado** toast, 5.2
la **panadería** bakery, **4.2**
    panameño(a) Panamanian, 2.1
    panamericano(a) Panamerican
el **panqueque** pancake
la **pantalla** screen (movies), 10.1; computer monitor, **3.1**
    la **pantalla de salidas y llegadas** arrival and departure screen, 11.1
el **pantalón** pants, trousers, 3.2
    el **pantalón corto** shorts, 3.2
el **pañuelo** handkerchief, **4.1**
la **papa** potato, 5.1
    las **papas fritas** French fries, 5.1
el **papá** dad
la **papaya** papaya, **10.2**
el **papel** paper, 3.1; role, part, **5.1**
    el **papel higiénico** toilet paper, 12.2
    la **hoja de papel** sheet of paper, 3.1
la **papelería** stationery store, 3.1
el **paquete** package, 5.2
    par: número par even number
el **par** pair, **4.1**
    el **par de tenis** pair of tennis shoes, 3.2
    para for
    ¿para cuándo? for when?, 14.2; **2.2**
el **parabrisas** windshield, **11.1**
la **parada** stop, 13.2; **1.2**
    la **parada de bus** bus stop, **9.1**
el **parador** inn
el **paraíso** paradise
    parar to stop, to block, 7.1
    parcial: a tiempo parcial part-time (adj.), **14.2**
    pardo(a) brown

parear to pair, match
parecer to look like; to seem, **8.1**
parecido(a) similar
la **pared** wall
la **pareja** couple
el/la **pariente** relative, 6.1
el **parque** park, **5.2**
    el **parque de atracciones** amusement park, **5.2**
el **parquímetro** parking meter, **11.2**
el **párrafo** paragraph
la **parrilla** grill, **10.1**
la **parte** part, **8.1**
    ¿De parte de quién? Who's calling?, **3.2**
    la **mayor parte** the greatest part, the most
    la **parte superior** upper part
    por todas partes everywhere
particular private, 6.2
    la **casa particular** private house, 6.2
particularmente especially
la **partida** departure
el **partido** game, match, 7.1
el **pasado** the past
pasado(a) past; last
    el **(año) pasado** last (year)
el/la **pasajero(a)** passenger, 11.1
el **pasaporte** passport, 11.1
    pasar to pass, 7.2; to spend; to happen
    Lo están pasando muy bien. They're having a good time., 12.2
    pasar por to go through, 11.1
    pasar el tiempo to spend time, 5.1
    ¿Qué te pasa? What's the matter (with you)?, 8.1
el **pasatiempo** hobby, 5.1
el **pase** pass (permission)
    pasear a caballo to go horseback riding

el **pasillo** aisle, 13.2; **1.2**
el **paso** step
la **pasta (crema) dentífrica** toothpaste, 12.2
el **pastel** pastry, 4.2; cake, **13.1**
la **pastelería** bakery, **4.2**
la **pastilla** pill, 8.2
    la **pastilla de jabón** bar of soap, 12.2
la **patata** potato, **10.1**
el **patinaje lineal** roller blading
el **patrón** pattern
    pavimentado(a) paved
el **pavimento** pavement
el **payaso** clown, **5.2**
el **peaje** toll, **11.2**
    la **garita de peaje** tollbooth, **11.2**
el **peatón** pedestrian, **9.1**
el **pecho** chest, **8.1**
el **pedacito** little piece, **10.2**
el **pedazo** piece
el/la **pediatra** pediatrician
la **pediatría** pediatrics
    pedir (i, i) to ask for, 14.1; **2.1**
    pedir la cuenta to ask for the bill, **6.1**
    pedir prestado to borrow
el **peinado** hairdo
    peinarse to comb one's hair, 12.1
el **peine** comb, 12.1
    pelar to peel, **10.2**
la **película** film, movie, 6.2
    ver una película to see a film, 10.1
el **peligro** danger
    peligroso(a) dangerous
el **pelo** hair, 12.1
la **pelota** ball (tennis, baseball, etc.), 7.2
    la **pelota vasca** jai alai
el/la **pelotari** jai alai player
la **peluca** wig
la **peluquería** hair salon, **12.1**
el/la **peluquero(a)** hair stylist, **12.1**

el **pendiente** earring, **4.1**
la **península** peninsula
el **pensamiento** thought
pensar (ie) to think
la **pensión** boarding house, 12.2
peor worse, worst
el/la peor the worst
el **pepino** cucumber, **10.1**
pequeño(a) small, 2.1
la **pera** pear, **9.2**
el **peral** pear tree, **9.2**
la **percha** clothes hanger, **6.2**
la **percusión** percussion
perder (ie) to lose, 7.1; to miss, 10.2
perder el autobús (la guagua, el camión) to miss the bus, 10.2
perdón excuse me
el/la **peregrino(a)** pilgrim
perezoso(a) lazy, 1.1
perfeccionar to perfect
el **periódico** newspaper, 6.2
el **período** period
el **permiso de conducir** driver's license, **11.1**
permitir to permit, 11.1
pero but
el **perrito** puppy
el **perro** dog, 6.1
la **persona** person, 1.2
el **personaje** character
el **personal** personnel, **14.2**
la **personalidad** personality
personalmente personally
pertenecer to belong
peruano(a) Peruvian
la **pesa** weight
pesado(a) heavy
pesar to weigh, **12.2**
la **pescadería** fish market, **4.2**
el **pescado** fish, 5.2
la **peseta** Spanish unit of currency
el **peso** peso (monetary unit of several Latin American countries), BV; weight

la **petición** petition
el **petróleo** petroleum, oil
petrolero(a) oil (relating to)
el **piano** piano
la **picadura** sting, **8.1**
picar to sting, **8.1**; to dice, **10.2**
el/la **pícher** pitcher, 7.2
el **pico** peak, 7.2
y pico just after (time)
el **pie** foot, 7.1; down payment
a pie on foot, 4.1
al pie de at the foot of
de pie standing
la **piedra** stone
la **pierna** leg, 7.1
la **pieza** room; piece
la **píldora** pill, 8.2
el/la **piloto** pilot, 11.2
la **pimienta** pepper, 14.1; **2.1**
el **pimiento** bell pepper, **10.2**
el **pimiento morrón** sweet pepper
pinchado(a) flat
el **pincel** brush, paintbrush
la **pinta** pint
pinta: tener buena pinta to look good (food), **4.2**
pintar to paint, **14.1**
el/la **pintor(a)** painter
pintoresco(a) picturesque, **9.1**
la **pintura** painting
la **piragua** crushed ice with syrup over it, **5.2**
los **pirineos** Pyrenees
la **pirueta** pirouette
la **piscina** swimming pool, 9.1
el **piso** floor, 6.2, apartment
la **pista** (ski) slope, 9.2; runway, **7.2**
la **pizarra** chalkboard, 4.2
el **pizarrón** chalkboard, 4.2
la **pizca** pinch
la **pizza** pizza, BV
la **placa** license plate
la **plaga** plague, menace

la **plancha de vela** sailboard, 9.1
practicar la plancha de vela to go windsurfing, 9.1
planchar to iron, **12.1**
planear to plan
el **plano** plan, map, **9.1**
la **planta** floor, 6.2; plant
la **planta baja** ground floor, 6.2
plástico(a) plastic, **4.2**
la **bolsa de plástico** plastic bag, **4.2**
la **plata** money (income)
el **plátano** banana, plantain, 5.2
el **platillo** home plate, 7.2; saucer, 14.1; **2.1**
el **plato** plate, dish, 14.1; **2.1**
la **playa** beach, 9.1
playera: la toalla playera beach towel, 9.1
la **plaza** seat, 13.2; **1.2**; town square, **9.1**
plazo: a corto (largo) plazo short- (long-)term
pleno: en pleno + (noun) in the middle of (noun)
el/la **plomero(a)** plumber, **14.1**
plomo: con plomo leaded (gasoline), **11.1**
sin plomo unleaded, **11.1**
la **pluma** pen, 3.1
la **población** population, people
pobre poor
el/la **pobre** the poor boy (girl)
el/la **pobretón(ona)** poor man (woman)
poco(a) little, few, 2.1
un poco (de) a little
poder (ue) to be able, 7.1
el **poema** poem
la **poesía** poetry
el/la **poeta** poet
el/la **policía** police officer
policíaco(a): novela policíaca detective fiction, mystery
político(a) political

Spanish-English Dictionary

el **pollo** chicken, 5.2

el **poncho** poncho, shawl, wrap

poner to put, 11.1

poner en un yeso to put a cast on, **8.2**

poner la mesa to set the table, 14.1; **2.1**

ponerse to put on, 12.1

ponerse el maquillaje to put one's makeup on, 12.1

ponerse la ropa to dress oneself, to put on clothes, 12.1

popular popular, 2.1

la **popularidad** popularity

por for

por aquí over here

por ciento percent

por ejemplo for example

por eso therefore, for this reason, that's why

por favor please, BV

por fin finally

por hora per hour

por la noche in the evening

por lo general in general

Por nada. You're welcome., BV

por tierra overland

¿por qué? why?

el **porche** porch

el **pordiosero** beggar

el **poroto** string bean

porque because

portátil portable

el/la **porteño(a)** inhabitant of Buenos Aires

la **portería** goal line, 7.1

el/la **portero(a)** goalkeeper, goalie, 7.1

poseer to possess

la **posibilidad** possibility

posible possible

la **posición** position

la **postal** postcard, **12.2**

el **postre** dessert, 5.1

el/la **practicante** nurse practitioner

practicar to practice

practicar el surfing (la plancha de vela, etc.) to go surfing (windsurfing, etc.), 9.1

el **precio** price

precioso(a) precious, beautiful

preciso(a) precise

precolombino(a) pre-Columbian

la **predicción** prediction

predominar to predominate

el **predominio** predominance

preferir (ie, i) to prefer

el **prefijo de país** country code, 3.2

la **pregunta** question

preguntar to ask (a question)

el **premio: el Premio Nóbel** Nobel Prize

prender to turn on, 3.1

prender la máquina to turn (a device) on, 3.1

la **preparación** preparation

preparar to prepare

la **presencia** presence

la **presentación** presentation

presentar to show (movie); to present

presente present (adj.)

el/la **presidente** president

la **presión** pressure, **11.1**

la **presión arterial** blood pressure, **8.2**

prestado: pedir prestado to borrow

el **préstamo** loan

prestar: prestar atención to pay attention, 4.2

el **prestigio** prestige

prevalecer to prevail

primario(a): la escuela primaria elementary school

la **primavera** spring, BV

primero(a) first, BV

en primera (clase) first-class, 13.1; **1.1**

los **primeros auxilios** first aid

el/la **primo(a)** cousin, 6.1

primordial fundamental

la **princesa** princess

principal main, principal

principalmente mainly

el/la **principiante** beginner, 9.2

prisa: a toda prisa as fast as possible

privado(a) private

la casa privada private house, 6.2

probable probable

probarse (ue) to try on, **4.1**

el **problema** problem

procesar to process

la **procesión** procession

el **proceso** process

proclamar to proclaim

pródigo prodigal

la **producción** production

producido(a) produced

producir to produce

el **producto** product, 5.2

los productos congelados frozen food, 5.2

la **profesión** profession, 14.1

el/la **profesor(a)** teacher, professor, 2.1

profundo(a) deep

el **programa** program

el/la **programador(a) de informática** computer programmer, 14.1

el **progreso** progress

prohibido(a) forbidden, **11.2**

la **promesa** promise

la **promoción** promotion

promover (ue) to promote

el **pronombre** pronoun

el **pronóstico** forecast

pronto: ¡Hasta pronto! See you soon!, BV

la **propaganda** publicity, advertising

la **propina** tip, 14.1; **2.1**
propio(a) (one's) own
la **prosa** prose
próspero(a): ¡Próspero Año Nuevo! Happy New Year, **13.2**
el/la **protagonista** protagonist
la **protección** protection
protector(a): la crema protectora sunblock, 9.1
la **proteína** protein
protestar to protest
el **protoplasma** protoplasm
el/la **proveedor(a)** provider
proveer to provide
la **provisión** provision
próximo(a) next, 13.2; **1.2**
en la próxima parada at the next stop, 13.2; **1.2**
proyectar to project, 10.1
el **proyecto** project
el/la **psiquiatra** psychiatrist
la **psiquiatría** psychiatry
publicar to publish
el **público** audience, 10.2
el **pueblo** town, 9.2
los pueblos jóvenes shantytowns (Peru)
el **puerco** pork
la **puerta** gate, 11.1; door, **6.1**
la puerta de salida departure gate, 11.1
puertorriqueño(a) Puerto Rican
pues well
el **puesto** market stall, **4.2**; position, **14.2**
la **pulgada** inch
pulsar: pulsar el botón to push the button, **3.1**
la **pulsera** bracelet, **4.1**
el **pulso: tomar el pulso** to take one's pulse, **8.2**
el **punto** stitch, **8.1**; dot, point
en punto on the dot, sharp, 4.1
los puntos cardinales cardinal points

poner puntos to give (someone) stitches
puntual punctual
el **puré de papas** mashed potatoes
puro(a) pure

que who, that
¿qué? what? how?
qué what; how, BV
¡Qué absurdo! How absurd!
¡Qué enfermo(a) estoy! I'm so sick!
¿Qué tal? How are you?, BV
¿Qué te pasa? What's the matter (with you)?, 8.2
quechua Quechuan
quedar to remain, 7.1
quedar: No me queda(n) bien. It (They) doesn't (don't) look good on (fit) me., **4.1**
los **quehaceres** chores
querer (ie) to want, wish; to love
el **queso** cheese, 5.1
el **quetzal** quetzal (currency of Guatemala)
¿quién? who?, 1.1
¿De parte de quién? Who is calling?, **3.2**
¿quiénes? who? (pl.), 2.1
la **química** chemistry, 2.2
químico(a) chemical
quince fifteen, BV
la **quinceañera** fifteen-year-old (girl)
quinientos(as) five hundred, 3.2
quinto(a) fifth, 6.2
el **quiosco** newsstand, 13.1; **1.1**
el **quirófano** operating room
Quisiera... I would like . . . , 14.2; **2.2**

quitar to take off, remove, **10.2**
quizás perhaps, **14.2**

el **radiador** radiator, **11.1**
la **radiografía** X-ray, **8.2**
la **raíz** root
rallar to grate, **10.2**
la **rama** branch
la **ranura** disk drive, **3.1**; slot, **3.2**
rápidamente quickly
rápido quickly
la **raqueta** racket (sports), 9.1
raro(a) rare
el **rascacielos** skyscraper, **9.1**
el **rato** while
el **ratón** mouse (computer), **3.1**
la **raya** part (in hair), **12.1**
rayas: a rayas striped
los **rayos equis** X-rays
la **razón** reason
razonable reasonable
la **reacción** reaction
real royal
realista realistic
el/la **realista** realist
realmente really
la **rebanada** slice, **4.2**
rebanar to slice, **10.2**
rebotar to rebound
la **recámara** bedroom, 6.2
la **recepción** front desk (hotel), 6.1; admissions (hospital), 8.2; reception (party)
el/la **recepcionista** hotel clerk, **6.1**
el/la **receptor(a)** catcher, 7.2
la **receta** prescription, 8.2; recipe, **10.2**
recetar to prescribe, 8.2
recibir to receive, 5.1
el **reciclaje** recycling
recién recently
reciente recent

Spanish-English Dictionary

recitar to recite

reclamar to claim (luggage), 11.2

el **reclamo de equipaje** baggage claim, 11.2

reclutar to recruit

recoger to pick up

recoger el equipaje to claim one's luggage, 11.2

la **recomendación** recommendation

recomendar (ie) to recommend

reconocer to recognize

recordar (ue) to remember

recorrer to travel through

el **recorrido** trip, distance traveled

de largo recorrido long distance

el **recreo** recreation

el **rectángulo** rectangle

el **recuerdo** memory, recollection

la **recuperación: la sala de recuperación** recovery room

el **recurso: los recursos naturales** natural resources

el **departamento de recursos humanos** human resources department, 14.2

la **red** net, 9.1

navegar por la red to surf the Net

reducido(a) reduced (price)

reducir to set (bone), 8.2

reemplazar to replace

referir (ie, i) to refer

reflejar to reflect

el **reflejo** reflection

reflexionar to reflect

la **reforestación** reforestation

el **refresco** drink, beverage, 5.1

el **refrigerador** refrigerator, 10.1

el **refugio** refuge

regalar to give

el **regalo** gift, 6.1

la **región** region

regional regional

el **regionalismo** regionalism

registrar to register

la **regla** rule

regresar to return

el **regreso** return

el viaje de regreso return trip, trip back

regular regular, average, 2.2

la **reina** queen

reír to laugh

la **relación** relation

relacionado(a) related

relativamente relatively

religioso(a) religious

rellenar to fill

el **reloj** watch, 4.1; clock, 13.2

remar to row, 5.2

el **remedio** solution

renombrado(a) well-known

rentar to rent

renunciar to renounce, give up

reparar to repair

repentinamente suddenly

repetir (i, i) to repeat; to take seconds (meal)

el **reportaje** report

la **representación** performance (theater), 10.2

dar una representación to put on a performance, 10.2

el/la **representante** representative

representar to represent

representativo(a) representative

la **república** republic

la **República Dominicana** Dominican Republic

requerir (ie, i) to require, 14.1

el **requisito** requirement

la **reservación** reservation, 6.1

reservado(a) reserved, 13.2; **1.2**

reservar to reserve, 14.2; **2.2**

resfriado(a): estar resfriado(a) to have a cold, 8.1

la **residencia: la residencia para estudiantes** student housing, dormitory, **3.2**

el/la **residente** resident

resolver (ue) to solve

el **respaldo** back (of seat), **7.1**

la **respiración** breathing

respirar to breathe

responder to respond

la **responsabilidad** responsibility

responsabilizarse to make oneself responsible

la **respuesta** answer

restar to subtract

el **restaurante** restaurant, 14.1; **2.1**

restaurar to restore

el **resto** rest, remainder

los **restos** remains

el **resultado** result

la **retina** retina

el **retintín** jingle

retirar del fuego to remove from the heat (stove), **10.1**

el **retraso: con retraso** with a delay, late, 13.2; **1.2**

el **retrato** portrait

la **reunión** gathering

reunirse to get together

revisar to inspect, 11.1; to check

revisar el boleto to check the ticket, 11.1

revisar el aceite to check the oil (car), **11.1**

el/la **revisor(a)** (train) conductor, 13.2; **1.2**

la **revista** magazine, 6.2

la **revolución** revolution

revolver (ue) to turn around; to stir, **10.1**

el **rey** king

los **Reyes Magos** Three Wise Men, **13.2**

el Día de los Reyes Epiphany (January 6), **13.2**

rico(a) rich; delicious, 14.2; **2.2**

el/la **rico(a)** rich person

riguroso(a) rigorous

el **río** river, **7.2**

el **ritmo** rhythm

el **rito** ritual

el **rival** rival

la **roca** rock

rodar (ue) to roll

la **rodilla** knee, 7.1

rogar (ue) to beg, to plead

rojo(a) red, 3.2

el **rol** role

el **rollo de papel higiénico** roll of toilet paper, 12.2

el/la **romano(a)** Roman

romántico(a) romantic

romperse to break, **8.1**

la **ropa** clothing, 3.2

la ropa interior underwear, **4.1**

la ropa para caballeros (señoras) men's (women's) clothing, **4.1**

la ropa sucia dirty laundry, **12.1**

la tienda de ropa clothing store, 3.2

la **rosa** rose

rosado(a) pink, 3.2

el **rótulo** sign, **11.2**

rubio(a) blond(e), 1.1

las **ruedas: la silla de ruedas** wheelchair, **8.2**

la **ruina** ruin

el **rumor** rumor

la **ruta** route

la **rutina** routine, 12.1

rutinario(a) routine *(adj.)*

S

el **sábado** Saturday, BV

la **sábana** sheet, **6.2**

el/la **sabelotodo** know-it-all

saber to know (how), 11.2

sabio(a) wise

sabroso(a) delicious

sacar to get, 4.2; to take out, **3.1**

sacar un billete to buy a ticket

sacar una nota buena (mala) to get a good (bad) grade, 4.2

el **sacerdote** priest

el **saco** jacket, **4.1**

el saco de dormir sleeping bag, 12.2

sacrificar to sacrifice

el **sacrificio** sacrifice

la **sal** salt, 14.1; **2.1**

la **sala** room; living room, 6.2

la sala de clase classroom, 4.1

la sala de consulta doctor's office

la sala de emergencia emergency room, **8.1**

la sala de espera waiting room, 13.1; **1.1**

la sala de juegos game arcade, **5.1**

la sala de recuperación recovery room

la sala de salida departure area, 11.1

la sala de urgencias emergency room

el **salario** salary

la **salchicha** sausage, **10.1**

el **saldo** balance (bank)

la **salida** departure, leaving, 11.1; exit, **11.2**

la hora de salida departure hour, 13.1; **1.1**

la pantalla de llegadas y salidas arrival and departure screen, 11.1

la sala de salida departure area, 11.1

la salida de emergencia emergency exit, **7.1**

salir to leave, 10.1; to go out; to turn out

salir a tiempo to leave on time, 11.1

salir bien (en un examen) to do well (on an exam), 10.1

salir tarde to leave late, 11.1

el **salón** hall, **13.1**; room

el salón de clase classroom, 4.1

saltar to jump

la **salud** health

saludar to greet

el **saludo** greeting, BV

salvaje wild

salvar to save

salvo(a) safe

la **sandalia** sandal, **4.1**

la **sandía** watermelon, **10.2**

el **sándwich** sandwich, BV

la **sangre** blood

sano(a) healthy

el **santo** saint

el/la **sartén** frying pan, **10.1**

satisfacer to satisfy

satisfecho(a) satisfied, **14.1**

el **saxofono** saxophone

sazonar to season

el **secador** hair dryer, **12.1**

secar to dry, **12.2**

la **sección de (no) fumar** (no) smoking section, 11.1

seco(a) dry

el/la **secretario(a)** secretary, **14.1**

el **secreto** secret

secundario(a) secondary

la escuela secundaria high school, 1.1

sed: tener sed to be thirsty, 14.1; **2.1**

el **sedán** sedan, **11.1**

la **sede** seat (of government)

seguir (i, i) to follow, to continue, **11.2**

Sigue derecho. Go straight.

según according to

segundo(a) second, 6.2

el segundo tiempo second half (soccer), 7.1

en segunda (clase) second-class, 13.1; **1.1**

la **seguridad** security, **7.1**

el control de seguridad security (airport), 11.1

el **seguro** insurance

seguro(a): estar seguro(a) to be sure

seis six, BV

seiscientos(as) six hundred, 3.2

la **selección** selection

seleccionar to select

el **sello** stamp, 5.1

la **selva** jungle

el **semáforo** traffic light, **9.1**

la **semana** week, BV

el fin de semana weekend, BV

el fin de semana pasado last weekend

la semana pasada last week, 9.2

sembrar to sow, plant, **9.2**

el **semestre** semester

el/la **senador(a)** senator

sencillo(a) easy, simple

el billete sencillo one-way ticket, 13.1; **1.1**

el cuarto sencillo single room, **6.1**

la **senda** path, 5.2

caminar por la senda to walk along the path, 5.2

sentarse (ie) to sit down, 12.1

el **sentido** meaning, significance; direction, **11.2**

el sentido contrario opposite way, **11.2**

en cada sentido in either direction, **11.2**

una calle de sentido único one-way street, **11.2**

sentir (ie, i) to be sorry

sentirse (ie, i) bien (mal) to feel well (ill), **8.1**

la **señal de no fumar** no smoking sign, **7.1**

la **señal de tránsito** traffic sign

el **señor** sir, Mr., gentleman, BV

la **señora** Ms., Mrs., madam, BV

la **señorita** Miss, Ms., BV

separado(a) separated

septiembre September, BV

séptimo(a) seventh, 6.2

ser to be

ser una lástima to be a pity

el **ser: el ser humano** human being

el ser viviente living creature, being

la **serie** series

la Serie mundial World Series

serio(a) serious, 1.1

en serio seriously

el **servicio** service, tip, 5.1

¿Está incluido el servicio? Is the tip included?, 5.1

el **servicio de primeros auxilios** first aid service, paramedics, **8.1**

la **servilleta** napkin, 14.1; **2.1**

servir (i, i) to serve, 14.1; **2.1**

¿En qué puedo servirle? How may I help you?, **4.1**

sesenta sixty, 2.2

la **sesión** show (movies), 10.1

setecientos(as) seven hundred, 3.2

setenta seventy, 2.2

el **sexo** sex

sexto(a) sixth, 6.2

el **show** show

si if

sí yes

el **SIDA** AIDS

la **siembra** sowing

siempre always, 7.1

de siempre y para siempre eternally, forever

la **sierra** sierra, mountain range

siete seven, BV

el **siglo** century

el **significado** meaning

significante meaningful

significar to mean

significativo(a) significant

siguiente following

la **silla** chair

la **silla de ruedas** wheelchair, **8.2**

el **sillón** armchair, **6.2**

similar similar

simpático(a) nice, 1.2

simple simple

sin without

sin escala nonstop

sincero(a) sincere, 1.2

singles singles, 9.1

el **síntoma** symptom, 8.2

el **sirope** syrup

el/la **sirviente(a)** servant

el **sistema** system

el sistema métrico metric system

el **sitio** place

la **situación** situation

situar to situate

sobre on top of; over; on, about

sobre todo especially

el **sobre** envelope, **12.2**

sobresaltar to jump up

sobrevolar to fly over, **7.2**

la **sobrina** niece, 6.1

el **sobrino** nephew, 6.1

social: las ciencias sociales social sciences

la **sociedad** society

la **sociología** sociology

socorrer to help

el/la **socorrista** paramedic, **8.1**

el **socorro** help

el **sofá** sofa, **6.2**

el **sol** Peruvian coin; sun, 9.1

  Hace (Hay) sol. It's sunny., 9.1

  tomar el sol to sunbathe, 9.1

solamente only

el/la **soldado** soldier

soler (ue) to be accustomed to, tend to

la **solicitud de empleo** job application, **14.2**

solitario(a) solitary, lone

sólo only

solo(a) alone

  a solas alone

  el café solo black coffee, 5.1

soltero(a) single, bachelor

la **solución** solution

el **sombrero** hat

sonar (ue) to ring, **3.2**

el **sonido** sound

la **sonrisita** little smile

la **sopa** soup, 5.1

el **sorbete** sherbet, sorbet

el/la **sordo(a)** deaf person

sorprender to surprise

sostener to support

su his, her, their, your

subir to go up, 6.2; to board, to get on; to take up

  subir al tren to get on, to board the train, 13.1; **1.1**

subterráneo(a) underground

el **subtítulo** subtitle, 10.1

  con subtítulos with subtitles, 10.1

el **suburbio** suburb

suceder to happen

suceso: el buen suceso great event

sucio(a) dirty

  la ropa sucia dirty laundry, **12.1**

la **sucursal** branch (office)

sudamericano(a) South American

el **sudoeste** southwest

el **suegro** father-in-law

el **suelo** ground

el **suelto** change, **12.2**

el **sueño** dream

la **suerte** luck

  ¡Buena suerte! Good luck!

el **suéter** sweater, **4.1**

suficiente enough

sufrir to suffer

la **sugerencia** suggestion

sugerir (ie, i) to suggest

la **Suiza** Switzerland

sumar to add

súper super (gas), **11.1**

la **superficie** surface

superior: la escuela superior high school

el **supermercado** supermarket, 5.2

la **superstición** superstition

supuesto: por supuesto of course

el **sur** south

  sureste southeast

el **surf de nieve** snowboarding

el **surfing** surfing, 9.1

  practicar el surfing to surf, 9.1

el **suroeste** southwest

el **surtido** assortment

sus their, your *(pl.)*, 6.1

suspirar to sigh

la **sustancia: la sustancia controlada** controlled substance

la **sutura** stitch

el **T-shirt** T-shirt, 3.2

la **tabla: la tabla hawaiana** surfboard, 9.1

el **tablero** board, 7.1; gameboard, **5.1**

  el tablero de llegadas arrival board, 13.1; **1.1**

  el tablero de salidas departure board, 13.1; **1.1**

  el tablero indicador scoreboard, 7.1

la **tableta** pill, 8.2

el **taco** taco, BV

el **tacón** heel, **4.1**

  taíno(a) Taino

la **tajada** slice, **4.2**

  tal: ¿Qué tal? How are you?, BV

el **talento** talent, **14.1**

la **talla** size (clothing), 3.2

el **talón** luggage claim ticket, 11.1

el **talonario** checkbook

el **tamal** tamale, BV

el **tamaño** size, 3.2

también also

tampoco either

tan so

tan... como as . . . as, **8.2**

el **tango** tango

el **tanque** gas tank, 11.1

  llenar el tanque de gasolina to fill the tank with gas, **11.1**

el **tanto** point, 7.1

  marcar un tanto to score a point

tanto(a) so much

  tanto(a)... como as much . . . as

  tantos(as)... como as many . . . as, **8.2**

tapar to cover, **10.2**

la **taquilla** box office, 10.1

tardar to take time

  tarda el viaje the trip takes (+ time)

tarde late

la **tarde** afternoon

  Buenas tardes. Good afternoon., BV

  esta tarde this afternoon, 9.2

Spanish-English Dictionary

por la tarde in the afternoon

la **tarea** task

hacer las tareas to do one's homework, **3.1**

la **tarifa** fare, rate

la **tarjeta** card, 11.1; registration card (hotel), **6.1**

la tarjeta de crédito credit card, 14.1; **2.1**

la tarjeta de embarque boarding pass, 11.1

la tarjeta de identidad estudiantil student I.D. card

la tarjeta postal postcard, **12.2**

la tarjeta telefónica telephone card, **3.2**

la **tasa** rate

la tasa de cambio exchange rate, **12.2**

la tasa de desempleo unemployment rate

el **taxi** taxi, 11.1

la **taza** cup, 14.1; **2.1**

te you (fam. pron.)

el **té** tea, 5.1

el té helado iced tea, 5.1

teatral theatrical, 10.2

el **teatro** theater, 10.2

salir del teatro to leave the theater, 10.2

la **tecla** key (on keyboard), **3.2**

el **teclado** keyboard, **3.1**; telephone keypad, **3.2**

el/la **técnico(a)** technician, **8.2**

la **tecnología** technology

la **telecomunicación** telecommunication, **3.1**

telefonear to telephone

telefónico(a) (related to the) telephone

la línea telefónica telephone line

la llamada telefónica telephone call, **3.2**

el **teléfono** telephone

el teléfono celular cellular telephone, **3.2**

el teléfono de botones push-button telephone, **3.2**

el teléfono público public (pay) telephone, **3.2**

hablar por teléfono to talk on the phone

el **telesilla** chairlift, 9.2

el **telesquí** ski lift, 9.2

la **televisión** television, 6.2

el **televisor** television set, **6.2**

el **telón** curtain (stage), 10.2

el **tema** theme, subject

temer to fear

la **temperatura** temperature, 9.2

templado(a) temperate

temprano early, 12.1

el **tenedor** fork, 14.1; **2.1**

tener (ie) to have, 6.1

tener un accidente to have an accident, **8.1**

tener... años to be . . . years old, 6.1

tener buena pinta to look good, 4.2

tener cuidado to be careful

tener hambre to be hungry, 14.1; **2.1**

tener lugar to take place, occur, **8.1**

tener miedo to be afraid

tener que to have to

tener sed to be thirsty, 14.1; **2.1**

el **tenis** tennis, 9.1

los **tenis** tennis shoes, 3.2

el par de tenis pair of tennis shoes, 3.2

el/la **tenista** tennis player

la **tensión arterial** blood pressure, **8.2**

tercer(o)(a) third, 6.2

la **terminal: la terminal de pasajeros** passenger terminal, **7.2**

terminar to end, finish, 3.1

el **término** term

la **ternera** veal, 14.2; **2.2**

la **terraza** terrace (sidewalk café)

terrible terrible

el **terror** terror, fear

el **tétano** tetanus

la **tía** aunt, 6.1

el **ticket** ticket, 9.2

el **tiempo** time; weather, 9.1; half (game)

a tiempo on time, 11.1

a tiempo completo (parcial) full- (part-) time (adj.), **14.2**

el segundo tiempo second half (game), 7.1

pasar el tiempo to spend (pass) time, **5.1**

la **tienda** store, 3.2

la tienda de abarrotes grocery store, **4.2**

la tienda de departamentos department store

la tienda de ropa clothing store, 3.2

la tienda de ropa para caballeros men's clothing store, **4.1**

la tienda de ropa para señoras women's clothing store, **4.1**

la tienda de ultramarinos grocery store, **4.2**

la tienda de videos video store

tierno(a) tender

la **tierra** land

por tierra by land, overland

el **tigre** tiger

las **tijeras** scissors, **12.1**

el **tilde** accent

tímido(a) timid, shy, 1.2

la **tintorería** dry cleaner, **12.1**

el/la **tintorero(a)** dry cleaner, **12.1**

el **tío** uncle, 6.1

los tíos aunt and uncle, 6.1

el **tiovivo** merry-go-round, **5.2**

típicamente typically

típico(a) typical

Spanish-English Dictionary

el **tipo** type

el **tipo de cambio** exchange rate, **12.2**

el **tique** ticket, **9.1**

tirar to kick, **7.1**; to throw

  tirar el balón to kick (throw) the ball, **7.2**

el **título universitario** university degree, **14.1**

la **toalla** towel, **6.2**

  la toalla playera beach towel, **9.1**

el **tobillo** ankle, **8.1**

tocar to touch; to play (music)

tocar la bocina to honk the horn

todavía yet, still

todo: todo el mundo everyone

todos(as) everybody, **2.2**; everything, all

  por todas partes everywhere

tomar to take, **4.1**

tomar agua (leche, café) to drink water (milk, coffee)

tomar apuntes to take notes, **4.2**

tomar el bus (escolar) to take the (school) bus, **4.1**

tomar el desayuno to eat breakfast, **12.1**

tomar el pulso to take one's pulse, **8.2**

tomar el sol to sunbathe, **9.1**

tomar fotos to take photos

tomar la tensión (presión) arterial to take one's blood pressure, **8.2**

tomar un refresco to have (drink) a beverage

tomar un vuelo to take a flight, **11.1**

tomar una ducha to take a shower, **12.1**

tomar una merienda to have a snack, **4.2**

tomar una radiografía to take an X-ray

el **tomate** tomato

el **tomo** volume

la **tonelada** ton

el **tono** dial tone, **3.2**; hue

tonto(a) foolish

torcerse (ue) to twist, **8.1**

el **torniquete** turnstile, **9.1**

la **toronja** grapefruit, **10.1**

torpe stupid

la **torre: la torre de control** control tower, **7.2**

la **torta** cake, **13.1**

la **tortilla** tortilla, **5.1**

la **tos: tener tos** to have a cough, **8.1**

toser to cough, **8.1**

la **tostada** toast

tostadito(a) sunburned, tanned

tostado(a): el pan tostado toast, **5.2**

tostar to toast

el **tostón** fried plantain slice

totalmente totally, completely

tóxico(a) toxic

el/la **trabajador(a)** worker

trabajar to work, **3.2**

  trabajar a tiempo completo to work full-time, **14.2**

  trabajar a tiempo parcial to work part-time, **14.2**

el **trabajo** work; job, **14.2**

  el trabajo a tiempo completo (parcial) full-time (part-time) job, **14.2**

la **tradición** tradition

tradicional traditional

traer to bring, **14.1**; **2.1**

el **tráfico** traffic

la **tragedia** tragedy

el **traje** suit, **3.2**

  el traje de baño bathing suit, **9.1**

el **traje de gala** evening gown, dress

el **tramo** stretch

tranquilo(a) peaceful; calm; quiet

transbordar to transfer, **13.2**; **1.2**

transformar to transform

transmitir to send, to transmit, **3.1**

el **transporte** transportation

tras after

trasladar to transfer, move

el **tratamiento** treatment

tratar to treat; to try

el **trayecto** stretch (of road)

trece thirteen, BV

treinta thirty, BV

treinta y uno thirty-one, **2.2**

el **tren** train, **13.2**; **1.2**

  el tren directo non-stop train, **13.2**; **1.2**

  el tren local local train, **13.2**; **1.2**

la **trenza** braid

tres three, BV

trescientos(as) three hundred, **3.2**

la **tribu** tribe

el **tribunal** court, **14.1**

el **trigo** wheat, **9.2**

la **tripulación** crew, **11.2**

triste sad, **8.1**

triunfante triumphant

el **trocito** piece, **10.2**

el **trombón** trombone

la **trompeta** trumpet

tropical tropical

tu your (*sing. fam.*)

tú you (*sing. fam.*)

el **tubo de escape** exhaust pipe

el **tubo de pasta (crema) dentífrica** tube of toothpaste, **12.2**

la **turbulencia** turbulence, **7.2**

el/la **turista** tourist, **10.2**

u or (used instead of **o** before words beginning with **o** or **ho**)

Ud., usted you (*sing. form.*) 3.2

Uds., ustedes you (*pl. form.*), 2.2

último(a) last

ultramarinos: la tienda de ultramarinos grocery store, **4.2**

un(a) a, an, 1.1

la **una** one o'clock, 2.2

único(a) only; unique

la **unidad: la unidad de cuidado intensivo** intensive care unit

el **uniforme** uniform

la **universidad** university

universitario(a) (related to) university

uno one, BV

unos(as) some

urbano(a) urban

urgencias: la sala de urgencias emergency room

la **urología** urology

el/la **urólogo(a)** urologist

usado(a) used

usar to wear (size), 3.2; to use

utilizar to use

las **uvas** grapes, **10.1**

la **vaca** cow, **9.2**

la **vacación** vacation, **6.2**

el/la **vago(a)** loafer, idler

el **vagón** train car, 13.1; **1.1**

la **vainilla: de vainilla** vanilla (*adj.*), 5.1

la **vainita** string bean

¡**vale!** OK!

valer to be worth

valeroso(a) brave

valiente brave

el **valle** valley, **7.2**

el **valor** value, worth

el valor real true value

vamos let's go

la **variación** variation

variado(a) varied

variar to vary, change

la **variedad** variety

vario(a) various

el **varón** male

vasco(a) Basque

la pelota vasca jai alai

el **vaso** (drinking) glass, 12.1

el **váter** toilet, **6.2**

el/la **vecino(a)** neighbor

el **vegetal** vegetable, 5.2

el/la **vegetariano(a)** vegetarian

veinte twenty, BV

veinticinco twenty-five, BV

veinticuatro twenty-four, BV

veintidós twenty-two, BV

veintinueve twenty-nine, BV

veintiocho twenty-eight, BV

veintiséis twenty-six, BV

veintisiete twenty-seven, BV

veintitrés twenty-three, BV

veintiuno twenty-one, BV

la **vela** candle, 13.1

la **velocidad** speed, 11.2

la velocidad máxima speed limit, 11.2

vencer to conquer

el **vendaje** bandage, 8.2

poner un vendaje to put a bandage on, 8.2

el/la **vendedor(a)** salesperson, **11.1**

vender to sell, 5.2

el **veneno** poison

venenoso(a) poisonous

venezolano(a) Venezuelan

venir to come, 11.1

el viernes (sábado, etc.) que viene next Friday (Saturday, etc.)

la **venta** sale, **14.1**

la **ventaja** advantage

la **ventanilla** ticket window, 9.2; window (airplane), **7.1**; teller's window, **12.2**

ver to see; to watch, 5.1

el **verano** summer, BV

el **verbo** verb

la **verdad** truth

¡**verdad!** that's right (true)!

verdadero(a) true, real

verde green, 3.2

la judía verde green bean, 5.2

la **verdulería** greengrocer store, **4.2**

la **verdura** vegetable

verificar to check, 13.1; **1.1**

la **versión: en versión original** in (its) original version, 10.1

el **verso** verse

vertical vertical

vestido(a) dressed

el **vestido** dress, **4.1**

los vestidos clothes (*pl.*)

vestirse (i, i) to get dressed

el/la **veterinario(a)** veterinarian

la **vez** time

a veces at times, sometimes, 7.1

de vez en cuando now and then

en vez de instead of

una vez más one more time, again

la **vía** track, 13.1; **1.1**

viajar to travel

viajar en avión to travel by plane, 11.1

el **viaje** trip

el viaje de novios honeymoon

el viaje de regreso return trip

hacer un viaje to take a trip, 11.1

el/la **viajero(a)** traveler

viceversa vice versa

víctima victim, **8.1**

victorioso(a) victorious

la **vida** life

    la vida escolar school life

el **video** video

viejo(a) old, 6.1

el/la **viejo(a)** old person

el **viento** wind

el **viernes** Friday, BV

villa: villa miseria shantytown (Arg.)

el **vinagre** vinegar

la **viola** viola

el **violín** violin

visible visible

visitar to visit

la **víspera de Año Nuevo** New Year's Eve, **13.2**

la **vista** view

vital vital

la **vitamina** vitamin

la **vitrina** shop window, **4.1**

la **vivienda** housing

    viviente: el ser viviente living creature, being

vivir to live, 5.2

vivo(a) living, alive

la **vocal** vowel

volar (ue) to fly, **7.2**

el **voleibol** volleyball

el/la **voluntario(a)** volunteer

volver (ue) to return, 7.1

    volver a casa to return home, 10.2

la **voz** voice

    en voz alta aloud

el **vuelo** flight, 11.1

    el número del vuelo flight number, 11.1

    el vuelo directo direct flight, **7.2**

    el vuelo nacional domestic flight

    tomar un vuelo to take a flight, 11.1

la **vuelta: dar la vuelta** to turn around

y and, BV

    y cuarto a quarter past (the hour)

    y media half past (the hour)

    y pico just after (the hour)

    ya now; already

la **yarda** yard

el **yeso** cast, **8.2**

yo I, 1.1

el **yogur** yogurt

la **zanahoria** carrot, 5.2

la **zapatería** shoe store, **4.1**

el **zapato** shoe, 3.2

la **zona** zone, area, neighborhood

    la zona comercial business zone, **9.1**

    la zona industrial industrial area, **9.1**

    la zona residencial residential area, **9.1**

el **zumo de naranja** orange juice (Spain)

English-Spanish Dictionary

*This Spanish-English Dictionary contains all productive and receptive vocabulary from Levels 1 and 2. The numbers following each productive entry indicate the chapter and vocabulary section in which the word is introduced. For example, **3.2** in dark print means that the word was first taught in **Capítulo 3, Palabras 2**. A light print number means that the word was introduced in ¡**Buen viaje!**, Level 1. BV refers to the introductory **Bienvenidos** lessons in Level 1. If there is no number following an entry, this means that the word or expression is there for receptive purposes only.*

A

a, an un(a), 1.1
aboard, on board a bordo de
about sobre; acerca de; (time) a eso de, **4.1**
above encima; por encima de, 9.1
abroad en el extranjero
abstract abstracto(a)
abuse el abuso
academic académico(a)
academy la academia
accent el tilde
to **accept** aceptar
access el acceso
accident el accidente, **8.1**
to **accommodate** acomodar
accompaniment el acompañamiento
to **accompany** acompañar
according to según
account (bank) la cuenta
  checking account la cuenta corriente, **12.2**
  savings account la cuenta de ahorros
accountant el/la contable, **14.1**
ache el dolor, 8.1
to **ache: My . . . ache(s).** Me duele(n)… , **8.2**
acrylic el acrílico
action la acción
active activo(a)
activity la actividad
actor el actor, 10.2

actress la actriz, 10.2
to **adapt** adaptar
to **add** sumar; agregar, añadir, **10.2**
addition: in addition to además de
addiction la adicción
address la dirección
adequate adecuado(a)
to **adjust** ajustar
to **admire** admirar
  admission ticket la entrada, 10.1
to **admit** admitir, **8.2**
adolescence la adolescencia
adolescent el/la adolescente
adorable adorable
adoration la adoración
to **adore** adorar
to **adorn** adornar
advance el avance
advantage la ventaja
adventure la aventura
advertisement el anuncio, **14.2**
advertising la propaganda
advice el consejo
to **advise** aconsejar
aerobic aeróbico(a)
to **affect** impresionar
African africano(a)
African American afroamericano(a)
after después (de), 5.1; tras
afternoon la tarde
  Good afternoon. Buenas tardes., BV

  in the afternoon por la tarde
  this afternoon esta tarde, 9.2
again de nuevo
against contra, 7.1
age la edad
  how old are you? ¿Cuántos años tienes?
agency la agencia
  employment agency la agencia de empleos
agent el/la agente, 11.1
customs agent el/la agente de aduana, 11.2
aging person el/la envejeciente
agreed, Fine. Conforme. 14.2
agricultural agrícola
ahead adelante
AIDS el SIDA
air el aire, 11.1
air conditioning el aire acondicionado, **6.2**
air traffic controller el/la controlador(a), **7.2**
airline la línea aérea
airmail el correo aéreo, **12.2**
airplane el avión, 11.1
small airplane la avioneta, **7.2**
airport el aeropuerto, 11.1
aisle el pasillo, 13.2; **1.2**
album el álbum
alcohol el alcohol
alcoholism el alcoholismo
algebra el álgebra, 2.2

alive vivo(a)

all todos(as)

allergy la alergia, 8.2

to **allow** consentir (ie, i); dejar

almost casi

alone solo(a); a solas

aloud en voz alta

already ya

also también

to **alternate** alternar

although aunque

altitude la altitud, la altura, **7.2**

always siempre, 7.1

ambassador el/la embajador(a)

ambulance la ambulancia, **8.1**

American americano(a), 1.1

amount la cantidad

amusement la diversión

amusement park el parque de atracciones, **5.2**

amusement park ride la atracción, **5.2**

amusing divertido(a)

analysis el análisis

analytical analítico(a)

to **analyze** analizar

ancient antiguo(a), **5.1**

and y, BV

Andalusian andaluz(a)

Andean andino(a)

anecdote la anécdota

angry enfadado(a)

animal el animal

    farm animal el animal doméstico, **9.2**

ankle el tobillo, **8.1**

anniversary el aniversario

to **announce** anunciar

announcement el anuncio, **7.1**

another otro(a)

to **answer** contestar, **3.2**

answer la respuesta

answering machine el contestador automático, **3.2**

Antarctic la Antártida

antibiotic el antibiótico, 8.2

antiquated anticuado(a)

antiquity la antigüedad

any cualquier

apartment el apartamento, el departamento, 6.2; el piso

apartment house la casa de apartamentos (departamentos), 6.2

apostle el apóstol

to **appear** aparecer

appearance la apariencia

appendicitis la apendicitis

to **applaud** aplaudir, 10.2

applause el aplauso, 10.2

    to receive applause recibir aplausos, 10.2

apple la manzana, 5.2

apple tree el manzano, **9.2**

application (job) la solicitud (de empleo)

to **apply (for a job)** solicitar trabajo

to **approach** acercarse (de)

appropriate apropiado(a)

April abril, BV

aptitude la aptitud

Arab el/la árabe

archaeological arqueológico(a)

archaeologist el/la arqueólogo(a)

archeology la arqueología

architect el/la arquitecto(a), **14.1**

area el área (f.); la zona

area code la clave de área, **3.2**

Argentinian argentino(a), 2.1

argument la disputa

arid árido(a)

arithmetic la aritmética, 2.2

arm el brazo, 7.1

armchair el sillón, **6.2**

around alrededor de, 6.2

arrival la llegada, 11.1

arrival and departure screen la pantalla de llegadas y salidas, 11.1

to **arrive** llegar, 4.1

arrogant altivo(a), arrogante

art el arte (f.), 2.2

    fine arts las bellas artes

artichoke la alcachofa, 14.2; **2.2**

artifact el artefacto

artist el/la artista, 10.2

artistic artístico(a)

as como, 1.2

    as . . . as tan... como, **8.2**

    as many . . . as tantos(as)... como, **8.2**

    as much . . . as tanto(a)... como

to **ask (a question)** preguntar; (questions) hacer preguntas, **14.2**

to **ask for** pedir (i, i), 14.1

    to ask for the bill pedir la cuenta, **6.1**

to **ask questions** hacer preguntas, **14.2**

asleep dormido(a)

aspect el aspecto

aspirin la aspirina, 8.2

to **assist** atender (ie), **4.1**

assortment el surtido

to **assure** asegurar

astute astuto(a)

at a

    at that time en aquel entonces

athlete el/la atleta

athletic atlético(a)

atmosphere el ambiente; la atmósfera

to **attack** atacar

attack el ataque

to **attend** asistir

    attention: to pay attention prestar atención, 4.2

attractive atractivo(a)

audience el público, 10.2

August agosto, BV

aunt la tía, 6.1

aunt and uncle los tíos, 6.1

authentic auténtico(a)

author el/la autor(a), 10.2

automatic teller el cajero automático

automatically
automáticamente

automobile el automóvil

autumn el otoño, BV

available disponible

avenue la avenida, **9.1**

average medio(a); regular,
2.2

aviation la aviación

avocado el aguacate, **10.2**

B

baby el/la bebé

bachelor's degree el
bachillerato

back (of seat) el respaldo, **7.1**

background (ancestry)
la ascendencia

backpack la mochila, 3.1

bacteria la bacteria

bad malo(a), 2.1; mal, 14.2;
2.2

**to be in a good (bad)
mood** estar de buen
(mal) humor, **8.1**

bad-tempered
malhumorado(a)

bag la bolsa, 5.2

cloth shopping bag el
capacho

plastic bag la bolsa de
plástico, **4.2**

baggage el equipaje, 11.1

baggage claim el reclamo
de equipaje, 11.2

carry-on baggage el
equipaje de mano

bakery la panadería, la
pastelería, **4.2**

balance (bank) el saldo

ball (soccer, basketball) el
balón 7.1; **(baseball,
tennis)** la pelota , **7.2**

balloon el globo, **5.2**

ballpoint pen el bolígrafo,
3.1

banana el plátano, 5.2; la
banana, **10.2**

band (music) la banda

bandage el vendaje, 8.2

to put a bandage on
poner un vendaje, 8.2

bank (of a river) la orilla

bank el banco, **12.2**

bank statement el estado
del banco

banking bancario(a)

baptism el bautizo

bar: bar of soap la barra de
jabón, la pastilla de jabón,
12.2

barber el barbero, **12.1**

bargain la ganga

to **base** basar

base la base, 7.2

baseball el béisbol, 7.2

baseball field el campo de
béisbol, 7.2

baseball game el juego de
béisbol, 7.2

baseball player el/la
beisbolista; el/la
jugador(a) de béisbol, 7.2

based (on) basado(a)

basic básico(a)

basket (basketball) el
canasto, la canasta, el
cesto, 7.2; **(jai alai)** la cesta

basketball el baloncesto, el
básquetbol, 7.2

basketball court la cancha
de básquetbol, 7.2

to put in (make) a basket
encestar, 7.2

Basque vasco(a)

bat el bate, 7.2

bath el baño

to take a bath bañarse,
12.1

bathing suit el bañador, el
traje de baño, 9.1

bathroom el baño, el cuarto
de baño, 6.2

bathtub la bañera, **6.2**

batter el/la bateador(a), 7.2

battery la batería

battle la batalla

bay la bahía

to **be** ser, 1.1; estar, 4.1

to be afraid tener miedo

**to be in a good (bad)
mood** estar de buen
(mal) humor

to be happy (sad) estar
contento(a) (triste)

to be hungry tener
hambre, 14.1; **2.1**

to be married estar
casado(a)

to be sick estar enfermo(a)

to be thirsty tener sed,
14.1; **2.1**

to be tired esta cansado(a)

to be . . . years old tener...
años, 6.1

to be able poder (ue), 7.1

to **be accustomed to, tend
to** soler (ue)

to **be alarmed** alarmarse

to **be based** basarse

to **be born** nacer, **13.1**

to **be called** llamarse, 12.1

to **be familiar with** conocer,
11.1

to **be frightened** asustarse

to **be glad about** alegrarse
de, **13.1**

to **be going to (do something)**
ir a + *infinitive*

to **be important** importar

to **be named** llamarse, 12.1

to **be sorry** sentir (i, i)

to **be worth** valer

beach la playa, 9.1

beach resort el balneario, 9.1

beach towel la toalla
playera, 9.1

bean el frijol, la habichuela,
5.2

black bean la habichuela
negra, el frijol negro, **10.2**

string (green) bean la
habichuela tierna

to **bear** llevar

beard la barba

beau, heartthrob el galán

beautiful bello(a),
hermoso(a), 1.1; precioso(a)

beauty la belleza

because porque

to **become enamored of (to
fall for)** flechar

bed la cama, 8.1

  to go to bed acostarse (ue), 12.1

  to make the bed hacer la cama, **6.2**

  to stay in bed guardar cama, 8.1

bedroom el cuarto de dormir; el cuarto, el dormitorio, la recámara, 6.2; la habitación, **6.1**

bee la abeja, **8.1**

beef la carne de res, 14.2; **2.2**

before antes de, 5.1

to **beg** rogar (ue)

to **begin** comenzar (ie); empezar (ie), 7.1

beginner el/la principiante, 9.2

beginning: at the beginning al principio

  beginning of the school year la apertura de clases

to **behave** comportarse

behavior la actuación

behind atrás; detrás de, **5.2**

to **believe** creer, 8.2

bell pepper el pimiento, **10.2**

bellhop el botones, **6.1**

to **belong** pertenecer

below debajo (de), **7.1**

below zero bajo cero, 9.2

belt el cinturón, **4.1**

  seat belt el cinturón de seguridad, **7.1**

benefit el beneficio

berth la litera, 13.2; **1.2**

beside al lado de, **5.2**

besides además

best man el padrino, **13.1**

better, best mejor

between entre, 7.1

beverage el refresco, 5.1; la bebida, **7.1**

biblical bíblico(a)

to **bicycle** ir en bicicleta, 12.2

bicycle la bicicleta

big gran, grande

bilingual bilingüe

bill la factura, **6.1**; (money) el billete, **12.2**; (check) la cuenta, 5.1

biography la biografía

biological biológico(a)

biologist el/la biólogo(a)

biology la biología, 2.2

bird el ave (f.); el pájaro

birthday el cumpleaños, 6.1

black negro(a), 3.2

blanket la frazada, la manta, **6.2**

bleach el blanqueador

blessing la bendición

block (city) la cuadra, **11.2**

to **block** bloquear, parar, 7.1

blond(e) rubio(a), 1.1

blood la sangre

blood pressure la presión arterial, la tensión arterial, **8.2**

blouse la blusa, 3.2

blue azul , 3.2

  dark blue azul oscuro

blue jeans el blue jean, 3.2

to **board** embarcar, 11.2; subir, 13.1; **1.1**; abordar

to **board the train** subir al tren, 13.1; **1.1**

board el tablero, 7.1

  arrival board el tablero de llegadas, 13.1; **1.1**

  departure board el tablero de salidas, 13.1; **1.1**

  scoreboard el tablero indicador, 7.1

  boarding house la pensión, 12.2

  boarding pass la tarjeta de embarque, 11.1

boat el bote, **5.2**

body el cuerpo, **8.1**

to **boil** hervir (ie, i), **10.1**

boiling la ebullición

bone el hueso, **8.2**

  to set the bone reducir el hueso, **8.2**

book el libro, 3.1

boot la bota, 9.2

to **border** bordear

border el borde

to **bore** aburrir

boring aburrido(a), 2.1

born nacido(a)

to **borrow** pedir prestado

boss el/la jefe(a)

bottle la botella, **4.2**

  bottle of mineral water la botella de agua mineral, 12.2

boulevard el bulevar, **9.1**

box office la taquilla, 10.1

boy el muchacho, 1.1; el chico

boyfriend el novio

bracelet la pulsera, **4.1**

braid la trenza

to **brake** poner los frenos

brakes los frenos, **11.1**

branch (office) la sucursal; la filial

branch (of menora) el brazo, **13.2**

branch (tree) la rama

brass (instruments in orchestra) instrumentos de metal

brave valeroso(a); valiente

bread el pan, **4.2**

to **break** romperse, **8.1**

breakdown la avería

breakfast el desayuno, 5.2

to **breathe** respirar

breathing la respiración

bricklayer el/la albañil, **14.1**

bride la novia, **13.1**

brief breve

bright brillante

to **bring** llevar, 6.1; traer, 14.1; **2.1**

broken down averiado(a)

bronze el bronce, 10.2

brook el arroyo

brother el hermano, 6.1

brown de color marrón, 3.2; pardo(a)

brunette moreno(a), 1.1

brush el cepillo, 12.2; (paint) el pincel

to **brush one's hair** cepillarse, 12.1

to **brush one's teeth** cepillarse los dientes, lavarse los dientes, 12.1

building el edificio, **9.1**

burial el entierro

burner (stove) la hornilla, **10.1**

to **bury** enterrar (ie)

bus el bus, 4.1; el autobús, 10.1; **(Mexico)** el camión, 10.1; **(Puerto Rico, Cuba)** la guagua, 10.1

  school bus el bus escolar, 4.1

  bus stop la parada de bus, **9.1**

business el comercio; la empresa, **14.1**

business district la zona comercial, **9.1**

businessman (woman) el/la comerciante, **14.1**; el/la empresario(a)

busy (phone) ocupado

but pero

butcher shop la carnicería, **4.2**

butter la mantequilla, **10.2**

button el botón, **3.1**

to **buy** comprar, 3.1

  buying la compra, **14.1**

  by no means de ninguna manera, 1.1

  by the way a propósito

cabin la cabina, **7.1**

café el café, 5.1; la confitería

  outdoor café el café al aire libre

cafeteria la cafetería

cage la jaula, **5.2**

cake el bizcocho, la torta, el pastel, **13.1**

to **calculate** calcular

  calculator la calculadora, 3.1

calculus el cálculo, 2.2

to **call oneself, be named** llamarse, 12.1

to **call; to telephone** llamar, **3.2**

  Who is calling? ¿De parte de quién?, **3.2**

call la llamada (telefónica), **3.2**

  long distance call la llamada larga, **3.2**

called llamado(a)

calm tranquilo(a)

calorie la caloría

camel el camello, **13.2**

campaign la campaña

can el bote, la lata, **5.2**

Canadian canadiense

candid franco(a)

candidate el/la aspirante, el/la candidato(a), **14.2**

candle la vela, **13.1**

canned enlatado(a)

canvas (painting) el lienzo

canyon el cañón

cap la gorra, **3.2**

capital la capital

captain (airplane) el/la comandante, **11.2**

car el carro, el coche, **4.1**

  by car en carro, 4.1

  dining car el coche-comedor, el coche-cafetería, 13.2

  sleeping car el coche cama, 13.2

  sports car el carro deportivo, **11.1**

  train car el coche, 13.2

carbohydrate el carbohidrato

card la tarjeta, 11.1

  credit card la tarjeta de crédito, 14.1; **2.1**

  registration card (hotel) la tarjeta, la ficha, **6.1**

  student I.D. card la tarjeta de identidad estudiantil

  telephone card la tarjeta telefónica, **3.2**

cardinal points los punto cardinales

cardiologist el/la cardiólogo(a)

cardiology la cardiología

care: intensive care el cuidado intensivo

career la carrera

careful! ¡cuidado!

  to be careful tener cuidado

carefully con cuidado

to **caress** acariciar

Caribbean el Caribe

Caribbean Sea el mar Caribe

caricaturist el/la caricaturista

carousel horse el caballito, 5.2

carpenter el/la carpintero(a), **14.1**

carrot la zanahoria, 5.2

to **carry** llevar, 3.1

to **carry out** efectuar

cart el carrito, **4.2**

case el caso, **7.1**

cash el dinero en efectivo, **12.2**

cash register la caja, 3.1

to **cash the check** cobrar el cheque, **12.2**

cashier el/la cajero(a), **14.1**

cassette el casete, 4.2

cast el yeso, **8.2**

castillian castellano(a)

castle el castillo

cat el/la gato(a), 6.1

to **catch** atrapar, 7.2

  catcher el/la cátcher, el/la receptor(a), 7.2

category la categoría

cathedral la catedral

catholic católico(a)

cattle el ganado, **9.2**

cauliflower la coliflor, **10.1**

to **cause** causar

cause la causa

CD-ROM el CD-ROM, **3.1**

to **celebrate** celebrar, **13.1**

  celebration la celebración

cell phone el teléfono celular, **3.2**

cellular celular

center el centro

central central

Central America la América Central

century el siglo

cereal el cereal, **5.2**

ceremony la ceremonia

certain cierto(a)

Certainly!, Of course! ¡Claro!

chain (necklace) la cadena, **4.1**

gold chain la cadena de oro, **4.1**

chair la silla

armchair el sillón, **6.2**

chairlift el telesilla, **9.2**

chalkboard la pizarra, el pizarrón, **4.2**

champion el/la campeón(ona), **5.1**

championship el campeonato

change el cambio, **12.2**

to **change** variar; cambiar, **12.2**

to change the towels cambiar las toallas, **6.2**

to change trains (transfer) transbordar, **13.2**; **1.2**

channel (TV) el canal

Chanukah Hanuka, **13.2**

Happy Chanukah! ¡Feliz Hanuka!, **13.2**

chapter el capítulo

character el carácter; el personaje

characteristic la característica

to **charge** cobrar

charges los cargos

charming encantador(a)

to **chat** charlar

chauffeur el chófer

cheap barato(a), **3.2**

check (plaid) a cuadros

to **check luggage** facturar el equipaje, **11.1**

to **check out** abandonar el cuarto, **6.1**

to **check the oil** revisar el aceite, **11.2**

to **check the ticket** revisar el boleto, **11.1**

checkbook la chequera; el talonario

checkers las damas, **5.1**

checking account la cuenta corriente, **12.2**

cheek la mejilla, **8.1**

cheese el queso, **5.1**

chemical químico(a)

chemistry la química, **2.2**

chess el ajedrez, **5.1**

chest el pecho, **8.1**

chicken el pollo, **5.2**

child el/la niño(a)

children los hijos, **6.1**

chilean chileno(a)

chili pepper el ají

chills los escalofríos, **8.1**

chimney la chimenea

chocolate (adj.) de chocolate, **5.1**

choir el coro

cholesterol el colesterol

to **choose** escoger

chop la chuleta, **10.1**

chores los quehaceres

chorus el coro

Christian cristiano(a)

Christmas la Navidad, **13.2**

Merry Christmas! ¡Feliz Navidad!, **13.2**

Christmas Eve la Nochebuena, **13.2**

Christmas tree el árbol de Navidad, **13.2**

church la iglesia

circle el círculo

to **circulate** circular

citric cítrico(a)

city la ciudad, **9.1**

city hall la alcaldía, **14.1**

city hall employee el/la funcionario(a), **14.1**

to **claim (luggage)** reclamar, **11.2**

to claim one's luggage recoger el equipaje, **11.2**

clam la almeja, **14.2**; **2.2**

clarinet el clarinete

clarity la claridad

class la clase, el curso, **2.1**

first class primera clase, **13.1**; **1.1**

second class segunda clase, **13.1**

classic clásico(a)

to **classify** clasificar

classroom la sala de clase, el salón de clase, **4.1**

clean limpio(a)

to **clean** limpiar, **6.2**

to clean the room limpiar el cuarto, **6.2**

clear claro(a)

clerk el/la dependiente(a); el/la empleado(a), **3.1**

clever listo(a), **5.1**

click el clic

climate el clima

clinic la clínica

close cercano(a)

to **close** cerrar (ie)

to close the wound cerrar la herida, **8.2**

closet el armario, **6.2**

clothes (pl.) la ropa, los vestidos

to put on (one's) clothes ponerse la ropa, **12.1**; vestirse (i, i)

clothes hanger el colgador, la percha, **6.2**

clothing la ropa, **3.2**

clothing store la tienda de ropa, **3.2**

men's clothing store la tienda de ropa para caballeros, **4.1**

women's clothing store la tienda de ropa para señoras, **4.1**

cloud la nube, **9.1**

cloudy nublado(a), **9.1**

It's cloudy. Hay nubes., **9.1**

clove (of garlic) el diente (de ajo)

clown el payaso, **5.2**

club el club, **4.2**

Spanish Club el Club de español, **4.2**

English-Spanish Dictionary

co-ed (school) mixto(a)

coast la costa

coat el abrigo, **4.1**

cockpit la cabina de mando (vuelo), **7.1**

coconut el coco, **10.2**

code: country code el prefijo de país, **3.2**

    area code la clave de área, **3.2**

coffee el café, BV

    black coffee el café solo, 5.1

    coffee with milk el café con leche, 5.1

coin, currency la moneda, **3.2**

coincidence la coincidencia

cold (illness) el catarro, 8.1

    It's cold. Hace frío., 9.2

    to have a cold tener catarro, estar resfriado(a), 8.1

to **collect** coleccionar, **5.1**

collection el conjunto; la colección; la colecta

collector el/la coleccionista, **5.1**

Colombian colombiano(a), 1.1

colonial colonial

colony la colonia

color el color, 3.2

    What color is it? ¿De qué color es?, 3.2

colored de color

comb el peine, 12.1

to **comb one's hair** peinarse, 12.1

to **come** venir, 11.1

    to come (go) on stage entrar en escena, 10.2

comedy la comedia

comfort la comodidad

commission la comisión

committee el comité

common común

to **communicate with each other** comunicarse, **3.1**

communication la comunicación

community la comunidad

compact disk CD, el disco compacto, 4.2

company la compañía

to **compare** comparar

comparison la comparación

compartment el compartimento, 13.2; **1.2**

    overhead compartment el compartimiento superior, el compartimiento sobre la cabeza, 7.1

to **compete** competir (i, i)

competition la competencia; la competición

to **complete** completar

completely totalmente

compliment: to pay someone a compliment echarle flores

to **compose** componer

composition la composición

computer el ordenador, la computadora, **3.1**

computer programmer el/la programador(a) de informática, 14.1

computer science la informática, 2.2

concert el concierto, 2.1

conclusion el desenlace

condition la condición

condominium el condominio, 9.1

conductor (train) el/la revisor(a), 13.2; **1.2**

to **confirm** confirmar

to **confront** confrontar

Congratulations! ¡Enhorabuena!, ¡Felicitaciones!, **13.1**

to **connect** conectar; enlazar

connection la conexión

to **conquer** conquistar; vencer

conqueror el conquistador

conquest la conquista

consequently por consiguiente

to **consider** considerar

to **consist of** consistir (en)

to **construct** construir

to **consult** consultar, 13.1; **1.1**

to **consume** consumir

consumer el/la consumidor(a)

consumption el consumo

contagious contagioso(a)

to **contain** contener (ie)

contemporary contemporáneo(a)

contest la competición

continent el continente

to **continue** continuar, 7.2; seguir (i, i), **11.2**

contrary: on the contrary al contrario

to **contrast** contrastar

to **control** controlar

    control tower la torre de control, 7.2

convenient conveniente

convent el convento

conversation la conversación

to **convert** convertir (ie, i)

convertible el convertible, el descapotable, **11.1**

to **convince** convencer

to **cook** cocinar, 10.1

    cook el/la cocinero(a), 14.1; **2.1**

cooking la cocción

coordination la coordinación

copilot el/la co-piloto, 11.2

to **copy** copiar

copy la copia

corn (Mex.) el elote; el choclo; el maíz, 14.2; **2.2**

cornea la córnea

corner la esquina, **9.1**

correspondence la correspondencia

corridor el pasillo, 13.2; **1.2**

to **cost** costar (ue), 3.1

    how much do(es) it (they) cost? ¿Cuánto cuesta(n)?

Costa Rican costarricense

cotton el algodón, **12.1**

cough la tos, 8.1

    to have a cough tener tos, 8.1

to **cough** toser, 8.1

counter el mostrador, 11.1

country el país, 11.2; el campo, **9.2**

foreign country el país extranjero

coup (overthrow of a government) el golpe

coupe el cupé, **11.1**

couple la pareja

course el curso, 2.1

elective course el curso opcional

required course el curso obligatorio

court la corte, el tribunal, **14.1**

court la cancha, 7.2

basketball court la cancha de básquetbol, 7.2

enclosed court la cancha cubierta, 9.1

outdoor court la cancha al aire libre, 9.1

tennis court la cancha de tenis, 9.1

courteous atento(a); cortés

courtesy la cortesía, BV

cousin el/la primo(a), 6.1

to **cover** cubrir; tapar, 10.2

cow la vaca, **9.2**

to **create** crear

credit card la tarjeta de crédito, 14.1; **2.1**

creole criollo(a)

crew la tripulación, 11.2

crop la cosecha, **9.2**

to **cross** atravesar (ie); cruzar, **9.1**

crossing el cruce, **11.2**

crosswalk el cruce de peatones, **9.1**

crossword puzzle el crucigrama, 5.1

to do a crossword puzzle llenar un crucigrama, **5.1**

crutch la muleta, **8.2**

Cuban cubano(a)

Cuban American cubanoamericano(a)

cucumber el pepino, **10.1**

to **cultivate** cultivar, **9.2**

cultivation el cultivo

cultural cultural

cultured culto(a)

cup la taza, 14.1; **2.1**

cure la cura

curtain (stage) el telón, 10.2

custom la costumbre

customer el/la cliente, 5.1

customs la aduana, 11.2

customs agent el/la agente de aduana, **11.2**

to **cut** cortar, **8.1**

cycling el ciclismo

D

dad el papá

daily diario(a)

to **dance** bailar, 4.2

dance el baile

dance la danza

danger el peligro

dangerous peligroso(a)

dark oscuro(a)

dark-haired moreno(a), 1.1

data los datos, **3.1**

to **date** datar

date la fecha, BV

What is today's date? ¿Cuál es la fecha de hoy?, BV

daughter la hija, 6.1

day el día, BV

What day is it (today)? ¿Qué día es (hoy)?, BV

death la muerte

decade la década

December diciembre, BV

to **decide** decidir

to **declare** declarar

to **decorate** decorar

decorated decorado(a)

decoration la decoración

to **dedicate** dedicar, **14.1**

deep profundo(a)

to **defeat** derrotar

to **defend** defender (ie)

to **define** definir

definition la definición

degree (temperature) el grado, 9.2

delay: with a delay con una demora, 11.1; con retraso, 13.2; **1.2**

delicate delicado(a)

delicious rico(a), 14.2; **2.2**; delicioso(a), sabroso(a)

to **delight** encantar

to **deliver** entregar

deluxe de lujo

to **demand** exigir

demography la demografía

to **demonstrate** demostrar (ue)

density la densidad

dentist el/la dentista

department el departamento, **14.2**

department of human resources el departamento de recursos humanos, **14.2**

department store la tienda de departamentos

departure la salida, 11.1; la partida

departure area la sala de salida, 11.1

departure gate la puerta de salida, 11.1; la puerta de embarque

departure hour la hora de salida, 13.1; **1.1**

to **depend (on)** depender (ie) (de)

deposit el depósito

to make a deposit ingresar

dermatologist el/la dermatólogo(a)

dermatology la dermatología

descendant el/la descendiente

to **describe** describir

desert el desierto

design el diseño

English-Spanish Dictionary

designer el/la diseñador(a)

dessert el postre, 5.1

destination el destino, 11.1

detail el detalle

detective policíaco(a)

detergent el detergente, **4.2**

to **determine** determinar

development el desarrollo

device el aparato, **3.1**

to **devote oneself to** dedicarse, **14.1**

diagnosis la diagnosis, 8.2

dial (of telephone) el disco, **3.2**

to **dial** marcar (el número), **3.2**

dial tone el tono, **3.2**

dialogue el diálogo

diamond el diamante

to **dice** picar, **10.2**

to **die** morir (ue, u)

diet la dieta

difference la diferencia

different diferente

difficult difícil, duro(a), 2.1

difficulty la dificultad

to **dig** excavar

to **dine, have dinner** cenar

dining car el coche comedor, el coche cafetería, 13.2

dining room el comedor, 6.2

dinner la cena, 5.2

diplomatic diplomático(a)

direct directo(a)

to **direct** dirigir

direction la dirección; el sentido, **11.2**

in each direction en cada sentido, **11.2**

in the opposite direction en el sentido contrario, **11.2**

director el/la director(a)

dirty sucio(a), **11.1**

dirty laundry la ropa sucia, **12.1**

disadvantage la desventaja

to **disappear** desaparecer

disaster el desastre

disastrous desastroso(a)

discount el descuento

to **discover** descubrir

to **discuss** discutir

to **disembark** desembarcar, 11.2

dish el plato, 14.1; **2.1**

disk, diskette el disquete, 3.1

disk drive la ranura, **3.1**

distance la distancia

distinct distinto(a)

distinguished ilustre

to **distract** distraer

to **distribute** distribuir, **7.1**

distribution la distribución

to **dive** bucear, 9.1

to **divide** dividir

diving el buceo, 9.1

division la división

divorce: to get divorced divorciarse

to **do** hacer

to do homework hacer las tareas, **3.1**

to do well (on an exam) salir bien (en un examen)

doctor el/la doctor(a); el/la médico(a), 8.2

doctor's office la consulta (el consultorio) del médico, 8.2; la sala de consulta

document el documento, **3.1**

documentation la documentación

dog el perro, 6.1

dollar el dólar, **11**

Dominican dominicano(a), 2.1

Dominican Republic la República Dominicana

dominos el dominó, **5.1**

donkey el asno

door la puerta, **6.1**

dose la dosis, 8.2

dot el punto

on the dot, sharp en punto, 4.1

doubles dobles, 9.1

to **doubt** dudar

doubt la duda

doubtful dudoso(a)

down payment el enganche

downtown el centro; en el centro (de la ciudad)

dozen la docena, **4.2**

to **draw** dibujar

drawing el dibujo

dream el sueño

dress el vestido, 4.1

to **dress oneself, to put on clothes** ponerse la ropa, 12.1

to get dressed vestirse (i, i)

dressed (in) vestido(a) (de)

to **dribble** driblar, **7.2**

to **drink** beber, 5.1

to drink a beverage tomar un refresco

to drink water (milk, coffee) tomar agua (leche, café)

drink el refresco, 5.1; la bebida, **7.1**

to **drive** conducir, manejar

driver el/la conductor(a), **11.1**

driver's license la licencia, el permiso de conducir, **11.1**

drug la droga

drug addiction la drogadicción

druggist el/la farmacéutico(a), 8.2

drugstore la farmacia, 8.2

to **dry** secar, **12.2**

dry seco(a)

to **dry clean** limpiar en seco, **12.1**

dry cleaner el/la tintorero(a), **12.1**

dry cleaners la tintorería, **12.1**

dubbed doblado(a), 10.1

during durante

E

e-mail, electronic mail el correo electrónico, **3.1**

English-Spanish Dictionary

each cada, 1.2
  in each direction en cada sentido, **11.2**
eagle el águila (f.)
ear la oreja, **4.1**; el oído, **8.1**
early temprano, 12.1
to **earn** ganar
  to earn one's living ganar la vida
earphones los audífonos, los auriculares, **7.1**
earring el arete, el pendiente, **4.1**
easel el caballete
east el este
eastern oriental
easy fácil, 2.1; sencillo(a)
to **eat** comer, 5.1
  to eat breakfast desayunarse, tomar el desayuno, 12.1
  to eat dinner cenar
ecological ecológico(a)
ecology la ecología
economical económico(a), 12.2
economics la economía
  home economics la economía doméstica, 2.2
economy la economía
Ecuadorean ecuatoriano(a), 2.1
to **educate** educar
education la educación
  physical education la educación física, 2.2
egg el huevo, 5.2
eggplant la berenjena, 14.2; **2.2**
eight ocho, BV
eight hundred ochocientos(as), 3.2
eighteen dieciocho, BV
eighth octavo(a), 6.2
eighty ochenta, 2.2
either tampoco
elbow el codo, **8.1**
elective course el curso opcional
electric eléctrico(a)

electrician el/la electricista, **14.1**
electricity la electricidad
electronic electrónico(a)
electronic mail el correo electrónico, **3.1**
elegance la elegancia
elegant elegante, **13.1**
element el elemento
elementary school la escuela primaria
to **elevate** elevar
elevated elevado(a)
elevation la elevación
elevator el ascensor, 6.2; el elevador, **6.1**
eleven once, BV
to **eliminate** eliminar
emergency la emergencia, **7.1**
emergency exit la salida de emergencia, **7.1**
emergency room la sala de emergencia, la sala de urgencias, **8.1**
emission la emisión
to **emit** emitir
emotion la emoción
emotional emocional
to **emphasize** dar énfasis; enfatizar
to **employ** emplear
employee el/la dependiente(a), el/la empleado(a), 3.1
enchilada la enchilada, BV
end el fin
  at the end (of) al final (de); a fines de
to **end** terminar, **3.1**
to **endorse** endosar, **12.2**
enemy el/la enemigo(a)
energy la energía
engagement el compromiso
engine el motor
engineer el/la ingeniero(a), **14.1**
engineering la ingeniería
English el inglés, 2.2
to **enjoy** disfrutar; gozar

to **enjoy oneself** divertirse (ie, i), 12.2
enormous enorme
enough bastante, 1.1; suficiente
to **enter** entrar, 4.1
entertaining entretenido(a)
enthusiastic entusiasmado(a)
entire entero(a)
entrance la entrada, **5.2**
entrepreneur el/la empresario(a)
envelope el sobre, **12.2**
environment el ambiente; el medio ambiente
episode el episodio
epoch la época
equal igual; par
equation la ecuación
equator la línea ecuatorial
equilibrium el equilibrio
equipment el equipo
equivalent el equivalente
eraser la goma de borrar, 3.1
erroneous erróneo(a)
escalator la escalera mecánica, **9.1**
to **escape** escapar
especially especialmente; particularmente; sobre todo
essential esencial
to **establish** establecer, fundar
establishment el establecimiento
eternal eterno(a)
eternally de siempre y para siempre
ethnic étnico(a)
euro euro (currency)
Europe la Europa
European europeo(a)
even aun
evening la noche
  in the evening por la noche
  evening gown el traje de gala
event: great event el buen suceso

every cada, 1.2
everybody todos(as), 2.2
everyone todo el mundo
everything todos(as)
everywhere por todas partes
exact exacto(a)
exactly exactamente
to exaggerate exagerar
exaggerated exagerado(a)
exam el examen, 4.2
to examine examinar, 8.2
example: for example por ejemplo
to excavate excavar
excavation la excavación
to exceed exceder
excellent excelente
exception la excepción
to exchange cambiar, 12.2
exchange: exchange rate el tipo (la tasa) de cambio, 12.2
exchange student el/la estudiante de intercambio
to exclaim exclamar
exclusively exclusivamente
excuse me perdón
to exercise hacer los ejercicios
exhaust pipe el tubo de escape
exhibition (art) la exposición (de arte), 10.2; la exhibición
to exist existir
existence la existencia
exit la salida, 11.2
expedition la expedición
expensive caro(a), 3.2
experience la experiencia
to experiment experimentar
expert el/la experto(a), 9.2
to explain explicar, 4.2
explorer el/la explorador(a)
explosion la explosión
to export exportar
to express an opinion opinar, 10.2
expression la expresión
means of expression el modo de expresión

expressway la autopista, 11.2
extension la extensión
extraordinary extraordinario(a)
extreme extremo(a)
eye el ojo, 8.2

fabulous fabuloso(a)
face la cara, 12.1
face down boca abajo, 3.1
face up boca arriba, 3.1
to facilitate facilitar
factory la fábrica, 9.1
factory worker el/la obrero(a), 9.1
faithful fiel
to fall caerse
to fall asleep dormirse, 12.1
false falso(a)
fame la fama
family la familia, 6.1
family (related to the) familiar
famous famoso(a), 1.2; célebre
fan (sports) el/la aficionado(a)
fantastic fantástico(a), 1.2
far lejos, 12.2
fare la tarifa
farm la finca, 9.2
farm animals los animales domésticos, 9.2
farmer el/la agricultor(a)
to fascinate fascinar
fast: as fast as possible a toda prisa
to fasten abrocharse, 7.1
fat gordo(a), 1.2
fat la grasa
father el padre, 6.1
father-in-law el suegro
fault el defecto
favorite favorito(a)
fax el facsímil, el fax, 3.1

fear el miedo; el terror
to fear temer
February febrero, BV
to feel sentirse (ie, i), 8.1
Ferris wheel la noria, 5.2
to fete festejar
fever la fiebre, 8.1
to have a fever tener fiebre, 8.1
few poco(a), 2.1
fewer menos
fiancé(e) el/la novio(a)
fiction la ficción
fictitious ficticio(a)
field el campo, 9.2
baseball field el campo de béisbol, 7.2
soccer field el campo de fútbol, 7.1
fifteen quince, BV
fifteen-year-old (girl) la quinceañera
fifth quinto(a), 6.2
fifty cincuenta, 2.2
to fight luchar
figurative figurativo(a)
figure la figura
to fill rellenar
to fill out llenar, 5.1
to fill out the form llenar el formulario, 8.2
fillet el filete
film la película, 6.2; el film, 10.1
to see a film ver una película, 10.1
finally por fin
finances las finanzas
financial financiero(a)
to find encontrar (ue); hallar
fine bien, BV
fine la multa
finger el dedo, 4.1
to finish terminar, 3.1
fire el fuego, 10.2
first primero(a), BV
first aid service el servicio de primeros auxilios, 8.1
first class en primera (clase), 13.1

fish (food) el pescado, 5.2
fish market la pescadería, **4.2**
to **fit** caber
   It (They) do(es)n't fit me. No me queda(n) bien., **4.1**
five cinco, BV
five hundred quinientos(as), 3.2
to **fix** fijar
   fixed fijo(a)
flamenco flamenco(a)
   traditional flamenco singing el cante jondo
flat (tire) pinchado(a)
flaw el defecto
flight el vuelo, 11.1
   direct flight el vuelo directo domestic flight el vuelo nacional
   flight number el número del vuelo, 11.1
   to take a flight tomar un vuelo, 11.1
   flight attendant el/la asistente de vuelo, 11.2
floor el piso, la planta, 6.2
   ground floor la planta baja, 6.2
flower la flor
flu la gripe, 8.1
flute la flauta
to **fly** volar (ue), **7.2**
to **fly over** sobrevolar, **7.2**
folder la carpeta, 3.1
folk healer el/la curandero(a)
to **follow** seguir (i, i)
   following siguiente
fond of aficionado(a) a, 10.1
food la comida, 5.2; el alimento, el comestible, 14.2; **2.2**
foolish tonto(a)
foot el pie, 7.1
   on foot a pie, 4.1
for de, BV; para; por
   for example por ejemplo
   for when? ¿para cuándo?, 14.2; **2.2**
forbidden prohibido(a), **11.2**

forecast el pronóstico
forehead la frente, **8.1**
foreign extranjero(a)
foreign country el país extranjero, 11.2
foreign exchange office la casa de cambio, 12.2
foreigner el/la extranjero(a)
forever de siempre y para siempre
fork el tenedor, 14.1; **2.1**
form el formulario, **8.2**
to **form** formar
fortification la fortificación
fortunate afortunado(a)
fortune la buenaventura
forty cuarenta, 2.2
to **found** fundar
foundation la fundación
four cuatro, BV
four hundred cuatrocientos(as), 3.2
fourteen catorce, BV
fourth cuarto(a), 6.2
fracture la fractura, **8.1**
fragment el fragmento
frank franco(a)
free libre, 5.1
freezer el congelador, 10.1
French el francés, 2.2
French fries las papas fritas, 5.1
frequently frecuentemente, con frecuencia, **3.2**
fresh fresco(a), **4.2**
Friday el viernes, BV
fried frito(a), 5.1
friend el/la amigo(a), 1.1; el/la compañero(a), 1.2
frightful espantoso(a)
from de, BV; desde
   from (time) to (time) de… a…, 2.2
front delantero(a)
   in front of delante de, 10.1
frozen congelado(a), **4.2**
frozen food los productos congelados, 5.2
fruit la fruta, 5.2
fruit store la frutería, **4.2**
to **fry** freír (i, i), 14.1; **2.1**

frying pan el/la sartén, **10.1**
full lleno(a)
   full (train) completo(a), 13.2
   full-time job un trabajo a tiempo completo, **14.2**
fun divertido(a)
function la función, 10.2
functioning el funcionamiento
fund el fondo
fundamental primordial
funny cómico(a), gracioso(a), 1.1
furious furioso(a)
furniture los muebles
fury la furia
future el futuro

G

galaxy la galaxia
gallant gallardo(a)
gallon el galón
game el juego; **(match)** el partido, 7.1; **(of dominos, etc.)** la partida
   baseball game el juego de béisbol, 7.2
   Olympic Games los Juegos Olímpicos
   tennis game el juego de tenis, 9.1
   video game el juego de video, 5.1
game arcade la sala de juegos, **5.1**
game board el tablero, **5.1**
game piece la ficha, **5.1**
garage el garaje, 6.2
garantee la garantía
garden el jardín, 6.2
garlic el ajo, 14.2; **2.2**
gas station la gasolinera, **11.1**
gas tank el tanque, **11.1**
gasoline la gasolina, **11.1**
   regular (super) gasoline normal (súper), **11.2**
   (un)leaded con (sin) plomo, **11.1**

English-Spanish Dictionary

gate la puerta, 11.1

gathering la reunión

generally en general; generalmente

in general, usually por lo general

generous generoso(a), 1.2

genre el género

gentleman el caballero, **4.1**

geography la geografía, 2.2

geometric geométrico(a)

geometry la geometría, 2.2

German (language) el alemán, 2.2

gesture el gesto

to **get** sacar, 4.2

to **get a good (bad) grade** sacar una nota buena (mala), 4.2

to **get, buy a ticket** sacar un billete

to **get engaged** comprometerse

to **get off** bajar, 13.2; **1.2**

to **get off the train** bajar(se) del tren, 13.2; **1.2**

to **get on** subir, 13.2; abordar

to **get on the train** subir al tren, 13.1; **1.1**

to **get together** reunirse

to **get up** levantarse, 12.1

giant el gigante

gift el regalo, 6.1

girl la muchacha, 1.1; la chica

girlfriend la novia

to **give** dar, 4.2

to give back devolver (ue)

to give (throw) a party dar una fiesta, 4.2

to give (someone) a present regalar

to give (someone) a shot (an injection) poner una inyección

to give a test dar un examen, 4.2

to **give up** renunciar

glass (drinking) el vaso, 12.1

glove el guante, 7.2

to **go** ir, 4.1

let's go vamos

to go back volver (ue), 7.1

to go back home volver (ue) a casa, 10.2

to go by bicycle ir en bicicleta, 12.2

to go by car ir en carro (coche), 4.1

to go by train ir en tren

to go on a trip viajar, 11.1

to go on foot ir a pie, 4.1

to go shopping ir de compras, 5.2

to go through pasar por, 11.1

to **go down** bajar, 9.2

to **go surfing (windsurfing, etc.)** practicar el surfing (la plancha de vela, etc.), 9.1

to **go swimming** nadar, 9.1

to **go to bed** acostarse (ue), 12.1

to **go up** subir, 6.2

goal line la portería, 7.1

goalkeeper, goalie el/la portero(a), 7.1

godfather el padrino, **13.1**

godmother la madrina

godparents los padrinos

gold el oro

gold chain una cadena de oro, **4.1**

golden dorado(a)

good buen; bueno(a), 1.2

Good afternoon. Buenas tardes., BV

Good evening. Buenas noches., BV

Good heavens!, You bet! ¡hombre!

Good morning. Hello. Buenos días., BV

to be in a good mood estar de buen humor, 8.1

good-bye adiós, ¡Chao!, BV

goods and services los bienes y servicios

Gosh! ¡Dios mío!

gossip item el chisme

government el gobierno, 14.1

federal government el gobierno federal

municipal government el gobierno municipal, **14.1**

state government el gobierno estatal

grade el grado; la nota, 4.2

high grade la nota alta, 4.2

low grade la nota baja, 4.2

to get a good (bad) grade sacar una nota buena (mala), 4.2

graduate el/la diplomado(a)

to **graduate** graduarse

grain el cereal, **9.2**

grain el grano

gram el gramo

grammar la gramática

granddaughter la nieta, 6.1

grandfather el abuelo, 6.1

grandmother la abuela, 6.1

grandparents los abuelos, 6.1

grandson el nieto, 6.1

grapefruit la toronja, 10.1

grapes las uvas, **10.1**

to **grate** rallar, 10.2

grave (serious) grave

gray gris, 3.2

great gran, grande

greater, greatest mayor

greater part, the most la mayor parte

Greek el/la griego(a)

green verde, 3.2

green bean la judía verde, 5.2

greengrocer store la verdulería, **4.2**

to **greet** saludar

greeting el saludo, BV

grill la parrilla, 10.1

grocery store el colmado, la tienda de abarrotes, la tienda de ultramarinos, **4.2**

groom el novio, **13.1**

ground el suelo

group el grupo

to **grow** cultivar, 9.2

growth el crecimiento

to **guard** guardar, 7.1

Guatemalan guatemalteco(a)

guerrilla band la guerrilla

to **guess** adivinar

to **guess right** acertar (ie)

guest el/la invitado(a); el/la huésped, **6.1**

guidance counselor el/la consejero(a) de orientación

guide el/la guía

guitar la guitarra

gulf el golfo

gymnasium el gimnasio

gynecologist el/la ginecólogo(a)

gynecology la ginecología

hair el pelo, **12.1**; el cabello, **12.1**

hair dryer el secador, **12.1**

hair salon la peluquería, **12.1**

hair stylist el/la peluquero(a), **12.1**

haircut el corte de pelo, **12.1**

hairdo el peinado

half la mitad

half medio(a), 5.2

half an hour media hora

half-past (time) y media

half (game) el tiempo

second half (game) el segundo tiempo, 7.1

hall el salón, **13.1**

ham el jamón, 5.1

hamburger la hamburguesa, 5.1

hand la mano, 7.1

to hand out distribuir, **7.1**

to shake hands dar la mano

handkerchief el pañuelo, **4.1**

handsome guapo(a), 1.1

to **hang, hang up** colgar (ue)

to **happen** ocurrir, suceder; pasar

happiness la alegría; la felicidad

happy contento(a), 8.1; alegre

Happy birthday! ¡Feliz cumpleaños!, **13.1**

hard duro(a), 2.1

hardworking ambicioso(a), 1.1

harmonious harmonioso(a)

to **harvest** cosechar, **9.2**

harvest la cosecha, **9.2**

hat el sombrero; la gorra, 3.2

to **have** tener (ie), 6.1

to have (subtitles, ingredients, etc.) llevar

to have a cold tener catarro, estar resfriado(a), 8.1

to have a cough tener tos, 8.1

to have a headache tener dolor de cabeza, 8.1

to have a snack tomar una merienda, 4.2

to have a sore throat tener dolor de garganta, 8.1

to have to tener que

to **have just (done something)** acabar de, **8.1**

he él, 1.1

head la cabeza, 7.1

headache el dolor de cabeza, 8.1

health la salud

healthy sano(a)

to **hear** oír

to hear the dial tone oír el tono, 3.2

heart el corazón

heat: on low heat a fuego lento

heavy pesado(a)

heel el tacón, **4.1**

height la altura, 7.2

helicopter el helicóptero, **7.2**

Hello! ¡Hola!, BV

Hello! (answering the telephone–Spain) ¡Diga!, 14.2; **2.2**

to **help** ayudar, 13.1; dar auxilio; socorrer

help el socorro, la ayuda

hemisphere: northern hemisphere el hemisferio norte

southern hemisphere el hemisferio sur

hen la gallina, **9.2**

her (f. sing.) (pron.) la

her su

here aquí

Here is (are) . . . Aquí tiene (tienes, tienen)...

hero el/la héroe

to **hide** esconder

high alto(a), 4.2; elevado

high school el liceo; la escuela secundaria, 1.1; la escuela superior

highway la carretera, la autovía, la autopista, **11.2**

hike: to take a hike dar una caminata, 12.2

him (m. sing.) (pron.) lo

to him, to her; to you (pron.) le

his su

Hispanic hispano(a), hispánico(a)

historian el/la historiador(a)

historical histórico(a)

history la historia, 2.2

to **hit** golpear, 9.2

to **hit (baseball)** batear, 7.2

hobby el pasatiempo, el hobby, 5.1

hole el agujero

home la casa, 6.2

at home en casa

country home la casa de campo, **9.2**

home economics la economía doméstica, 2.2

home plate el platillo, 7.2

home run el jonrón, 7.2

honest honesto(a), 1.2

honeymoon la luna de miel

to **honk the horn** tocar la bocina

honor el honor

maid of honor la dama de honor, **13.1**

hood (automobile) el capó, **11.1**

to **hope** esperar

I hope ojalá, **14.1**

horn el claxon, la bocina, **11.1**

horrible horrible

horse el caballo

horseback: to go horseback riding pasear a caballo; montar a caballo

hospital el hospital, **8.1**

hot: It's hot. Hace calor., 9.1

hotel el hotel, **6.1**

inexpensive hotel el hostal, 12.2

hour la hora

departure hour la hora de salida

house la casa, 6.2

apartment house la casa de apartamentos (departamentos), 6.2

private house la casa privada (particular), 6.2

housing la vivienda

how? ¿qué?, BV; ¿cómo?, 1.1

How absurd! ¡Qué absurdo!

How are you? ¿Qué tal?, BV

How is ...? ¿Cómo está...?, 8.1

How may I help you? ¿En qué puedo servirle?, **4.1**

How much do(es) . . . cost? ¿Cuánto cuesta(n)... ?, 3.1

How much is (are) . . . ? ¿A cuánto está(n)... ?, 5.2

how many? ¿cuántos(as)?, 2.1

how much? ¿cuánto?, 3.1

human being el ser humano

humble humilde

humid húmedo(a)

hungry: to be hungry tener hambre, 14.1; **2.1**

to **hurt** doler (ue), 8.2

My . . . hurt(s) me Me duele(n)..., 8.2

to **hurt oneself** hacerse daño, lastimarse, **8.l**

husband el marido, el esposo, 6.1

hydrofoil el aerodeslizador; el hidrofoil

hygiene la higiene

hypermarket el hipermercado, **4.2**

I yo, 1.1

ice cream el helado, 5.1

chocolate ice cream el helado de chocolate, 5.1

vanilla ice cream el helado de vainilla, 5.1

icon el icono

idea la idea

ideal ideal, 1.2

idealist el/la idealista

to **identify** identificar

if si

illness la enfermedad

illusion la ilusión

image la imagen

imaginary imaginario(a)

imagination la imaginación

to **imagine** imaginar

imagined, dreamed of imaginado(a)

immediate inmediato(a)

immediately enseguida, 5.1; inmediatamente

immense inmenso(a)

imperative el imperativo

to **imply that** dar a entender

important importante

impossible imposible

in en

in case of en caso de, **7.1**

in general por lo general

in itself en sí

in regard to en cuanto a

to **inaugurate** inaugurar

Inca el/la inca

inch la pulgada

to **include** incluir, 5.1

to **increase** aumentar

incredible increíble

independence la independencia

Indian indio(a)

to **indicate** indicar, 11.1

indigenous indígena

indispensable indispensable

individual el individuo

individual: individual sport el deporte individual

industrial industrial

inexpensive barato(a), 3.2

to **influence** impresionar

influence la influencia

to **inform** informar, 13.2; **1.2**

information la información; los datos, **3.1**

ingredient el ingrediente

inhabitant el/la habitante

inheritance la herencia

inhospitable inhospitable

injection la inyección, 8.2

to give (someone) an injection poner una inyección

inn el parador; el albergue

inning la entrada, 7.2

innocent inocente

innovation la innovación

insane loco(a)

to **insert** meter, **3.1**; introducir, **3.2**

to **inspect** inspeccionar, 11.1

inspection el control, 11.1

installation la instalación

installments: in installments a plazos

instant el instante

instantaneous instantáneo(a)

instead of en vez de

instruction la instrucción

instrument el instrumento

insurance el seguro

integral íntegro(a)

intelligent inteligente, 2.1
interest el interés
to **interest** interesar
interesting interesante, 2.1
international internacional
Internet Internet, **3.1**
interpretation la interpretación
interpreter el/la intérprete
to **interrupt** interrumpir
interruption la interrupción
intersection el cruce, la bocacalle, **11.2**
to **intervene** intervenir
to **interview** entrevistar
interview la entrevista, **14.2**
interviewer el/la entrevistador(a), **14.2**
introduction la introducción
invention el invento
investigation la investigación
invitation la invitación
to **invite** invitar, 6.1
invoice la factura, **6.1**
to **iron** planchar, 12.1
irrigation la irrigación
island la isla
it la, lo
Italian italiano(a)
itinerant ambulante
ivory el marfil

jacket la chaqueta, 3.2; el saco, **4.1**
jai alai la pelota vasca
jai alai player el/la pelotari
jam la mermelada
January enero, BV
jar el frasco, **4.2**
jeans el blue jean, 3.2
jet el avión de reacción, el jet, **7.2**
jewel la joya, **4.1**
jewelry store la joyería, **4.1**
Jewish hebreo(a), **13.2**

job el trabajo
job application la solicitud de empleo, **14.2**
  full- (part-) time job el trabajo a tiemp completo (parcial), **14.2**
to **join** enlazar
judge el/la juez, **14.1**
juice el jugo
  orange juice el jugo de naranja, 12.1
July julio, BV
to **jump** saltar
June junio, BV
jungle la jungla; la selva
just: just after (time) y pico
  to have just (done something) acabar de (+ *infinitive*), **8.1**

to **keep** guardar, **3.1**
to **keep in shape** mantenerse en forma
  key la tecla, **3.2**; la llave, **6.1**
  keyboard el teclado, **3.1**
to **keyboard** entrar los datos, **3.1**
to **kick** tirar, 7.1
  to kick (throw) the ball tirar el balón, 7.2
to **kill** matar
  kilogram el kilo, 5.2
  kilometer el kilómetro
  kind la clase
  king el rey
  The Three Kings (Wise Men) Los Reyes Magos, **13.2**
  kitchen la cocina, 6.2
  knapsack la mochila, 12.2
  knee la rodilla, 7.1
  knife el cuchillo, 14.1; **2.1**
  knight el caballero
  knight errant el caballero andante
to **know** conocer, 11.1
to **know (how)** saber, 11.2
  knowledge el conocimiento

L

laboratory el laboratorio
lady-in-waiting la dama
lake el lago, 5.2
lamb el cordero, 14.2; **2.2**
lame cojo(a)
lament el lamento
lance la lanza
to **land** aterrizar, 11.2
land la tierra
  by land por tierra
landing el aterrizaje, **7.2**
landscape el paisaje
lane (of highway) el carril, **11.2**
language la lengua, 2.2; el lenguaje; el idioma
large gran, grande
to **last** durar, **13.2**
last pasado(a); último(a)
last (year) el (año) pasado
late tarde; con una demora, 11.1; con retraso, 13.2; **1.2**
later luego, BV; después; más tarde
  See you later! ¡Hasta luego! , BV
Latin el latín, 2.2
Latin (*adj.*) latino(a)
Latin America Latinoamérica, 1.1
Latin American Latinoamericano(a)
to **laugh** reír
to **launch** lanzar
laundromat la lavandería
laundry el lavado, **12.1**
  dirty laundry la ropa sucia, **12.1**
lavatory el aseo, el lavabo, **7.1**
lawyer el/la abogado(a), **14.1**
lawyer's office el bufete del abogado, **14.1**
lazy perezoso(a), 1.1
to **lead, go (one street into another)** desembocar, **9.1**

leaded (gasoline) con plomo, **11.1**

league la liga

Major Leagues las Grandes Ligas

to **learn** aprender, 5.1

to **leave (something)** dejar, 14.1; **2.1**

  to leave a tip dejar una propina, 14.1; **2.1**

to **leave** salir, 10.1

  to leave late salir tarde, 11.1

  to leave on time salir a tiempo, 11.1

  to leave the theater salir del teatro, 10.2

lecture la conferencia

left izquierdo(a), 7.1

  to the left a la izquierda, **5.2**

leg la pierna, 7.1

lemon el limón, **10.1**

lemonade la limonada, BV

lentil la lenteja

less menos

lesser, least menor

lesson la lección, 4.2

to **let** dejar

letter (of alphabet) la letra

letter la carta, **12.2**

letter of recommendation la carta de recomendación

lettuce la lechuga, 5.2

level el nivel

liberator el/la libertador(a)

license plate la placa

life la vida

life jacket el chaleco salvavidas, 7.1

school life la vida escolar

to **lift** levantar

light (cheerful) ligero(a)

to **light** encender (ie), **13.2**

light la luz, **11.1**

  red light la luz roja, **11.2**

like como, 1.2

to **like, to be pleasing** gustar

lime la lima, **10.1**

limousine la limusina

line (queue) la cola, 10.1; la fila, **5.2**

to **stand (wait) in line** hacer cola, **10.1**

line la línea

  parallel line la línea paralela

  telephone line la línea telefónica

to **line up** hacer cola, 10.1

lion el león

lip el labio, **8.1**

liquid líquido(a)

list la lista

to **listen (to)** escuchar, 4.2

  Listen! ¡Oye!

liter el litro

literal literal

literary literario(a)

literature la literatura, 2.1

little poco(a), 2.1

  a little un poco (de)

to **live** vivir, 5.2

  living: to earn one's living ganar la vida

living room la sala, 6.2

loan el préstamo

lobster la langosta, 14.2; **2.2**

local local, 13.2; **1.2**

to **lodge** alojarse; hospedarse

logical lógico(a)

long largo(a), 3.2

to **look at** mirar, 3.1

  Look! ¡Mira!

to **look at oneself** mirarse, 12.1

to **look for** buscar, 3.1

to **look good (food)** tener buena pinta, **4.2**

to **look like** parecer, **8.1**

to **lose** perder (ie), 7.1

lotto el loto

love el amor

to **love** querer; amar; encantar

low bajo(a), 4.2

to **lower** bajar, 9.2

luck la suerte

  Good luck! ¡Buena suerte!

luggage el equipaje, 11.1

  carry-on luggage el equipaje de mano, 11.1

  to check luggage facturar el equipaje, 11.1

  to claim luggage reclamar

lunch el almuerzo, 5.2

  to have, eat lunch tomar el almuerzo, almorzar (ue)

luxurious lujoso(a)

lying mentiroso(a)

lyric lírico(a)

M

made hecho(a)

magazine la revista, 6.2

magnificent magnífico(a)

maid la camarera, **6.2**

maid of honor la dama de honor, **13.1**

mail el correo, **12.2**

  air mail el correo aéreo, **12.2**

  e-mail el correo electrónico, **3.1**

  regular mail el correo ordinario, **12.2**

to **mail the letter** echar la carta (en el buzón), **12.2**

mailbox el buzón, **12.2**

main principal

mainly principalmente

to **maintain** mantener

majority la mayoría

to **make** hacer

  to make a telephone call hacer una llamada telefónica, **3.2**

  to make the bed hacer la cama, **6.2**

to **make up** formar

makeup el maquillaje, 12.1

  to put one's makeup on maquillarse, poner el maquillaje, 12.1

male el varón

man el hombre; el caballero, **4.1**

manager el/la gerente, **14.1**

manner el modo; la manera, 1.1

manufactured fabricado(a)

many; a lot muchos(as), 2.1

map el mapa; el plano, **9.1**

March marzo, BV

to **march** marchar

marker el marcador, 3.1

market el mercado, 5.2

meat market la carnicería, **4.2**

marketing el mercadeo

marmalade la mermelada

marriage el matrimonio

   to get married casarse, **13.1**

marvelous maravilloso(a)

mass la masa

to **match** parear

material el material

   raw material la material prima

mathematics las matemáticas, 2.1

matter la materia

maximum máximo(a), **11.2**

May mayo, BV

Maya el/la maya

mayonnaise la mayonesa

mayor el alcalde, **14.1**; la alcaldesa

me (pron.) me

   to me a mí

meal la comida, 5.2

   to prepare the meal preparar la comida

to **mean** significar

meaning el significado; el sentido

meaningful significante

means el medio

means of expression el modo de expresión

means of transportation el medio de transporte

to **measure** medir (i, i)

measurement la medida

meat la carne, 5.2

mechanic el/la mecánico(a)

medal la medalla

medical office el consultorio, 8.2

medicine (discipline) la medicina, 8.2

medicine (drugs) el medicamento, 8.2

medium mediano(a), **4.1**

medium el medio

to **meet** encontrarse (ue)

melancholic melancólico(a)

member el miembro, 4.2

memory la memoria; el recuerdo

men: men's clothing store la tienda de ropa para caballeros, **4.1**

menace la plaga

menorah la menora, **13.2**

to **mention** mencionar

menu el menú, 5.1

merchandise la mercancía, **14.1**

merengue el merengue

merry-go-round el tiovivo, **5.2**

message el mensaje, **3.2**

mestizo el/la mestizo(a)

metabolism el metabolismo

meter el metro

method el método

metrics la métrica

metro entrance la boca del metro, **9.1**

Mexican mexicano(a), 1.1

Mexican American mexicanoamericano(a)

microbe el microbio

microscope el microscopio

microscopic microscópico(a)

microwave oven el horno de microondas, **10.1**

middle: in the middle of (noun) en pleno + noun

middle school la escuela intermedia

midnight la medianoche

migration la migración

mile la milla

milk la leche

million el millón

millionaire el/la millonario(a)

mime el/la mimo, **5.2**

miniature la miniatura

miniaturization la miniaturización

ministry el ministerio

to **mint** acuñar

minute diminuto(a)

minute el minuto

mirror el espejo, 12.1

to **miss** perder (ie), 10.2

   to miss the bus perder el autobús (la guagua, el camión), 10.1

Miss, Ms. la señorita, BV

mixture la mezcla

mode la modalidad

model el/la modelo

modem el módem

moderation la moderación

modern moderno(a)

mom la mamá

moment el momento

monastery el monasterio

Monday el lunes, BV

money el dinero, 14.1; **2.1**

money (income) la plata

money changer el/la cambista, **12.2**

monitor el monitor, 3.1

monkey el mono, **5.2**

monster el monstruo

month el mes, BV

monthly installment la mensualidad

monument el monumento

mood el humor, 8.1

   to be in a bad (good) mood estar de mal (buen) humor, 8.1

moon la luna

Moor el/la moro(a)

more más, 2.2

more or less más o menos

moreover además

morning la mañana

   A.M. **(time)** de la mañana

   in the morning por la mañana

mortality la mortalidad

mortgage la hipoteca

mother la madre, 6.1

motion la moción

motive el motivo

motor el motor
mountain la montaña, 9.2
mountain range la sierra; la cordillera, **7.2**
mountainous montañoso(a)
mouse el ratón, **3.1**
mouth la boca, 8.2
to **move** mover (ue), mudarse
movement el movimiento
movie la película, 6.2
movie theater el cine, 10.1
Ms., Mrs., madam la señora, BV
much; a lot mucho(a), 2.1
mud el lodo
multinational multinacional
multiplication la multiplicación
to **multiply** multiplicar
mural el mural, 10.2
muralist el/la muralista
muscular muscular
museum el museo, 10.2
music la música, 2.2
musical instrument el instrumento musical
musician el/la músico(a)
mussels los mejillones, **10.2**
must deber
mute mudo(a)
my mi
mysterious misterioso(a)
mystery el misterio
mythology la mitología

name el nombre
in whose name? ¿a nombre de quién?, 14.2; **2.2**
last name el apellido
nap: to take a nap echar (tomar) una siesta
napkin la servilleta, 14.1; **2.1**
narcotic el narcótico
to **narrate** narrar
narration la narración
narrow estrecho(a), **4.1**; angosto(a), **9.1**

narrow street la callecita, **9.1**
national nacional
nationality la nacionalidad, 1.2
what nationality? ¿de qué nacionalidad?
native indígena
native person el/la indígena
natural resources los recursos naturales, 2.1
natural sciences las ciencias naturales
nature la naturaleza
navegable navegable
to **navigate** navegar
near cerca de, 6.2
nearby cercano(a)
necessary necesario(a)
necessity la necesidad
neck el cuello, **4.1**
to **need** necesitar, 3.1
negative negativo(a)
neighbor el/la vecino(a)
neighborhood el barrio, **9.1**; la zona
nephew el sobrino, 6.1
nervous nervioso(a), 8.1
net la red, 9.1
Net (Internet) net
nettle la ortiga
never jamás; nunca
new nuevo(a)
newlyweds los novios, **13.1**
New Year el Año Nuevo, **13.2**
Happy New Year! ¡Próspero Año Nuevo!, **13.2**
New Year's Eve la Nochevieja, la víspera de Año Nuevo, **13.2**
news las noticias, 6.2
newspaper el periódico, 6.2
newsstand el quiosco, 13.1; **1.1**
next próximo(a),13.2; 1.2
at the next stop en la próxima parada, 13.2; 1.2
nice simpático(a), 1.2
niece la sobrina, 6.1
night la noche
Good night. Buenas noches., BV

in the evening, at night por la noche
last night anoche, 9.2
P.M. (time) de la noche
nine nueve, BV
nine hundred novecientos(as), 3.2
nineteen diecinueve, BV
ninety noventa, 2.2
ninth noveno(a), 6.2
no no, BV
no one nadie
no smoking sign la señal de no fumar, **7.1**
Nobel Prize el Premio Nóbel
noble noble
none, not any ninguno(a)
by no means de ninguna manera, 1.1
nonstop sin escala
noon el mediodía
north el norte
North America la América del Norte
North American norteamericano(a)
northwest el noroeste
nose la nariz, **8.1**
notable notable
to **note** notar
notebook el cuaderno, 3.1
notes: to take notes tomar apuntes, 4.2
nothing nada, 5.2
Nothing else. Nada más., 5.2
novel la novela
novelist el/la novelista
November noviembre, BV
now ahora, 4.2; ya
now and then de vez en cuando
nowadays, these days hoy (en) día
number el número, 1.2
flight number el número del vuelo, 11.1
local number el número local
seat number el número del asiento, 11.1

telephone number el número de teléfono
wrong number el número equivocado
numerous numeroso(a)
nuptial, wedding nupcial
nurse el/la enfermero(a), **8.2**; el/la practicante
nutrition la nutrición

O

object el objeto
objective el objetivo
obligation la obligación
observation la observación
to **observe** observar
observer el/la observador(a)
obstacle el obstáculo
to **obtain** obtener
obvious obvio(a)
occasion la ocasión
occupied, taken ocupado(a), 5.1
ocean el océano
October octubre, BV
odd: odd number el número impar
of de, BV
Of course! ¡Cómo no!; por supuesto
of the, from the del
to **offer** ofrecer, **14.2**
office la oficina, **9.1**
official oficial
often con frecuencia, a menudo, **3.2**
oil el aceite, 14.2; el óleo
oil (relating to) petrolero(a)
OK, all right; in agreement de acuerdo; ¡vale!
old viejo(a), anciano(a), 6.1; antiguo(a), **5.1**
old person el/la anciano(a); el/la viejo(a)
olive oil el aceite de oliva
on en; sobre
on foot a pie, 4.1
on the dot, sharp en punto, 4.1

once and for all definitivamente
oncologist el/la oncólogo(a)
oncology la oncología
one uno, BV
one o'clock la una
one-way street la calle de sentido único, **11.2**
one-way ticket el billete sencillo, 13.1; **1.1**
one hundred cien(to), 3.2
onion la cebolla, **10.1**
only único(a); sólo; solamente
to **open** abrir, 8.2
opening la apertura
opera la ópera
to **operate** operar
operating room el quirófano
operator el/la operador(a)
operetta la opereta
ophthalmologist el/la oftalmólogo(a)
ophthalmology la oftalmología
opinion la opinión
opportunity la oportunidad
opposite opuesto(a); contrario(a)
the opposite lo contrario
the opposite direction el sentido contrario, **11.2**
or o; u (used instead of **o** before words beginning with **o** or **ho**)
orally oralmente
orange (fruit) la china; la naranja, 5.2
orange anaranjado(a), 3.2
orange juice el jugo de naranja, 12.1; el zumo de naranja
orchard el/la huerto(a), **9.2**
orchestra la orquesta
symphony orchestra la orquesta sinfónica
order (restaurant) la orden, 5.1
to **order** mandar; **(restaurant)** pedir (i, i)
organ el órgano
organism el organismo

to **organize** organizar
origin el origen
ornament el adorno
orthopedic surgeon el/la cirujano(a) ortopédico(a), **8.2**
orthopedics la ortopedia
other otro(a)
ounce la onza
our nuestro(a)
outdoor *(adj.)* al aire libre
outdoor café (market, etc.) el café (mercado, etc.) al aire libre
outfielder el/la jardinero(a), 7.2
outskirts los alrededores; las afueras, **9.1**
oven el horno, **10.1**
over sobre
overcoat el abrigo, **4.1**
overland por tierra
to **overtake** adelantar, **11.2**
to **owe** deber
own: one's own propio(a)
oxygen el oxígeno
oxygen mask la máscara de oxígeno, **7.1**
oyster la ostra, 10.2

P

to **pack one's suitcase** hacer la maleta
package el paquete, 5.2
page la página
pain el dolor, 8.1
I have a pain in my . . . Tengo dolor de..., 8.2
to **paint** pintar, **14.1**
paintbrush el pincel
painter el/la pintor(a)
painting el cuadro, 10.2; la pintura
pair el par, **4.1**
pair of tennis shoes el par de tenis, 3.2
palace el palacio
palette knife la espátula
palm tree la palma

pamphlet el folleto
Panamanian panameño(a), 2.1
Panamerican panamericano(a)
pancake el panqueque
pants el pantalón, 3.2
papaya la papaya, **10.2**
paper el papel, 3.1
  sheet of paper la hoja de papel, 3.1
  toilet paper el papel higiénico, 12.2
paradise el paraíso
paramedics el servicio de primeros auxilios, los socorristas, **8.1**
paragraph el párrafo
parents los padres, 6.1
to park aparcar, estacionar
park el parque, 5.2
parka el anorak, 9.2
parking el estacionamiento
parking lot el aparcamiento
parking meter el parquímetro
part (in hair) la raya, 12.1
part la parte
  the greatest part, the most la mayor parte
  upper part la parte superior
party la fiesta, **13.1**
  to give (throw) a party dar una fiesta, 4.2
pass (permission) el pase
to pass pasar, 7.2; (car) adelantar, **11.2**
passenger el/la pasajero(a), 11.1
passionate apasionado(a)
passport el pasaporte, 11.1
passport inspection el control de pasaportes, 11.1
past pasado(a)
pastry el pastel, **4.2**
path el camino; la senda, **5.2**
  to walk along the path caminar por la senda, **5.2**
patience la paciencia

patient el/la paciente
pattern el patrón
paved pavimentado(a)
pavement el pavimento
to pay pagar, 3.1
  to pay at the cashier pagar en la caja, 3.1
  to pay attention hacer caso; prestar atención, 4.2
  to pay the bill pagar la factura, **6.1**
payment el pago
monthly payment el pago mensual
pea el guisante, 5.2
Peace Corps el Cuerpo de Paz
peaceful tranquilo(a)
peak el pico, **7.2**
peanut el cacahuete (cacahuate); el maní
pear la pera, **9.2**
pear tree el peral, **9.2**
pedestrian el peatón, **9.1**
pedestrian street la calle peatonal, **9.1**
pediatrician el/la pediatra
pediatrics la pediatría
to peel pelar, **10.2**
pen la pluma, 3.1
pencil el lápiz, 3.1
peninsula la península
penny el centavo
people la gente
pepper la pimienta, 14.1; **2.1**
bell pepper el pimiento, **10.2**
percent por ciento
percussion la percusión
to perfect perfeccionar
performance la función, (theater) la representación, 10.2
perhaps quizás, **14.2**
period el período
period of time la época
to permit permitir, 11.1
person la persona, 1.2
personality la personalidad
personally personalmente

Peruvian peruano(a)
petition la petición
petroleum el petróleo
pharmacist el/la farmacéutico(a), 8.2
phone el teléfono
  cell phone el teléfono celular, **3.2**
  pay phone el teléfono público, **3.2**
  phone book la guía telefónica, **3.2**
  phone call la llamada telefónica, **3.2**
  push-button phone el teléfono de botones, **3.2**
photo la foto
photograph la fotografía
photographer el/la fotógrafo(a)
phrase la frase
physics la física, 2.2
piano el piano
to pick up recoger
to pick up (the telephone) descolgar (ue), **3.2**
picturesque pintoresco(a), **9.1**
piece el pedazo, 12.1; el trocito, **10.2**
little piece el pedacito, **10.2**
pig (pork) el cerdo, 14.2; **2.2**
pilgrim el/la peregrino(a)
pill la pastilla, la píldora, la tableta, 8.2
pillow la almohada, **6.2**
pilot el/la piloto, **11.2**
pinch la pizca
pink rosado(a), 3.2
pint la pinta
piping (embroidery) el cordoncillo
pirouette la pirueta
pitcher el/la lanzador(a), el/la pícher, 7.2
pity la lástima
pizza la pizza, BV
to place colocar; meter, 7.1
place el lugar; el sitio
placement la colocación
plague la plaga

plaid a cuadros
plain la llanura, **7.2**
plan el plano, **9.1**
to **plan** planear
plant la planta
to **plant** sembrar, **9.2**
plantain el plátano, 5.2
  fried plantain slice el tostón
plastic plástico(a), **4.2**
plate el plato, 14.1; **2.1**
plateau la mesa; la meseta, **7.2**
  high plateau el altiplano, **7.2**
to **play (music)** tocar
to **play** jugar (ue), 7.1
  to play baseball (soccer, basketball, etc.) jugar (al) béisbol (fútbol, baloncesto, etc.), 7.1
  play la obra teatral, 10.2; la obra dramática
player el/la jugador(a), 7.1
playwright el/la dramaturgo(a)
to **plead** rogar (ue)
pleasant agradable
please por favor, BV; favor de, **11.2**
pleasure el gusto
plentiful abundante
plot el argumento
plumber el/la fontanero(a), el/la plomero(a), **14.1**
pocket el bolsillo, **4.1**
poem el poema
poet el poeta
poetry la poesía
point el tanto, 7.1; el punto
poisonous venenoso(a)
police officer el/la guardia; el/la agente de policía; el/la policía
polite atento(a)
political político(a)
political science las ciencias políticas
polka dots: with polka dots con lunares
to **pollute** contaminar

polluted contaminado(a)
pollution la contaminación
poncho el poncho
poor pobre
poor boy (girl) el/la pobre
poor man (woman) el/la pobretón(ona)
popular popular, 2.1
popularity la popularidad
population, people la población
porch el porche
pork el puerco
portable portátil
porter el/la maletero(a), el/la mozo(a), 13.1; **1.1**
portrait el retrato
position la posición; el puesto, **14.2**
to **possess** poseer
possibility la posibilidad
possible posible
post office el correo, **12.2**
postcard la postal, la tarjeta postal, **12.2**
pot la cazuela, la olla, **10.1**
potato la papa, 5.1; la patata
  mashed potatoes el puré de papas
pothole el bache
pound la libra
practically casi
to **practice** practicar
pre-Columbian precolombino(a)
precious precioso(a)
precise preciso(a)
prediction la predicción
predominance el predominio
to **predominate** predominar
to **prefer** preferir (ie, i)
prenuptial antenupcial
preparation la preparación
to **prepare** preparar
to **prescribe** recetar, 8.2
prescription la receta, 8.2
presence la presencia
to **present** presentar
present (*adj.*) presente

at the present time actualmente
presentation la presentación
president el/la presidente
pressure la presión, **11.1**
prestige el prestigio
pretty bello(a), bonito(a), hermoso(a), lindo(a), 1.1
to **prevail** prevalecer
price el precio
to **prick** picar, **8.1**
priest el sacerdote
princess la princesa
principal el/la director(a)
principal principal
printer la impresora, **3.1**
private particular, 6.2; privado(a)
  private house la casa particular, la casa privada, 6.2
probable probable
problem el problema
process el proceso
to **process** procesar
procession la procesión
to **proclaim** proclamar
produced producido(a)
product el producto, 5.2
production la producción
profession la profesión, **14.1**
professor el/la profesor(a), 2.1
program (TV) la emisión, 6.2; el programa
  sports program la emisión deportiva, 6.2
progress el progreso
project el proyecto
to **project** proyectar, 10.1
promiscuity la promiscuidad
promise la promesa
to **promote** promover (ue)
promotion la promoción
pronoun el pronombre
prose la prosa
prosperous próspero(a)
protagonist el/la protagonista

protection la protección
protein la proteína
to **protest** protestar
protoplasm el protoplasma
to **provide** proveer
provider el/la proveedor(a)
provision la provisión
psychiatrist el/la psiquiatra
psychiatry la psiquiatría
public público(a)
publicity la propaganda
to **publish** publicar
Puerto Rican
    puertorriqueño(a)
to **pull out** arrancar
pulse el pulso, **8.2**
punctual puntual
punishment el castigo
puppy el perrito
pure puro(a)
to **push** oprimir; pulsar, **3.1**;
    empujar, **4.2**
to **put** poner, **11.1**; colocar
to **put a cast on** poner en un
    yeso, **8.2**
to **put in** meter, **3.1**
to **put on** ponerse, 12.1
    to put on a performance
    dar una representación,
    10.2
    to put on makeup ponerse
    el maquillaje, 12.1
Pyrenees los pirineos

Q

qualification la calificación
quality la calidad
quarrel la disputa
quarter el cuarto, 2.2
    quarter after (the hour) y
    cuarto
    quarter to (the hour)
    menos cuarto
queen la reina
question la pregunta
questionnaire el
    cuestionario
quickly rápidamente; rápido

quiet tranquilo(a)
quite bastante, 1.1

R

race la carrera
racket (sports) la raqueta,
    9.1
radiator el radiador, **11.1**
railroad el ferrocarril, 13.1,
    1.1
railway platform el andén,
    13.1; **1.1**
rain la lluvia
to **rain** llover (ue)
    It's raining. Llueve., 9.1
raincoat el impermeable, la
    gabardina, **4.1**
to **raise** criar, 9.2
ranch la hacienda;
    (Argentina) la estancia
rare raro(a)
rate la tarifa; la tasa
    exchange rate el tipo de
    cambio, la tasa de
    cambio, **12.2**
    unemployment rate la
    tasa de desempleo
rather bastante, 1.1
razor la navaja, 12.1
reaction la reacción
to **read** leer, 5.1
reading la lectura
ready listo(a)
realist el/la realista
realistic realista
really realmente
reason el motivo; la razón
reasonable razonable
to **rebound** rebotar
to **receive** recibir, 5.1
recent reciente
recently recién
reception la recepción, **6.1**
receptionist el/la
    recepcionista, **6.1**
recipe la receta
to **recite** recitar
to **recognize** reconocer

recollection el recuerdo
to **recommend** recomendar (ie)
recommendation la
    recomendación
to **reconcile** conciliar
recreation el recreo
to **recruit** reclutar
rectangle el rectángulo
recycling el reciclaje
red rojo(a), 3.2
to **reduce (dislocated bone)**
    reducir, **8.2**
reduced (price) reducido(a)
to **refer** referir (ie, i)
to **reflect** reflejar; reflexionar
reflection; reflex el reflejo
reforestation la
    reforestación
refrigerator el refrigerador,
    la nevera, **10.1**
refuge el refugio
region la región
regional regional
regionalism el regionalismo
to **register** registrar
registration card la ficha, **6.1**
regular (gasoline) normal,
    11.1
related relacionado(a)
relation la relación
relative el/la pariente, 6.1
relatively relativamente
religious religioso(a)
to **remain** quedar, 7.1
remainder el resto
remains los restos
to **remember** recordar (ue)
to **renounce** renunciar
to **rent** alquilar, **5.2**; rentar
to **repair** reparar
to **repeat; to take seconds
    (meal)** repetir (i, i)
to **replace** reemplazar
report el informe; el
    reportaje
to **represent** representar
representative el/la
    representante
representative
    representativo(a)
republic la república

to **require** requerir (ie, i)

requirement el requisito

researcher el/la investigador(a)

reservation la reservación, **6.1**

to **reserve** reservar, 14.2; **2.2**

reserved reservado(a), 13.2; **1.2**

residence la residencia

resident el/la residente

resort la estación, 10.1

to **respond** responder

responsibility la responsabilidad

  to make oneself responsible responsabilizarse

rest demás; el resto

to **rest** descansar

restaurant el restaurante, 14.1; **2.1**

to **restore** restaurar

result el resultado

retina la retina

to **return** regresar; volver (ue), 7.1

  to return home volver a casa, 10.2

to **return (something)** devolver (ue), 7.2

return el regreso

return trip, trip back el viaje de regreso

reverse inverso(a)

revolution la revolución

rhythm el ritmo

rib la costilla, **10.1**

ribbon la cinta

rice el arroz, 5.2

rich rico(a), 14.2; **2.2**; con mucha plata

rich person el/la rico(a)

ride la atracción, **5.2**

right derecho(a), 7.1

  to the right a la derecha, **5.2**

right: that's right (true)! ¡verdad!

right away enseguida, 5.1

rigorous riguroso(a)

ring el anillo, **4.1**

to **ring** sonar (ue), **3.2**

to **rise** ascender

ritual el rito

rival el rival

river el río, **7.2**

to **roast** asar, **10.1**

roasted asado(a)

rock la roca

role el rol; el papel

roll of toilet paper el rollo de papel higiénico, 12.2

to **roll** rodar (ue)

roller blading el patinaje lineal

roller coaster la montaña rusa, **5.2**

Roman el/la romano(a)

romantic romántico(a)

room el cuarto, la sala, 6.2; la pieza

  double room el cuarto doble, **6.1**

  recovery room la sala de recuperación

  single room el cuarto sencillo, **6.1**

  waiting room la sala de espera, 13.1; **1.1**

root la raíz

rose la rosa

round-trip (ticket) de ida y vuelta, 13.1; **1.1**

route la ruta

routine (adj.) la rutina, 12.1

routine rutinario(a)

row (of seats) la fila, 10.1

to **row** remar, **5.2**

royal real

ruin la ruina

rule la regla

rumor el rumor

to **run** correr, 7.2

runway la pista

rural rural

S

sacrifice el sacrificio

to **sacrifice** sacrificar

sad triste, 8.1

safe salvo(a)

saffron el azafrán

sail (of a windmill) el aspa

sailboard la plancha de vela, 9.1

sailor el/la marino(a)

saint el santo

salad la ensalada, 5.1

salary el salario

sale la venta, **14.1**

salesperson el/la dependiente(a), **4.1**; el/la vendedor(a), **11.1**

salt la sal, 14.1; **2.1**

same mismo(a), 2.1

sand la arena, 9.1

sandal el huarache; la alpargata; la sandalia, **4.1**

sandwich el sándwich, BV; el bocadillo, 5.1

sash la faja

satisfied satisfecho(a), **14.1**

to **satisfy** satisfacer

Saturday el sábado, BV

saucepan la cacerola, **10.2**

saucer el platillo, 14.1; **2.1**

sausage (pork and garlic) el chorizo, la salchicha, **10.1**

to **save** ahorrar; conservar; salvar; guardar, **3.1**

savings account la cuenta de ahorros

saxophone el saxofono

to **say** decir

scales la báscula, 11.1

scarf la bufanda, **4.1**

scene la escena

scenery, set (theater) el escenario, 10.2

schedule el horario, 13.1; **1.1**

school schedule el horario escolar

scholarship la beca

school el colegio, la escuela, 1.1; la academia

  elementary school la escuela primaria

  high school la escuela secundaria, 1.1; la escuela superior

English-Spanish Dictionary

middle school la escuela intermedia

school (of a university) la Facultad

school (related to) escolar, 2.1

school bus el bus escolar, 4.1

school life la vida escolar

school schedule el horario escolar

school supplies los materiales escolares, 3.1

science las ciencias, 2.2

science fiction la ciencia ficción

scientific científico(a)

scientist el/la científico(a)

scissors las tijeras, **12.1**

to **score a goal** meter un gol, 7.1

to **score a point** marcar un tanto, 7.1

scoreboard el tablero indicador, 7.1

screen la pantalla, 10.1

arrival and departure screen la pantalla de salidas y llegadas, 11.1

sculptor el/la escultor(a), 10.2

sculpture la escultura

sea el mar, 9.1

sea level el nivel del mar

search: in search of en busca de

season la estación, BV

to **season** sazonar

seasoning el condimento

seat el asiento, 11.1; la plaza, 13.2; **1.2**

seat (of government) la sede

seat (theater) la butaca, 10.1

seat number el número del asiento, 11.1

seat belt el cinturón de seguridad, **7.1**

second segundo(a), 6.2

second class en segunda (clase), 13.1; **1.1**

second half (soccer) el segundo tiempo, 7.1

secondary secundario(a)

secret el secreto

secretary el/la secretario(a), **14.1**

to **secretly take** escamotear

security la seguridad, **7.1**

security check el control de seguridad, 11.1

sedan el sedán, **11.1**

see: See you later! ¡Hasta luego!, BV

See you soon! ¡Hasta pronto!, BV

See you tomorrow! ¡Hasta mañana!, BV

to **see** ver, 5.1

to see a show ver un espectáculo, 10.2

to **seem** parecer, **8.1**

to **select** seleccionar

selection la selección

self-portrait el autorretrato

to **sell** vender, 5.2; despachar, 8.2

semester el semestre

senator el/la senador(a)

to **send** enviar; mandar, transmitir, **3.1**

sentence la frase

separated separado(a)

September septiembre, BV

series la serie

World Series la Serie mundial

serious serio(a), 1.1; grave

servant el/la sirviente

to **serve** servir (i, i), 14.1; **2.1**

How may I help you? ¿En qué puedo servirle?, **4.1**

service el servicio, 5.1

service station la estación de servicio, la gasolinera, **11.1**

set el conjunto

to **set the bone** reducir el hueso, 8.2

to **set the table** poner la mesa, 14.1; **2.1**

seven siete, BV

seven hundred setecientos(as), 3.2

seventeen diecisiete, BV

seventh séptimo(a), 6.2

seventy setenta, 2.2

to **sew** coser

sewing la costura

sex el sexo

shack la chabola

to **shake hands** dar la mano

shampoo el champú, 12.2

shantytown la villa miseria (Arg.); el pueblo jóven (Peru)

shape la forma

to **shave** afeitarse, 12.1

shaving cream la crema de afeitar, 12.1

shawl el poncho

she ella, 1.1

sheet la sábana, **6.2**

sheet of paper la hoja de papel, 3.1

shellfish los mariscos, 5.2

sherbet, sorbet el sorbete

shh! ¡chist!

to **shine** brillar, 9.1

shirt la camisa, 3.2

long-sleeved shirt la camisa de mangas largas, **4.1**

short-sleeved shirt la camisa de mangas cortas, **4.1**

shoe el zapato, 3.2

shoe store la zapatería, **4.1**

to **shop** ir de compras, 5.2; hacer las compras, 4.2

shop window el escaparate, la vitrina, **4.1**

shopping: to go shopping hacer las compras, 4.2; ir de compras, **5.2**

shopping mall la galería comercial

short bajo(a), 1.1; corto(a), 3.2

short- (long-) term a corto (largo) plazo

shortage la escasez

shorts el pantalón corto, 3.2

shot: to give (someone) a shot poner una inyección

should deber

shoulder el hombro, **8.1**

to **show (movie)** presentar; mostrar

show (movies) la sesión, 10.1

show el espectáculo, 10.2; el show

shower la ducha, 12.1

   to take a shower tomar una ducha, 12.1

shrimp los camarones, 14.2; **2.2**; las gambas, **10.2**

shy tímido(a), 1.2

sick enfermo(a), 8.1

sick person el/la enfermo(a), 8.1

side *(adj.)* lateral, 13.2; **1.2**

side el borde; el lado

sidewalk la acera, **9.1**

to **sigh** suspirar

sign el rótulo, **11.2**

   traffic sign la señal de tránsito

to **sign** firmar, **12.2**

significance el sentido, **11.2**

significant significativo(a)

similar parecido(a); similar

simple sencillo(a); simple

since como; desde

sincere franco(a); sincero(a), 1.2

to **sing** cantar, 4.2

singing el canto

single soltero(a)

singles singles, 9.1

sir, Mr., gentleman el señor, BV

sister la hermana, 6.1

to **sit down** sentarse (ie), 12.1

to **situate** situar

situation la situación

six seis, BV

six hundred seiscientos(as), 3.2

sixteen dieciséis, BV

sixth sexto(a), 6.2

sixty sesenta, 2.2

size (shoes) número, 3.2

size el tamaño, la talla, 3.2

   What size (shoe) do you wear (take)? ¿Qué número calza Ud.?, **3.2**

What size (clothing) do you wear (take)? ¿Qué tamaño (talla) usa Ud.?, **3.2**

ski el esquí

to **ski** esquiar, 9.2

ski lift el telesquí, 9.2

ski pole el bastón, 9.2

ski resort la estación de esquí, 9.2

ski slope la pista, 9.2

skier el/la esquiador(a), 9.2

skiing el esquí, 9.2

skirt la falda, 3.2

sky el cielo, 9.1

skyscraper el rascacielos, **9.1**

to **sleep** dormir (ue, u)

   to fall asleep dormirse (ue, u), 12.1

   sleeping bag el saco de dormir, 12.2

sleeve la manga, 4.1

   long- (short-) sleeved de mangas largas (cortas), **4.1**

slice la rebanada, la tajada, **4.2**

to **slice** rebanar, **10.2**

slot la ranura, **3.1**

slow lento(a), **10.2**

slowly despacio

small pequeño(a), 2.1

smile: little smile la sonrisita

smoking: (no) smoking area la sección de (no) fumar, 11.1

snack la merienda, 4.2

   to have a snack tomar una merienda, 4.2

to **sneeze** estornudar, 8.1

snow la nieve, 9.2

to **snow** nevar (ie), 9.2

snowboarding el surf de nieve

so así

so, so much tan, tanto(a)

soap el jabón, 12.2

   bar of soap la barra (pastilla) de jabón, 12.2

soccer el fútbol, 7.1

soccer field el campo de fútbol, 7.1

social sciences las ciencias sociales, 2.2

society la sociedad

sociology la sociología

socks los calcetines, 3.2

soda la cola, 5.1

sofa el sofá, **6.2**

soldier el militar; el/la soldado

solitary, lone solitario(a)

solution el remedio; la solución

to **solve** resolver (ue)

some algunos(as), 4.1; unos(as)

someone alguien

something algo, 5.2

sometimes de vez en cuando; a veces, 7.1

son el hijo, 6.1

song la canción

soon dentro de poco

sore throat el dolor de garganta, 8.1

sorry: to be sorry sentir (ie, i)

sound el sonido

soup la sopa, 5.1

source la fuente

south el sur

South America la América del Sur

South American sudamericano(a)

southeast el sureste

southwest el sudoeste; el suroeste

to **sow** sembrar, **9.2**

sowing la siembra

space el espacio

spaghetti el espagueti

Spain la España, 1.2

Spanish *(adj.)* español(a)

Spanish (language) el español, 2.2

Spanish speaker el/la hispanohablante

Spanish American hispanoamericano(a)

Spanish-speaking hispanohablante

Spanish-speaking countries los países de habla española

Spanish-style a la española

spare tire la llanta de recambia (repuesto), **11.1**

to **speak** hablar, 3.1; conversar

special especial

specialist el/la especialista, **14.1**

to **specialize** especializar

specialty la especialidad

spectator el/la espectador(a), 7.1; el/la mirón(ona)

speed la velocidad, **11.2**

speed limit el límite de velocidad

to **spend** pasar; gastar

to **spend time** pasar el tiempo, **5.1**

spice la especia

spontaneous espontáneo(a)

sport el deporte, 7.1

individual sport el deporte individual

(related to) sports deportivo(a), 6.2

sports program (TV) la emisión deportiva, 6.2

team sport el deporte de equipo

spring la primavera, BV

squid los calamares, **10.2**

squire, knight's attendant el escudero

stadium el estadio, 7.1

stage: to come (go) on stage entrar en escena, 10.2

stairway la escalera, 6.2

stall el puesto, **4.2**

stamp el sello, la estampilla **5.1**

to **stand on line** hacer cola

standing de pie

star la estrella

to **start** entablar

state el estado

station la estación, 10.1

subway station la estación del metro, **10.1**

train station la estación de ferrocarril, 13.1; **1.1**

stationery store la papelería, 3.1

statistic la estadística

statue la estatua, 10.2

stay la estadía

to **stay** alojarse

to **stay in bed** guardar cama, 8.1

steak el biftec, 14.2; **2.2**

step el paso

stereo estereofónico(a)

still todavía

sting la picadura, **8.1**

to **stir** revolver (ue), **10.1**

stitch el punto, la sutura, **8.1**

stomach el estómago, 8.1

stomachache el dolor de estómago, 8.1

stone la piedra

to **stop** bloquear, parar, 7.1

stop la parada, 13.2; **1.2**

stopover la escala, **7.2**

to **store** almacenar

store la tienda, 3.2

story el cuento; la historia

short story la historieta

stove la estufa, 10.1

stove burner la hornilla, **10.1**

straight derecho, **11.2**

to go straight seguir derecho, **11.2**

strange extravagante

strategy la estrategia

straw la paja, **13.2**

stream el arroyo

street la calle, 6.2

one-way street la calle de sentido único, **11.2**

pedestrian street la calle peatonal

strength la fortaleza

stretch (of road) el trayecto; el tramo

stretcher la camilla, **8.1**

to **strike twelve** dar las doce, **13.2**

string (instrument) la cuerda

string bean la judía verde; el poroto; la vainita; el ejote; la chaucha

striped a rayas

strong fuerte

structure la estructura

student (relating to) estudiantil

student el/la alumno(a), 1.1; el/la estudiante

student housing la residencia para estudiantes, **3.2**

study el estudio

to **study** estudiar, 4.1

stupendous estupendo(a)

stupid torpe

style el estilo; la moda

in style de moda

subject la asignatura, 2.1; la materia; el tema

subject area (school) la disciplina, 2.2

substance: controlled substance la sustancia controlada

subterranean subterráneo(a)

subtitle el subtítulo, 10.1

with subtitles con subtítulos, 10.1

to **subtract** restar

suburb el suburbio; la colonia

subway el metro, 10.1

subway station la estación de metro, 10.1

success el éxito

suckling pig el lechón; el cochinillo

suddenly repentinamente

to **suffer** sufrir

sugar el azúcar, **10.1**

to **suggest** sugerir (ie, i)

suggestion la sugerencia

suit el traje, 3.2

suitcase la maleta, 11.1

summer el verano, BV

sunny: It's sunny. Hace (Hay) sol., 9.1

to **sunbathe** tomar el sol, 9.1

sunblock la crema protectora, 9.1

sunburned, tanned tostadito(a)

Sunday el domingo, BV

sunglasses las gafas de sol, los anteojos de sol, 9.1

suntan lotion la loción bronceadora, 9.1

supermarket el supermercado, 5.2

supermarket cart el carrito, **4.2**

superstition la superstición

to **support** sostener

sure seguro(a)

to **surf** practicar el surfing (la tabla hawaiana), 9.1

    to surf the Net navegar por la red

surface la superficie

surfboard la tabla hawaiana, 9.1

surfing el surfing, 9.1

surgeon el/la cirujano(a), **8.2**

to **surprise** sorprender

survey la encuesta

sweater el suéter, **4.1**

sweet dulce

sweet roll el pan dulce, 5.1

sweetheart, lover el/la enamorado(a)

to **swim** nadar, 9.1

to **swim underwater** bucear, 9.1

swimming la natación, 9.1

swimming pool la alberca, la piscina, 9.1

swollen hinchado(a), **8.1**

symptom el síntoma, 8.2

syrup el sirope

system el sistema

    metric system el sistema métrico

T-shirt la camiseta, el T-shirt, 3.2

table la mesa, 5.1

table soccer el futbolín, **5.1**

tablecloth el mantel, 14.1; **2.1**

tablespoon la cuchara, 14.1; **2.1**

taco el taco, BV

to **take** tomar, 4.1

    to take notes tomar apuntes, 4.2

    to take out sacar, **3.1**

    to take one's blood pressure tomar la tensión (presión) arterial, **8.2**

    to take one's pulse tomar el pulso, **8.2**

    to take photos tomar fotos

    to take place tener lugar, **8.1**

    to take the luggage down bajar las maletas, **6.1**

    to take the (school) bus tomar el bus (escolar), 4.1

to **take charge** encargarse

to **take off** quitar, **10.2**

    to take off (airplane) despegar, **11.2**

    to take off the fire retirar del fuego, **10.1**

to **take time** tardar

    takeoff (of an airplane) el despegue, 7.2

    talent el talento

to **talk** hablar, 3.1; conversar

    tall alto(a), 1.1

    tamale el tamal, BV

    tan bronceado(a)

    tank el tanque, **11.1**

    task la tarea

    taxi el taxi, 11.1

    tea el té, 5.1

    iced tea el té helado, 5.1

to **teach** enseñar, 4.1

    teacher el/la maestro(a); el/la profesor(a), 2.1

    team el bando; el equipo, 7.1

    team sport el deporte de equipo, 7.2

    tearoom la confitería

    teaspoon la cucharita, 14.1; **2.1**

technician el/la técnico(a), **8.2**

technology la tecnología

teenager el/la adolescente

telecommunication la telecomunicación

to **telephone** telefonear

    to talk on the phone hablar por teléfono

telephone el teléfono

    cell phone el teléfono celular, 3.2

    public (pay) telephone el teléfono público, 3.2

    push-button telephone el teléfono de botones, 3.2

    (related to the) telephone telefónico(a)

telephone book la guía telefónica, 3.2

telephone call la llamada telefónica, 3.2

telephone keypad el teclado, 3.2

telephone line la línea telefónica

telephone receiver el auricular, 3.2

television la televisión, 6.2

television set el televisor, 6.2

teller el/la cajero(a), **12.2**

teller's window la ventanilla, **12.2**

temperate templado(a)

temperature la temperatura, 9.2

ten diez

tender tierno(a)

tennis el tenis, 9.1

    pair of tennis shoes el par de tenis, 3.2

tennis player el/la tenista

tennis shoes los tenis, 3.2

tenth décimo(a), 6.2

term el término

terminal el terminal

    passenger terminal el terminal de pasajeros, **7.2**

terrace (sidewalk café) la terraza

terrible terrible

English-Spanish Dictionary

terror el terror

test el examen, 4.2

tetanus el tétano

Thank you. Gracias., BV

that (one) eso

that aquel, aquella; ese(a)

the la, el, 1.1

theater el teatro, 10.2

theatrical teatral, 10.2

their su, sus, 6.1

them las, los

to them; to you *(formal pl.)* *(pron.)* les

theme el motivo; el tema

then luego, BV; entonces

there allí, allá

there is, there are hay, BV

therefore, for this reason, that's why por eso

these estos(as)

they ellos(as), 2.1

thin delgado(a); flaco(a), 1.2

thing la cosa

to **think** pensar (ie); opinar, **10.2**

third tercer(o)(a), 6.2

thirsty: to be thirsty tener sed, 14.1; **2.1**

thirteen trece, BV

thirty treinta, BV

thirty-one treinta y uno, 2.2

this (one) esto

this este(a)

thistle el cardo

those aquellos(as), esos(as)

thought el pensamiento

thousand mil, 3.2

three tres, BV

three hundred trescientos(as), 3.2

Three Wise Men los Reyes Magos, **13.2**

throat la garganta, 8.1

to **throw** echar; lanzar, 7.1; tirar

  to throw (kick) the ball tirar el balón, 7.2

Thursday el jueves, BV

thus así

ticket el boleto, el ticket, 9.2; el billete, 11.1; el tique, **9.1**

luggage claim ticket el talón, 11.1

one-way ticket el billete sencillo, 13.1; **1.1**

round-trip ticket el billete de ida y vuelta, 13.1; **1.1**

ticket window la boletería, la ventanilla, 9.2

tie la corbata, 3.2

tied (score) empatado(a), 7.1

  The score is tied. El tanto queda empatado., 7.1

tiger el tigre

time la hora; el tiempo, **9.1**

  At what time? ¿A qué hora?

  on time a tiempo, 11.1

  What time is it? ¿Qué hora es?

time la vez

  at times, sometimes a veces, 7.1

  one more time, again una vez más

  at that time en aquel entonces

time zone el huso horario

timid tímido(a), 1.2

tiny diminuto(a)

tip el servicio, 5.1; la propina, 14.1; **2.1**

  Is the tip included? ¿Está incluido el servicio?, 5.1

tire el neumático, la goma, la llanta, **11.1**

  flat tire la llanta pinchada

  spare tire la llanta de recambio (repuesto), **11.1**

tired cansado(a), 8.1

to a

toast la tostada; el pan tostado, 5.2

to **toast** tostar

today hoy, BV

together juntos(as)

toilet el inodoro, el váter, **6.2**

toilet paper el papel higiénico, 12.2

to **tolerate** consentir (ie, i)

toll el peaje, **11.2**

toll booth la garita de peaje, **11.2**

tomato el tomate

tomorrow mañana, BV

ton la tonelada

tonight esta noche, 9.2

too much demasiado

tooth el diente

toothbrush el cepillo de dientes, 12.2

toothpaste la pasta (crema) dentífrica, 12.2

tortilla la tortilla, 5.1

totally totalmente

touch el contacto

to **touch** tocar

tour la gira, 12.2

tour guide el/la guía

tourist el/la turista, 10.2

toward en dirección a; hacia

towel la toalla, 9.1; **6.2**

  beach towel la toalla playera, 9.1

tower la torre

  control tower la torre de control, **7.2**

town el pueblo, 9.2

town square la plaza, 9.1

toxic tóxico(a)

toy el juguete

track la vía, 13.1; **1.1**

trade el oficio, **14.1**

tradition la tradición

traditional tradicional

traffic el tráfico

traffic light el semáforo, **9.1**

traffic sign la señal de tránsito

tragedy la tragedia

trail el camino

train el tren, 13.2; **1.2**

  local train el tren local, 13.2

  nonstop train el tren directo, 13.2; **1.2**

train car el coche, el vagón, 13.1; **1.1**

  cafeteria (dining) car el coche-cafetería, el coche-comedor, 13.2; **1.2**

  sleeping car el coche-cama, 13.2

train conductor el/la revisor(a), 13.2; **1.2**

train station la estación de ferrocarril, 13.1; **1.1**

training el entrenamiento

to **transfer** transbordar, 13.2; **1.2**; trasladar

to **transform** convertir (ie, i); transformar

to **transmit** transmitir, 3.1

transportation el transporte

to **travel** circular; recorrer; viajar

to **travel by air** viajar en avión, 11.1

traveler el/la viajero(a)

traveler's check el cheque de viajero, **12.2**

tray la bandeja, **7.1**

tray table la mesita, **7.1**

treat tratar

treatment el tratamiento; la cura

tree el árbol

triangle el triángulo

tribe la tribu

trip el viaje

  return trip el viaje de regreso

  to take a trip hacer un viaje, 11.1

trip (distance traveled) el recorrido

triumphant triunfante

trombone el trombón

trousers el pantalón, 3.2

trousseau el ajuar de novia

true verdadero(a)

trumpet la trompeta

trunk (of a car) el/la maletero(a), 11.1; la maletera, 13.1; **1.1**; el baúl, **11.1**

to **try** tratar

to **try on** probarse (ue), **4.1**

tube of toothpaste el tubo de pasta (crema) dentífrica, 12.2

Tuesday el martes, BV

tuna el atún, 5.2

turbulance la turbulencia, **7.2**

to **turn** doblar, 11.2

to **turn around** revolver (ue), **10.1**

to **turn off** apagar (gu), **3.1**

to **turn on** prender, **3.1**

turning signal la direccional, **11.1**

turnstile el torniquete, **9.1**

twelve doce, BV

twenty veinte, BV

twenty-eight veintiocho, BV

twenty-five veinticinco, BV

twenty-four veinticuatro, BV

twenty-nine veintinueve, BV

twenty-one veintiuno, BV

twenty-seven veintisiete, BV

twenty-six veintiséis, BV

twenty-three veintitrés, BV

twenty-two veintidós, BV

twin el/la gemelo(a)

twist torcer (ue), **8.1**

two dos, BV

two hundred doscientos(as), 3.2

type el tipo; la modalidad típico(a)

U

ugly feo(a), 1.1

uncle el tío, 6.1

under debajo (de)

undershirt la camiseta, 3.2

to **understand** comprender, 5.1

underwater swimming el buceo, 9.1

underwear la ropa interior, **4.1**

uniform el uniforme

union el enlace

unique único(a)

unit la unidad

United States los Estados Unidos

  from the United States estadounidense

university la universidad

  related to university universitario(a)

university degree el título universitario, **14.1**

unleaded sin plomo, **11.1**

unless a menos que

unpleasant desagradable

until hasta, BV

urban urbano(a)

urologist el/la urólogo(a)

urology la urología

us *(to) (pl. pron.)* nos

to **use** utilizar

used usado(a)

usually generalmente

V

vacation la vacación, **6.2**

valley el valle, **7.2**

value el valor

vanilla *(adj.)* de vainilla, 5.1

variation la variación

varied variado(a)

variety la variedad

various varios(as)

to **vary** variar

veal la ternera, 14.2; **2.2**

vegetable el vegetal, 5.2; la legumbre

vegetable garden el/la huerto(a), **9.2**

vegetarian el/la vegetariano(a)

Venezuelan venezolano(a)

verse el verso

version: in its original (language) version en versión original, 10.1

very muy, BV

vest el chaleco

veterinarian el/la veterinario(a)

vice versa viceversa

victim la víctima, **8.1**

victorious victorioso(a)

video el video

video store la tienda de videos

view la vista

vinegar el vinagre

violin el violín, 2.1

to **visit** visitar

vitamin la vitamina

voice la voz

volleyball el voleibol

volume el tomo
volunteer el/la voluntario(a)
vowel la vocal

to **wait (for)** esperar, 11.1
waiter, waitress el/la camarero(a), el/la mesero(a), 5.1
waiting room la sala de espera, 13.1; **1.1**
to **wake up** despertarse (ie), 12.1
to **walk** ir a pie, 4.1; andar; caminar, **9.1**
  to take a walk dar un paseo, **5.2**
wall la muralla; la pared
to **want** desear, 3.2; querer (ie)
I would like . . . Quisiera..., 14.2; **2.2**
war la guerra
to **warn** advertir (ie,i)
to **wash oneself** lavarse, 12.1
washbasin el lavabo, **6.2**
washing machine la máquina de lavar
waste los desechos
watch el reloj, **4.1**
to **watch** mirar, 3.1
water el agua (f.), 9.1
  mineral water el agua mineral, 12.2
  running water el agua corriente
to **water-ski** esquiar en el agua, 9.1
water-skiing el esquí acuático, 9.1
watercolor la acuarela
watermelon la sandía, **10.2**
wave la ola, 9.1
way el modo; la manera, 1.1
we nosotros(as), 2.2
weapon el arma (f.)
to **wear** llevar, 3.2
to **wear (size)** usar, 3.2; **(shoe size)** calzar, 3.2

weather el tiempo, 9.1
  It's cold. Hace frío., 9.2
  It's hot. Hace calor., 9.1
  It's sunny. Hace sol., 9.1
  The weather is bad. Hace mal tiempo., 9.1
  The weather is nice. Hace buen tiempo., 9.1
Web page la página Web
wedding la boda, **13.1**
Wednesday el miércoles, BV
week la semana, BV
  last week la semana pasada, 9.2
  weekend el fin de semana, BV
  last weekend el fin de semana pasado
to **weigh** pesar
weight la pesa; el peso
welcome dar la bienvenida, 11.2
  You're welcome. De nada., Por nada., No hay de qué., BV
well bien, BV; pues
  very well muy bien, BV
well-known renombrado(a)
west el oeste
western occidental
what? ¿qué?, BV
  What's the matter (with you)? ¿Qué te pasa?, 8.2
what, that which lo que
wheat el trigo, 9.2
wheelchair la silla de ruedas, **8.2**
when cuando, 4.2
when? ¿cuándo?, 4.1
where donde, 1.2
where? ¿adónde?, 1.1; ¿dónde?, 1.2
which?, what? ¿cuál?, BV
while el rato; mientras
white blanco(a), 3.2
who? ¿quién?, 1.1; (pl.) ¿quiénes?, 2.1
  Who is calling? ¿De parte de quién?, **3.2**
whole entero(a)
why? ¿por qué?

wide ancho(a)
wife la mujer, la esposa, 6.1
wig la peluca
wild salvaje
to **win** ganar, 7.1
wind el viento
windmill el molino de viento
window (post office, etc.) la ventanilla; (shop) el escaparate, la vitrina, **4.1**
windshield el parabrisas, **11.1**
winter el invierno, BV
wise sabio(a)
  The Three Wise Men Los Reyes Magos, **13.2**
to **wish** desear, 3.2
with con
within dentro de
without sin
woman la dama
wood la madera
wool la lana, **12.1**
word la palabra
work el trabajo
to **work** trabajar, 3.2
  to work full time trabajar a tiempo completo, **14.2**
  to work part time trabajar a tiempo parcial, **14.2**
work la obra
work of art la obra de arte
worker el/la trabajador(a); el/la obrero(a), **9.1**
workforce la mano de obra
world el mundo
World Cup la Copa mundial
World Series la Serie mundial
worldwide, (related to the) world mundial
worse, worst peor, el/la peor
wound la herida, **8.1**
wounded person el/la herido(a)
wrapped envuelto(a)
to **wrinkle** arrugar
wrist la muñeca, **4.1**

to **write** escribir, 5.1

writing pad el bloc, 3.1

wrong erróneo(a)

X-ray la radiografía, los rayos equis, **8.2**

yard la yarda

year el año, BV

to be . . . years old tener... años, 6.1; cumplir... años

last year el año pasado, 9.2

this year este año, 9.2

yellow amarillo(a), 3.2

yes sí

yesterday ayer, 9.2

day before yesterday anteayer

yesterday afternoon ayer por la tarde, 9.2

yesterday morning ayer por la mañana , 9.2

yet aún; todavía

yogurt el yogur

you *(sing. fam.)* tú; *(sing. form.)* Ud., usted, 3.2; *(pl. form.)* Uds., ustedes, 2.2

You're welcome. De nada., No hay de qué., BV

young joven, 6.1

as a young person de joven

your *(sing. fam.)* tu; *(form.)* su, sus, 6.1

youth la juventud

youth hostel el albergue juvenil, el albergue para jóvenes (juvenil), 12.2

youth, young person el/la joven, 10.1

zero cero, BV

zone la zona

commerical zone la zona comercial, **9.1**

industrial zone la zona industrial, **9.1**

residential zone la zona residencial, **9.1**

zoo el parque zoológico, **5.2**

Index

Credits

195 Timothy Fuller; 196 (tl)David R. Frazier Photolibrary, (tr c)CORBIS, (b)Andrew Abshier; 197 (tl)Timothy Fuller, (tr)Doug Bryant/DDB Stock Photo, (b)Robert Frerck/Tony Stone Images; 198 Antonio Azcona West; 199 Daniel Komer/DDB Stock Photo; 200 Timothy Fuller 201 (l)Timothy Fuller, (r)Michelle Chaplow; 202 (t)Ken Karp, (b)Luis Rosendo/FPG; 203 Ken Karp; 204 Michelle Chaplow; 206 (t)Cliff Hollenbeck, (c)Ken Karp, (b)David R. Frazier Photolibrary; 207 (t)Ken Karp, (b)Robert Frerck/Odyssey; 208 Michelle Chaplow; 209 Timothy Fuller; 210 (l)Robert Frerck/Odyssey, (r)Bruce Coleman/Bruce Coleman, Inc.; 211 Robert Frerck/Odyssey; 212 (t b)Robert Frerck/Odyssey, (tc)Glen Allison/Tony Stone Images, (bc)Kevin Schafer/Tony Stone Images; 213 (l)Underwood & Underwood/Bettmann/CORBIS, (r)UPI/Bettmann/CORBIS; 214 (l)Telegraph Colour Library/FPG, (r)Shaun Egan/Tony Stone Images; 215 (t)Don & Pat Valenti/Tony Stone Images, (b)Robert Frerck/Odyssey; 216 Phillip & Karen Smith/Tony Stone Images; 217 Sven Martson/The Image Works; 218 (t)Andrew Abshier, (c)David R. Frazier Photolibrary, (b)Robert Frerck/Tony Stone Images; 219 Robert Frerck/Odyssey; 220 (t)Timothy Fuller, (b)Luis Rosendo/FPG; 221 J.P. Courau/DDB Stock Photography; 222 (l)Timothy Fuller, (r)SuperStock; 223 Timothy Fuller; 224 Robert Fried Photography; 225 Michele Burgess/The Stock Market; 230 The Newark Museum/Art Resource, NY; 230–231 David Burckhalter; 232 233 Jeff Smith/FOTOSMITH; 234 (l)Sonda Dawes/The Image Works, (r)Victor Englebert; 235 (t)Michelle Chaplow, (b)Robert Frerck/Odyssey; 236 Jeff Smith/FOTOSMITH; 238 Timothy Fuller; 239 Mark Smestad; 241 Ken Karp; 242 (t)Michelle Chaplow, (b)Timothy Fuller; 243 Michelle Chaplow; 245 Andrew Payti; 246 Jeff Smith/FOTOSMITH; 247 Michelle Chaplow; 248 (t)C.J. Collins/Photo Researchers, (b)Michele Burgess/The Stock Market; 249 Victor Englebert/Photo Researchers; 252 Michelle Chaplow; 253 file photo; 254 Bruce Byers/FPG; 256 Jeff Smith/FOTOSMITH; 258 (t)Michelle Chaplow, (b)Jeff Smith/FOTOSMITH; 259 Robert Frerck/Odyssey; 260 Jeff Smith/PHOTOSMITH; 260–261 Andrea Booher/Getty Images; 262 (l)Roberto Arakaki/International Stock, (r)Gordon R. Gainer/The Stock Market; 263 (t)Daniel Rivadamar/Odyssey, (c)Robert Fried Photography, (b)Michelle Chaplow; 264 M. Antman/The Image Works; 265 (t)Bob Krist/eStock Photography, (b)Chad Ehlers/International Stock; 266 (l)Robert Fried Photography, (c)Zbigniew Bzdak/The Image Works, (r)Steve Torregrossa; 267 (tl)Robert Fried Photography, (tr b)Grant Heilman Photography; 268 (t)Robert Fried Photography, (b)Robert Frerck/The Stock Market; 269 Robert Frerck/Odyssey; 270 Stuart Cohen/Comstock; 271 Ken Karp; 272 David Doyle; 273 Ken Karp; 275 (t)Stuart Cohen/Comstock, (b)Timothy Fuller; 276 Michelle Chaplow; 277 (t)Robert Frerck/Odyssey, (b)R. Faris/Westlight; 278 (t)Robert Fried Photography, (b)Robert Frerck/Odyssey; 279 (t)Chris Sharp/Photo Researchers, (c)Andrea Booher/Tony Stone Images, (b)Stuart Franklin/Magnum Photos; 280 (t)Robert Fried/DDB Stock Photography, (b)Robert Frerck/Odyssey; 281 (t)Robert Reiff/FPG, (b)Haroldo Castro/FPG; 282 (l)Robert Frerck/Odyssey, (r)Timothy Fuller; 283 Haroldo Castro/FPG; 284 Chuck Szymanski/International Stock; 286 (tl tr br)Grant Heilman Photography, (bl)Steve Torregrossa; 287 Robert Frerck/Odyssey; 288 (t)Robert Fried Photography, (b)Michelle Chaplow; 289 Robert Frerck/Odyssey; 290 Jeff Smith/PHOTOSMITH; 290–291 Daniel Aubry/Odyssey; 292 Stan Ries/International Stock; 293 (t)Jeff Smith/FOTOSMITH, (b)Laura Sifferlin Photography; 294 (t)Maria Pape/FPG, (c)Michelle Chaplow, (b)Spencer Grant/FPG; 295 (t)Robert Frerck/Odyssey, (b)E. Alan McGee/FPG; 296 (t c)Laura Sifferlin Photography, (b)Steve Torregrossa; 297 Jeff Smith/FOTOSMITH; 298 (t)Timothy Fuller, (c b)Laura Sifferlin Photography; 301 (t)Ken Karp, (tr)Michelle Chaplow, (b)Timothy Fuller; 302 (l)Ken Karp, (r)National Gallery of Art, Washington; 303 (l)Ken Karp, (r)Michelle Chaplow; 304 (l)Ken Karp, (r)Andrew Payti; 305 Dennie Cody/FPG; 306 (l)Raga/CORBIS Stock Market, (r)Geoff Butler; 307 (t)Mark Smestad, (c)Andrew Payti, (b)FoodPix; 308 David Doyle; 309 Miguel Raurich/Tony Stone Images; 310 Alejandro Balaguer/Tony Stone Images; 311 (l)Robert Fried Photography, (tr)Inga/DDB Stock Photo, (br)Victor Englebert; 312 (t)Michelle Chaplow, (b)Andrew Payti; 313 David Doyle; 314 Robert Frerck/Odyssey; 315 Vladimir Pcholkin/FPG; 316 (3)CORBIS, (8 9 10)Laura Sifferlin Photography, (others)PhotoDisc 317 Miguel Raurich/Tony Stone Images; 318 (t)Michelle Chaplow, (b)Jeff Smith/FOTOSMITH; 319 Danilo Donadoni/Bruce Coleman, Inc.; 320 Index/Bridgeman Art Library; 320–321 Michelle Chaplow; 322 (driver's license)Doug Bryant/DDB Stock Photo, (others)Steve Torregrossa; 323 Timothy Fuller; 324 Lorne Resnick/Tony Stone Images; 325 Andrew Payti; 326 (t)Timothy Fuller, (b)Michelle Chaplow; 327 328 Michelle Chaplow; 329 (l)Luis Rosendo/FPG, (r)Robert Frerck/Odyssey; 330 (t)Michelle Chaplow, (b)Ken Karp; 331 (t)Michelle Chaplow, (b)Ken Karp; 332 (t)Nick Inman, (b)Andrew Payti; 333 Robert Frerck/Odyssey; 334 Ken Karp; 335 (t)Timothy Fuller, (b)Andrew Payti; 336 Michelle Chaplow; 337 Robert Frerck/Odyssey; 338 D. Donne Bryant/DDB Stock Photo; 339 (t)Andrew Payti, (b)Robert Frerck/Odyssey; 340 (1)Bruce Coleman/Bruce Coleman, Inc., (others)Doug Bryant/DDB Stock Photo; 341 (l r)Francis Morgan, (tcl)Michelle Chaplow, (bcl)Andrew Payti, (tcr)Nick Inman, (bcr)Robert Frerck/Odyssey; 342 (t)Marco/ASK Images/The Viesti Collection, (b)Jeff Greenberg/PhotoEdit; 343 (t)Robert Frerck/Odyssey, (c)Timothy Fuller, (b)Andrew Payti; 346 (tl)Doug Bryant/DDB Stock Photo, (tr b)Steve Torregrossa; 347 Byron Augustin/DDB Stock Photo; 348 (t)Steve Torregrossa, (b)Timothy Fuller; 349 Robert Frerck/Odyssey; 350 (t)Sipa Press, (b)Maruka/International Stock; 351 Andrew Payti; 352 (t)Mark Smestad, (b)Ray Juno/CORBIS Stock Market; 353 Tibor Bognar/The Stock Market; 358 Schalkwijk/Art Resource, NY; 358–359 Robert Fried Photography; 360 Michelle Chaplow; 361 (t bl)Geoff Butler, (cl)KS Studios, (cr)Doug Martin, (br)Jeff Smith/FOTOSMITH; 362 (tl)Andrew Payti, (tcl)Clement Mok/PictureQuest, (tcr)PhotoDisc, (tr)Geoff Butler, (b)Timothy Fuller; 363 Timothy Fuller; 364 (tl)Robert Frerck/Odyssey, (tr)Dominic Oldershaw, (b)Doug Bryant/DDB Stock Photo; 365 Dominic Oldershaw; 366 Timothy Fuller; 367 (t)Andrew Payti, (b)Antoinette Jongen/FPG; 368 Artists Rights Society (ARS), New York/SPADEM, Paris; 369 Nick Inman; 370 (t)Timothy Fuller, (b)Mark Smestad; 372 Michelle Chaplow; 374 (t)Michelle Chaplow, (b)file photo; 375 Victor Englebert; 376 Michelle Chaplow; 377 (t)Robert Frerck/Odyssey, (b)Joe Viesti/The Viesti Collection; 378 (l)The Stock Market, (r)Michelle Chaplow; 379 Robert Frerck/Odyssey; 380 Daniel Rivadamar/Odyssey; 381 (t)Robert Frerck/Odyssey, (c)Stuart Cohen/Comstock, (b)Kit Kittle/The Viesti Collection; 382 Doug Bryant/DDB Stock Photo; 383 David R. Frazier Photolibrary; 384 Andrew Payti; 385 Daniel Rivadamar/Odyssey; 386 (t)Nick Inman, (b)Dominic Oldershaw; 387 The Stock Market; 388 (t)Timothy Fuller, (c b)Dominic Oldershaw; 389 Antonio Azcona West; 390 Michel Zabe/Art Resource, NY; 390–391 Robert Frerck/Odyssey; 392 file photo; 393 (t)Antonio Aczona West, (b)Timothy Fuller; 395 (t)Luis Davilla/Cover/The Image Works, (b)Gary Rumack; 396 (t)Steve Torregrossa, (tr)David Young-Wolff/PhotoEdit, (bl)Eyewire/Getty Images, (br)PhotoDisc; 397 (tl)Cover/The Image Works, (tr)John Curtis/DDB Stock Photo, (c)Timothy Fuller, (b)Michelle Chaplow; 398 Dominic Oldershaw; 399 AFP/CORBIS; 400 Randy O'Roarke/The Stock Market; 401 Andrew Payti; 402 Timothy Fuller; 403 Michelle Chaplow; 404 Timothy Fuller; 405 Robert Frerck/Odyssey; 406 Timothy Fuller; 407 Mark Smestad; 408 (bkgd)AFP/CORBIS, (inset)Laura Sifferlin Photography; 409 Timothy Fuller; 410 (t)Cover/The Image Works, (b)Robert Fried Photography; 411 Patrick Ward/CORBIS; 412 (t)Robert Frerck/Odyssey,

(b)Timothy Fuller; **414** (l)Victor Englebert, (r)Stock Montage; **415** (l)Scala/Art Resource, NY, (r)National Gallery of Art, Washington; **416** Aaron Haupt; **418** Timothy Fuller; **419** Robert Fried Photography; **420** (t)Gary Rumack, (b)Timothy Fuller; **421** Reuters NewMedia Inc./CORBIS; **422** Timothy Fuller; **422–423** Stephanie Maze/CORBIS; **424** Timothy Fuller; **425** (t)Robert Frerck/Odyssey, (b)Doug Bryant/DDB Stock Photo; **427** (t)Joe Viesti/The Viesti Collection, (b)Robert Frerck/Odyssey; **428** Doug Martin; **429** (t)Aaron Haupt, (b)Robert Frerck/Odyssey; **430** Timothy Fuller; **432** (l)Ken Karp, (r)M. Antman/The Image Works; **433** (t)Ken Karp, (c)David R. Frazier Photolibrary, (b)Timothy Fuller; **434** Robert Frerck/Odyssey; **436 437** Timothy Fuller; **438** (t)SuperStock, (b)courtesy of Peace Corps; **439** (t)Robert Frerck/Odyssey, (b)M. Everton/The Image Works; **440** (t)Robert Frerck/Odyssey, (bl)Timothy Fuller, (br)Andrew Payti; **441** Michelle Chaplow; **442** SuperStock; **443** Michelle Chaplow; **447** Courtesy of Peace Corps; **448** Timothy Fuller; **449** Bob Daemmrich; **450** Robert Frerck/Odyssey; **451** (l)Timothy Fuller, (r)Geoff Butler; **452** Doug Bryant/DDB Stock Photo; **453** Nick Inman; **458–459** Wesley Bocxe/The Image Works; **462** (t)Raga, Jose Fuste/CORBIS Stock Market, (b)Michelle Chaplow; **463** Anthony Cassidy/Getty Images; **465** Michelle Chaplow; **466** (t)Barbara Peacock/Getty Images, (c)Chuck Pefley/Getty Images, (b)file photo; **467** Jeff Greenberg/David R. Frazier Photolibrary; **470** (t)North Wind Picture Archives, (c)Mark Moffet/Minden Pictures, (b)Robert Fried Photography; **471** Suzanne L. Murphy-Larronde/DDB Stock Photo; **473** Michelle Burgess/CORBIS Stock Market; **474** (t)Robert & Linda Mitchell, (c)Bettmann/CORBIS, (b)file photo; **475** Robert Frerck/Odyssey; **477** Bettmann/CORBIS; **478–H1** David Hiser/Getty Images; **H2** (t b)Doug Bryant/DDB Stock Photo, (c)Michelle Chaplow; **H6** Chad Ehlers/International Stock; **H7** (t)Geoff Butler, (b)Doug Bryant/DDB Stock Photo; **H8** (t)Timothy Fuller, (b)Andrew Abshier; **H9** Steven Ferry; **H10** (1)D. Ermakoff/The Image Works, (5)S. Chatenay/Sunset, (others)PhotoDisc; **H11** Stan Ries/International Stock; **H14** (t)Timothy Fuller, (b)Michelle Chaplow.

Vista Credits
126 (2)Daniel Rivademar/Odyssey Productions, (3)Pablo Corral, (6 7)Wolfgang Kaehler; **126–127** Daniel Rivademar/Odyssey Productions; **127** (4)Pablo Corral, (5)Wolfgang Kaehler; **128** (2)Wolfgang Kaehler, (3 6)Chris Sharp/DDB Stock Photo, (7)Victor Englebert; **128–129** Wolfgang Kaehler; **129** (4)Loren McIntyre, (5)James Stanfield; **226** (2)Chip & Jill Isenhart/Tom Stack & Associates, (3)Collins/Monkmeyer, (6)Gary Braasch/Tony Stone Images, (7)Kevin O. Mooney/Odyssey Productions; **226–227** Kennan Ward/Wildlight Press; **227** (4)Joan Brown/Tony Stone Images, (5)Nick Gunderson/Tony Stone Images; **228** (2)Dave G. Houser, (3)Kennan Ward/Wildlight Press, (6)Gary Braasch/Woodfin Camp & Associates, (7)David J. Sams/Stock Boston/PNI; **228–229** Alan Cave/DDB Stock Photo; **229** (4)Chip & Jill Isenhart/Tom Stack & Associates, (5)Owen Franken/Stock Boston/PNI; **354** (2)Wolfgang Kaehler, (3)Paul Grebliunas/Tony Stone Images, (6)Loren McIntyre, (7)Robert Frerck/Woodin Camp & Associates; **354–355** Frans Lanting/Tony Stone Images; **355** Robert Frerck/Woodfin Camp & Associates; **356** (2)Galen Rowell/Mountain Light, (others)Robert Frerck/Odyssey Productions; **356–357** Wolfgang Kaehler; **357** (4)M. Doolittle & A. Doolittle/Rainbow/PNI, (5)Mireille Vautier/Woodfin Camp & Associates; **454** (2)Jesus Lopez, (5)Robert Frerck/Woodfin Camp & Associates, (6)Robert Fried/DDB Stock Photo; **454–455** Patricio Robles Gil; **455** Robert Frerck/Woodfin Camp & Associates; **456** (2)James D. Nations/DDB Stock Photo, (3)Kenneth Garrett, (6)David Hiser/Tony Stone Images, (7)Sarah Stone/Tony Stone Images; **456–457** Robert Fried/DDB Stock Photo; **457** (4)Robert Frerck/Woodfin Camp & Associates, (5)D. Donne Bryant/DDB Stock Photo.

Glencoe would like to acknowledge the artists and agencies who participated in illustrating this program: David Broad; Dan Brown; Antonio Castro; Anna Garcia; Meryl Henderson; Carlos Lacamara; Joe LeMonnier; Jane McCreary; Lyle Miller; Morgan-Cain; Ortelius Design, Inc; Pond & Giles; DJ Simison and Susan Jaekel represented by Ann Remen-Willis; Romark Illustrations; Den Schofield; Carol Strebel; Meryl Treatner.